国家社科基金
GUOJIA SHEKE JIJIN HOUQI ZIZHU XIANGMU
后期资助项目

# 辽金贵族政治、皇权
# 与官员选任

关树东  著

社会科学文献出版社
SOCIAL SCIENCES ACADEMIC PRESS (CHINA)

图书在版编目（CIP）数据

辽金贵族政治、皇权与官员选任 / 关树东著 .
北京：社会科学文献出版社，2025.4. --ISBN 978-7
-5228-5238-6

Ⅰ . D691.21

中国国家版本馆 CIP 数据核字第 2025TQ5342 号

国家社科基金后期资助项目

**辽金贵族政治、皇权与官员选任**

著　　者 / 关树东

出 版 人 / 冀祥德
组稿编辑 / 郑庆寰
责任编辑 / 汪延平
文稿编辑 / 李蓉蓉
责任印制 / 岳　阳

出　　版 / 社会科学文献出版社·历史学分社（010）59367256
　　　　　地址：北京市北三环中路甲 29 号院华龙大厦　邮编：100029
　　　　　网址：www.ssap.com.cn
发　　行 / 社会科学文献出版社（010）59367028
印　　装 / 三河市龙林印务有限公司

规　　格 / 开　本：787mm×1092mm　1/16
　　　　　印　张：19.25　字　数：302 千字
版　　次 / 2025 年 4 月第 1 版　2025 年 4 月第 1 次印刷
书　　号 / ISBN 978-7-5228-5238-6
定　　价 / 98.00 元

读者服务电话：4008918866

# 国家社科基金后期资助项目
# 出版说明

后期资助项目是国家社科基金设立的一类重要项目，旨在鼓励广大社科研究者潜心治学，支持基础研究多出优秀成果。它是经过严格评审，从接近完成的科研成果中遴选立项的。为扩大后期资助项目的影响，更好地推动学术发展，促进成果转化，全国哲学社会科学工作办公室按照"统一设计、统一标识、统一版式、形成系列"的总体要求，组织出版国家社科基金后期资助项目成果。

全国哲学社会科学工作办公室

# 辽金政治体制的社会基础与选官制度的特色
## （代序）

辽金是中国古代北方少数民族建立的王朝国家，其政治制度既有对中国传统王朝制度的继承与发展，又都带有本民族制度和习俗的烙印。官员的选任制度，既受到特定社会的政治、经济制度和体制的制约，也表现为一种文化的传承、交融及发展变迁，同时与社会结构有着密切的关系。由于经济基础、政治体制等方面的诸多共性，辽金的选官用人制度有着许多不同于唐宋王朝的共同特色。辽金的政治体制和政治文化体现了皇权政治与贵族政治相互依存又矛盾斗争的特征，选官用人制度鲜明地反映了其社会结构所决定的政治体制的特点。

## 一　辽金政治体制的社会基础

契丹、女真族建立政权前，部落联盟走上军事扩张道路，掳掠其他部族人口，部落内部出现阶级分化，联盟和部落的首领、头人、立功军人成为军事权贵集团。部落联盟濒于解体，新的政治机器呼之欲出。面对外部的政治、军事压力，军事权贵集团推戴联盟首领为元首，建立政权，以便高效有力地发动对外战争，维护对平民和奴隶的统治。部落联盟时期的各部落首领原本是家族世袭的，建立政权后，他们成为各级行政和军事组织的官员。辽朝的部落、金朝的猛安谋克集行政和军事职能于一体，原来的部落首领以及新兴的军功贵族成为这类组织的长官。继承了部落联盟时代的传统，他们世代为官，有的职位更是在家族内部世代相承。这就是辽金的契丹、女真贵族阶层，他们掌控着军政大权。

辽朝建立前，契丹族的原始氏族社会已接近解体。政权建立前后的对外战争，使契丹部落各级军事首领积聚了大量的财富，俘获了大批人口，加速了契丹族迈向阶级社会的进程。大批汉人进入契丹地区，以及辽东渤海地区、幽云汉地的并入，使辽朝的社会结构发生深刻而重大的变化。奴隶制难以发展，并且在封建经济关系的制约和影响下不断萎缩。封建经济关系在辽朝取得了支配性地位，契丹族直接迈入封建社会。① 随着辽朝的建立，契丹部落首领、军事将领一跃而为统治阶级；部民有沦为债奴和罪隶者，但承担赋役义务的自由平民占绝大多数。被俘获的各族人民，有沦为驱奴者，更多的则成为类似于唐宋客户的转户或头下户。② 契丹原遥辇可汗的家族与奚可汗的家族仍然保持贵族地位不变。契丹、奚族诸部落的头人，也是享有政治、经济特权的贵族。他们的权势虽然远不如皇族和后族，但也凌驾于平民之上。幽云、渤海地区的社会经济结构则基本保持不变。辽朝统治者对当地的汉族、渤海族地主阶级采取了拉拢扶植的政策，保护他们的土地所有权，不改变原有的经济和社会制度，并吸收他们进入辽政权。在幽云汉地和塞外州县，一些忠于辽朝的汉族官僚地主逐渐发展为拥有大量土地、财力雄厚、世代仕宦的大家族。他们尤其在治理州县、董理财赋、文翰礼制方面被委以重任。契丹灭渤海后，一方面采取迁移分化的政策，将大量的渤海人包括一些贵族官僚迁往上京、中京、南京地区，另一方面笼络以大氏为首的渤海旧贵族，"灭渤海国，存其族帐，亚于遥辇"，③ 吸收他们进入辽政权。渤海旧王族大氏，豪强大族高氏、李氏等，仍然拥有雄厚的经济实力，他们在辽东地区的地位如韩、刘、马、赵四大族在燕云地区那样，是官僚大地主阶层。辽朝皇帝、契丹贵族拉拢和联合汉、奚、渤海族地主阶级共同维护对各族人民的统治。④

　　金朝建立前，女真血缘性氏族部落趋于解体。女真内部出现阶级分化，除脱胎于部落首领的军事贵族、部落平民两大阶级之外，债务奴隶、犯罪籍没奴隶越来越多。以完颜氏为首的军事贵族联盟逐步统一女真诸部，并通过对外战争掠夺了大量的财富、土地和奴隶。金太祖完颜阿骨

① 详见李锡厚《辽金时期契丹及女真族社会性质的演变》，原载《历史研究》1994年第5期，收入《临潢集》，河北大学出版社，2001，第219—241页。
② 参见李锡厚《头下与辽金"二税户"》，原载《文史》第38辑，中华书局，1994；李锡厚《论驱口》，原载《中国史研究》1995年第2期。此二文均收入《临潢集》，第199—218、242—271页。
③ 《辽史》卷四五《百官志一》，中华书局点校本修订本，2016，第799页。
④ 参见漆侠《从对〈辽史〉列传的分析看辽国家体制》，《历史研究》1994年第1期。

打在整顿女真部落组织的基础上创置猛安谋克组织，作为女真人基本的行政和军事单位。被任命为猛安（千户长）、谋克（百户长）者，主要是原来的部落头人和军功贵族。女真贵族不仅世袭猛安、谋克，而且掌控着金朝主要的军事、行政、司法、财政大权。普通女真户即猛安谋克户，是世代充军的军户，金朝给予各种优待政策，如按人口和牛具分配丰厚的牛头地。金海陵王将都城由上京迁至中都后，大批女真人随之迁移到华北地区，也分得牛头地。受汉族影响，他们把分得的官田当私田，买卖和租佃牛头地。女真贵族、汉族地主大肆兼并土地，许多汉族自耕农沦为佃户。女真军户仰仗权势，欺诈、压迫汉族人民，勒索汉族佃户。契丹、奚人有的被编入女真猛安谋克，有的仍以部落形式存在，主要从事游牧业，承担金朝的群牧、戍边任务，内部阶级分化仍然明显。契丹贵族失去了旧时的权势，不少人因叛乱被镇压。幽云地区的汉族世家大族、辽东地区的渤海世家大族，在入金后大致维持了辽代时的权势。黄河流域的汉族旧官僚，在金朝换授新官阶官职。一般的汉族地主则在女真贵族、军人的挤压下，发生两极分化。女真贵族、军人地主，汉族、渤海族地主，契丹族、奚族牧主拥有数量不等的奴隶。金朝皇帝、女真贵族联合汉、渤海、契丹、奚族地主阶级共同维护对各族人民的统治。①

辽金的皇族为笼络强大的部落头人，与其中的若干家族世代联姻。皇族、外戚子弟封王称侯，爵位世袭不替。如辽朝的皇族，出自契丹迭剌部，耶律阿保机称帝后，将其祖父的后裔从部落析出，独立升帐分称横帐，分三房帐四大支系。辽太祖的伯父岩木、释鲁的后裔分别为孟父房、仲父房族帐，他和诸弟的后裔为季父房族帐，而辽太祖的子孙隶属诸斡鲁朵，自成一支。其高祖的后裔仍留在迭剌部，天赞元年（922）迭剌部分置五院、六院两部，亦称北大王部、南大王部，"谓之二院皇族"。② 辽朝的外戚称后族、国舅帐，包括乙室己帐（大翁房、小翁房）和拔里帐（大父房、少父房），以及国舅别部。横帐和国舅帐从部落中

---

① 参见李锡厚《辽金时期契丹及女真族社会性质的演变》，《临潢集》，第219—241页；乔幼梅《金代社会阶级结构及其演变（1137—1234）》，《宋辽夏金经济史研究》（增订本），上海古籍出版社，2015，第498—514页。

② 《辽史》卷四五《百官志一·北面皇族帐官》，第795—796页。参见《辽史》卷二《太祖本纪下》天赞元年十月，第20页；卷六四《皇子表》，第1064—1075页。

划出，独立升帐分，设官治理。皇族与后族通过世代联姻，结成了休戚与共的政治联盟，"辽之秉国钧，握兵柄，节制诸部帐，非宗室、外戚不使"，① 尽管说得有些绝对，但他们在辽朝统治阶级中居于绝对的支配地位则是毋庸置疑的。辽朝以皇族、后族为核心的契丹贵族拥有世选南府、北府宰相及部落大王、节度使等官职的特权。金朝的皇族与"徒单、唐括、蒲察、挐懒、仆散、纥石烈、乌林荅、乌古论诸部部长之家，世为姻婚，娶后尚主"，② 这些家族是女真贵族集团的核心成员，享有世袭猛安谋克的特权。

辽朝的皇族、后族、部落头人、功臣建有头下军州。金朝的皇族、外戚、猛安谋克、军事贵族获赐大量的土地、财富和奴隶。契丹、女真贵族不仅通过世选、世袭特权世代掌握着国家的军事和行政大权，而且拥有强大的经济实力。这就是辽金王朝前期贵族政治的社会基础。

投靠新政权的各部族首领以及中原汉地的官员、将领，或在征战中冲锋陷阵，或运筹帷幄，或辅佐新政权建章立制、治国理政，建立了功勋，也得到封王称侯的回报，他们及其子弟也成为各级官府、军队的长官。如辽灭奚、渤海后，仍保留了奚可汗和渤海王族的贵族地位，"奚有五王族，世与辽人为昏，因附姓述律氏中"，③ "灭渤海国，存其族帐，亚于遥辇"。④ 渤海旧王族大氏，豪强大族高氏、李氏等在东京地区享有较大的政治经济权力，并与契丹贵族互通婚姻。因为与女真贵族有政治联姻，金朝渤海世族的势力得到进一步巩固。辽金时期燕云地区的汉族大姓，有的是唐朝中后期以后形成的著姓，有的是军功新贵，最著名的就是元人所说"迄今燕之故老谈勋阀富盛照映前后者，必曰韩、刘、马、赵四大族焉"，"终始契丹二百余年，入金源氏，为燕四大族，号刘、韩、马、赵氏，其宗党在仕途者尝数十百人"。⑤ 汉族、渤海族世家大族通过荫补、荐举、科举等途径世代为官，他们作为契丹贵族和女真贵族

① 《辽史》卷一一四《逆臣传下》赞语，第1668页。
② 《金史》卷六四《章宗元妃李氏传》，中华书局点校本修订本，2020，第1626页。
③ 《金史》卷六七《奚王回离保传》，第1687—1688页。
④ 《辽史》卷四五《百官志一》，第799页。
⑤ （元）王恽著，杨亮、钟彦飞点校《王恽全集汇校》卷七三《题辽太师赵思温族系后》，中华书局，2013，第3086页；（元）郝经著，张进德等校笺《郝经集编年校笺》卷三五《房山先生墓铭》，人民文学出版社，2018，第913页。

的代理人，在汉地和渤海地区行使行政权。

辽金的皇权与贵族、世家大族的政治权力既相互依存，又存在矛盾斗争。辽金政权吸收中原王朝的制度，逐步确立了君主专制中央集权的政治体制。在这个政治进程中，贵族的权力不断被削弱，他们在与皇权的博弈中竭力维护自身的特权，流血冲突在所难免。皇权政治与贵族政治在斗争中互相妥协，达成权力的分享和平衡。汉族、渤海族世家大族也从贵族政治的附庸转而成为皇权政治下的世族官僚。皇权需要得到中小地主阶级的支持，以遏制贵族势力膨胀，阻止世家大族巧取豪夺。科举取士、吏员出职为中小地主阶级加入政权提供了机会，最终确立了皇权主导下的官僚政治体制。①

## 二 世选世袭、宫中侍卫承应、荫补入仕与官员 任用的民族差别

### （一）世选世袭制

贵族可以世选或世袭官职，这既是贵族的政治特权，也是贵族的身份象征。契丹人实行世选由来已久，至迟从唐初起，契丹部落联盟的首领就从同一家族中世选产生。世选是从原始民主选举向世袭的过渡形态。契丹建立政权前即有"世为决狱官""以功为北府宰相，世预其选"的情况。② 辽朝建立后，契丹部落首领、军事新贵沿袭旧制，从南北府宰相、部落节度使到石烈夷离堇、太医、客省使等官职，贵族之家均"世预其选"。③ 当然，"世预其选"并不排除任用其他贵族，包括少数平民出身的契丹人、汉人、渤海人担任这些官职，但是，世选之家确实享有绝对的优先权。世选石烈等基层机构的官员，排他性可能更强。世选即

---

① 参见拙作《辽朝的选官制度与社会结构》，张希清等主编《10—13世纪中国文化的碰撞与融合》，上海人民出版社，2006，第438—461页；拙作《辽金元贵族政治体制与选官制度的特色》，李华瑞、姜锡东主编《王曾瑜先生八秩祝寿文集》，科学出版社，2018，第446—456页。

② 《辽史》卷七三《萧敌鲁传》，第1349页；卷八五《萧塔列葛传》，第1451页。

③ 参见陈述《契丹世选考》，《中央研究院历史语言研究所集刊》第8本第2分册，1939年。

在某贵族家族内部量才授任，朝廷拥有最终的决定权，部落头人、贵族的意见也十分重要。辽兴宗重熙十六年（1047），"诏：世选之官，从各部耆旧择材能者用之"。① 随着君主专制中央集权制度的加强，辽中期以后，世选制度发生了明显变化。从南、北府宰相的人选来看，一方面是参与世选的范围有所扩大，另一方面是世选贵族的特权不断被削弱。②

在金初的对外战争中，完颜宗室、女真部落首领、军功新贵被任命为统兵领民的猛安、谋克，兄终弟及或父死子继，世袭其职。如完颜欢都之子谋演，就是金初的首批世袭猛安之一。当时有三位勃堇（亦作孛堇）争授猛安，金太祖曰："汝辈能如欢都父子有劳于国者乎？"③ 于是命完颜谋演为猛安。可见，部落首领（勃堇）身份和拥有功勋是被授予世袭猛安谋克的前提条件。又如耶懒路都勃堇完颜石土门，"以本部兵从击高丽，及伐辽，功尤多"，其弟完颜迪古乃（完颜忠）也在军中。天辅末，完颜石土门卒，完颜迪古乃"代石土门为耶懒路都勃堇"。④ 完颜石土门之子完颜习室，"太祖攻宁江州，习室推锋力战，授猛安"。⑤ 完颜习室卒于金太宗天会五年（1127），完颜迪古乃卒于金熙宗天会十四年。金熙宗皇统年间（1141—1149），完颜习室之弟完颜思敬"袭押懒路万户，授世袭谋克"。⑥ 押懒路即耶懒路。早在天会二年，耶懒路完颜部迁至苏滨水。⑦ 金海陵王时期，罢押懒路万户，改置苏滨路节度使。金世宗大定（1161—1189）年间，诏令"石土门亲管猛安，子孙袭封者，可改为耶懒猛安，以示不忘其初"。⑧ 完颜习室所授猛安可能是行军猛安，更可能是袭封其父完颜石土门的亲管猛安官职。又如渤海人高永昌据东京称帝，劝女真曷苏馆部归降，部长完颜胡十门、完颜余里也不从，归顺完颜阿骨打，参与征讨高永昌及高丽。完颜胡十门以功授曷苏馆七部勃堇，后来其子完颜钩室从征辽朝，"功最，以其父所管七部为曷苏馆都勃堇"。完颜余

---

① 《辽史》卷二〇《兴宗本纪三》，第271页。
② 王德忠：《辽朝世选制度的贵族政治特色及其影响》，《东北师大学报》2003年第6期。
③ 《金史》卷六八《完颜谋演传》，第1695页。
④ 《金史》卷七〇《完颜石土门传》《完颜忠传》，第1722—1723页。
⑤ 《金史》卷七〇《完颜习室传》，第1724页。
⑥ 《金史》卷七〇《完颜思敬传》，第1725页。
⑦ 《金史》卷七〇《完颜忠传》，第1723页。
⑧ 《金史》卷七〇《完颜习室传》，第1724—1725页。

里也从征宋朝，以功授苾里海水世袭猛安，其子完颜布辉袭授猛安。①

金太宗、金熙宗、金海陵王在位时期，都曾封授新的世袭猛安谋克。如完颜骨赧，先袭其父谋克，金太宗天会八年（1130）授世袭猛安；②阿勒根没都鲁，金熙宗皇统二年（1142）授世袭本路宁打浑河谋克；③黄掴敌古本，皇统间，以功袭谋克，自星显水移防山东寿光县界为千户，六年授世袭猛安。④金海陵王天德（1149—1153）年间所授世袭猛安谋克数量较多，但"诏罢世袭万户官"。⑤金太祖之孙完颜爽（阿邻），宗室子完颜胡石改、完颜挞懒、完颜晏（斡论）、完颜昂（奔睹）等人，都于天德年间授世袭猛安。⑥金世宗即位后，"省并猛安谋克，及海陵时无功授猛、克者，皆罢之，失职者甚众"。⑦但大定间仍有封授。如宗室、枢密副使完颜宗尹，金世宗"录其父功，授世袭蒲与路屯河猛安，并亲管谋克"。⑧大定十八年（1178），追录乌古论三合旧劳，其子乌古论大兴授河北西路爱也窟河世袭猛安阿里门河谋克。⑨

猛安谋克世袭，须经朝廷批准，不得在家族内部私相授受。如宗室完颜璋，"皇统六年，父神土懑卒，宗弼奏璋可袭谋克，诏从之"。⑩完颜娄室，从攻黄龙府，金太祖"合诸路谋克，命娄室为万户，守黄龙府"。天会八年，完颜娄室卒，子完颜活女袭合扎（亲管）猛安，代为黄龙府路万户；皇统四年，完颜活女始袭济州（黄龙府改）路万户，以亲管奥吉猛安礼让其弟完颜谋衍，"朝廷从之"。⑪

世袭万户、千户、百户的女真贵族，出任府州县官或其他官职时，多以兄弟子侄摄领世袭官职。如济州路万户完颜活女任职元帅府、节度

① 《金史》卷六六《完颜胡十门传》、《完颜合住传》附《完颜余里也传》《完颜布辉传》，第1661—1663页。

② 《金史》卷六八《完颜骨赧传》，第1698—1699页。

③ 《金史》卷八一《阿勒根没都鲁传》，第1932页。

④ 《金史》卷八一《黄掴敌古本传》，第1932页。

⑤ 《金史》卷五《海陵本纪》天德三年十一月，第110页。

⑥ 《金史》卷六六《完颜胡石改传》《完颜挞懒传》，第1666、1668页；卷六九《完颜爽传》，第1705页；卷七三《完颜晏传》，第1777页；卷八四《完颜奔睹传》，第2007页。

⑦ 《金史》卷七〇《完颜思敬传》，第1726页。

⑧ 《金史》卷七三《完颜宗尹传》，第1778页。

⑨ 《金史》卷八二《乌古论三合传》，第1963页。

⑩ 《金史》卷六五《完颜斡者传》附《完颜璋传》，第1648页。

⑪ 《金史》卷七二《完颜娄室传》《完颜活女传》《完颜谋衍传》，第1754、1758页。

使、京兆尹，其弟完颜谋衍、完颜石古乃（完颜仲）相继权摄万户。①
金世宗大定十七年，规定"世袭猛安谋克若出仕者，虽年未及六十，欲
令子孙袭者，听"，同时规定"诸猛安父任别职，子须年二十五以上方
许承袭"。② 这说明世袭猛安谋克一般年过 60 岁应由子孙承袭，若就任
朝廷授予的流官，不到 60 岁也可以传给子孙，大定十七年以后，承袭人
须年满 25 岁。

　　被褫夺世袭职权的人，其世职或被朝廷授予其族人。如金熙宗时期，
宗室完颜宗秀平叛有功，"以宗磐世袭猛安授之"。③ 完颜宗磐是金太宗
之子，谋叛被诛。金世宗大定中，宗室完颜宗望之子完颜京因谋反被放
逐，完颜咬住"袭叔父京山东西路徒毋坚猛安"。④

　　金前期，女真贵族子弟世袭猛安谋克并未规定严格的嫡长子继承制，
功勋大小是子孙世袭的重要考量。有女真贵族将猛安谋克官职礼让给兄
弟族人的。如曷速馆人独吉义之父独吉祕剌，金初来附，授谋克，"祕剌
长子照屋，次子忽史与义同母。祕剌死，忽史欲承谋克。义曰：'长兄虽
异母，不可夺也。'忽史乃以谋克归照屋。人咸义之"。⑤ 又如斜卯阿里，
金初以功授猛安，"兄弟相友爱，家故饶财，以己猛安及财物尽与弟爱拔
里。爱拔里不肯受，逃避岁余，阿里终与之"。⑥ 金中期以后，世袭争执
的诉讼增多，不少人甚至因此耗损家财，家道中落。如宗室完颜突合速，
国初战功卓越，金海陵王天德间授世袭千户。"初，突合速以次室受封，
次室子因得袭其猛安。及分财异居，次室子取奴婢千二百口，正室子得
八百口。久之，正室子争袭，连年不决，家资费且尽。正室子奴婢存者
二百口，次室子奴婢存者才五六十口。世宗闻突合速诸子贫窘，以问近
臣，具以争袭之故为对。世宗曰：'次室子岂当受封邪！'遂以嫡妻长子
袭。"⑦ 女真人很可能自此才确立了嫡长子继承制。

　　随着金朝版图的扩张，女真人几乎遍布金全境，与各民族交错杂居。

--------

① 《金史》卷七二《完颜活女传》《完颜谋衍传》《完颜仲传》，第 1758、1760 页。
② 《金史》卷七《世宗本纪中》大定十七年四月、十月，第 185、186 页。
③ 《金史》卷六六《完颜勖传》附《完颜宗秀传》，第 1660 页。
④ 《金史》卷七四《完颜宗望传》附《完颜齐传》，第 1814 页。
⑤ 《金史》卷八六《独吉义传》，第 2037 页。
⑥ 《金史》卷八〇《斜卯阿里传》，第 1915 页。
⑦ 《金史》卷八〇《完颜突合速传》，第 1917 页。

猛安谋克世袭制也随着时代和社会的发展有所调整。大定初，有司请改世袭的猛安谋克为流官，以 30 个月为考。金世宗遂颁令"定世袭猛安谋克迁授格"。① 参知政事完颜宗宪上奏："昔太祖皇帝抚定天下，誓封功臣袭猛安谋克。今若改为迁调，非太祖约。臣谓凡猛安谋克，当明核善恶，进贤退不肖，有不职者，其弟侄中更择贤者代之。"② 金世宗最终采纳了这项既可以维护女真贵族特权，又可以考核他们的能力与业绩的折中方案。金熙宗、金海陵王时期规定，"凡承袭人不识女直字者，勒令习学"。金世宗改为"女直、契丹、汉字曾学其一者，即许承袭"，著于令。③ 旧制，世袭官因罪免现职，世袭官职一并解免，金世宗改为"居官犯除名者，与世袭并罢之。非犯除名者勿罢"。④ 金世宗十分看重世袭之家在政权中的地位。他曾引用《尚书》《孟子》等经典中崇奉"世臣""世选"的话，说明本朝"重其世功""推重其世家"的必要性。⑤

金中期以后，女真贵族官僚子弟多不学无术、骄奢淫逸、专横恣肆、贪赃枉法。金后期的监察御史陈规说："今之将帅，大抵先论出身官品，或门阀膏粱之子，或亲故假托之流，平居则意气自高，遇敌则首尾退缩，将帅既自畏怯，士卒夫谁肯前。又居常衰刻，纳其馈献，士卒因之以扰良民而莫可制。"又说："贵臣、豪族、掌兵官，莫不以奢侈相尚，服食车马惟事纷华。"⑥ 这种情况在辽金两朝具有一定的普遍性，是贵族政治滋生腐化堕落的突出表现。

## （二）宫中侍卫承应入仕

辽金两朝贵族官僚子弟充任宫帐、宫廷祗候承应人，是入仕的一条捷径。辽朝的护卫、祗候郎君，金朝的奉御、奉职、护卫、符宝郎、阁门祗候、笔砚承奉、尚衣承奉、知把书画、仪鸾局本把、尚辇局本把等宫中承应人，在宫帐、宫廷承担宿卫、祗应之责，其所在的诸司局署库分别隶属

---

① 《金史》卷六《世宗本纪上》大定二年二月，第 142 页。
② 《金史》卷七〇《完颜宗宪传》，第 1717 页。
③ 《金史》卷七三《完颜宗尹传》，第 1779 页。
④ 《金史》卷七三《完颜守能传》，第 1796 页。
⑤ （金）王彦潜：《完颜希尹神道碑》，王新英辑校《全金石刻文辑校》，吉林文史出版社，2012，第 217 页。
⑥ 《金史》卷一〇九《陈规传》，第 2543—2544、2546 页。

殿前都点检司和宣徽院。他们主要是各族贵族官僚子弟，若干年后可以出职为官，构成一支特殊的官僚后备队伍。特别是那些中高级祗候承应人，由于出身贵族，亲近皇帝，他们出职任官尽居显要，且迁转快速。①

辽朝除护卫和祗候郎君之外，御帐的近侍小底也是入仕的重要门径。② 辽朝有近侍局，又称近侍详稳司，俗称著帐郎君院、著帐户司，最晚置于辽太祖末、辽太宗初。③ 辽之皇族、外戚及贵族世官之家因犯罪籍没入官，隶宫籍，后经赦免，子弟称著帐郎君。④ 著帐户包括两类人户，一类"本诸斡鲁朵户析出"，属于宫分（斡鲁朵）户的一部分，一类是"诸色人犯罪没入"者，为罪隶。⑤ 他们分别隶属诸承应小底局，承担宫帐杂役，"凡承应小底，司藏、鹰坊、汤药、尚饮、盥漱、尚膳、尚衣、裁造等役，及宫中、亲王祗从、伶官之属，皆充之"。⑥ 承应小底又称近侍小底，简称近侍，为著帐官，一般从著帐郎君、宫分户、著帐户中遴选，属于辽朝御帐官的一种。如贵族出身的弘义宫分人、辽初功臣耶律欲稳之后耶律胡吕，辽兴宗"重熙末，补寝殿小底。以善职，屡更华要，迁千牛卫大将军"。⑦ 太和宫分人萧胡笃，其家族"世预太医选，子孙因之入官者众"。辽道宗清宁初，萧胡笃"补近侍"，历任彰愍宫、永兴宫太师，殿前副点检，累迁知北院枢密使事。⑧ 著帐郎君之后

---

① 参见拙文《辽朝御帐官考》，《民族研究》1997 年第 2 期；《金朝宫中承应人初探》，漆侠、王天顺主编《宋史研究论文集》，宁夏人民出版社，1999，第 442—458 页。

② 辽朝的祗候郎君包括笔砚、牌印、裀褥、灯烛、床幔、殿幄、车舆、御盏诸班祗候郎君。近侍小底又称承应小底，包括寝殿、司藏、习马、鹰坊、汤药、尚饮、盥漱、尚膳、尚衣诸局小底。金朝的奉御、奉职，原名人寝殿小底、不入寝殿小底，合称近侍，他们属于金朝宫中承应人的高级职员。金朝宫中承应人承担了辽朝祗候郎君和近侍小底的职责。

③ 《辽史》卷三《太宗本纪上》载，天显二年（927），辽太宗即位不久，"阅近侍班局"（第 30 页）。

④ 从《辽史》之《百官志》《营卫志》的记载看，似乎内族、外戚、世官之家犯罪没入宫帐者，子孙都称著帐郎君，其实不然。《辽史》卷一〇七《耶律奴妻萧氏传》记载，萧氏系出国舅帐，公主之女。辽道宗大康间，耶律奴得罪枢密使耶律乙辛，被没入兴圣宫，流放乌古部。寿昌中，萧氏上书乞子孙为著帐郎君。帝"嘉其节，诏举家还（第1621—1622 页）。李桂芝《契丹郎君考》认为，诸贵族罪犯与其他罪犯没为著帐户者不同，事过境迁或认罪服法态度好者，可以恢复贵族身份，成为著帐郎君，并委以任使。载陈梧桐主编《民大史学》第 1 辑，中央民族大学出版社，1996，第 267—291 页。

⑤ 《辽史》卷四五《百官志一》，第 794 页。

⑥ 《辽史》卷三一《营卫志上》，第 419 页。

⑦ 《辽史》卷九八《耶律胡吕传》，第 1560 页。

⑧ 《辽史》卷一〇一《萧胡笃传》，第 1582—1583 页。

耶律良，"重熙中，补寝殿小底，寻为燕赵国王近侍。以家贫，诏乘厩马。迁修起居注"，清宁中迁知制诰、敦睦宫使。① 汉族宫分户如韩匡嗣"以善医，直长乐宫"，所任应即近侍，其子韩德源"早侍景宗邸，及即位，列近侍。统和间，官崇义、兴国二军节度使"。②

金朝的宫中承应人与内外各衙门的吏员、院务监当差使皆属流外职。不同部门的承应人，其俸禄、待遇及出职所系的班分、散官级、职品、迁转都有很大的不同。③ 如"护卫二百人，近侍之执兵仗者也，取五品至七品官子孙及宗室并亲军、诸局分承应人，身长五尺六寸者，选试补之"。④ 入充护卫要经过选拔考试，一般"选年二十以上四十以下有门地才行及善射者"，且身高、体形都有一定标准。⑤ 其中女真宗室、世戚、贵族、官员的子弟占多数，在选拔时享有优先权。笔者以为，所谓取五品至七品官子孙，或为取五品以上散官、七品以上职事官子孙之误。侍仪司承应人擎执㸑使于三品以上散官、五品以上职事官应荫子孙、弟兄、侄内录用，⑥ 可为之佐证。也有少部分女真平民子弟因才勇超群而入选护卫。契丹、奚族上层子弟也可选充护卫，但很少见到汉人、渤海人任护卫的记载。近侍局奉御原名入寝殿小底，编制 16 人，奉职原名不入寝殿小底，又名外帐小底，编制 30 人，皆大定十二年改名。⑦ 奉御、奉职"皆阀阅子孙"，⑧ "多以贵戚、世家、恩幸者居其职，士大夫不预焉"。⑨ 宗室、世戚是近侍的首选。如果说护卫负责宿卫，须选拔武艺精湛、休魄强壮的人，少数平民子弟也可以入选的话，那么负责"传诏旨、供使令"的近侍则把女真平民子弟排除在外了，⑩ 极少数汉、渤海族的官僚子弟也有跻身近侍之列者。又如符宝局有符宝郎、符宝典书。符宝郎原

①《辽史》卷九六《耶律良传》，第 1538—1539 页。

②《辽史》卷七四《韩知古传》附《韩匡嗣传》《韩德源传》，第 1360—1361 页。

③ 详见拙作《金朝宫中承应人初探》，漆侠、王天顺主编《宋史研究论文集》，第 442—458 页。

④《金史》卷四四《兵志》，第 1072 页。

⑤《金史》卷七《世宗本纪中》大定十二年十二月，第 176 页；卷九《章宗本纪一》明昌元年三月，第 234 页。

⑥《金史》卷五三《选举志三》，第 1269 页。

⑦《金史》卷五六《百官志二》，第 1341 页。

⑧《金史》卷八八《唐括安礼传》，第 2087 页。

⑨（金）刘祁：《归潜志》卷七，中华书局，1983，第 78 页。

⑩（金）刘祁：《归潜志》卷七，第 79 页。

名符宝祗候、牌印祗候，符宝典书原名牌印令史，"以皇家祖免以上亲、有服外戚、功臣子孙为之"。①

金海陵王正隆二年（1157），金朝制定了宫中承应人历资考迁转武散官的法令。但是除护卫、符宝郎、符宝典书、奉御、阁门祗候等承应人在金熙宗、金海陵王时期取得出职任官的资格外，大多数承应人是在金世宗大定年间才取得出职资格的，即"有出身"。如正隆二年格规定，奉职、妃护卫、知把书画、内藏库本把，女真人初考迁敦武校尉（武散官从八品下），非女真人迁进义校尉（武散官正九品上），无出身。正隆二年格还规定，有出身诸局分承应人皆以50个月为一考，五考出职，无出身者每50个月迁一官阶。大定二年（1162），奉职等取得出身，奉职出职正班九品职事，妃护卫出职八品，知把书画出职九品，内藏库本把十人长出职九品职事，长行人只有转十人长或散官迁加至敦武校尉才能出职。金世宗大定以前，因为宫中诸局分大多没定出身，所以"女直人自来诸局分不经收充祗候"，他们不屑到无出身的局分承应。大定七年，宫中诸局分普遍有了出身，金世宗鼓励女真子弟赴宫中承应，"除太医、司天、内侍外，余局分并令收充勾当"。② 在宫中执事10年左右，他们便可出职授官，有的直接升任宫中诸局署官员。

## （三）荫补入仕

荫补是古代中原王朝的一种选官制度。辽朝不仅在南面官、汉族官员中继续实行荫补制，而且把它推广到北面官、契丹等族的官员中。契丹人荫补授官始于何时已难得其详。品部人耶律引吉，约辽圣宗晚期"以荫补官"，辽道宗初期"累迁东京副留守、北枢密院侍御"。③ 辽圣宗与淑仪耿氏之子耶律宗愿，辽道宗清宁九年（1063）时任判上京留守、临潢尹事，一子弘辩，"荫授右千牛卫大将军"。④ 祗候郎君、护卫、近侍小底等宫帐祗候承应、宿直官，也有荫补者。如国舅帐萧兴言，辽道

---

① 《金史》卷五三《选举志三》，第1267页。参见卷五六《职官志》。
② 《金史》卷五三《选举志三》，第1265—1268页。
③ 《辽史》卷九七《耶律引吉传》，第1549页。
④ 《圣宗淑仪赠寂善大师墓志》，向南等辑注《辽代石刻文续编》，辽宁人民出版社，2010，第120页。

宗清宁间，"承祖之荫，置于宿其禁卫之列"，①　就是指荫补护卫。荫补更是汉族、渤海族世家大族和官僚子弟入仕的重要途径。顺州知事致仕的世家大族马直温之子马梅，两试进士不利，"遂内供奉班祗候"，②　实际就是荫补入仕；韩知古四世孙韩橁、韩延徽之后韩资道，其墓志明言以荫补官；③　"六世仕辽，相继为宰相"的世族刘彦宗，其二子皆于辽末荫补授官。④　渤海族世族高模翰之孙高为裘，"由祖父荫寄班祗候，授西班小底、银青崇禄大夫、兼监察御史、武骑尉"。⑤　内供奉班祗候、寄班祗候、西班小底是低级武官迁转官阶。

金代，"门荫之制，天眷中，一品至八品皆不限所荫之人。贞元二年（1154），定荫叙法，一品至七品皆限以数，而削八品用荫之制"。这里的品级指文武散官阶。金海陵王贞元荫叙法规定，正从七品文武官（阶）荫补一人，六品及以上文武官荫补二人。金世宗大定十四年（1174），"文武官从下各增二阶"，改为六品、七品荫补一人，五品及以上荫补二人，并且规定有子孙者不得荫补兄弟和侄子。金章宗明昌元年（1190），放宽门荫政策，规定"凡诸色出身文武官，一品荫子孙至曾孙及弟兄侄孙六人，因门荫则五人（意即官员本人是荫补出身者少荫补一人）；二品则子孙至曾孙及弟兄侄五人，因门荫则四人；三品子孙兄侄四人，因门荫则三人；四品、五品三人，因门荫则二人；六品二人，七品子孙兄弟一人，因门荫则六品、七品子孙兄弟一人。旧格（指贞元荫叙法），门荫惟七品一人，余皆加一人。明昌格，自五品而上皆增一人"。⑥　三品及以上的官员，主要出身于女真贵族和女真、汉族进士，他们荫补子弟，不仅数量多，而且入仕起点高。

金代无论文武官，荫补子弟均为右职武官。贵族和大官僚的子弟，可以通过门荫进入宫中充任护卫、奉御、奉职、阁门祗候、本把等宫中承应

---

①　《萧兴言墓志》，向南等辑注《辽代石刻文续编》，第188页。

②　《马直温妻张馆墓志》，向南编《辽代石刻文编》，河北教育出版社，1995，第634页。

③　《韩橁墓志》载墓主"袭世禄"初授西头供奉官；《韩资道墓志》载墓主"以荫授银青崇禄大夫、检校国子祭酒、行右卫率府副率"。见向南编《辽代石刻文编》，第204、334页。

④　《金史》卷七八《刘彦宗传》附《刘尊传》《刘筈传》，第1881—1883页。

⑤　《高为裘墓志》，向南编《辽代石刻文编》，第609页。

⑥　《金史》卷五二《选举志二》，第1239—1240页。

人，或任尚书省、六部、御史台、枢密院的令史、译史、通事等吏职，然后再出职为官，升迁更加快捷。如省令史，"选取之门有四，曰文资，曰女直进士，曰右职，曰宰执子"。其中宰执子弟省令史，就是"承荫者"。大定十七年，又定制"以三品职事官之子，试补枢密院令史"。同年吏部定制，"宰执之子并在省宗室郎君，如愿就试令、译史，每年一就试"。①宰执之子、三品职事官之子试补省院令、译史，多数属于荫补。六部令、译史出身，大定十四年规定，"以三品至七品官承荫子孙一混试充。寻以为不伦，命以四品、五品子孙及吏员试中者，依旧例补，六品以下不与"。②三品至七品官子孙也好，四品、五品子孙也好，都是荫补出身。

辽金两朝世袭世选官职与宫中侍卫、承应人作为贵族官僚子弟入仕的特权，以及荫补制度对贵族官僚的倾斜政策，突出体现了贵族政治特点。辽朝官分南北，"北面治宫帐、部族、属国之政，南面治汉人州县、租赋、军马之事"。③辽朝的军政大权实际掌握在北枢密院手中，而北枢密院基本上由契丹贵族掌控，只有少数契丹平民出身的官员及契丹化的汉人官员曾任北枢密院主贰官。汉人主要任职于南枢密院，而南枢密院不理军政。辽末汉人张琳任职北面官的南府宰相，管理部族行政事务，天祚帝让他领兵东征女真，"琳以旧制，凡军国大计，汉人不与，辞之"。④金朝的军政大权也掌握在女真贵族手中。

辽金贵族政治的衍生特点是官员任职的民族差别。漆侠先生从对《辽史》列传的分析入手，精辟地阐述了辽朝的国家体制。《辽史》列传传主计有305人，其中契丹人234人，占全部传主的76.72%；汉人58人，占19.02%；奚人7人，渤海人4人，分别占2.30%、1.31%；回鹘人、吐谷浑人各1人，各占0.33%。这大体上反映了各族在辽朝的地位。⑤金初，"有兵权、钱谷，先用女真，次渤海，次契丹，次汉儿。汉儿虽刘彦宗、郭药师亦无兵权"。⑥虽然"海陵王至世宗时期，金的民族

---

① 《金史》卷五二《选举志二》，第1248、1251页。
② 《金史》卷五三《选举志三》，第1258页。
③ 《辽史》卷四五《百官志一》，第773页。
④ 《辽史》卷一〇二《张琳传》，第1588页。
⑤ 漆侠：《从对〈辽史〉列传的分析看辽国家体制》，《历史研究》1994年第1期。
⑥ （宋）赵子砥：《燕云录》，（宋）徐梦莘：《三朝北盟会编》卷九八，上海古籍出版社，2008，第725页。

政策发生了很大的变化，南人地位的上升与汉人、契丹及奚人地位的下降，使得各个被统治民族的等级界限不如过去那么鲜明了。然而表现在女真人与非女真人之间的诸多不平等现象却始终存在，这是金代民族歧视的一个一贯性问题"。① 如选官用人方面，"独女直有超迁格"，② 女真官员的升迁速度明显快于其他民族的官员。金朝的侍卫亲军主要由精于骑射的女真人充任，也参用少数其他民族的人，金世宗初期编制 4000人，金章宗中后期增至 6000 人。③ 亲军有出职入仕的制度性规定："侍卫亲军长行，初收，迁一重，女直敦武（校尉），余人进义（校尉）。每五十月迁一重。以次转五十人长者，则每三十月迁一重。如五十人长内迁至武义（将军）者，以五十人长本门户出职。五十人长每三十月迁一重，六十月出职，系正班，与九品除授，有荫者八品除授。如转百人长者，则三十月迁一重，六十月出职，系正班八品，有荫者七品。"大定二十九年，进一步规定女真侍卫亲军 250 个月出职，余 300 个月出职。④ "亲军不以门第收补"，但是因为女真人有"超迁格"，故大多数女真亲军出职后升迁的速度比"皆阀阅子孙"充任的非女真奉职还要快。⑤

## 三　吏员出职、军功补官的普遍性与科举制度的曲折发展

### （一）吏员出职

辽金官僚队伍中，吏员出职任官者占有较大比重。贵族官僚子弟之外的一般平民子弟，可以通过在各级官府担任吏员进入仕途。辽兴宗时的枢密使马保忠说："今之授官，大率吏而不儒。"⑥ 金朝各级官府的令史、译史、掌书、书史、书吏、译人、通事等吏员，与宫中诸局分承应人一样，"有出身者（指有出职任官资格者）皆为流外职，凡此之属，

① 刘浦江：《金朝的民族政策与民族歧视》，氏著《辽金史论》，辽宁大学出版社，1999，第 75 页。
② 《金史》卷八八《唐括安礼传》，第 2087 页。
③ 《金史》卷四四《兵志》，第 1071—1072 页。
④ 《金史》卷五三《选举志三》，第 1270—1271 页。
⑤ 《金史》卷八八《唐括安礼传》，第 2087 页。
⑥ （宋）叶隆礼：《契丹国志》卷一九《马保忠传》，贾敬颜、林荣贵点校，上海古籍出版社，1985，第 180 页。

或以尚书省差遣，或自本司判补，其出职或正班、杂班，则莫不有当历之名职"。① 贞祐南渡后，"宣宗奖用胥吏，抑士大夫"，② 也反映了吏员出职授官是比较普遍的现象。

　　吏员出职是辽朝各族中小地主、牧主的重要入仕门径。辽朝南北两面官各级机构都有数量不等的胥吏，其人数远远超过官员的人数。契丹人有世代为吏者，如突吕不部耶律解里家族"世为小吏"，五院部人耶律阿息保家族"世为（西北）招讨司吏"。③ 这些家族属于富裕的契丹平民，他们的子弟由吏补官者当不在少数，只不过其中多数滞留于中下级官员，无法像贵族子弟那样平步青云。只有少数契丹平民因才干出众、战功卓越，或善于权术，升至高官，如"世为北院吏"的萧护思，"以世业为本部吏"的五院部人耶律八哥，"始为本部吏"的突吕不部人萧合卓等。④ 五院部人耶律乙辛，"家贫，服用不给"，成人后补文班吏、笔砚吏，因"慧黠"而得辽兴宗的信任和宠爱，累迁护卫太保；辽道宗即位后数年间，耶律乙辛骤升南院枢密使、知北枢密院事，因平定耶律宗元叛乱有功，擢北院枢密使，独揽朝政十余年。⑤ 史称："自萧合卓以吏才进，其后转效，不知大体。"⑥ 自辽圣宗起用萧合卓以后，大概吏员出身的官员有所增加，引起贵族们的不满。

　　辽朝汉人以胥吏出职入仕的，如上京人蔡志顺，辽道宗时由府吏转枢密院令史，改通事，以左承制出职为官。⑦ 卢彦伦，"辽天庆初，萧贞一留守上京，置为吏，以材干称。是时，临潢之境多盗，而城中兵无统属者，府以彦伦为材，荐之于朝，即授殿直、勾当兵马公事"。⑧ 辽道宗以前，科举取士有限，官僚队伍中出身刀笔吏的远多于儒士。辽道宗、天祚帝两朝，这种局面有了较大的转变。大康九年（1083），"定诸令史、

---

① 《金史》卷五二《选举志二》，第1238—1239页。
② （金）刘祁：《归潜志》卷七，第73页。
③ 《辽史》卷七六《耶律解里传》、卷一〇一《耶律阿息保传》，第1373、1580页。
④ 《辽史》卷七八《萧护思传》、卷八〇《耶律八哥传》、卷八一《萧合卓传》，第1396、1412、1418页。
⑤ 《辽史》卷一一〇《耶律乙辛传》，第1633—1635页。
⑥ 《辽史》卷八七《萧孝穆传》，第1466页。
⑦ 《蔡志顺墓志》，向南等辑注《辽代石刻文续编》，第261页。
⑧ 《金史》卷七五《卢彦伦传》，第1823页。

译史迁叙等级"。① 大安（1085—1094）初，从南院枢密使萧兀纳奏请，规定掾史按岁月迁叙。② 这应是对大康九年吏格的进一步补充和完善。结合同时期进士举子录取人数增加、政治地位提升来看，这种对吏员按资考迁转的规范化做法，极有可能是对吏员出职授官的限制性措施。③

金初，女真统治者除继续任用辽、宋旧官僚和儒士外，十分倚重汉人吏员。这是因为女真人初来乍到，不熟悉汉地环境，特别是语言不通，要在新占领的地区立住脚，不得不利用一批懂基层政权运作、擅长刀笔文案的吏员。滞留金朝的宋人洪皓记载："金国之法，夷人官汉地者，皆置通事（原注：即译语官也，或以有官人为之）。上下重轻皆出其手，得以舞文招贿，三二年皆致富。"④ 其他吏员的能量虽不及通事，但吏习相仿。金熙宗、海陵王改革官制，建立健全了中央和地方各级官府以及官吏管理制度。金朝各级官府的吏，与宫廷诸局分承应人、院务监当差使"皆为流外职"，⑤ 都有专门的"格法"规定他们出任职事官的迁转资历。金海陵王即位后，规定除尚书省、枢密院、御史台的吏员任满出职为正班官员外，中央其他部门的吏员"皆为杂班"。他召集这些部门的吏员，颁降谕旨："尔等勿以班次稍降为歉，果有人才，当不次擢用也。"同时规定，"少府监吏员，以内省司旧吏员及外路试中司吏补"。⑥ 可见，

---

① 《辽史》卷二四《道宗本纪四》，第327页。
② 《辽史》卷九八《萧兀纳传》，第1556页。
③ 辽朝官员的叙迁制度，长期以来是很不完善的。首先是契丹贵族、汉族世家大族子弟往往不依资级迁转。如韩知古之子韩匡嗣，初以医术当值御帐，辽太宗时"以勋旧之胤，有干济之材，乃议褒升，罔循资级，特授右骁卫将军"（《韩匡嗣墓志》，向南等辑注《辽代石刻文续编》，第23页）。《萧兴言墓志》载萧兴言于道宗清宁间"承祖之荫，置于宿其禁卫之列，次授宫使，时年二十七"（向南等辑注《辽代石刻文续编》，第188页）。宫使位在节度使之上，见余靖《武溪集》卷一八《契丹官仪》，《宋集珍本丛刊》第3册，线装书局，2004，第305页。由宿卫径升宫使，当然是超迁。其次是皇帝的近侍、护卫等亲信往往不依资级迁转。《契丹国志》载，兴宗"每有除授，凡所亲信不依常格，径与躐升，如刺曷昌等数十人。左右隶役，皆自微贱入亲宫闱，曾无勋力，拔居将相，位居公卿。爵赏滥行，除授无法。枢密使马保忠本汉人，尝从容进谏，言于帝曰：'……今臣下豢养承平，无勋可陟，宜且序进之。'"（《契丹国志》卷八《兴宗文成皇帝》，第82页）
④ （宋）洪皓：《松漠纪闻》，赵永春辑注《奉使辽金行程录》（增订本），商务印书馆，2017，第323页。
⑤ 《金史》卷五二《选举志二》，第1238页。
⑥ 《金史》卷五三《选举志三》，第1259页。

随朝吏员经历一定的资考，若无犯罪和不良记录，均可出职补官。外路吏人可试补随朝吏职。大定二十九年（1189），金章宗即位后，有官员奏言："诸州府吏人不宜试补随朝吏员，乞以五品以上子孙试补。"尚书省认为："吏人试补之法，行之已久，若止收承荫人，复恐不闲案牍，或致败事。旧格惟许五品职官子孙投试，今省部试者尚少，以所定格法未宽故也。"于是规定，"散官五品而任七品，散官未至五品而职事五品，其兄弟子孙已承荫者，并许投试，而六部令史内吏人试补者仍旧"。① 吏人试补法得以保留。

金制，外路吏人实行移转法，任满 30 年可出职任官。吏人移转法实行于金世宗大定三年，"以外路司吏久不升转，往往交通豪右为奸，命与孔目官每三十月则一转，移于它处"。② 大定初，户部郎中曹望之奏称"随处胥吏猥多，乞减其半"，金世宗"诏胥吏仍旧，但禁用贴书"。③ 大定七年，诏令"京府州县及转运司胥吏之数，视其户口与课之多寡，增减之"。后来一度取消外路吏人移转法。金章宗泰和四年（1204），张行信进奏："自罢移转法后，吏势浸重，恣为豪夺，民不敢言。今又无朝差都目，止令上名吏人兼管经历六案文字，与同类分受贿赂。吏目通历三十年始得出职，常在本处侵渔，不便。"朝廷"遂定制，依旧三十月移转，年满出职，以杜把握州府之弊"。④ 外路吏人除试补随朝外，须任职 30 年才能靠年劳出职补官。所谓"朝差都目"，指金海陵王正隆二年（1157）颁布格法，"定知事、孔目出身俸给，凡都目皆自朝差"。⑤ 都目即州府吏人之长。

### （二）军功劳效补官

军功补官是辽金各族人士入仕和晋升的重要途径，也是颇具民族和时代特点的官员选拔制度。辽金两朝在建立政权的过程中都产生了若干军功贵族，维持统治也离不开武力，以武立国乃其特色。契丹、女真基

---

① 《金史》卷五三《选举志三》，第 1260 页。
② 《金史》卷五三《选举志三》，第 1259 页。
③ 《金史》卷五三《选举志三》，第 1259 页。参见卷九二《曹望之传》，第 2160 页。
④ 《金史》卷五三《选举志三》，第 1259—1260 页。参见卷一〇七《张行信传》，第 2501 页。
⑤ 《金史》卷五三《选举志三》，第 1259 页。

本是全民皆兵，军人集团始终受到重视和优遇。军功补官对于激励士气，保持军队的战斗力，提升本族的凝聚力，维护和巩固统治都具有重要意义。在各时期的对外战争、镇压内乱中，以军功补官、升官者屡见不鲜。

如辽太祖时的御帐亲兵，遴选自契丹诸部落，屡建功勋，不少人成为军功新贵，充实到新政权中。六院部皇族耶律老古，早年"隶太祖帐下"，因平诸弟之乱有功，授右皮室详稳。[①] 辽太祖以降，以军功入仕者在辽朝官员中占有较高的比重。辽景宗时，辽宋双方激战，五院部（北大王府）皇族耶律元宁奋勇作战，"因是军功达于睿听，宣署北大王府管军司徒"。[②] 辽道宗在位初期，国舅帐的萧忽古，"甫冠，补禁军"；咸雍（1065—1074）初，征讨违命番部，以功"召为护卫"。[③] 这是契丹贵族子弟以军功补官的实例。突举部人耶律谐里，辽圣宗统和初，从征宋朝为先锋，侦察有功，擒获宋将，"以功诏世预节度使选"；太平元年（1021），迁本部节度使。[④] 这是因军功跻身贵族、迁转官职的实例。汉人、渤海人中也不乏因军功授官者。如辽圣宗统和七年（989），辽军攻易州，"以东京骑将夏贞显之子仙寿先登，授高州刺史"。[⑤] 各级统兵官，包括出征的护卫、祗候郎君等御帐官，因军功迁升官职的实例更多。

女真起兵反辽，完颜阿骨打阵前誓师："汝等同心尽力，有功者，奴婢部曲为良，庶人官之，先有官者叙进，轻重视功。"[⑥] 金熙宗皇统八年、金章宗大定二十九年，曾颁布军功迁官的吏格，前期除授县丞、主簿、监当诸司使副、县令或节镇军都使、正将等职事官，后期一律除授亲民官主簿、县令，[⑦] 这在带武官阶的右职官员中是最优厚的待遇，所谓"右职则军功为优"。[⑧] 军功授官，女真人是主要获益者。据统计，《金史》列传反映的女真人入仕途径，以军功入仕者，1115—1144 年约占

---

① 《辽史》卷七三《耶律老古传》，第 1351 页。
② 《耶律元宁墓志》，向南等辑注《辽代石刻文续编》，第 43 页。
③ 《辽史》卷九九《萧忽古传》，第 1567 页。
④ 《辽史》卷八五《耶律谐里传》，第 1447—1448 页。
⑤ 《辽史》卷一二《圣宗本纪三》，第 143 页。
⑥ 《金史》卷二《太祖本纪》，第 26 页。
⑦ 《金史》卷五二《选举志二》，第 1246—1247 页。
⑧ 《金史》卷五二《选举志二》，第 1237 页。

38%，1145—1174 年约占 19%，1175—1204 年约占 5%，1205—1234 年约占 9%。① 入传人物一般是高级官员，中下级官员中以军功入仕者的比重或高于高级官员。屡次起兵反抗金朝统治的契丹人，军功受赏有诸多限制。直到金章宗泰和元年（1201），始"诏契丹人立功官赏恩同女直人，许存养马匹，得充司吏、译人，著为令"。② 与世袭官职相比，靠军功补官无疑是进步的。金朝还具体制定了考核军功的六条标准。③

金朝的劳效补官特指礼遇军中非世袭的资深押军千户（猛安）、百户（谋克）的授官制度，始见于金世宗大定五年（1165）制敕。河南、陕西统军司的千户在军中任职 40 年以上拟授从七品职事官，千户在军中任职 30 年以上、百户 40 年以上者拟授从八品职事官，千户在军中任职 20 年以上、百户 30 年以上拟授从九品职事官，百户任职超过 20 年系正班或监当差使，任职时间"皆以所历千户、谋克、蒲辇月日通算"。大定二十年以后吏格规定，任管押千户、百户、蒲辇 20 年以上，散官阶至宣武将军（从五品）以上者，授从七品职事官，初任除授下令，第二任除授中令，第三、四任除授上令；散官阶低于宣武将军者，分别授八品、九品职事官；授八品职事官者，初授录事，第二任授剧县丞，第三任授下令，第四任授中令，第五、六任均授上令；授九品职事官者，则从下等县簿做起，直至第六、七任授上令。④ 金宣宗贞祐南渡后，由军功、劳效官至县令者增多。监察御史陈规上书请慎择守令，指出"县令之弊无甚于今，由军卫、监当、进纳、劳效而得者，十居八九"。⑤

### （三）科举制度

辽金科举的重要性远逊于同时代的宋朝。自隋朝确立科举制度，经过唐前期的改革完善，唐中期以后，科举取士已经成为王朝国家选拔文官的主要渠道。辽金两朝的统治者对科举取士的重要性有个认识过程。为防范本族成员丧失尚武之风，防范本族文化被"同化矮化"，辽金统

① 陶晋生：《金代的用人政策》，《食货》复刊第 8 卷第 11 期，1979 年，第 47—54 页。
② 《金史》卷一三二《纥石烈执中传》，第 2991 页。
③ 《金史》卷五二《选举志二》，第 1246 页。
④ 《金史》卷五二《选举志二》，第 1247 页。
⑤ 《金史》卷一〇九《陈规传》，第 2544 页。

治者甚至排斥科举。如辽圣宗以前，贡举无定期，辽圣宗统和六年
（988）才正式确定科举制度，但每次仅录取数人，统和末每科及第人数
增加到 20 余人，辽兴宗时增至 60 人左右，直到辽道宗以后才增至 100
多人，但禁止契丹人参加科举。① 辽中期以后，随着民族交往和文化交
流的深入，契丹人中爱好经籍、长于诗赋的人日益增加，长期的和平生
活也滋生了重文轻武的风气。契丹文人希望通过科举求取功名的愿望越
来越强烈。皇族季父房的耶律庶成、庶箴兄弟都好学善诗文，耶律庶成
曾为林牙（汉译翰林学士），耶律庶箴为主管文翰的都林牙。耶律庶箴
之子浦鲁自幼聪悟好学，学习汉文不到 10 年便博通经籍。辽兴宗重熙
间，他参加进士科考，"主文以国制无契丹试进士之条，闻于上，以庶箴
擅令子就科目，鞭之二百"。辽兴宗命耶律浦鲁补牌印郎君，并令其赋诗
以进。辽兴宗嘉叹之余，不无忧虑地说："文才如此，必不能武事。"② 
到辽末，契丹人试进士的禁令终于松弛。天庆五年（1115）皇族耶律大
石登进士第，擢翰林应奉、翰林承旨。③

《金史》载："辽起唐季，颇用唐进士法取人，然仕于其国者，考其
致身之所自，进士才十之二三耳。"④ 单就汉人而言，随着录取人数的增
加，汉族官员中进士出身的比例在辽兴宗以后大幅提高。科举制度为汉
族、渤海族中小地主及少数农家子弟提供了入仕之途。这是契丹统治者
笼络汉族、渤海族中小地主，适当扩大统治基础，巩固皇权的需要。随
着辽朝文教的发展，崇儒之风骤兴。大族子弟、荫补官员纷纷加入科考
的行列。幽蓟大族、辽圣宗朝宰相刘晟（一作刘慎行）有 6 子，其中 3
人是进士出身。⑤ 韩知古后人韩企先，辽末乾统年间中进士第。⑥ "族世
昌茂，雄视燕蓟"的大族、知顺州军州事马直温之子马梅，天祚帝时举
进士业，两就廷试不利，才荫补内供奉班祗候。⑦ "号为著族"的燕地人

---

① 参见高福顺《科举与辽代社会》，中国社会科学出版社，2015，第 84—85、104—109
页；李桂芝《辽金科举研究》，中央民族大学出版社，2012，第 2—8 页。
② 《辽史》卷八九《耶律庶成传》及附《耶律庶箴传》《耶律浦鲁传》，第 1485—1487 页。
③ 《辽史》卷三〇《天祚帝本纪四》附录，第 401 页。
④ 《金史》卷五一《选举志一》，第 1209 页。
⑤ 《辽史》卷八六《刘六符传》，第 1457 页。
⑥ 《金史》卷七八《韩企先传》，第 1889 页。
⑦ 《马直温妻张馆墓志》，向南编《辽代石刻文编》，第 633—634 页。

王泽，辽圣宗开泰七年（1018）登进士第，"有子二人，皆进士登第"。
王泽登第后，历任秘书省校书郎、营州军事判官，"宣充枢密院令史。太
平五年（1025），迁吏房令史，权主事。进士隶院职，自父（泽）之始
也"。① 辽圣宗后期，进士开始在南枢密院各房任职，打破了荫补任子、
胥吏一统枢密院的格局，这是进士政治地位提高的标志性事件。

从《辽史》、传世石刻及其他文献中很不完全的记载看，辽兴宗以
后，南面官的中高级官员中，如州镇节度使、路级计使（三司使、盐铁
使等）、中书省和南枢密院长贰官，进士出身的官员占有相当高的比例。
《辽史》传主，汉人仅有58人（包括系皇族季父房的韩知古家族），渤
海人仅有4人，其中进士22人。不少有影响的汉族名臣能吏未入传，如
宰臣贾师训、梁援、王师儒，都是辽朝后期有较大影响的进士出身的汉
族官员，如果不是有出土墓志，他们的事迹将湮没无闻，除梁援因状元
及第见载于《辽史》外，其余据墓志才知道他们是进士。② 他们多数是
在辽道宗、天祚帝两朝任职。辽朝后期，官僚队伍构成发生了结构性变
化，进士出身的官员在政治上发挥着日益重要的作用，整体地位上升到
前所未有的高度。③ 详见本书第三章。

与辽朝相比，金朝统治者比较重视科举取士。金后期进士李世弼撰
《登科记序》曰："金天会元年始设科举。有词赋，有经义，有同进士，
有同三传，有同学究，凡五等。词赋于东西两京，或蔚、朔、平、显等
州，或凉廷试。试期不限定月日，试处亦不限定府州。"④ 金太宗天会五
年（1127），"以辽、宋之制不同，诏南北各因其素所习之业取士，号为
南北选"。金海陵王天德二年（1150），"始增殿试之制"，从此金朝的科
举实行乡试、府试、会试、殿试四选，"凡四试皆中选，则官之"。⑤ 南
北选实行了20多年，仍无定期、无定额，如某科"北选词赋进士擢第一

---

① 《王泽墓志》，向南编《辽代石刻文编》，第259—261页。
② 《贾师训墓志》《梁援墓志》《王师儒墓志》，向南编《辽代石刻文编》，第476、519、
　645页。《辽史》卷二一《道宗本纪一》记载，清宁五年（1059）御试，放进士梁援
　等115人（第292页）。
③ 当然这只是相对于前期而言的，而且仅限于南面官系统。契丹贵族把持的北面官系统，
　垄断了辽朝的军政大权，汉人不得过问军政。
④ （金）李世弼：《登科记序》，（清）张金吾编纂《金文最》卷四五，中华书局，1990，
　第652页。
⑤ 《金史》卷五一《选举志一》，第1214—1215页。

百五十人，经义五十人，南选百五十人，计三百五十人。嗣场，北选词赋进士七十人，经义三十人，南选百五十人，计二百五十人"。① 天德三年，"并南北选为一，罢经义、策试两科，专以词赋取士"。正隆元年（1156），考期"始定为三年一辟"。② 南北选合二为一后，至金世宗大定年间，录取人数比南北选时期大幅下降，造成"县令阙员"等人才不济的现象。③ 金世宗大定十三年（1173），始设女真进士科。科举取士人数显著增加，是在金章宗时期。首先是扩大会试（省试）的规模。金世宗时期，"会试所取之数，旧止五百人"，大定二十八年增加到 586 人，金章宗承安二年（1197）达 925 人。宰臣认为会试所取人数过多，"涉泛滥"，故承安五年"遂定策论、词赋、经义人数，虽多不过六百人，少则听其阙"。④ 其次，金章宗泰和二年（1202），进一步规范会试录取人数，"策论三人取一，词赋、经义五人取一。五举终场年四十五以上、四举终场年五十以上者受恩"。受恩即恩例，五举、四举御试落榜，赐恩，附及第进士榜末。⑤

金人谓"国家官人之路，惟女直、汉人进士得人居多"，"国家数路取人，惟进士之选最为崇重"。⑥ 但金代高官多出自女真贵族，尤其是近侍、护卫出身的贵族，除金章宗一朝外，进士出身者并不占优势。李桂芝师指出："进士在金朝政治舞台上发挥作用的大小，与形势有着密切关系。自金初至海陵时，进士与其他途径入仕者在升迁方面并无优势，更远不及以家世入仕者。而在世宗以后，开始逐渐显现出优势，章宗时，进士在政治舞台上占有了明显的优势。"⑦

---

① 《金史》卷五一《选举志一》，第 1216 页。此为大定间翰林直学士李晏对金世宗所言。
② 《金史》卷五一《选举志一》，第 1215 页。
③ 《金史》卷九六《李晏传》载，大定中，翰林直学士李晏向金世宗解释县令严重缺员的原因，认为"国朝设科取士始分南北两选，北选百人，南选百五十人，合二百五十人。词赋、经义入仕之人既多，所以县令未尝阙员。其后南北通选，止设词赋一科，每举限取六七十人。入仕之人既少，县令阙员盖由此也"。金世宗遂诏令以后科举取士"毋限以数"（第 2254 页）。
④ 《金史》卷五一《选举志一》，第 1217—1218 页。
⑤ 《金史》卷五一《选举志一》，第 1225、1228 页。
⑥ 《金史》卷五一《选举志一》，第 1217、1220 页。
⑦ 李桂芝：《辽金科举研究》，第 271 页。

## 四　辽金皇权政治与贵族政治主导选官制度

辽金是中国北方民族契丹、女真建立的政权，其政治制度主要取法中原王朝。掌握实权的契丹、女真贵族脱胎于部落酋长和军功新贵，宗族势力强大。"宗族这个群体，贯串于契丹、党项和女真诸族自原始社会末期到奴隶制、封建制演变的总过程中……宗族不仅具有浓重的宗法血缘关系，而且是一个拥有广土众民的经济实体。而在这个实体中，诸如契丹耶律氏皇族和萧氏后族，党项李继迁族和一些豪族，女真完颜氏皇族及其有姻亲关系的诸强宗大族，在建国前后始终居于统治地位，而辽夏金的社会性质则是由这些大族所代表的社会经济制度决定的。"[①] 辽金皇权政治和贵族政治既相互依存又对立冲突。在此背景下，辽金选官用人制度实际上贯穿着两条主线：一是皇权与贵族权力的博弈竞合与此消彼长关系，以及建立和加强君主专制中央集权体制的曲折过程；二是接受汉文化与坚持民族本位主义之间的碰撞及平衡，以及中原王朝制度与统治民族传统制度的长期共存与交融。《金史·选举志二》云："自进士、举人、劳效、荫袭、恩例之外，入仕之途尚多，而所定之时不一。若牌印、护卫、令史之出职，则皇统时所定者也。检法、知法、国史院书写，则海陵庶人所置者也。若宗室将军、宫中诸局承应人、宰相书表、太子护卫、妃护卫、王府祗候郎君、内侍，及宰相之子，并译史、通事、省祗候郎君、亲军骁骑诸格，则定于世宗之时。及章宗所置之太常检讨、内侍寄禄官，皆仕进之门户也。"[②] 这段话概括了金朝官员的各种出身。令史、译史、通事、检法、知法、国史院书写等属于流外吏职；王府和尚书省祗候郎君、宗室将军是优遇宗室子弟的；牌印、护卫等宫中承应人主要来自女真贵族子弟；亲军主要来自女真平民子弟。辽金统治民族特别是其贵族阶层，利用世袭世选、宫中承应、荫补等特权，控制着政权的要害部门和关键职位；汉、渤海、奚等族地主阶级依靠科举、吏胥、荫补等途径进入政权，一定程度上扩大了辽金统治的阶级基础，在协助皇权和统治民族进

---

① 漆侠、乔幼梅：《中国经济通史·辽夏金经济卷》，经济日报出版社，1998，第534页。
② 《金史》卷五二《选举志二》，第1238页。

行贵族统治的同时，也制衡了贵族权力，并维护了自身的经济和政治利益。尽管被统治民族的官僚地主阶级与统治民族的贵族官僚有矛盾，但其阶级利益是一致的，都是从根本上维护辽金政治体制。贵族政治掣肘皇权专制和中央集权，亦阻滞了社会的发展进步。

中国商朝和西周是奴隶制社会，政治形态是分封制下的奴隶主贵族政治。"先秦时期的贵族政治是建立在分封制和宗法制以及'世卿世禄'制基础之上的由贵族代表人物掌握政权的政治制度。"[①] 春秋时期，随着分封制的解体，宗法制度和贵族政治也趋于没落。"贵族政治的核心内容，即由贵族等级制度、采邑制度、姓氏制度、宗法制度、家臣制度、宗庙制度及其他礼制构成。春秋贵族政治的变迁，主要指这些制度于春秋之世发展、演变、衰落的过程。这些制度瓦解之后，被战国的军功授爵制、郡县制度、官僚制度、法制等所取代。"[②] 皇权及其衍生出的皇权政治是秦汉迄明清政治结构的核心要素。皇权政治必须依靠一个庞大而复杂的官僚体系承担行政管理职能。官僚制的合法性基础来自皇权自上而下的委托，这从根本上决定了皇权与官僚制之间的主从关系，即皇权凌驾于官僚制之上。作为皇权政治的代理，中国古代官僚制度在按照理性官僚制的逻辑运转的同时，始终呈现出对皇权强烈的依附性特征。[③] 李治安称之为"皇权官僚政治"。皇权官僚政治始终伴随着贵族政治的遗存。李治安认为，"宗法制'家天下'导致皇权官僚政治与贵族政治主辅复合并存，导致贵族政治以补充、辅助形式长期遗留"，而"皇权官僚政治与贵族政治二者在主辅复合并存过程中，又常常发生博弈较量和彼此消长"。从中国古代历史的发展轨迹来看，"复合博弈结果和总的发展趋势是：贵族政治逐步被弱化和被改造，官僚政治逐步加强完善"。[④] 吴宗国在《中国古代官僚政治制度研究》一书的"绪论"中写道："中国古代官僚政治制度源远流长，古代贵族政治中其实已经孕育演生出官僚政治制度的

---

① 王明德：《论春秋战国时期贵族政治向官僚政治的转变》，《理论导刊》2009 年第 3 期，第 104 页。

② 马卫东：《春秋时期贵族政治的历史变迁》，吉林大学出版社，2011，第 3—4 页。

③ 参见王衡《皇权官僚政治视野下的中国古代考绩制度》，《北京行政学院学报》2014 年第 1 期，第 107 页。

④ 李治安：《关于秦以降皇权官僚政治与贵族政治的复合建构》，《史学月刊》2011 年第 3 期，第 28—29 页。

若干因素。但一般而言，官僚政治更是由封建贵族政治向帝国皇权政治转化的产物，是皇权政治赖以运行的基本政治体制。"所谓"封建贵族政治"，"是基于宗法血缘关系的，通过层层分封，权力分散在各级贵族当中，并且世袭享有这种特权。因此，战国时代李悝和吴起变法，都企图削弱贵族的世袭特权。秦国的军功爵，其目的更是要取消世卿世禄制度。强调军功而淡化世袭身份，是后来一些民族由贵族制向官僚制转化时常用的一种手段"。① 张帆"将贵族政治回归与皇权膨胀作为金、元官僚政治的共同特点"。② 本书使用的贵族政治、皇权政治、官僚政治等概念，即取自以上诸位学者的观点。

---

①    吴宗国主编《中国古代官僚政治制度研究》，北京大学出版社，2004，第1—2页。

②    吴宗国主编《中国古代官僚政治制度研究》之"回归与创新——金元"，第309页。

# 目　录

# 列表目录

# 第一章　辽圣宗时期的宰执群体
# 与政治文化变迁

辽圣宗在位时期（982—1031）是辽朝国力鼎盛时期，也是辽朝历史上承前启后的重要阶段。就政治体制和权力结构而言，辽初贵族政治特色鲜明，以皇族和后族为代表的契丹军事贵族，支持耶律阿保机夺取汗位，并实现了由部落联盟向王朝政权的跨越。在此过程中，皇帝与皇族、后族及其他军功贵族分享国家权力。部分皇族成员联合部落酋长，以维护旧制为名，对皇权发起挑战。强化皇权，建立君主专制中央集权体制，成为对抗旧势力、巩固新政权的必然选择。辽世宗建立北、南二枢密院，健全国家机器，开启了以君主专制中央集权体制制约贵族权力的政治进程。① 辽世宗、辽穆宗相继死于非命，以及辽景宗皇后之父萧思温遇害，反映了此政治进程接连遭遇重挫。辽景宗时期，皇权推动的政治和社会变革在曲折中取得重要进展。辽圣宗时期，承天皇太后和枢密使韩德让作为辽景宗时期改革的设计师和操盘手，继续推进改革。他们适应社会生产、阶级关系和民族关系深刻变革的趋势，加大了政治改革的力度，优化选人用人政策，辽朝官员的结构和政治生态发生了有利于中央集权的积极变化。澶渊之盟后，辽朝实行偃武修文政策，促进了各族人民对中原文化的学习，辽朝的政治建设进入新

① 李锡厚先生认为，辽世宗时期设置的北、南二枢密院是辽朝真正的宰辅机构，表明辽朝专制主义中央集权政治体制的最终形成，"世宗在位时间只有短短5年（947—951），但辽朝由部族联盟向中央集权体制的转变，却是由他实现的"。见白钢主编《中国政治制度通史》第7卷《辽金西夏》，人民出版社，1996，第13、77页。参见李锡厚《辽史》第一章第五节"中央集权制度的确立"，人民出版社，2006，第72—85页。林鹄认为，辽世宗重建南枢密院，设置北院，在很大程度上是为了加强中央对契丹部族及燕云藩镇的军事控制，这是辽初皇权发展中极其关键的一步。不过，辽世宗朝之枢密院与政事省，与辽朝中后期的枢密院与政事省有很大不同。至少就南枢密院而言，最初专掌军政，而辽中后期的南枢密院掌南面民政，军政统归北院。南枢密院掌民政，显然是对政事省职权的侵夺。参见林鹄《辽世宗、枢密院与政事省》，《中国史研究》2014年第2期。

的历史阶段。考察辽圣宗时期宰执群体的构成、变化及其特点，有助于认识当时的权力运作和政治变革，辩证地分析皇权和契丹贵族的矛盾统一关系。

## 一　辽圣宗时期的宰执官群体

金修《辽史》并无《百官志》，元修《辽史·百官志》大致是根据《辽实录》以及纪、传中的官名拼凑成篇，与辽朝实际的官制相去甚远。[①] 辽兴宗重熙年间多次出使辽朝的宋人余靖在《契丹官仪》中记载："胡人之官，领番中职事者皆胡服，谓之契丹官，枢密、宰臣则曰北枢密、北宰相。领燕中职事者，虽胡人亦汉服，谓之汉官，执政者则曰南宰相、南枢密。契丹枢密使带平章事者，在汉宰相之上，其不带使相及虽带使相而知枢密副使事者，即在宰相下。其汉宰相必兼枢密使乃得预闻机事。蕃官有参知政事，谓之夷离毕；汉官参知政事带使相者，乃得坐穹庐中。"[②] "使相"一词，《辽史》中数见。综合《辽史》和《契丹官仪》的记载，辽朝的使相主要是指衔带同中书门下平章事。[③]《契丹官仪》所谓"契丹枢密使带平章事"及"汉宰相必兼枢密使"之枢密使，实际包括枢密副使等北、南枢密院的长贰官。南宋初由北方南渡的原辽旧官史愿著《亡辽录》记载，辽朝"南面汉官左右相、参知政事、枢密院直学士，主治汉事、州县。中书、门下共一省，兼礼部。有堂后、主事、守当官各一员。尚书省并入枢密院，有都、副承旨，吏房、兵房、刑房承旨、户房、厅房——即工部也——主事各一员。北面契丹枢密院，或知或签书枢密院事，夷离毕、林牙。如兵机、差除、钱谷、群牧事等隶枢密院，刑狱隶夷离毕院，主治番界部落"。[④] 宋人多以夷离毕与参知政

---

① 参见林鹄《辽史百官志考订》，中华书局，2015，绪论，第2—13页。

② （宋）余靖：《武溪集》卷一八《契丹官仪》，《宋集珍本丛刊》第3册，第305页。

③ 参见王㳠韬《辽朝南面宰相制度研究》，《社会科学辑刊》2002年第4期。杨军认为辽朝的使相"指以宰相头衔为虚衔的节度使（包括节度州节度使和部族节度使）、五京留守"。参见杨军《辽代的宰相与使相》，《学习与探索》2012年第2期，第156页。

④ （宋）史愿：《亡辽录》，征引自（宋）徐梦莘《三朝北盟会编》卷二一，第152页。"枢密院直学士"，"枢密院"以下或有脱文。"有都、副承旨"原作"有副都承旨"，"守当官"原作"守挡官"。参见曹流《〈亡辽录〉辑释与研究》，巴蜀书社，2022，第173—174页。

事相提并论，《契丹官仪》之外，又如辽道宗清宁二年（宋仁宗嘉祐元年，1056），宋使刁约使辽诗曰"押燕移离毕"，其自注："移离毕，官名，如中国执政。"① 宋以参知政事为执政。但检索史料，自北枢密院建立后，夷离毕院主要执掌刑狱，《亡辽录》所言不虚。②

辽朝官制的最大特点是"官分南北，以国制治契丹，以汉制待汉人"。③ 辽世宗时期，辽朝正式确立南北两面官制度。④ 北面官负责管理部族、属国、军政及边防事务，最高中枢机构为北枢密院，别称契丹枢密院，北宰相府、南宰相府分治诸部落，为北枢密院辅助机构。南面官负责管理京府州县和汉族、渤海族事务，最高中枢机构为南枢密院，别称汉人枢密院，以政事省（辽兴宗重熙十二年改称中书省）为辅助机构。直属于皇家内府的诸宫卫，其中契丹、奚等族牧业人口由契丹诸行宫都部署司总领，归属北枢密院系统；宫卫中的汉、渤海等农耕民族人口由汉人渤海诸行宫都部署司总领，归属南枢密院系统。北枢密院、南枢密院、北宰相府、南宰相府、中书省是辽朝的宰辅机构，其长贰官就是辽朝的宰辅或宰执。⑤ 北枢密院、南枢密院设置枢密使、知枢密使（院）事、同知枢密使（院）事、枢密副使、知枢密副使事、签书枢密院事，为本院长贰官，诸职未必并置。北宰相府、南宰相府的官员，除两府宰相（北面宰相）外，可考的只有司徒、敞史

---

① 《契丹国志》卷二四《刁奉使北语诗》，第233页。

② 参见何天明《辽代政权机构史稿》第六章"夷离毕院"，内蒙古大学出版社，2004，第157—177页。

③ 《辽史》卷四五《百官志一》，第773页。

④ 参见李锡厚《辽史》第一章第五节"中央集权制度的确立"，第81页。

⑤ 唐朝以三省为宰辅机构，三省之长为宰相。唐高宗后，为宰相者必带"同中书门下三品"衔。宋制，中书门下（元丰改制后为三省）和枢密院为宰辅机构，号称"朝廷"。中书门下（三省）长官为宰相，贰官为副宰相，副宰相和枢密院长贰官合称执政官，宰相、执政官合称宰执或宰辅。参见白钢主编《中国政治制度通史》第6卷《宋代》，人民出版社，1996，第192页。金海陵王正隆元年（1156）罢中书、门下二省后，金朝的宰辅机构是尚书省，尚书省左丞相、右丞相、平章政事为宰相，左丞、右丞、参知政事为执政官。见《金史》卷五五《百官志一》，第1299—1300。金朝枢密院由都元帅府改置而来，已非宰辅机构，金人以枢密院为"帅府""将府"。"金制，枢密院虽主兵，而节制在尚书省。兵兴以来，兹制渐改，凡在军事，省官不得预，院官独任专见，往往败事。言者多以为将相权不当分，至是始并之。"见《金史》卷一一四《白华传》，第2652页。

两职。① 中书省的长官时称南面宰相。但对于南面宰相的具体官职名，由于史料记载驳杂混乱，史学界存在不同意见。王滔韬在前人研究的基础上，提出新见：辽朝的南面宰相原则上有两员。一人以寄禄官兼中书侍郎、同平章事，称中书相；一人以寄禄官兼门下侍郎、同平章事，称门下相。只有带两侍郎衔的同平章事，才是真宰相。大丞相、左右丞相是比中书相、门下相地位更高的南面宰相，但不轻易除授。参知政事、知中书省事、签中书省事为中书省副宰相。中书令（政事令）和不带侍郎衔的同平章事都是加官虚衔。② 杨军则认为，"辽代的宰相群体包括北府宰相（北宰相）、南府宰相（南宰相），北、南枢密使和枢密副使，侍中、中书令（政事令）、尚书令，大丞相、左丞相、右丞相，中书侍郎平章事、门下侍郎平章事和参知政事平章事"。③ 结合史料分析，综合学者的意见，笔者认为，上述北枢密院、南枢密院长贰官，北府宰相、南府宰相，带门下侍郎、中书侍郎衔的同平章事（门下相、中书相，又称左丞相、右丞相），参知政事、知中书省事、签中书省事，为辽朝的宰执官。辽代官员所带侍中、中书令（政事令）、尚书令均为虚官加衔。④

为便于分析，笔者将文献及石刻中出现的辽圣宗时期的宰执官分北、南面官列表（见表1-1、表1-2）。没有标明是在北枢密院还是南枢密院任职的，姑且按契丹人归北院、汉人归南院的原则处理。由于正史《辽史》过于疏略，两表的缺漏是肯定的。

### 表1-1　辽圣宗时期的北面宰执官

| 人名 | 任免及在任时间 | 备注及文献出处 |
| --- | --- | --- |
| 耶律斜轸 | 统和元年（983）六月在任枢密副使。授北院枢密使。统和三年八月，在任枢密使。统和十七年九月卒于北院枢密使任上 | 六院部皇族，开国功臣耶律曷鲁之孙。《辽史》卷一〇、卷一四本纪，卷八三本传。卷九本纪景宗乾亨四年（982）四月误作枢密使 |

① 唐统天：《关于契丹北、南宰相府的几个问题》，《民族研究》1988年第5期。
② 王滔韬：《辽朝南面宰相制度研究》，《社会科学辑刊》2002年第4期。
③ 杨军：《辽代的宰相与使相》，《学习与探索》2012年第2期，第155页。参见杨军《辽朝南面官研究——以碑刻资料为中心》，《史学集刊》2013年第3期。
④ 王曾瑜：《辽朝官员的实职和虚衔初探》，原载《文史》第34辑，中华书局，1992，后收入氏著《点滴编》，河北大学出版社，2010，第258页。

续表

| 人名 | 任免及在任时间 | 备注及文献出处 |
|---|---|---|
| 解领 | 统和元年二月授南府宰相 | 《辽史》卷一〇本纪 |
| 耶律沙[1] | 统和六年五月卒于南府宰相 | 其先尝相遥辇氏。《辽史》卷一二本纪，卷八四本传 |
| 耶律善补（耶律瑶升） | 统和四年以都元帅御宋，作战不力，罢惕隐。以其叔有匡辅世宗功授南府宰相。转南院大王，统和二十二年从伐宋 | 皇族孟父房。《辽史》卷一一、卷一四本纪，卷八四本传 |
| 室昉 | 景宗保宁（969—979）间兼任北府宰相，统和元年正月请辞兼职，不允。统和十二年致仕 | 太宗会同初进士。《辽史》卷一〇本纪，卷七九本传，卷八二《耶律隆运传》 |
| 萧继远（萧继先） | 统和六年十二月、二十年三月在任北府宰相 | 国舅帐后族，承天太后之弟。驸马都尉。《辽史》卷一二、卷一四本纪，卷七八本传 |
| 韩德让（耶律隆运） | 统和十二年兼任北府宰相，十七年九月兼知北院枢密使事。总知二枢密院事。二十九年卒于任 | 宫分户出身。《辽史》卷一四、卷一五本纪，卷八二本传。《韩德让墓志》[2] |
| 耶律奴瓜 | 统和十九年七月由东京统军使授南府宰相，二十六年出为平州辽兴军节度使，寻复为南府宰相 | 皇族季父房，太祖异母弟耶律苏之孙。《辽史》卷一四本纪，卷八五本传 |
| 萧排押（萧韩宁）[3] | 统和二十三年辽宋和议成，为北府宰相，二十八年八月在任北府宰相，开泰二年（1013）以宰相知西南路招讨使。曾任枢密使。开泰七年为征高丽都统，失利免官 | 国舅少父房。驸马都尉。《辽史》卷八八本传，卷一五、卷一六本纪。《秦晋国妃墓志》[4] |
| 邢抱质 | 统和二十九年五月卸任南府宰相 | 山西应州人。以儒术显。《辽史》卷一五本纪，卷八〇《邢抱朴传》 |
| 耶律隆裕 | 统和二十九年三月授权知北院枢密使事 | 圣宗之弟。《辽史》卷一五本纪。《辽史》作隆祐，《契丹国志》作隆裕，据石刻，以隆裕为是 |
| 耶律室鲁 | 统和二十九年三月由北院大王授北院枢密使，六月卒 | 六院部人。起家祗候郎君。《辽史》卷一五本纪，卷八一本传 |
| 高正 | 统和二十九年三月由枢密直学士授北院枢密副使，开泰二年二月在任，五年卒 | 统和初进士。汉族或渤海族。《辽史》卷一二、卷一五本纪，卷八八本传 |
| 耶律化哥 | 统和二十九年六月由南院大王为北院枢密使，开泰二年十一月因西征有罪出为大同军节度使 | 皇族孟父房。《辽史》卷一五本纪，卷九四本传 |
| 耶律世良 | 开泰二年十二月由北院大王授北院枢密使，五年正月卒于任 | 六院部人。《辽史》卷一五本纪，卷九四本传 |

续表

| 人名 | 任免及在任时间 | 备注及文献出处 |
|---|---|---|
| 耶律滴冽 | 开泰二年七月由惕隐授南府宰相 | 皇族孟父房。《辽史》卷一五本纪，卷一一四《耶律撒剌竹传》 |
| 耶律吾剌葛 | 开泰三年九月在任南府宰相 | 与耶律滴冽或为同一人。《辽史》卷一五本纪 |
| 萧合卓 | 开泰三年由北院枢密副使为左夷离毕。开泰五年四月授北院枢密使，太平五年十二月卒于任 | 突吕不部人。吏职出身。《辽史》卷一五、卷一七本纪，卷八一本传 |
| 萧孝穆 | 开泰三年三月由西北路招讨都监授北府宰相。当年或次年离任，八年复授。太平二年由北府宰相知枢密院事，三年出任南京留守 | 国舅少父房。本纪开泰二年十二月记作授西北路招讨使。《辽史》卷一五、卷一六本纪，卷八七本传 |
| 刘晟（刘慎行） | 开泰四年五月在任北府宰相，七年十一月由北府宰相授霸州彰武军节度使 | 平州人。《辽史》卷一五本纪，卷八六《刘六符传》 |
| 耶律八哥 | 开泰四年六月由上京留守授北院枢密副使。不久授东京留守 | 五院部人。吏职出身。《辽史》卷一五、卷一六本纪，卷八〇本传 |
| 曷鲁宁 | 开泰五年四月授北院枢密副使 | 《辽史》卷一五本纪 |
| 耶律留宁 | 枢密（萧德顺岳父） | 《萧德顺墓志》 |
| 大康义 | 开泰年间任南府宰相，出知黄龙府 | 渤海族。应是旧王族。《辽史》卷八八本传 |
| 耶律合葛 | 开泰八年六月由惕隐授南府宰相，太平三年七月由南府宰相授上京留守 | 《辽史》卷一六本纪 |
| 耶律瑰引（耶律思忠） | 圣宗朝南府宰相 | 皇族仲父房。与兴宗结为刺血友。《辽史》卷九〇《耶律信先传》，卷九六《耶律仁先传》。《耶律仁先墓志》（《辽代石刻文编》第352页） |
| 萧朴（萧普古） | 太平四年拜北府宰相，五年十二月授北院枢密使。兴宗重熙三年（1034）二月出任东京留守 | 国舅少父房。起家牌印郎君。《辽史》卷一七、卷一八本纪，卷八〇本传 |
| 迷离己 | 太平六年二月在任同知枢密院 | 《辽史》卷一七本纪 |
| 萧孝惠 | 太平年间任北府宰相 | 国舅少父房。驸马都尉。起家祗候郎君。《辽史》卷八一本传，《辽秦国太妃晋国王妃墓志考》（《文物》2005年第1期）。《辽史》作萧孝忠，据出土墓志改 |
| 萧涅卜（锄不里） | 太平末年任北府宰相 | 国舅帐后族。驸马都尉。《辽史》卷七一《仁德皇后萧氏传》，卷六七《外戚表》 |

| 人名 | 任免及在任时间 | 备注及文献出处 |
|---|---|---|
| 耶律弘古 | 太平末年由惕隐任南府宰相,改上京留守 | 皇族孟父房。枢密使耶律化哥之弟。圣宗刺血友。《辽史》卷九五本传 |

注:[1] 解领或是耶律沙的另一字。耶律沙,字安隐,辽穆宗应历间累官南府宰相。《辽史》卷一二《圣宗本纪三》记南府宰相耶律沙薨于统和六年五月。卷一〇本纪统和元年正月进助山陵费的宰相安宁,卷一一本纪四年八月从征的乙室帐宰相安宁,同年十二月领军殿后的宰相安宁,都是指耶律沙,"安隐"音近"安宁"。卷八四《耶律沙传》说辽圣宗即位后,曾从征伐宋。见《辽史》卷一〇、卷一一、卷一二、卷八四,第116、132、134、140、1439—1440页。耶律沙于辽景宗乾亨末"从韩匡嗣伐宋,败绩,帝欲诛之,以皇后营救得免。睿智皇后称制,召赐几杖,以优其老"。见《辽史》卷八四《耶律沙传》,第1440页。乾亨末耶律沙或因败绩被免南府宰相,统和元年二月复职。《辽史》卷一〇《圣宗本纪一》统和元年二月记载国舅宰相萧婆顼之子吴留尚皇女长寿公主(第117页)。《辽史》校勘记(第125页)及有关研究以萧婆顼为穆宗时曾任北府宰相的萧干,亦即辽首任北府宰相萧敌鲁之子。萧干卒于统和四年,故可排除解领为萧干之可能。见《辽史》卷八四《萧干传》,第1441页。参见高宇《契丹长寿公主婚姻考析》,《北方文物》2010年第2期。

[2]《韩德让墓志》,见万雄飞、司伟伟《辽代韩德让墓志考释》,《考古》2020年第5期。

[3]《辽史》卷一二《圣宗本纪三》统和七年四月记载国舅太师萧阅览为子排亚请尚皇女延寿公主,第144页。参校《辽史》卷六五《公主表》及卷八五《萧挞凛传》、卷八八《萧排押传》,参以出土墓志。近年有人提出,长寿公主统和元年下嫁萧吴留,统和七年下嫁萧排押。萧吴留之父萧干,萧排押之父为萧挞凛。参见高宇《契丹长寿公主婚姻考析》,《北方文物》2010年第2期。也有人据出土的契丹小字墓志,认为萧挞凛出自国舅别部,与出自国舅少父房的萧排押、萧恒德毫无干系,萧阅览非萧挞凛,抑或《辽史》误记。参见康鹏《萧挞凛家族世系考》,《新亚洲论坛》第4辑,首尔出版社,2011,第374—383页。

[4] 向南编《辽代石刻文编》,第340页正文及第343页注释。

**表 1-2 辽圣宗时期的南面宰执官**

| 人名 | 任免及在任时间 | 备注及文献出处 |
|---|---|---|
| 室昉 | 景宗时期累迁枢密使。统和元年正月在任枢密使兼政事令,号称宰相。统和四年在任政事令。统和九年在任枢密使,荐韩德让自代,不从。统和十二年致仕 | 太宗会同初进士。南京人。《辽史》卷一〇、卷一一、卷一三本纪,卷七九本传,卷八二《耶律隆运传》 |
| 韩德让(耶律隆运) | 景宗乾亨三年底由辽兴军节度使拜南院枢密使。统和三年、七年、十一年在任枢密使。统和三年底兼任政事令。十九年三月、二十二年十二月在任大丞相。二十九年卒于枢密使、大丞相 | 《辽史》卷九、卷一〇、卷一二、卷一四、卷一五本纪,卷八二本传。《韩匡嗣墓志》(乾亨四年)、《韩德昌墓志》(统和三年)、《韩匡嗣妻秦国太夫人墓志》、《韩德让墓志》[1]。统和四年与室昉同为政事令,似属加官 |
| 邢抱朴 | 统和十二年七月由翰林承旨授参知政事,二十年七月授南院枢密使,二十二年二月卒于任 | 山西应州人。以儒术显。《辽史》卷一三、卷一四本纪,卷八〇本传 |

续表

| 人名 | 任免及在任时间 | 备注及文献出处 |
|---|---|---|
| 刘恕 | 统和十二年四月以枢密直学士为南院枢密副使 | 《辽史》卷一三本纪 |
| 萧观音奴 | 统和中迁奚六部大王，从伐宋，任同知南院事，卒 | 奚王之孙。《辽史》卷八五本传 |
| 刘晟<br>（刘慎行） | 统和二十九年三月由前任三司使授参知政事兼知南院枢密使事，同年五月为南院枢密使，十一月在任枢密使、参知政事。开泰二年十二月以宰臣监修国史 | 平州人。《辽史》卷一五本纪，卷八六《刘六符传》。《契丹国志》卷一八《刘六符传》。《韩德让墓志》 |
| 邢抱质 | 统和二十九年五月由南府宰相为知南院枢密使事，十一月在任宰臣、枢密使。开泰元年三月在任枢密使，五月出为大同军节度使 | 山西应州人。以儒术显。《辽史》卷一五本纪，卷八〇《邢抱朴传》。《韩德让墓志》 |
| 耶律制心<br>（韩制心、耶律遂贞） | 开泰元年七月授辽兴军节度使，后拜上京留守，六年四月以枢密使知诸行宫都部署事，八年二月由前任南院枢密使授中京留守，同年底授惕隐，九年十一月授南京留守 | 隶籍皇族季父房，韩德让之侄。《辽史》卷一五、卷一六本纪，卷八二本传。参见《韩橁墓志》 |
| 张俭 | 开泰四年春，由枢密直学士迁枢密副使，同年六月授参知政事、同知枢密院事，十月授枢密使、尚书左仆射、兼门下侍郎、平章事、监修国史。太平元年，以左丞相之秩升中书令之上。四年为枢密使、左丞相。五年三月出为武定军节度使。六年三月由大同军节度使再授枢密使、左丞相。受遗诏辅立兴宗。重熙四年致仕。在相位二十余年 | 统和十四年进士。南京人。《辽史》卷一三、卷一七本纪，卷八〇本传。《张俭墓志》、《张琪墓志》（太平四年）、《圣宗皇帝哀册》撰者张俭署衔[2] |
| 王继忠 | 开泰二年正月授中京留守，八年二月由汉人行宫都部署授南院枢密使，太平三年致仕 | 宋朝降将。《辽史》卷一五、卷一六本纪，卷八一本传 |
| 马保忠 | 开泰五年十一月由参知政事授同知枢密院事。太平二年十月、四年四月在任右丞相。十年十一月以宰相兼枢密使权知燕京留守 | 平州属下营州人。自力读书，士人贤其行。《辽史》卷一五、卷一六、卷一七本纪。《契丹国志》卷一九本传 |
| 吕德懋 | 开泰七年四月由三司使授枢密副使。太平二年十月在任宰臣。兴宗景福元年十月卒于任 | 统和十二年进士。《辽史》卷一三、卷一六、卷一八本纪 |
| 石用中 | 开泰二年正月授翰林学士，七年十月由顺义军节度使授汉人行宫都部署，八年九月授参知政事，太平二年五月卒于任 | 统和九年进士。《辽史》卷一三、卷一五、卷一六本纪 |

| 人名 | 任免及在任时间 | 备注及文献出处 |
|---|---|---|
| 吴叔达 | 开泰六年七月在任翰林学士，太平二年十月在任参知政事，五年三月降授翰林学士，六年三月由参知政事出为康州刺史 | 《辽史》卷一五、卷一六、卷一七本纪 |
| 杨又玄 | 太平二年十月在任枢密副使，五年三月由枢密副使授参知政事兼枢密使 | 统和十六年进士。《辽史》卷一四、卷一六、卷一七本纪 |
| 刘泾（刘京） | 太平三年六月由南院宣徽使授参知政事，五年十二月由参知政事出为顺义军节度使 | 《辽史》卷一六、卷一七本纪 |
| 杜防 | 太平中由政事舍人拜枢密副使 | 开泰五年进士。南京涿州人。《辽史》卷八六本传 |

注：[1] 向南等辑注《辽代石刻文续编》，第23、28、30页。《韩德让墓志》，见万雄飞、司伟伟《辽代韩德让墓志考释》，《考古》2020年第5期。

[2] 向南编《辽代石刻文编》，第173、193、265—270页。

　　表1-1、表1-2列出北面宰执29人（解领与耶律沙、耶律吾刺葛与耶律滴洌或为同一人），南面宰执17人，除去重复，总计42人。由于契丹人有名、字、小字，北面宰执中可能仍有个别重复。北面宰执绝大多数是契丹人，其中确知出自皇族和后族的14人，在确知出身的北面宰执中占了大多数；确知出自部落的4人（六院部皇族耶律斜轸除外），而且都是契丹固有八部中的大部落，其中确知为贵族的1人，① 吏职起家、属于部落平民的2人。皇族和后族分别世选南府、北府宰相的国初定制基本行用不废，但已被选贤任能的风气所冲击。汉族、渤海族出身的北面宰执计6人，1人兼任枢密使、北府宰相，1人兼任北府宰相，2人充南府宰相，1人充北府宰相，1人充枢密副使。汉人宫分户出身的韩德让与部落平民出身的萧合卓、耶律八哥担任北院枢密使、副使，在整个辽代都是罕见的。② 南北面宰执中有奚王和渤海旧王族后裔，体现了辽朝一贯的怀柔政策。南面宰执绝大多数是汉人，尤以燕云地区汉人为多。他们既有唐末五代乃至辽朝建立以后形成的世家大族，也有靠儒学和科举新进的士大夫。辽圣宗和承天太后在维护以皇族、后族为代表的契丹贵

① 起家祗候郎君的耶律室鲁出身贵族无疑，因为祗候郎君只有贵族子弟才能充任。详见拙作《辽朝御帐官考》，《民族研究》1997年第2期。

② 萧合卓、耶律八哥均吏职出身。由吏职出身升至北面宰执的，前有辽穆宗时期的枢密使萧护思，后有辽道宗时期的枢密使耶律乙辛。见《辽史》卷七八、卷一一〇本传，第1396、1634—1635页。

族核心利益的前提下，对包括宰执群体在内的官僚队伍的来源有所扩展，使皇权主导、契丹贵族专政，汉、奚、渤海等族上层共同参与的统治基础进一步巩固。

## 二　承天太后摄政时期宰执官的出身及贡献

辽景宗病重及去世后，辽圣宗母子面临严峻的形势。辽圣宗虽是辽景宗长子，但辽朝尚未确立嫡长子继承制，辽景宗生前也未立太子。按照契丹旧俗，辽太祖耶律阿保机的子孙都有资格被推举为皇帝。辽初以降，围绕皇位继承的斗争从未断过。横帐三父房各家族与国舅帐诸房各家族，为争夺帝位和后位形成错综复杂的政治联姻和派系斗争关系。承天太后家族在国舅帐诸房中实力相对较弱，她的父亲北院枢密使萧思温，在辽景宗即位后不久就被人谋杀，两个伯父也早已作古。此时，她只有亲弟弟萧猥恩，还有被他父亲收为儿子的堂兄弟萧继远，以及族弟萧挞凛可以依靠，诸子诸侄尚年幼。史称："景宗崩，尊为皇太后，摄国政。后泣曰：'母寡子弱，族属雄强，边防未靖，奈何？'"① 当时的内外形势异常复杂。内部，"诸王宗室二百余人拥兵握政，盈布朝廷。后当朝虽久，然少姻媛助，诸皇子幼稚，内外震恐"。② 外部，宋太宗统一北汉后，立志收复燕云地区，北伐失利后正重新积聚重兵。辽景宗去世后，辽朝母寡子幼、政局不稳，给宋朝提供了可乘之机。但承天太后绝非等闲之辈，她"明达治道，闻善必从，故群臣咸竭其忠"，且"习知军政"，"亲御戎车，指麾三军，赏罚信明，将士用命"。辽圣宗统和前期，军事上主要依靠耶律斜轸、萧继远、耶律休哥等皇族、后族将帅，行政事务主要依靠汉臣室昉，文武全才又是宫分私属的韩德让更是受到特殊倚重。耶律斜轸、韩德让、萧继远、室昉分别主政北枢密院、南枢密院、宰相府和政事省，太后与他们"参决大政"。③ 另以皇族仲父房耶律休哥

---

① 《辽史》卷七一《景宗睿智皇后萧氏传》，第 1322 页。关于萧猥恩、萧继远与萧挞凛，参见史风春《辽朝后族诸问题研究》第五章，人民出版社，2017，第 235—296 页。

② 《契丹国志》卷一八《耶律隆运传》，第 175 页。

③ 《辽史》卷七一《景宗睿智皇后萧氏传》，第 1322—1323 页。参见《辽史》卷七八《萧继先（远）传》，第 1398—1399 页；卷七九《室昉传》，第 1401—1402 页。

为南京留守、南面行营总管（行军都统），负责南方边事。耶律休哥在
南京留守任上十六年（983—998），身经百战，威震四方，他采取了一系
列有利于发展生产和稳定边防的措施，"远近向化"，"边境大治"。① 主
要由契丹贵族担任的南京留守、东京留守、西南路招讨使、西北路招讨
使以及五院、六院两部大王，都是当时位高权重的地方军政大员。他们
的地位仅次于宰执，而权势不逊于南面宰执。这是当时辽朝权力运作的
基本架构。

　　耶律斜轸，辽朝开国二十一功臣之一，耶律阿保机族弟耶律曷鲁之孙。
承天太后之父、枢密使萧思温曾向辽景宗举荐耶律斜轸有经国之才，后来
耶律斜轸娶了承天太后的侄女。而韩德让的一个姐妹嫁给承天太后之弟萧
猥恩。② 这样的姻亲关系自然使耶律斜轸和韩德让成为太后的心腹。辽景
宗时期，耶律斜轸历任西南路招讨使、南院大王、枢密副使，参加了乾
亨（979—982）年间的历次对宋作战。统和元年（983），承天太后让辽
圣宗和耶律斜轸当着她的面交换弓箭、鞍马，结为好友，希望他尽心竭
力辅佐幼帝。耶律斜轸任北院枢密使，曾多次挂帅（任都统）出征，或
随承天太后出征，最终卒于南伐途中，可谓鞠躬尽瘁，死而后已。③

　　韩德让的祖父韩知古也是辽朝开国二十一功臣之一。韩氏系籍宫
分，是皇室直辖人户。韩知古功勋卓著，子孙众多，他的家族成为辽
朝显赫的官宦人家，并通过与契丹贵族联姻巩固了家族的地位。④ 韩德

---

① 《辽史》卷八三《耶律休哥传》，第1432—1433页。统和元年正月，"以于越休哥为南
　　京留守，仍赐南面行营总管印绶，总边事"，参见《辽史》卷一〇《圣宗本纪一》，第
　　116页。
② 《韩匡嗣墓志铭》，刘凤翥、金永田：《韩匡嗣与其家人三墓志铭考释》，刘凤翥等编著
　　《辽上京地区出土的辽代碑刻汇辑》附录一，社会科学文献出版社，2009，第311—
　　327页。
③ 《辽史》卷八三《耶律斜轸传》，第1434—1435页。西南路招讨使耶律斜轸转任北院
　　大王，见《辽史》卷八《景宗本纪上》保宁八年六月，第103页。北院大王，应以本
　　传南院大王为是，《辽史》卷九《景宗本纪下》乾亨元年二月亦作南院大王，第109
　　页。其与辽圣宗易弓箭、鞍马结为好友，见《辽史》卷一〇《圣宗本纪一》统和元年
　　八月，第119页。枢密使耶律斜轸为行军都统，见《辽史》卷一〇《圣宗本纪一》统
　　和三年八月，卷一一《圣宗本纪二》统和四年三月、四月，第123、128、129页。
④ 如韩匡嗣妻萧氏为国舅帐后族，他三个成年的女儿，两人嫁给国舅帐后族。韩匡嗣之
　　子韩德威前后两个夫人都是萧氏，"出濯龙之胄，协鸣凤之兆"，应是国舅帐后族。见
　　《韩匡嗣墓志》《韩匡嗣妻秦国太夫人墓志》《韩德威墓志》，向南等辑注《辽代石刻
　　文续编》，第24、30、35页。

让的父亲韩匡嗣，辽穆宗时期久居闲散，但与辽世宗之子，即后来的辽景宗主从关系甚密，辽景宗即位后，韩匡嗣受到重用。① 韩德让"重厚有智略，明治体，喜建功立事"。其父韩匡嗣任上京留守时，他以权知京事协理政务；韩匡嗣任南京留守时，曾随行宫权摄枢密使，韩德让任代理留守。他在两京任上取得很好的声誉。尤其宋太宗北伐燕京时，他坚守围城，邀击宋军，功业甚伟，以功授平州辽兴军节度使。辽景宗乾亨三年（981），韩德让升任南院枢密使。② 辽景宗病重期间，他"密召其亲属等十余人并赴行帐"，协助皇后提前做好应对突发事件的准备，如"易置大臣，敕诸王各归第，不得私相燕会，随机应变，夺其兵权"。③ 辽景宗崩，一切布置已定，韩德让与耶律斜轸召集番汉臣僚，宣布受顾命，立梁王为帝，皇太后称制摄政。统和十二年，室昉致仕，韩德让兼任北府宰相。统和十七年，耶律斜轸卒，韩德让以南院枢密使兼任北院枢密使，"总二枢府事"。④ 皇太后临朝 27 年，事实上是和韩德让共同摄政。新出土的《韩德让墓志》说他在辽圣宗朝"位极人臣，力匡宗社"，"预公朝而免常朝，邻御座而设独座，不名不拜，绝席绝班"，关于他对朝政的贡献，特别提及"偃武修文，制礼作乐，彝伦式序，庶绩其凝"。⑤

北府宰相萧继远，《辽史》卷七八本传作萧继先，据出土墓志改，⑥ 他是承天太后父萧思温之侄子和养子。辽景宗乾亨年间，萧继远娶皇帝和皇后的长女齐国公主。辽圣宗统和初，萧继远任北府宰相。统和四年（986），随驾出征攻打宋军；六年，再随驾南伐。"自是出师，继先必将本府兵（指北宰相府所属各部军）先从。"在统和前期戎马倥偬的岁月，萧继远作为北府宰相，主要充当军事统帅的角色。史称其"虽处富贵，

① 辽景宗在藩邸与韩匡嗣交游，见《辽史》卷七九《耶律贤适传》，第 1402 页。
② 参见《辽史》卷八二《耶律隆运传》，第 1421—1422 页；《辽史》卷九《景宗本纪下》，第 113 页。
③ 《契丹国志》卷一八《耶律隆运传》，第 174—175 页。
④ 《辽史》卷八二《耶律隆运传》，第 1422 页。
⑤ 《韩德让墓志》，录文见万雄飞、司伟伟《辽代韩德让墓志考释》，《考古》2020 年第 5 期，第 113 页。
⑥ 《秦晋国大长公主墓志》，向南编《辽代石刻文编》，第 248 页；《萧阁墓志》，向南等辑注《辽代石刻文续编》，第 135 页。

尚俭素，所至以善治称。故将兵攻战，未尝失利，名重戚里"。① 澶渊之盟后，萧继远卸任北府宰相。

汉臣室昉，南京人，自"幼谨厚笃学"，辽太宗会同初登进士第，历任知制诰、南京留守判官、翰林学士兼政事舍人、南京副留守、枢密副使、参知政事，迁枢密使，兼北府宰相。辽景宗多次延问古今治乱得失，室昉皆"奏对称旨"，辽景宗称赞他"有理剧才"。在南京副留守任上，"决讼平允，人皆便之"。辽圣宗即位后，统和元年，他请求告老，被驳回。新君甫立，内忧外患，朝政繁重，正是用人之际，承天太后继续留用忠心耿耿且"有理剧才"的四朝元老室昉是势所必然。室昉"进《尚书·无逸篇》以谏，太后闻而嘉奖"。朝廷上，"昉与韩德让、耶律斜轸相友善，同心辅政，整析蠹弊，知无不言，务在息民薄赋。以故法度修明，朝无异议"。统和九年，"表进所撰《实录》二十卷，手诏褒之"。再次请求致仕，太后仍然不许，但准允他常住南京，可以不随行宫迁徙，必要时入朝顾问。次年，室昉举荐韩德让可独任南院枢密使兼北府宰相，太后不从。室昉与韩德让或同时担任南院枢密使，或一人任南院枢密使，另一人任知南院枢密使事。统和九年后，室昉实际离开中枢决策和最高行政机构，统和十二年以75岁高龄致仕，不久去世。② 韩德让以南院枢密使兼任北府宰相。

---

① 《辽史》卷七八《萧继先传》，第1398页。萧继远始任北府宰相的时间，本传说是统和四年反击宋军取得胜利后。卷八二《耶律虎古传》附《磨鲁古传》谓统和四年磨鲁古为先锋，因受伤而改与北府宰相萧继远巡逻境上。从《辽史》耶律隆运和室昉的本传看，似乎室昉自景宗时兼任北府宰相直至统和十二年，由耶律隆运接任，其实统和四年萧继远以世选和军功任北府宰相。萧继远第一次卸任北府宰相的时间未见记载。韩德让继室昉兼任北府宰相，萧继远任何职，史书漏载。本传说圣宗亲征高丽，以萧继远留守上京，卒。据《辽史》卷一五《圣宗本纪六》，统和二十八年八月，圣宗"自将伐高丽"，"以皇弟楚国王隆祐（当作隆裕）留守京师"。次年三月，皇弟楚国王隆裕权知北院枢密使事，开泰元年（1012）八月卒（第184—185、187页）。萧继远任上京留守，当在耶律隆裕离任后的统和二十九年三月，不久卒，享年58岁。

② 《辽史》卷七九《室昉传》，第1401—1402页。表进《实录》，本传系于统和八年，据《辽史》卷一三《圣宗本纪四》（第153页）改。《圣宗本纪四》记载，统和十二年七月，"南院枢密使室昉为中京留守，加尚父"（第157页）。卷七九《室昉传》载，"病剧，遣翰林学士张干就第授中京留守，加尚父。卒，年七十五"。校勘记引《廿二史考异》，认为此处"中京留守"为"南京留守"之讹（第1402、1406页）。未必，"中京留守"本来是加官虚衔。室昉与韩德让二人同时担任南院枢密使长达十几年，这在辽朝历史上罕见。笔者颇怀疑其中一人所任为知南院枢密使事，而被误记作南院枢密使。

　　韩德让最重要的功业是辅助承天太后稳定了局势，推行汉化改革，与宋朝订立澶渊之盟，实现南北和好，促进了辽朝经济、社会和文化的发展。由于他的事功，也由于他与承天太后特殊的私人关系，澶渊之盟后，韩德让获赐耶律姓，出宫籍，兄弟皆系横帐皇族季父房，班列位于亲王之上。① 韩德让任首相期间（999—1011），他的同僚主要有南府宰相耶律奴瓜，北府宰相萧继远、萧排押，参知政事、南院枢密使邢抱朴。当时，两府宰相是辽军的统帅。横帐皇族和国舅帐后族分别拥有世选南府宰相和北府宰相的特权。澶渊之盟前，辽朝连年南下伐宋，南府宰相耶律奴瓜、北府宰相萧继远分路合击。② 耶律奴瓜，"太祖异母弟南府宰相苏之孙"。统和十九年（1001），耶律奴瓜授南府宰相，二十六年一度出任平州辽兴军节度使，不久再拜南府宰相，开泰初去世。③ 萧排押，国舅少父房人，娶辽景宗和皇后的次女，统和初历任左皮室详稳、南京统军使，十五年迁东京留守，二十二年率渤海军从征宋朝。萧挞凛战死后，萧排押一度专任南面防务，澶渊和议成，继萧继远任北府宰相。统和二十八年，辽圣宗亲征高丽，萧排押为行军都统。开泰二年（1013），萧排押以北府宰相身份知西南路招讨使。开泰七年，再任都统二征高丽，先胜后败，被免职。史称，"排押为政宽裕而善断，诸部畏爱，民以殷富，时议多之"。早在统和中，在宣徽使任上，他曾"条上时政得失，及赋役法"，被采纳。④ 在辽朝以武见长的北面宰执中，萧排押的辅政能力是出类拔萃的。

　　应州人邢抱朴则是皇太后和韩德让在决策、行政、司法方面的主要助手。邢抱朴及邢抱质兄弟二人出身官宦家族，其母"涉通经义，凡览诗赋，辄能诵，尤好吟咏，时以女秀才名之"。二人"受经于母陈氏，皆以儒术显"。统和初，邢抱朴累迁翰林学士承旨，"与室昉同修《实录》。决南京滞狱还，优诏褒美"。统和十二年，迁参知政事，二十年，拜南院枢密使。韩德让或一度卸任南院枢密使。韩德让推荐他"按察诸

① 《辽史》卷八二《耶律隆运传》，第1422—1423页。
② 《辽史》卷一四《圣宗本纪五》统和二十年三月、二十一年四月，第171、172页。
③ 《辽史》卷八五《耶律奴瓜传》，第1448页。
④ 《辽史》卷八八《萧排押传》，第1475—1476页。参见卷一五《圣宗本纪六》统和二十八年八月，第184页；卷一六《圣宗本纪七》开泰七年十月，第206页。

道守令能否而黜陟之"，结果"大协人望"；再度奉命平决南京滞狱，而
"人无冤者"。① 由此可见，他具有高超的行政、司法能力。

辽圣宗统和年间，承天皇太后摄政，辽朝统治集团顺应时势，采取
了一系列促进生产、改善民生、缓和阶级矛盾和民族矛盾的措施。如限
制奴隶制因素，轻徭薄赋，鼓励垦荒，设置新的部落和州县；重视整饬
吏治、审决滞狱、修订法律；与宋朝缔结和约，结束了长期的战争。由
此，社会矛盾有所缓和，生产得以恢复和发展，承天太后及其宰执群体
功不可没。②

## 三　辽圣宗亲政时期宰执任用的多元化趋势

统和二十七年（1009）、二十九年，承天皇太后和韩德让相继去世，
他们的离世标志着一个时代的结束。③ 辽圣宗亲政后，起用了一批年轻
有为的官员。仁德皇后一度"预政，权势日盛"，④ 但她的才智和权力远
比不上姑姑承天太后。从统和二十九年至太平十一年（1011—1031）的
20 年间，耶律室鲁、耶律化哥、耶律世良、萧合卓、萧朴相继任北院枢
密使。⑤ 邢抱质、刘晟、韩制心、张俭、王继忠、吕德懋、马保忠相继

① 《辽史》卷八〇《邢抱朴传》、卷一〇七《邢简妻陈氏传》，第 1408—1409、1620 页。
参见《辽史》卷一三《圣宗本纪四》统和十二年七月，卷一四《圣宗本纪五》统和
二十年七月，第 157、172 页。

② 参见黄凤岐《试论辽圣宗时期的社会改革》，干志耿、王可宾主编《辽金史论集》第
8 辑，吉林文史出版社，1994，第 84—102 页。

③ 《契丹国志》卷一三《景宗萧皇后传》，承天皇太后"归政于帝，未逾月而崩。临朝二
十七年，年五十七"（第 143 页）。《辽史》卷一五《圣宗本纪六》记载韩德让卒于辽
圣宗统和二十九年三月；卷八二本传记载他从征高丽，回师，病故，享年 71 岁（第
185、1423 页）。这与新出土的《韩德让墓志》记载相吻合。

④ 《契丹国志》卷八《兴宗文成皇帝》，第 76 页。

⑤ 《秦晋国妃墓志》载妃父为枢密使、北宰相、驸马都尉曷宁，母为景宗幼女、魏国公
主长寿奴。据向南考证，曷宁即萧排押，见向南编《辽代石刻文编》，第 340—343 页。
萧排押所任枢密使可能是南院枢密使。北院枢密使从韩德让、耶律室鲁、耶律化哥、
耶律世良、萧合卓到萧朴，任职时间前后衔接，没有空当。南院枢密使则在开泰六年
四月耶律制心卸任至八年二月王继忠任职的近两年间，《辽史》记载阙如，其间任职
者可能就是萧排押，或以南院枢密使兼任北府宰相。开泰七年十月，萧排押为都统征
讨高丽，失利，次年三月坐失律免官。此次出征，《辽史》只记其爵位东平郡王及官
阶平章事，失载其实职。见《辽史》卷八八本传，第 1476 页；卷一六《圣宗本纪》
开泰七年十月条，八年三月条，第 206、207 页。

主政南枢密院和政事省。这一时期，辽继续推进统和以后的社会改革，奴隶的数量大幅减少，法律地位不断提高，头下主的特权被削弱，司法上逐步取消贵贱异法，阶级关系、社会构成发生积极的变化。在和平的环境下，辽朝文教事业发展迅速，契丹人的整体文化素养显著提高，儒家思想在辽朝占据了主导地位。科举取士制度化，录取人数显著增加。①

南院部人耶律室鲁，起家祗候郎君、宿直官（护卫），出身贵族，早年伐宋有功，擢北院（五院部）大王。澶渊之盟后，"部人空乏"，亟须休养生息、发展经济，耶律室鲁积极推动辽宋贸易，"以羸老之羊及皮毛，岁易南中绢，彼此利之"。韩德让去世后，辽圣宗一度以皇弟耶律隆裕权知北院枢密使事，当月任命耶律室鲁为北院枢密使，时年仅44岁。史称"自韩德让知北院，职多废旷。室鲁拜命之日，朝野相庆"。这反映了承天太后、韩德让晚年朝纲不振。② 但是，耶律室鲁仅任职三个月就不幸去世，由出身皇族孟父房的南院大王耶律化哥继任北院枢密使。③次年，阻卜叛命，西北路招讨司告急，耶律化哥出征，俘略而归。据边吏报告，耶律化哥归阙后，边防虚弱，势不可守。耶律化哥再度奉命经略边境，误掠已归顺的回鹘部，导致诸蕃部背叛辽朝而被免职。④ 继任的南院部人耶律世良，曾与族弟争嫡庶，事情上报到辽圣宗处，说明出身贵族。其"才敏给，练达国朝典故及世谱"。韩德让病重时，曾向辽圣宗举荐耶律世良自代。统和末，耶律世良继耶律室鲁任北院大王。开泰初，北院枢密使耶律化哥率兵征讨阻卜，耶律世良为行军都监，破敌有功。他任北院枢密使期间，率兵平定乌古部叛乱，征讨高丽。开泰五年（1016），耶律世良暴疾而亡。⑤

① 详见拙作《澶渊之盟后辽朝社会与文化的若干变化》，张希清等主编《澶渊之盟新论》，上海人民出版社，2007，第113—130页。
② 《辽史》卷八一《耶律室鲁传》，第1415页。参见《辽史》卷一五《圣宗本纪六》统和二十九年三月、六月，第185页。耶律隆裕，原作耶律隆祐，据宋朝文献及出土墓志改。《续资治通鉴长编》卷六八记载宋真宗大中祥符元年（辽统和二十六年，1008）宋使见闻，契丹"惟国母愿固盟好，而年齿渐衰；国主奉佛，其弟秦王隆庆好武，吴王隆裕慕道，见道士则喜。又国相韩德让专权既久，老而多疾"，也传递了承天太后、韩德让晚年辽政旷废的信息。见（宋）李焘《续资治通鉴长编》，中华书局，2004，第1527—1528页。
③ 《辽史》卷一五《圣宗本纪六》统和二十九年六月，第185—186页。
④ 《辽史》卷九四《耶律化哥传》，第1519—1520页。参见卷九三《萧图玉传》，第1516页。
⑤ 《辽史》卷九四《耶律世良传》，第1524页。

　　以上三任北院枢密使，都是贵族出身的军事将领，他们的继任者萧合卓和萧朴，则并非军事将领出身，这在辽朝建立以后历任北院枢密使中属于"异类"，实则昭示了澶渊之盟后辽朝政治文化的转向。继耶律世良任北院枢密使的萧合卓任职长达9年。他出身于突吕不部平民家庭，由吏职起家，为人"谨恪"，"明习典故，善占对"，深受承天太后和韩德让的赏识，但"时议以为无完行，不可大用"。① 如王继忠认为他"虽有刀笔才，暗于大体"，② 难以胜任北院枢密使一职。韩德让的侄子耶律制心也在辽圣宗面前说他"寡识度，无行检"。③ 萧合卓为人诟病者主要有：开泰六年统兵征伐高丽，久攻兴化镇不下，表明其缺乏军事才能；求进者多晋谒其私门；嫉贤妒能，教人"慎勿举胜己者"。④ 史称："自萧合卓以吏才进，其后转效，不知大体。"辽兴宗重熙初，萧孝穆任北院枢密使时，针对这种风气说："枢密选贤而用，何事不济？若自亲烦碎，则大事凝滞矣。"⑤ 辽圣宗开泰八年，曾"诏诸道，事无巨细，已断者，每三月一次条奏"。⑥ 条奏上来的文书最终大概由北、南院枢密使审核。这应是枢密使"自亲烦碎"的表现。又《辽史》记载："故事，枢密使非国家重务，未尝亲决，凡狱讼惟夷离毕主之。及萧合卓、萧朴相继为枢密使，专尚吏才，始自听讼。时人转相效习，以狡智相高，风俗自此衰矣。"⑦ 据此大致可以推断，当时舆论批评萧合卓不知大体，主要指他昧于朝纲、事必躬亲。北院枢密使是朝廷首辅，主要职责是参决大政，平时与皇帝坐论国事，冬、夏捺钵时召集南北臣僚会商国事，将朝廷和臣僚会议的决策，通过南、北宰相府，政事省，契丹、汉人行宫都部署司等行政机构，传达到各个部落、州县、宫卫执行。萧合卓过多涉足行政、司法事务，欠缺把握全局的能力，这或与他吏员出身的背景有一定关系。《辽史》传论根据他临终前告诫萧朴"毋举胜己者"而批评他

---

① 《辽史》卷八一《萧合卓传》，第1418—1419页。
② 《辽史》卷八一《王继忠传》，第1417页。
③ 《辽史》卷八二《耶律隆运传》附《耶律制心传》，第1424页。
④ 《辽史》卷八一《萧合卓传》，第1419页。开泰六年萧合卓为都统，征伐高丽，久攻兴化镇不下，见《辽史》卷一五《圣宗本纪六》，第196页。
⑤ 《辽史》卷八七《萧孝穆传》，第1466页。
⑥ 《辽史》卷一六《圣宗本纪七》开泰八年十月，第208页。
⑦ 《辽史》卷六一《刑法志上》，第1042页。

"误国之罪大矣",① 不免言过其实。在契丹贵族拥有强大势力和特权的社会，萧合卓以一介平民升迁至官僚队伍的金字塔尖，实属罕见。时人对他的非议，既有对他的才识与操守及执政风格的不认可，也难免有契丹贵族鄙视其平民出身和以吏入仕等因素。辽圣宗弃用"达政体，廷臣皆谓有王佐才"的国舅帐后族萧敌烈为枢密使，据说是怀疑萧敌烈与力荐他的汉人行宫都部署王继忠等人私结朋党。② 这似乎透露出辽圣宗对围绕横帐、国舅帐诸房形成的权力结构及政治斗争比较敏感，有意提拔使用平民出身的萧合卓。事实上，辽圣宗对萧合卓是十分信任的，并保护他免受贵族的中伤。横帐仲父房的耶律资忠，本来很受辽圣宗宠幸，因为诋毁萧合卓，被辽圣宗怒而夺官。③ 重用萧合卓是对契丹传统政治文化中用人唯出身论的突破，反映了辽圣宗唯才是举的用人思想，具有一定的积极意义。

萧合卓的继任者萧朴，出身于国舅少父房，其父萧劳古，"以善属文，为圣宗诗友"。萧朴初仕牌印郎君，"博学多智"，"有吏才"。辽圣宗向他咨询政事，他具陈百姓疾苦，国用丰耗，很受赏识。太平四年（1024），他由南面林牙拜北府宰相，次年迁北院枢密使。史称"朴有吏才，能知人主意，敷奏称旨，朝议多取决之"。④ 从有关记载看，他的执政风格与萧合卓相近，一是事必躬亲，二是选人看重"吏才"即行政办事能力。太平六年的一道诏书，针对"贵贱异法"，"内族、外戚多恃恩行贿，以图苟免"刑罚的情况，要求所在官司将审结的案卷申报北、南枢密院复查。枢密使亲决狱讼，受到当时舆论，主要是贵族的非议，但究其原委，其用心是好的。太平七年，辽圣宗下诏更定法令，对"《制条》中有遗阙及轻重失中者"作增补和修改。到辽兴宗重熙五年（1036），颁布了太平七年以后新定的《条制》（史称《重熙条制》）。⑤ 这项工作主要是由时任北、南院枢密使及政事省宰相的萧朴、张俭、马

---

① 《辽史》卷八一传论，第 1419 页。

② 《辽史》卷八八《萧敌烈传》，第 1474 页。

③ 《辽史》卷八八《耶律资忠传》："是时，枢密使萧合卓、少师萧把哥有宠，资忠不肯俯附，诋之。帝怒，夺官。"（第 1479 页）

④ 《辽史》卷八〇《萧朴传》，第 1411 页。

⑤ 参见《辽史》卷一七《圣宗本纪八》太平七年七月，第 227 页；卷六一、卷六二《刑法志》上下，第 1042、1046 页。

保忠等人推动和主持。史称："当时更定法令凡十数事，多合人心。其用刑又能详慎。"①　与萧合卓不同的是，萧朴出身贵族，博学，重操守，对萧合卓"毋举胜己者"的话不以为然，辽圣宗死后他不顾个人安危为被诬害的仁德皇后鸣冤，因而享有盛誉。②

　　辽圣宗开泰、太平年间两度出任北府宰相的萧孝穆，国舅少父房人，开国功臣萧阿古只的五世孙。其父萧和（萧陶瑰）曾任国舅详稳。他的妹妹是辽圣宗的元妃、辽兴宗的生母。萧孝穆于统和末开泰初历任西北路招讨都监、招讨使，开泰三年（1014）四月，继萧排押任北府宰相。当年或次年刘晟接任北府宰相，萧孝穆或继续出任西北路招讨使。开泰七年刘晟外任后，萧孝穆复任北府宰相，太平二年（1022）转任知枢密院事、汉人行宫都部署，次年出任南京留守。辽兴宗前期，萧孝穆两任北院枢密使，籍户口，均徭役，维护辽宋和好。他荐拔忠直，不贪财势利，为人廉谨有礼法，被誉为"国宝臣"。③　他的幼弟萧孝惠，迎娶辽圣宗之女越国公主，太平中继萧孝穆或萧朴任北府宰相。太平末，时任北府宰相的萧浞卜（锄不里），汉名萧绍业，是仁德皇后的弟弟，乃承天太后之弟萧猥恩之子。仁德皇后之母粘米衮公主即韩德让的姐妹，以皇后之母及韩德让姐妹之尊受封公主。④　辽圣宗驾崩后，辽兴宗母元妃在兄弟萧孝穆、萧孝先、萧孝惠等人的支持下，自立为皇太后，摄政，诬仁德皇后与北府宰相萧浞卜、国舅详稳萧匹敌（萧排押弟萧恒德之子）谋逆，诛之。

　　韩德让去世前后，刘晟（刘慎行）和邢抱质主管南枢密院和政事省。刘晟四世祖曾任唐卢龙军节度使，是河北地区新兴的军阀大地主。其祖

① 《辽史》卷六一《刑法志上》，第1041页。
② 参见《辽史》卷八〇《萧朴传》，第1411页。
③ 《辽史》卷八七《萧孝穆传》，第1465—1466页。本传记载萧孝穆开泰间以功迁九水诸部安抚使，《圣宗本纪六》作西北路招讨使。开泰三年四月萧孝穆拜北府宰相，次年五月见北府宰相刘晟，见《辽史》卷一五《圣宗本纪六》，第191、193页。开泰四年至七年萧孝穆的履历，本纪与本传失载。本传载太平二年知枢密院事、汉人行宫都部署，《辽史》卷一六《圣宗本纪七》记萧孝穆太平三年十一月由北府宰相出任南京留守（第214页）。关于萧孝穆家族，参见万雄飞《辽秦国太妃晋国王妃墓志考》，《文物》2005年第1期。
④ 见刘凤翥、金永田《韩匡嗣与其家人三墓志铭考释》，刘凤翥等编著《辽上京地区出土的辽代碑刻汇辑》附录一，第311—327页。萧浞卜，参见本书第二章。

刘守敬，应该是随幽州节度使赵德钧、赵延寿父子降辽的，入辽后任南
京副留守。其父刘景，好学能文，被燕王、南京留守赵延寿辟为幽都府
文学，辽穆宗时升任翰林学士，辽景宗时曾任南京副留守，与代理留守
韩德让共事。统和六年，刘景在云州大同军节度使任上致仕。统和后期，
刘晟曾任南京三司使，二十九年（1011）三月，即韩德让去世的当月，
他被任命为参知政事兼知南院枢密使事。同年五月，刘晟拜南院枢密使，
南府宰相邢抱质为知南院枢密使事。十二月，"以知南院枢密使事邢抱质
年老，诏乘小车入朝"。开泰元年三月，邢抱质以枢密使身份出席祭山、
大射柳之礼，五月出为云州大同军节度使。刘晟继续执掌南面官事务。
开泰二年十二月，刘晟以宰臣监修国史。开泰四年五月，转任或兼任北
府宰相的刘晟，被任命为征高丽都统，北院枢密使耶律世良为副都统，
其权势可谓显赫。但他因延误出师日期被召回，议贵，免予处分，后又
被讼与儿媳通奸，定罪，开泰七年降任霸州彰武军节度使。刘晟有六子，
除长子早逝外，辽兴宗时"诸子皆处权要"，两子尚公主。① 辽金时代燕
云地区著名的韩、刘、马、赵等世家大族，该家族居其一。

　　韩德让之侄耶律制心，是继韩德让之后韩氏家族的又一显赫人物。
但他在南枢密院任职时间不长，或可反映韩德让死后韩氏家族在朝廷缺
乏稳固的权力基础，也说明辽圣宗有意削弱韩氏家族的权力。宋朝降将
王继忠，将门之子，原为宋真宗藩邸侍从，以谨厚获亲信。宋真宗即位
后，王继忠补内殿崇班，累迁至殿前都虞候，历任镇州、定州、高阳关
三路钤辖兼河北都转运使，高阳关路、定州路副都部署。宋辽逐鹿河北，
王继忠力战，被俘。他向承天太后力陈南北和好之利，促成辽宋盟约，
"自是，南北戢兵，继忠有力焉"，因而深得承天太后母子和韩德让的尊

---

①　《辽史》卷八六《刘景传》《刘六符传》，第1456—1457页；卷一五《圣宗本纪六》
　　统和二十九年三月、开泰二年十二月、开泰四年五月，第185—188、190、193页。刘
　　晟被讼及"诸子皆处权要"，见《辽史》卷八二《武白传》，第1426页。《续资治通
　　鉴长编》卷七三，大中祥符三年（1010）五月，记辽朝杀其臣邢抱朴，召刘晟知政事
　　（第1673页）。《宋会要辑稿·蕃夷·契丹》所载相同（上海古籍出版社点校本，
　　2014，第9738页）。此条记事有误。按邢抱朴卒于统和二十二年（1004）。其弟邢抱
　　质于统和末至开泰元年（1012）担任知南院枢密使事、枢密使，开泰元年（统和三十
　　年）五月出为云州大同军节度使，次年正旦加开府仪同三司、守司空兼侍中，后不再
　　见诸《辽史》。

宠。"契丹主遇继忠甚厚，更其姓名为耶律显忠，又改名宗信，封楚王。"① 赐国姓，并与辽圣宗诸子连名。澶渊之盟后，他在辽朝的官职节节攀升。开泰年间任汉人行宫都部署时，他反对萧合卓任北院枢密使，力荐国舅帐后族萧敌烈。辽圣宗认为他们有朋党之嫌，弃用萧敌烈。② 开泰八年至太平三年（1019—1023），他与萧合卓分任南、北院枢密使。史称辽圣宗仰慕中原文化，"诏汉儿公事皆须体问南朝法度行事，不得造次举止"。③ 辽圣宗重用王继忠，除看重他的忠勇和才识外，也是钦重宋朝典章制度的表现。

邢抱朴、邢抱质、张俭、吕德懋、马保忠、石用中、杨又玄、杜防等人是辽朝培养的儒士，他们在辽圣宗时期尤其是辽圣宗后期被委以重用，这是辽朝开始重视文治的表现，给辽朝的政治文化和政治体制注入新鲜活力。史称辽朝"统和、重熙之间，务修文治"。④ 辽前期就有开科取士的记录，但似因事而设，随意性比较大，辽圣宗即位以前有据可考的科举仅有 6 次。辽圣宗统和六年（988），"诏开贡举"，⑤ 科举取士开始制度化，在辽境连续不断地举行。⑥ 但科举考试的周期前后有较大的变化。统和六年至十八年，基本上一年一试；统和十八年至太平四年，以两年一试为主；太平四年以后，大致以四年一试为主。⑦ 辽圣宗在位49 年，开科 30 次，及第人数 564 人。⑧ 科举制度成为汉族、渤海族儒士进入仕途的重要途径。辽圣宗后期，统和以后录取的进士大多跻身南面官系统中高层，代表人物有擢升宰执的张俭、吕德懋、石用中、杨又玄、杜防等。《张俭墓志》载，辽圣宗对张俭"信纳谠言，宠专柄用，体貌

---

① 《宋史》卷二七九《王继忠传》，中华书局，1985，第 9471—9472 页。

② 《辽史》卷八一《王继忠传》，第 1417 页。参见《辽史》卷八八《萧敌烈传》，第1474 页。

③ 《契丹国志》卷七《圣宗天辅皇帝》，第 73 页。

④ 《辽史》卷一〇三《文学传上》传论，第 1599 页。

⑤ 《辽史》卷一二《圣宗本纪三》统和六年末，第 143 页。圣宗太平十年（1030），"诏来岁行贡举法"，是对科举制度的进一步修订和完善。见《辽史》卷一七《圣宗本纪八》太平十年七月，第 231 页。

⑥ 参见高福顺《科举与辽代社会》，第 84—85 页；李桂芝《辽金科举研究》，第 2—3页；杨若薇《契丹王朝政治军事制度研究》（修订版）附录二《辽朝科举制度的几个问题》，社会科学文献出版社，2022，第 246—257 页。

⑦ 高福顺：《科举与辽代社会》，第 92—100 页。

⑧ 李桂芝：《辽金科举研究》，第 7 页。

尤异，腹心是推"，墓志撰者认为这与张俭"崇儒重道"的品行及当时
"王道方盛、儒风诞恢"的社会环境不无关系。① 辽末乾统五年（1105）
所撰《刘文用墓志》记载："太平间，丞相张、马二王秉政。"② "张、马
二王"就是指加封王爵的张俭和马保忠。马保忠，《辽史》无传，本纪
记载，太平十年（1030）以"宰相兼枢密使马保忠权知燕京留守"。③
张、马秉政延续到辽兴宗初期。据《契丹国志》载，马保忠乃营州人，
辽兴宗初期任枢密使，"笃意风教"，曾上书呼吁："强天下者，儒道；
弱天下者，吏道。今之授官，大率吏而不儒。崇儒道，则乡党之行修；
修德行，则冠冕之绪崇。自今其有非圣帝明王孔孟圣贤之教者，望下明
诏，痛禁绝之。"④ "崇儒重道"和"笃意风教"是辽圣宗后期儒士出身
的官僚集团普遍的价值观，是辽朝政治文化的新风尚。这种价值观和政
治文化契合辽朝强化君主专制中央集权政治体制的现实需要，与契丹传
统文化既有碰撞，也有交融，对契丹贵族官僚潜移默化，其意义是深
远的。

辽圣宗亲政以后，励精图治，继续推进统和以后的改革事业，在培
养和选拔人才方面出现一些新气象。宰执群体中，既有开明贵族，也有
部落平民出身的官员，既有汉族、渤海族世家大族，也有不少新进的儒
士。《辽史》卷八〇载，张俭、萧朴、邢抱朴、马得臣，"四人者，皆以
明经致位……圣宗得人，于斯为盛"。⑤ 张俭是燕蓟人，马得臣是营州
人，邢抱朴是应州人。燕云地区人口众多，是辽朝经济、文化最发达的
区域，也是辽宋交接的战略要地，如南京（燕京）地区"兵戎冠天下之
雄，与赋当域中之半"。⑥ 在本地区培植一个忠于辽朝的汉族官僚地主集
团，对稳固辽朝的统治具有重要意义。辽初已在燕云地区招纳了一批汉
族文臣武将，占有本地区后，辽朝统治者采取了拉拢扶植当地汉族地主

---

① 《张俭墓志》，作者杨佶，统和二十四年进士，时任宣政殿学士、兼知制诰、修国史，
　　兴宗朝累官宰相。见向南编《辽代石刻文编》，第265、268—270页。参见《辽史》
　　卷八九本传，第1488—1489页。
② 《刘文用墓志》，向南等辑注《辽代石刻文续编》，第250页。
③ 《辽史》卷一七《圣宗本纪八》太平十年十一月，第232页。《契丹国志》卷一九《马
　　保忠传》说他太平年间始授太子洗马、著作郎、殿中丞（第180页），纪年肯定有误。
④ 《契丹国志》卷一九《马保忠传》，第180页。
⑤ 《辽史》卷八〇传论，第1412页。
⑥ 《王泽墓志》，向南编《辽代石刻文编》，第260页。

阶级的政策。忠于辽朝的某些汉族官僚地主逐渐发展为财力雄厚、世代仕宦的大家族。辽朝中期以后，这些世家大族借助儒学传承和科举制度巩固了自身的政治地位。同时，燕云地区中小地主阶级通过科举源源不断地进入官僚队伍之中。

本章以辽圣宗时期的宰执群体为分析样本，考察了这一时期选官用人、国家治理承前启后的时代特色。辽圣宗和承天太后在维护以皇族、后族为代表的契丹贵族核心利益的前提下，对包括宰执群体在内的官僚队伍的来源有所扩展，使皇权主导、契丹贵族专政、汉族上层等共同参与的统治基础进一步巩固。辽圣宗亲政以后，继续推进改革，重视儒学，兴办学校，选贤任能，倡导文治和法治，加强君主专制中央集权体制，推动了辽朝的国家治理及政治文化建设。

# 第二章　辽兴宗朝皇族后族权势的消长
## 与皇权强化

　　辽世宗以后，辽朝逐步确立了君主专制中央集权体制。辽朝皇权的政治基础是契丹贵族专政，贵族专政的社会基础是贵族所有制的主导地位。契丹贵族又以横帐皇族和国舅帐后族为核心。皇族和几大后族世代联姻，共同掌控政权。皇权与贵族专政是矛盾统一体，威胁皇权的势力也多来自皇族和后族。有辽一代，皇族、后族成员发动的叛乱贯穿始终。故元代史臣说："辽之秉国钧，握兵柄，节制诸部帐，非宗室外戚不使，岂不以为帝王久长万世之计哉？及夫肆叛逆，致乱亡，皆是人也。"① 史臣又评论道："辽史耶律、萧氏十居八九。宗室、外戚，势分力敌，相为唇齿，以翰邦家，是或一道。然以是而兴，亦以是而亡，又其法之弊也。"② 辽朝皇帝往往对皇族、后族采取彼此制衡的策略，同时起用部落贵族、汉族世族出身的官员，辽中期以后还重视选拔科举出身的汉族官员，目的是加强皇权，维护皇权至上，避免贵族势力架空皇权，威胁君主专制中央集权体制和贵族整体利益。不同的时期，辽政权权力分配与斗争的表现形式不尽相同。③ 本章试以辽兴宗朝为例，剖析辽朝皇族、后族权势的消长与皇权强化的内在联系。

---

① 《辽史》卷一一四《逆臣传下》赞语，第1668页。

② 《辽史》卷六七《外戚表》，第1135页。

③ 蔡美彪先生详细论证了辽朝后族各支系之间的权力斗争，提出很有见地的认识，认为辽兴宗以后的权力斗争主要是围绕争夺后权展开的。但由于他对某些后族人物世系的误判，影响了其具体结论的说服力。参见蔡美彪《辽代后族与辽季后妃三案》，原载《历史研究》1994年第2期，后收入氏著《辽金元史考索》，中华书局，2012，第100—125页。近二十九年，辽代墓葬考古的成果不断问世，极大地推动了对辽朝后族世系及其权力斗争的认识。代表作有向南《辽代萧氏后族及其居地考》，《社会科学辑刊》2003年第2期；都兴智《辽代国舅拔里氏阿古只家族的几个问题》，《黑龙江民族丛刊》2009年第5期；康鹏《辽道宗朝懿德后案钩沉》，黄正建主编《隋唐辽宋金元史论丛》第5辑，上海古籍出版社，2015，第127—140页；康鹏《承天太后家族之姻娅及其政治地位之升降》，刘晓、雷闻主编《隋唐辽宋金元史论丛》第6辑，上海古籍出版社，2016，第285—298页；史风春《辽朝后族诸问题研究》。

# 一　辽兴宗母后家族的权势盛极而衰

辽朝的皇族包括孟父房、仲父房、季父房横帐三房以及五院部、六院部的皇亲。国舅帐后族主要包括辽太祖耶律阿保机淳钦皇后的父族和母前夫之族。辽太宗天显十年（935），"皇太后父族及母前夫之族二帐并为国舅，以萧缅思为尚父领之"，① 是说两族帐并列为国舅帐，与横帐三父房一样，独立于部落之外而存在。后来皇族以耶律为姓，后族以萧为姓，契丹各部的姓氏也随之归并简化为耶律、萧二姓。至辽圣宗开泰三年（1014），"合拔里、乙室（己）二国舅为一帐，以乙室夷离毕萧敌烈为详稳以总之"。② 二帐合并为一帐，成为一个行政管理单位。淳钦皇后父族拔里（述律）氏，分大父房（帐）和少父房（帐）两支；母前夫之族乙室己氏，分大翁帐和小翁帐两支。③ 辽圣宗、辽兴宗时期，政治上活跃的国舅帐诸房主要是拔里氏萧阿古只家族（少父房）、乙室己氏萧敌鲁家族和萧思温（辽圣宗生母承天皇太后之父）家族。萧阿古只家族又衍生两大支系，一支是辽圣宗元妃（谥号钦哀皇后）萧耨斤家族，另一支是韩国王萧惠家族。皇族、后族各支系，甚至同一支系内部，争权夺利的斗争不断发生。在辽朝历史上，皇权与皇族、后族势力呈现复杂的三角甚至多角关系。有的时候，皇帝联合后族对抗反叛的皇族成员，如耶律阿保机联合述律皇后家族镇压诸弟叛乱，参加诸弟叛乱的多为皇

---

① 《辽史》卷三《太宗本纪上》天显十年四月，第 39 页。
② 《辽史》卷一五《圣宗本纪六》开泰三年六月，第 191 页。
③ 《辽史》卷四五《百官志一·北面诸帐官·大国舅司》，第 801—803 页。卷七一《后妃传》谓："后族唯乙室（己）、拔里氏，而世任其国事。"（第 1318 页）卷六七《外戚表·序》误将淳钦皇后述律氏家族与拔里、乙室己并列为三族（第 1135 页）。《辽史》明确记载淳钦皇后弟萧阿古只家族为国舅少父房，参见卷八五《萧柳传》、卷八八《萧排押传》、卷九三《萧惠传》，第 1448、1475、1511 页。乌拉熙春最早提出，《辽史》将乙室己二帐国舅记作"国舅大翁帐"和"国舅小翁帐"，将拔里二帐国舅记作"国舅大父房"和"国舅少父房"，对比契丹文墓志可知，全部是误识，正确的记述当是"乙室己国舅大父房""乙室己国舅少父房""拔里国舅大翁帐""拔里国舅小翁帐"。见氏著《萧挞凜与国舅夷离毕帐》，刘宁、张力主编《辽金历史与考古国际学术研讨会论文集》（上），辽宁教育出版社，2012，第 159 页。韩世明、都兴智《辽〈驸马萧公平原公主墓志〉再考释》（《文史》2013 年第 3 辑，第 110 页）持同样的看法。本书姑且沿用《辽史》的记载，且认为大父房与大翁帐、少父房与小翁帐可以通用，并无严格区分。

族成员；有的时候，皇帝和皇族成员联合对抗势力强大的后族支系，如辽世宗对述律家族势力的清理；还有的时候，皇族和后族成员联手反叛，最典型的就是辽道宗朝的皇太叔耶律重元（一作宗元）之乱，皇族和后族各主要支系都有人参与了叛乱。

　　辽兴宗 16 岁即位，① 其生母元妃萧耨斤凭借诸兄弟在朝野的势力，"自立为皇太后，摄政"，并"令冯家奴等诬仁德皇后与萧涅卜、萧匹敌等谋乱，徙上京，害之"。② 仁德皇后即辽圣宗的皇后萧菩萨哥，辽圣宗生母承天皇太后的侄女；萧涅卜汉名萧绍业，是仁德皇后的弟弟，娶辽圣宗和元妃萧耨斤之女秦晋国长公主岩母堇，时任北府宰相；③ 国舅详稳萧匹敌（汉名萧昌裔）是承天皇太后的外孙，其父萧恒德娶承天皇太后的幼女越国公主延寿女，"睿智皇后（即承天皇太后）于诸女尤爱"。④ 萧匹敌"生未月，父母俱死，育于禁掖"，⑤ 承天皇太后十分疼爱他。萧匹敌长大后，娶了舅舅耶律隆庆的女儿韩国长公主，拜驸马都尉，以所赐媵臣户建头下州渭州。仁德皇后是萧匹敌母亲的姑表姐妹，因为承天皇太后的关系，仁德皇后对萧匹敌也很疼爱。⑥ 仁德皇后无子，"开泰五年，宫人耨斤生兴宗，后养为子"。辽兴宗与嫡母兼养母仁德皇后母子情深，招致生母忌恨。钦哀后萧耨斤欲加害仁德后，与辽兴宗发生争执。钦哀后"虑帝怀鞠育恩，驰遣人加害"仁德后。⑦ 这激化了母子矛盾。重熙三年（1034），钦哀后"阴召诸弟议，欲立少子重元。重元以所谋

① 《辽史》卷二〇《兴宗本纪三》史赞："兴宗即位，年十有六矣。"（第 282 页）
② 《辽史》卷七一《圣宗钦哀皇后萧氏传》，第 1324 页。同卷《圣宗仁德皇后萧氏传》载："护卫冯家奴、喜孙等希旨，诬告北府宰相萧涅卜、国舅萧匹敌谋逆。诏令鞠治，连及后。"（第 1323 页）
③ 《辽史》卷七一《圣宗仁德皇后萧氏传》，第 1323 页；卷八八《萧匹敌传》及校勘记〔五〕，第 1477、1483 页。参见向南《契丹萧思温家族》，刘宁主编《辽金历史与考古》第 1 辑，辽宁教育出版社，2009，第 107—111 页。
④ 《辽史》卷六五《公主表》，第 1108 页。参见卷八八《萧恒德传》，第 1476—1477 页。
⑤ 《辽史》卷八八《萧匹敌传》，第 1477 页。越国公主生萧匹敌未满月而病故。公主生病期间，萧恒德与宫女私通，被承天皇太后赐死。
⑥ 《辽史》卷八八《萧匹敌传》："钦哀与仁德皇后有隙，以匹敌尝为后所爱，忌之。"（第 1477 页）《辽史》卷三七《地理志一》"头下军州·渭州"条，第 507 页。
⑦ 《辽史》卷七一《圣宗仁德皇后萧氏传》，第 1323 页。同卷《圣宗钦哀皇后萧氏传》记载："生兴宗，仁德皇后无子，取而养之如己出。后以兴宗侍仁德皇后谨，不悦。"（第 1324 页）《圣宗仁德皇后萧氏传》载："帝大渐，耨斤詈后曰：'老物宠亦有既耶！'"（第 1323 页）

白帝。帝收太后符玺，迁于庆州七括宫"。① 耶律重元当时年少，对母亲和舅舅们安排他取代皇兄的计划心生胆怯，于是透露给皇兄。辽兴宗乘机收权亲政。

皇太后摄政期间，"昆弟专权"。② 萧孝先为首辅北院枢密使。"孝先以椒房亲，为太后所重。在枢府，好恶自恣，权倾人主，朝多侧目。（重熙）三年，太后与孝先谋废立事，帝知之，勒卫兵出宫，召孝先至，谕以废太后意。孝先震慑不能对。迁太后于庆州。孝先恒郁郁不乐。"③ 又据宋人记载："圣宗崩，元妃自立为太后……淫虐肆行，刑政弛紊，南北面番汉公事率其弟兄掌握之。凡所呈奏，弟兄聚议，各各弄权，朝臣朋党，每事必知。太后临朝凡四年，兴宗方幽而废之，契丹已困矣。太后之废也，诸舅满朝，权势灼奕。帝惧内难，乃与殿前都点检耶律喜孙、护位（当是护卫）太保耶律刘三等定谋废后，召硬寨拽刺、护位等凡五百余人，帝立马于行宫东之二里小山上，喜孙等直入太后宫，驱后登黄布车，幽于庆州。诸舅以次分兵捕获，或死或徙，余党并诛。"④ 这两段记载都说辽兴宗动用宿卫军，强制皇太后徙居辽圣宗皇陵所在之庆州，大致符合史实。但是说"诸舅以次分兵捕获，或死或徙，余党并诛"，则是宋人的揣测，或得自错误的传闻。事实上，在重熙初期的政治斗争中，辽兴宗与势力强大的母舅们达成妥协，互相合作，牺牲了势力相对单薄、承大太后去世后势力中衰的仁德皇后家族的利益。其交换条件是钦哀后交出摄政权，辽兴宗亲政，而辽兴宗保障母舅们的政治地位，并

---

① 《辽史》卷七一《圣宗钦哀皇后萧氏传》，第1324页。卷一八《兴宗本纪一》记载，重熙三年五月，"皇太后还政于上，躬守庆陵"，七月朔日，"上始亲政"（第244页）。

② 《辽史》卷六二《刑法志下》，第1045页。

③ 《辽史》卷八七《萧孝先传》，第1468页。

④ 《契丹国志》卷一三《圣宗萧皇后传》，第164—165页。又谓"诸连姻娅，并擢显官……卖官鬻爵，残毒番汉"（第144—145页）。此处记载耶律喜孙是"定谋废后"的主要人物。据《辽史》卷九七《耶律喜孙传》记载，喜孙，字盈隐，永兴宫分人，"兴宗在青宫，尝居左右辅导。圣宗大渐，喜孙与冯家奴告仁德皇后同宰相萧浞卜等谋逆事。及钦哀为皇太后称制，喜孙尤见宠任。重熙中，其子涅哥为近侍，坐事伏诛。帝以喜孙有翼戴功，且悼其子罪死，欲世其官……拜南府宰相"（第1552页）。《辽史》卷一八《兴宗本纪一》记载，重熙七年十二月，耶律应稳任南府宰相，傅父耶律喜孙南府宰相（第249页）。此系一事重出。应稳或是应隐之误，盈隐、应隐同音异译。按《辽史》的记载，耶律喜孙本来是钦哀太后的人，但兴宗以为他"有翼戴功"，应该是指他效忠兴宗，参与了"废后"的谋划和行动。

且废黜皇后（仁德皇后侄女），立大舅萧孝穆长女萧挞里为皇后。

辽兴宗在东宫时，纳"驸马都尉匹里之女"，即位后"立为皇后，重熙初，以罪降贵妃"。① 萧匹里，汉名萧绍宗，是承天太后父亲萧思温的侄子兼养子萧继远之独子，其母亲是辽景宗和承天太后的长女秦晋国大长公主耶律观音女。② 辽兴宗即位后，钦哀后安排侄女萧挞里入宫，一年后诞子，即后来的辽道宗。重熙四年，萧挞里被立为皇后。③

钦哀皇后之父萧陶瑰，又名谐领（解里），汉名萧和，曾任统领国舅帐诸房的国舅详稳。她有五个兄弟：萧孝穆（字胡独堇）、萧孝先（字延宁，又字解里、海里）、萧孝诚（字六温、留引、留宁，又字高九）、萧孝友（字挞不也，又字陈留、陈六）、萧孝惠（字撒八、撒八宁、撒板，又字徒古撒、图古斯）。④ 萧孝先、萧孝惠娶了辽圣宗和钦哀后的两个公主。萧孝先两娶公主，先娶辽圣宗与国舅夷离毕房萧氏之女，后娶外甥女。辽兴宗共有两个公主，都是和萧孝穆之女仁懿皇后萧挞里所生，长女跋芹先后嫁给萧孝穆次子萧撒八、萧孝惠之子萧阿速，次女斡里太嫁萧孝穆长子萧阿剌之子萧余里也。⑤

萧孝穆于辽圣宗末、辽兴宗初历任南京留守、东京留守、南府宰相，重熙六年至十二年任北院枢密使，卒于任。⑥ 萧孝先于辽圣宗太平年间

---

① 《辽史》卷七一《兴宗贵妃萧氏传》，第1326页。

② 萧继远，《辽史》卷六七《外戚表》（第1136页）、卷七八本传（第1398页）均作萧继先，《圣宗本纪》作萧继远（第128、143、169页）。《秦晋国大长公主墓志》作萧继远，见向南编《辽代石刻文编》，第248页。萧匹里即萧绍宗，见郭宝存、祁彦春《辽代〈萧绍宗墓志铭〉和〈耶律燕哥墓志铭〉考释》，《文史》2015年第3辑，第182、185页。参见史风春《辽朝后族诸问题研究》，第267页。

③ 《辽史》卷七一《兴宗仁懿皇后萧氏传》，第1325页。

④ 《辽史》卷八七《萧孝穆传》及附传，1465—1468页；卷八一《萧孝忠传》，第1417页。萧孝惠，《辽史》误作萧孝忠。参见《秦国太妃墓志》《义和仁寿皇太叔祖妃萧氏墓志》，向南等辑注《辽代石刻文续编》，第91、275页。详见史风春《辽朝后族诸问题研究》，第64—67页。

⑤ 《辽史》卷六五《公主表》，第1110—1114页。参见《辽史》卷八一《萧孝忠传》、卷八七《萧孝穆传》附传《萧撒八传》、卷一一一《萧余里也传》，第1417—1418、1467、1641页。

⑥ 《辽史》卷八七《萧孝穆传》，第1465—1466页。萧孝穆于重熙十二年正月至六月短暂任南院枢密使，复拜北院枢密使，十月卒。参见《辽史》卷一六《圣宗本纪七》太平三年十一月，第214页；卷一七《圣宗本纪八》太平八年二月，十年十一月，第228、232页；卷一八《兴宗本纪一》太平十一年七月，重熙六年三月，第240、246页；卷一九《兴宗本纪二》重熙十二年正月、六月、十月，第260、261、262页。

历任汉人行宫都部署、上京留守、东京留守，辽兴宗即位后升北府宰相，重熙二年底至六年任北院枢密使，然后转任南京留守。① 萧孝诚，重熙中任国舅详稳，重熙十年卒于任。② 萧孝友，重熙元年迁西北路招讨使，负责镇遏西北边疆，十二年授南院枢密使，十五年转任北府宰相。③ 萧孝惠，太平中任北府宰相，重熙初曾以北府宰相兼任东京留守，重熙十二年正月，由北府宰相迁北院枢密使，其兄萧孝穆则由北院枢密使转任南院枢密使。不久，萧孝惠病笃，同年六月，萧孝穆再任北院枢密使，次月，萧孝惠病故。④ 同年十月，萧孝穆也卒于任。重熙十四年，萧孝穆兄弟的母亲秦国太妃病故时，五兄弟中只有萧孝友健在，⑤ 其家族的权势相对下降。萧孝穆长子萧阿剌，其父去世后由北院枢密副使迁同知北院枢密使事。重熙十四年十一月，萧阿剌由同知北院枢密使事转任北府宰相。次年十一月，萧孝友任北府宰相，萧阿剌改任东京留守。十九年，北府宰相萧孝友出为东京留守，萧阿剌可能改任国舅详稳。二十一年，国舅详稳萧阿剌拜西北路招讨使。⑥ 此后直至辽兴宗驾崩，北、南枢密院正贰官，北府、南府宰相，左右夷离毕未见该家族成员。

辽道宗即位后，在出自该家族的太皇太后萧耨斤和皇太后萧挞里的

① 《辽史》卷八七《萧孝先传》，第 1467—1468 页。参见《辽史》卷一七《圣宗本纪八》太平五年十二月，太平九年八月，第 224、230 页；卷一八《兴宗本纪一》太平十一年七月，重熙二年十二月，重熙六年三月，第 240、243、246 页。

② 重熙七年《耶律元妻晋国夫人萧氏墓志》（向南编《辽代石刻文编》，第 211 页）和重熙十四年《秦国太妃墓志》（向南等辑注《辽代石刻文续编》，第 91 页）均记萧孝诚为大国舅。《辽史》卷一九《兴宗本纪二》（第 258 页）记载，重熙十年，国舅详稳萧留宁甍。萧孝诚，字留引，见《梁国太妃墓志》，向南等辑注《辽代石刻文续编》，第 257 页。留引、留宁音近，萧留宁应即萧孝诚。

③ 《辽史》卷八七《萧孝友传》，第 1468 页。参见《辽史》卷一九《兴宗本纪二》重熙十五年十一月，第 266 页。

④ 《辽史》卷八一《萧孝忠传》，第 1417 页。参见《辽史》卷一八《兴宗本纪一》重熙六年六月，七年十二月，第 247、249 页；卷一九《兴宗本纪二》重熙十年四月、十月，十二年正月、七月，第 257、258、260、261 页。

⑤ 《秦国太妃墓志》，向南等辑注《辽代石刻文续编》，第 91 页。

⑥ 参见《辽史》卷八七《萧孝友传》，第 1468 页；卷九〇《萧阿剌传》，第 1493 页；卷二〇《兴宗本纪三》重熙十九年十二月，二十一年四月，第 277、278 页。卷一九《兴宗本纪二》载重熙十二年十月枢密副使萧阿剌同知北院宣徽事，十四年十一月同知北院宣徽事萧阿剌为北府宰相。（第 262、265 页）卷九〇《萧阿剌传》作"累迁同知北院枢密使"为是。据萧阿剌祖母《秦国太妃墓志》，重熙十四年秋，萧阿剌（汉名萧知足）为同知枢密院事，见向南等辑注《辽代石刻文续编》，第 91 页。

主导下，萧孝穆家族的权势再度上升。萧阿剌由西北路招讨使入朝任北府宰相，并权知南院枢密使事，再迁北院枢密使，然后出任东京留守。萧孝友由东京留守迁北府宰相，致仕。萧孝惠之子萧阿速历任南院枢密使、北府宰相。萧孝友之子萧胡覩历任北院枢密副使、西北路招讨使、同知北院枢密使事。遏制该家族权势的扩张，成为维护皇权的必然选择。清宁七年（1061），辽道宗借故下令处死萧阿剌。清宁九年，萧胡覩参与皇太叔耶律重元父子发动的叛乱，其父萧孝友也卷入其中，父子均被杀。① 该家族遭受重创。

　　辽圣宗生母承天皇太后家族，自承天皇太后去世后，离权力中枢渐行渐远。辽圣宗去世后，钦哀后和她的兄弟们更是釜底抽薪，以谋逆罪杀害了该家族的领袖人物北府宰相萧浞卜，并以此为借口杀害仁德皇后，废黜出自该家族的辽兴宗皇后。"浞卜等十余人与仁德姻援坐罪者四十余辈，皆被大辟，仍籍其家。"② 辽兴宗即位后，皇后父萧绍宗被授枢密使。萧浞卜（萧绍业）被害后，萧绍宗出为平州辽兴军节度使，于重熙七年去世。③

## 二　后族别支和皇族权力的提升

　　辽兴宗在位初期，对母后家族势力的坐大心有不快和忌惮，但也无可奈何，只好与之妥协，换取他们的支持，与之共治天下。他也起用皇族和后族别支的官员，以牵制母后家族的势力。待母舅们相继去世后，辽兴宗扭转了与该家族共治的局面，核心权力圈的官员出身多元化，皇

---

① 《辽史》卷二一《道宗本纪一》清宁元年八月、九月，二年十二月，五年六月，七年五月，第286、289、291、293页；卷二二《道宗本纪二》清宁九年七月，第298页。参见《辽史》卷八一《萧孝忠传》，第1417—1418页；卷八七《萧孝友传》，第1468—1469页；卷九〇《萧阿剌传》，第1493页；卷一一四《萧胡覩传》，第1663—1664页。

② 《辽史》卷六二《刑法志下》，第1045页。参见向南《契丹萧思温家族》，刘宁主编《辽金历史与考古》第1辑，第107—111页；康鹏《承天太后家族之姻娅及其政治地位之升降》，刘晓、雷闻主编《隋唐辽宋金元史论丛》第6辑，第285—298页；史风春《辽朝后族诸问题研究》，第235—276页。

③ 郭宝存、祁彦春：《辽代〈萧绍宗墓志铭〉和〈耶律燕哥墓志铭〉考释》，《文史》2015年第3辑，第187页。

权得以强化。

辽兴宗在位中期，萧阿古只的另一支后裔萧惠兄弟步入政治权力的中心。萧惠的父亲萧罕（字流宁、留隐）曾任南京统军使。① 辽圣宗时期，萧惠（字管宁、贯宁）历任契丹行宫都部署、南京统军使、右夷离毕、知东京留守事、西北路招讨使，因镇边不力，降授南京侍卫亲军都指挥使，太平末，再迁南京统军使。辽兴宗即位后，萧惠知兴中府，历任朔州顺义军节度使、东京留守、西南路招讨使。② 重熙六年（1037）五月，萧惠授契丹诸行宫都部署，六月，其弟萧善宁（又字虚烈、忽列，娶辽圣宗女泰哥）为殿前都点检。这是分别掌管皇家直属人户——宫分户和御帐宿卫的两个重要职位。同年十一月，萧惠升任南院枢密使。重熙十年，国舅详稳萧留宁（即萧孝诚）薨，萧善宁继任。重熙十二年初，萧孝惠、萧孝穆分别担任北、南院枢密使，萧惠继萧孝惠任北府宰相。同年，萧孝惠、萧孝穆相继离世，萧惠升任北院枢密使，萧孝穆长子、枢密副使萧阿剌迁同知北院枢密使事。③ 辽兴宗利用萧孝惠、萧孝穆去世的机会，通过提拔萧惠、萧善宁兄弟，牵制太后家族的权势。重熙十四年，萧善宁授南京统军使（原文作南院统军使），负责统领南京地区的驻军。重熙二十一年，平州辽兴军节度使萧善宁封郑王，授北府宰相。④ 萧惠任职北院枢密使7年多

---

① 关于萧惠家族，参见韩世明、都兴智《辽〈驸马萧公平原公主墓志〉再考释》，《文史》2013年第3辑，第101—111页；向南《契丹萧罕家族——兼说平原公主》，刘宁、张力主编《辽金历史与考古国际学术研讨会论文集》（上），第139—142页。萧罕，《韩匡嗣墓志》（统和三年）、《韩匡嗣妻秦国太夫人墓志》（统和十一年）分别记作大国舅之弟萧罕、燕京统军使萧流宁，见向南等辑注《辽代石刻文续编》，第24、31页；《萧仅墓志》（太平九年）记载其父萧罕"奉统军职，怀六韬之机谋"，见向南编《辽代石刻文编》，第191页；《耶律弘世妻秦越国妃墓志》（寿昌二年）记载其祖父为故燕京统军萧留隐，见向南等辑注《辽代石刻文续编》，第229页。此前，由于《辽史》记载的歧异，一般误认为萧惠家族与承天太后家族是近支。

② 《辽史》卷九三《萧惠传》，第1511—1512页。

③ 《辽史》卷一八《兴宗本纪一》重熙六年五月、六月、十一月，第247页。卷一九《兴宗本纪二》重熙十年八月、九月、十月，第258页；重熙十二年正月、十月，第260、262页。

④ 《辽史》卷一九《兴宗本纪二》重熙十四年正月，第264页；卷二○《兴宗本纪三》重熙二十一年十月、十二月，第279页。萧善宁曾任南京统军使，见韩世明、都兴智《辽〈驸马萧公平原公主墓志〉再考释》，《文史》2013年第3辑，第111页。

（重熙十二年至十九年十二月），权势显赫。重熙十七年，60多岁的萧惠"尚帝姊秦晋国长公主，拜驸马都尉"。秦晋国长公主岩母董是辽圣宗与钦哀皇后之长女，先下嫁萧啜不（萧泥卜，辽圣宗仁德皇后之弟），后改适母舅萧孝先（海里），再改适表兄弟萧胡覩（萧孝友之子），最后下嫁萧惠。① 重熙二十年撰就的《驸马萧公平原公主墓志》赞誉驸马萧忠之长兄萧惠曰："乾坤正气，社稷纯臣。著累代之殊勋，绝百僚之盛礼。"②

萧惠任北院枢密使期间，辽朝发动了两次对西夏的战争，萧惠是主战派，两次统兵出征。辽军出师不利，虽然萧惠因为长子阵亡，被免予追责，但黯然致仕。③ 两年后，其弟萧善宁升任北府宰相。该家族的权势在萧惠任北院枢密使时期达到顶峰，后来有所衰退。萧惠次子萧兀古匿曾任北府宰相。④ 萧善宁三子官职不高。⑤ 重熙二十年时，萧惠和萧善宁的两个侄子——萧忠之子萧旲（字摆）任东京四军都指挥使，另一子萧旦（字德哩特）任殿前都点检——重兵在握。萧旦就是《辽史》有传的萧迭里得。他任殿前副点检和乌古敌烈都详稳时参加了两次征夏战争，重熙十八年任殿前都点检，后知汉人行宫都部署事，出为西南路招讨使。萧忠之妻是辽圣宗之女平原公主钿匿。⑥ 辽道宗清宁九年（1063），萧迭里得参与皇太叔耶律重元叛乱，该家族的势力因此受到较大的冲击。⑦

为制衡拔里氏国舅帐萧阿古只一系的权势，重熙九年，辽兴宗批准早年与皇族通婚的北大王府（五院部）布猥帐设置敞史，脱离五院部独

---

① 《辽史》卷九三《萧惠传》，第1513页；卷六五《公主表》，第1109—1110页。
② 韩世明、都兴智《辽〈驸马萧公平原公主墓志〉再考释》，《文史》2013年第3辑。墓志录文在第110—111页。
③ 《辽史》卷九三《萧惠传》，第1512—1513页。
④ 《辽史》卷九三《萧惠传》，第1513页。
⑤ 《耶律弘世妻秦越国妃墓志》，向南等辑注《辽代石刻文续编》，第230页。秦越国妃是萧善宁之女，兄二人，弟一人，该墓志均不载其官职，而对八个姊夫中有官职的均记载官职名。
⑥ 萧忠和平原公主夫妇及其子女，详见《驸马萧公平原公主墓志》。
⑦ 《辽史》卷一一四《萧迭里得传》，第1664—1665页。参见韩世明、都兴智《辽〈驸马萧公平原公主墓志〉再考释》，《文史》2013年第3辑，第109页。

立升帐分。[①] 与辽圣宗生母承天皇太后家族属于近支、死于澶州城下的契丹大将萧挞凛之子萧扫古（慆古），重熙六年任契丹诸行宫都部署，后升任北府宰相。[②]

国舅少父房的萧惠兄弟退出政治权力中心后，国舅大父房出身的萧革成为首辅。[③] 萧革于重熙初授北面林牙，十二年（1043）正月，由北面林牙迁北院枢密副使，十三年，授北府宰相，十五年，同知北院枢密使事，十九年，转任南院枢密使。北院枢密使萧惠致仕后，皇族耶律仁先以知北院枢密使事为北枢密院实际的长官，一年半以后，南院枢密使萧革晋升北院枢密使，任职自重熙二十一年七月一直到辽道宗清宁八年（1062）三月，长达 10 年。[④] 史称"革怙宠专权，同僚具位而已"。横帐仲父房出身的夷离毕耶律义先，曾对辽兴宗"言革所短，用之将败事"，并斥之为"国贼"，但是萧革善于"矫情媚上"，辽兴宗对他"眷遇益厚"。[⑤] 萧革有意抑制萧孝穆家族第二代成员的崛起，他利用皇帝对该家族的疑忌，以及该家族内部的矛盾，最终在辽道宗清宁初除掉该家族的

---

① 《辽史》卷一八《兴宗本纪一》重熙九年十二月记载，"以北大王府布猥帐郎君自言先世与国联姻，许置敞史，命本帐萧胡靓为之"（第 251 页）。布猥帐萧胡靓，与拔里帐萧阿古只家族萧孝友之子萧胡靓同名。五院部人萧塔列葛可能出自这个家族。据载，萧塔列葛的八世祖因抵抗唐将安禄山的进攻建立殊功，世预北府宰相选。重熙间，萧塔列葛曾任西北路招讨使，十二年改任右夷离毕，后来转任同知南京留守，十七年改任左夷离毕，十九年由东京留守迁北府宰相，二十一年出任南京统军使。参见《辽史》卷八五《萧塔列葛传》，第 1451 页；卷一九《兴宗本纪二》重熙十二年八月，第 261 页；卷二〇《兴宗本纪三》重熙十七年三月，十九年十二月，二十一年十二月，第 273、277、279 页。《兴宗本纪》塔列葛或作塔烈葛。《辽史》卷九〇《萧塔剌葛传》的传主是辽世宗的舅舅，出自六院部（第 1496 页）。

② 《辽史》卷一八《兴宗本纪一》重熙六年十一月，第 247 页；参见《辽史》卷八五《萧挞凛传》，第 1445—1446 页。《契丹国志》卷一五《萧奥只传》载："萧奥只，番名扫古，燕京统军使挞里么之子。挞里么于统和中攻南宋澶州，为流矢所中，死城下。奥只以父战功为祗候郎君，迁林牙、契丹诸行宫都部署，又迁彰国节度使……后授北宰相、宣徽使，封郑王。"（第 158 页）挞里么即挞凛，萧奥只、萧扫古即《辽史》卷八五《萧挞凛传》所记之萧慆古。参见康鹏《萧挞凛家族世系考》，《新亚洲论坛》第 4 辑，第 374—382 页。

③ 参见《辽史》卷八六《萧和尚传》、卷一一三《萧革传》，第 1460、1660—1661 页。

④ 《辽史》卷一九《兴宗本纪二》重熙十二年正月，十五年十一月，第 260、266 页；卷二〇《兴宗本纪三》重熙十九年闰十一月、十二月，二十一年七月，第 277—279 页；卷二二《道宗本纪二》清宁八年三月，第 297 页。参见卷一一三《萧革传》，第 1660—1661 页。

⑤ 《辽史》卷一一三《萧革传》，第 1660—1661 页；卷九〇《耶律义先传》，第 1494 页。

领袖人物——萧孝穆的长子萧阿剌。① 萧革擅权用事，主要靠的是辽兴宗对他的信任，这与萧孝穆兄弟主要依靠后族的势力迫使辽兴宗妥协，延续皇族与后族共治天下的传统具有本质的不同。清宁九年，已致仕的萧革也卷入皇太叔耶律重元叛乱，后被处死。②

辽兴宗即位后，"笃于亲亲，凡三父（房）之后，皆序父兄行第"。③ 但在萧孝穆、萧孝惠兄弟当政时期，在政治权力结构中，国舅帐后族显然比横帐皇族占据优势。当时皇族成员担任两枢密院长贰官、两府宰相、夷离毕者，可考的仅有：辽兴宗的堂兄弟耶律宗政（字查葛、查割折，辽圣宗弟耶律隆庆之子），重熙五年任南府宰相，七年转任掌管皇族诸房事务的惕隐，十年改任契丹诸行宫都部署；皇太弟耶律重元，重熙七年判北南院枢密使事；横帐仲父房的耶律仁先，重熙十二年由北院枢密副使出任同知南京留守事。④ 萧氏兄弟忌惮、排挤皇族子弟，有案可查。如皇族仲父房的耶律资忠，辽兴宗即位后，"言国舅侍中（指北院枢密使萧孝先）无忧国心，陛下不当复用唐景福旧号。于是用事者恶之，遣归镇"；⑤ 仲父房的耶律韩留，"重熙元年，累迁至同知上京留守，改奚六部秃里太尉。性不苟合，为枢密使萧解里（孝先）所忌。上欲召用韩留，解里言目病不能视，议遂寝。四年，召为北面林牙。帝曰：'朕早欲用卿，闻有疾，故待之至今。'韩留对曰：'臣昔有目疾，才数月耳，然亦不至于昏。第臣驽拙，不能事权贵，是以不获早睹天颜'"。⑥

萧孝穆、萧孝惠兄弟去世后，辽兴宗有意起用皇族以制衡后族的权势。重熙十二年八月，辽兴宗嫡长子燕国王耶律洪基加尚书令，知北、南院枢密使事，进封燕赵国王，重熙十九年，领北、南枢密院。⑦ 这两

---

① 《辽史》卷九〇《萧阿剌传》，第1493页。萧阿剌家族内部的矛盾，见《辽史》卷一一四《萧胡睹传》，第1663—1664页。
② 《辽史》卷一一三《萧革传》，第1661页。
③ 《辽史》卷八九《耶律和尚传》，第1490页。
④ 《辽史》卷九六《耶律仁先传》，第1535—1536页；《耶律宗政墓志》《耶律仁先墓志》，见向南《辽代石刻文编》，第306、352—353页。参见《辽史》卷一八《兴宗本纪一》重熙五年四月，七年十二月，第245、249页。
⑤ 《辽史》卷八八《耶律资忠传》，第1479页。
⑥ 《辽史》卷八九《耶律韩留传》，第1488页。
⑦ 《辽史》卷一九《兴宗本纪二》重熙十二年八月，第261页；卷二〇《兴宗本纪三》重熙十九年七月，第276页。

项任命主要具有象征意义，是对与萧孝穆家族关系密切的皇太弟耶律重元的牵制。重熙十五年六月，孟父房的耶律马六由西京留守转任汉人诸行宫都部署；七月，辽兴宗堂兄弟耶律旅坟（一作驴粪，辽圣宗弟耶律隆庆之子宗教）由北院宣徽使迁左夷离毕；十一月，耶律旅坟转任惕隐，汉人行宫都部署耶律敌烈（或即耶律马六）转任左夷离毕，横帐仲父房的耶律仁先由契丹诸行宫都部署转任南院大王，其弟耶律信先由知夷离毕事为汉人诸行宫都部署。① 十七年，蔚州忠顺军节度使耶律谢家奴（辽圣宗弟耶律隆庆之子宗允）封陈王，西京留守耶律贴不（辽圣宗弟耶律隆裕之子）封汉王，惕隐耶律旅坟封辽西郡王，行宫都部署耶律别古得（一作别古特，辽圣宗之子，征夏还薨）封柳城郡王，怀州奉陵军节度使耶律侯古（辽圣宗之子）封饶乐郡王。他们是辽兴宗的弟弟和堂兄弟。② 同年，辽兴宗堂兄弟耶律宗政拜南院枢密使。十八年，南府宰相耶律高十（或为仲父房耶律休哥之子）转任南京统军使。十九年，汉王耶律贴不为中京留守，南院大王耶律仁先升迁知北院枢密使事，南院枢密使耶律宗政（查葛）出任南院大王。③ 二十一年七月朔日，辽兴宗"召北府宰相萧塔烈葛、南府宰相汉王贴不、南院枢密使萧革、知北院枢密使事仁先等，赐坐，论古今治道"。④ 这四个人是当时北、南两面官的最高级别官员，皇族占两员。稍后，耶律仁先出为东京留守，萧革迁北院枢密使，南院大工耶律宗政再任南院枢密使，耶律义先由契丹

---

① 《辽史》卷一九《兴宗本纪二》重熙十五年六月、七月、十一月，第 265—266 页。参见《辽史》卷九六《耶律仁先传》，第 1535—1537 页；卷九〇《耶律信先传》，第 1495 页。《耶律宗教墓志》，向南编《辽代石刻文编》，第 750—752 页，并参见第 752 页注释④。耶律隆庆五子的契丹名，见《辽史》卷六四《皇子表》，第 1088—1089 页。《辽史》卷九五《耶律马六传》记载简略，"（重熙）三年，迁崇德宫使，为惕隐，御制诰辞以褒。拜北院宣徽使，宠遇过宰辅，帝常以兄呼之。改辽兴军节度使。卒，年七十"，不记任西京留守、汉人行宫都部署事（第 1528 页）。

② 《辽史》卷二〇《兴宗本纪三》重熙十七年十一月，第 273 页。同时受封的有皇子越王和鲁斡、许王阿琏，皇太弟重元之子安定郡王涅鲁古，他们年幼尚未任职。参见《辽史》卷六四《皇子表》，第 1088—1093 页。《辽史》中辽景宗幼子耶律隆裕误作隆祐，见《辽史》卷六四《皇子表》注〔二八〕，第 1102 页。

③ 《辽史》卷二〇《兴宗本纪三》重熙十八年四月，第 274 页；十九年闰十一月、十二月，第 277 页。参见《耶律宗政墓志》《耶律仁先墓志》，向南编《辽代石刻文编》，第 305—307、352—354 页；《辽史》卷九六《耶律仁先传》，第 1535—1537 页。

④ 《辽史》卷二〇《兴宗本纪三》重熙二十一年七月，第 278 页。

诸行宫都部署转任惕隐。① 此后直到重熙二十四年辽兴宗驾崩，未见有大的人事任免。可见在辽兴宗后期，横帐仲父房的耶律仁先、义先、信先兄弟，辽兴宗的堂兄弟耶律宗政、耶律贴不，成为政坛上举足轻重的人物。

# 三　辽兴宗强化皇权

史载："兴宗即位，皇太后称制，国事一委弟孝先。方仁德皇后以冯家奴所诬被害，（北院枢密使萧）朴屡言其冤，不报。每念至此，为之呕血。重熙初，改王韩，拜东京留守。及迁太后于庆州，朴徙王楚，升南院枢密使。"与钦哀后同出于国舅少父房的萧朴，"博学多智"，"有吏才"，自辽圣宗太平五年（1025）起任北院枢密使，辽兴宗重熙二年（1033）十二月卸任，次年初出任东京留守。② 重熙三年五月，"皇太后还政于上，躬守庆陵"。六月，辽兴宗即召萧朴任南院枢密使，一直到他重熙六年病逝于任上。③ 辽兴宗亲政后召回萧朴，展现了少年天子的英锐之气。有记载说辽兴宗爱参加戏曲表演，也让后妃们换装演出，有一次皇后父萧磨只（当是萧孝穆）劝诫说："汉官皆在，后妃入戏，恐非所宜。"辽兴宗"殴磨只败面，曰：'我尚为之，若女何人邪！'"④ 这条记载一则说明直到辽兴宗时期契丹人的君臣礼仪还比较随便，二则反映了辽兴宗的强势作风。辽兴宗强制幽禁钦哀后的底气来自皇帝拥有的诸斡鲁朵（汉译行宫）的财富、人口和兵丁，以及背后强大皇族的支持。在他亲政以后，皇权不容侵犯。虽然萧氏兄弟把持朝政，但皇权并未被架空，基本实现皇权与国舅帐后族权力的平衡。

---

① 《辽史》卷二〇《兴宗本纪三》重熙二十一年十月、十二月，第279页。参见《辽史》卷九〇《耶律义先传》，第1494—1495页；《辽史》卷九六《耶律仁先传》，第1535—1537页；《耶律宗政墓志》《耶律仁先墓志》，向南编《辽代石刻文编》，第305—307、352—354页。

② 《辽史》卷八〇《萧朴传》，第1411页。萧朴，一作萧普古，参见《辽史》卷一七《圣宗本纪八》太平五年十二月，第224页；卷一八《兴宗本纪一》重熙二年十二月，三年二月，第243页。

③ 《辽史》卷一八《兴宗本纪一》重熙三年五月、六月，第244页。参见《辽史》卷八〇《萧朴传》，第1411页。

④ 《续资治通鉴长编》卷一八〇，仁宗至和二年八月己丑，第4363—4364页。

　　萧孝穆、萧孝惠兄弟也提出一些有益的政治主张。萧孝穆任北院枢密使时，"表请籍天下户口以均徭役，又陈诸部及舍利军利害。从之。繇是征赋稍平，众悦"。他珍惜辽宋和盟，反对败盟挑衅宋朝。史载："孝穆虽椒房亲，位高益畏。太后有赐，辄辞不受。妻子无骄色。与人交，始终如一。所荐拔皆忠直士。尝语人曰：'枢密选贤而用，何事不济？若自亲烦碎，则大事凝滞矣。'……时称为'国宝臣'，目所著文曰《宝老集》。"《实录》或《国史》传记的美誉虽不免夸大其词，但萧孝穆"廉谨有礼法"，大致是可信的。① 萧孝惠（《辽史》作萧孝忠）任东京留守，"时禁渤海人击球。孝忠言：'东京最为重镇，无从禽之地，若非球马，何以习武？且天子以四海为家，何分彼此？宜弛其禁。'从之"。后来他又奏请："一国二枢密，风俗所以不同。若并为一，天下幸甚。"② 这种缓和民族矛盾、消除民族隔阂、顺应民族交融趋势的主张，是有进步意义的。

　　辽兴宗亲政后，很快把人事权操之在手。史载："法天（太后）专制不满四年，帝幽而废之。既亲政后始自恣，拓落高旷，放荡不羁……每有除授，凡所亲信不依常格，径与躐升，如剌曷昌等数十人。左右隶役，皆自微贱入亲宫闱；曾无勋力，拔居将相，位至公卿。爵赏滥行，除授无法。枢密使马保忠本汉人，尝从容进谏……帝怫然怒曰：'若尔，则是君不得自行其权，岂社稷之福耶？'保忠惶恐。自是，欲有迁除，必先厚赐贵臣，以绝其言。"③ 萧孝穆、萧孝惠去世后，辽兴宗进一步掌握了对朝政的控制权。这主要体现在辅政大臣来源的多元化上。除前文所述重用后族别支和皇族大臣外，辽兴宗统治的中后期，部落、宫分出身的契丹人也多有被提拔重用者。如楮特部人萧德，"笃学，好礼法"，重熙十七年由知右夷离毕事为右夷离毕，十九年迁北院枢密副使，负责修订律令，后改任契丹诸行宫都部署。④ 楮特部人萧顺德，辽兴宗时期曾

---

①　《辽史》卷八七《萧孝穆传》，第1465—1466页。

②　《辽史》卷八一《萧孝忠传》，第1417页。

③　《契丹国志》卷八《兴宗文成皇帝》，第82页。参见《续资治通鉴长编》卷一八〇，仁宗至和二年八月己丑，第4363页。

④　《辽史》卷九六《萧德传》，第1540页。卷二〇《兴宗本纪三》重熙十七年三月，"以同知南京留守事萧塔烈葛为左夷离毕，知右夷离毕事唐古为右夷离毕"；十九年七月，"以左夷离毕萧唐古为北院枢密副使"（第273、276页）。萧唐古继萧塔烈葛任左夷离毕，重熙十九年萧塔烈葛由东京留守迁北府宰相。萧唐古即萧德，萧塔烈葛即《辽史》卷八五有传的萧塔列葛。

任南府宰相，"有政事才，在圣宗、兴宗朝，天下称为第一"。① 萧顺德
之子萧惟信，"资沉毅，笃志于学，能辨论。重熙初始仕，累迁左中丞。
十五年，徙燕赵国王傅……辅导以礼。十七年，迁北院枢密副使，坐事
免官，寻复职，兼北面林牙"。② 涅剌部人萧韩家奴，"博览经史，通辽、
汉文字"，重熙中擢翰林都林牙，兼修国史，是辽兴宗后期推动行礼修文
的主要官员。③ 宫分人萧滴冽，重熙中"历群牧都林牙，累迁右夷离毕，
以才干见任使……拜北院枢密副使，出为中京留守。十九年，改西京留
守，卒"。④

辽兴宗还重用汉族官员，更加重视科举取士。重熙五年十月，辽兴
宗驾幸南京，"御元和殿，以《日射三十六熊赋》《幸燕诗》试进士于
廷，赐冯立、赵徽四十九人进士第。以冯立为右补阙，赵徽以下皆为太
子中舍，赐绯衣、银鱼，遂大宴。御试进士自此始"。⑤ 张克恭、韩绍
芳、韩绍雍、马保忠、杜防、杨佶、刘六符、赵惟节、杨皙、姚景禧等
汉族官员进入中枢机构。他们既有世家大族韩、刘、马氏子弟，也有进
士出身的庶民地主子弟。⑥ 选官用人的多元化，改变了太后摄政及其兄
弟当政时期排斥异己、任人唯亲的局面，延续了辽圣宗开泰以后的开明

① 《萧孝资墓志》，向南等辑注《辽代石刻文续编》，第265页。又《萧孝恭墓志》，萧顺
德作萧德顺，见向南等辑注《辽代石刻文续编》，第169页。
② 《辽史》卷九六《萧惟信传》，第1541页。关于萧惟信，参见其子《萧孝恭墓志》、侄
子《萧孝资墓志》，向南等辑注《辽代石刻文续编》，第169—170、265—266页。
③ 《辽史》卷一〇三《萧韩家奴传》，第1593—1598页。
④ 《辽史》卷九五《萧滴冽传》，第1528—1529页。
⑤ 《辽史》卷一八《兴宗本纪一》重熙五年十月，第246页。据《辽史》卷八〇《张俭
传》："重熙五年，帝幸礼部贡院及亲试进士，皆俭发之。"张俭进士出身，辽圣宗、
兴宗两朝元老，开泰中累迁同知枢密院事，太平中为南院枢密使、左丞相，"在相位
二十余年"，重熙中致仕（第1408页）。
⑥ 宰臣张克恭、韩绍芳，参知政事刘六符，见《辽史》卷一八《兴宗本纪一》重熙七年
十二月，第249页。参见《辽史》卷七四《韩绍芳传》，第1359页；卷八六《刘六符
传》失载任宰执，第1457—1458页。枢密使马保忠，见《契丹国志》卷一九本传，
第180页。枢密使韩绍雍，见《秦晋国大长公主墓志》，向南编《辽代石刻文编》，第
249页。参知政事、南府宰相杜防，见《辽史》卷八六本传，第1459—1460页。宰相
杨佶，见《辽史》卷八九本传，第1489页。枢密副使杨皙，一作杨绩，见《辽史》
卷八九《杨皙传》，第1487页；卷九七《杨绩传》及校勘记〔五〕，第1550、1553
页。枢密副使、参知政事姚景行，本名景禧，史书避辽天祚帝名讳改，见《辽史》卷
九六《姚景行传》，第1543页。宰相赵惟节，见《辽史》卷九一《耶律仆里笃传》，
第1503页。

用人政策。

皇太后钟爱并支持的皇太弟耶律重元（宗元），"材勇绝人"，[①] 是辽兴宗的心腹之患。辽兴宗对待耶律重元，采取恩威并施之策，先是封之为皇太弟，重熙七年十二月，授耶律重元判北南院枢密使事，这有牵制母舅们的意图，也有安抚其母后之意。次年七月，辽兴宗自庆州迎其母后回宫。后来，耶律重元出任南京留守、知元帅府事，虽"处戎职，未尝离辇下"。[②] 辽兴宗始终将耶律重元置于自己的掌控之下。辽兴宗赏赐耶律重元"金券誓书"，据说还借玩双陆赌博的机会输给耶律重元几座头下城。[③] 但在皇位继承权的较量上，辽兴宗始终坚持立皇子耶律洪基为皇储，重熙二十一年，授皇子燕赵国王耶律洪基天下兵马大元帅，确认其为皇位继承人。[④] 辽道宗即位之后，迫于耶律重元及太皇太后家族的双重压力，册耶律重元为皇太叔，加天下兵马大元帅，等于承认耶律重元及其子孙有皇位继承权。[⑤] 同时，辽道宗继续推动辽圣宗以后加强皇权、削弱贵族权势、建立中原王朝政体的事业。太皇太后去世后，耶律重元父子发动了蓄谋已久的叛乱，以失败告终。

重熙十年至十一年，辽兴宗遣使与宋朝交涉关南地，十三年、十八年两次亲征西夏，都是其主导下的外交、军事行动，也是皇权至高无上的体现。史载，重熙中，辽兴宗"富于春秋，每言及周取十县，慨然有南伐之志"，[⑥] 且"帝欲一天下，谋取三关，集群臣议"，[⑦] 结果"群臣多顺旨"。北院枢密使萧孝穆陈以和战利害，"时上意已决，书奏不报"。[⑧] 辽

---

① 《辽史》卷一一二《耶律重元传》，第 1652 页。据《续资治通鉴长编》记载，辽兴宗的母后偏爱幼子宗元（重元），曾当着辽兴宗和宋使王拱辰的面表达让宗元兄终弟及的愿望。辽兴宗十分不悦，避开人对王拱辰说："吾有顽弟，他日得国，恐南朝未得高枕也。"见卷一七七，仁宗至和元年九月辛巳，第 4281—4282 页。

② 《辽史》卷一一二《耶律重元传》，第 1652 页；卷一八《兴宗本纪一》重熙七年十二月，八年七月，第 249、250 页。

③ 《辽史》卷一一二《耶律重元传》，第 1652 页。赌博输城邑一事，见《辽史》卷一〇九《罗衣轻传》，第 1630 页。

④ 《辽史》卷二〇《兴宗本纪二》重熙二十一年七月，第 278 页。关于天下兵马大元帅，见蔡美彪《论辽朝的天下兵马大元帅与皇位继承》，《辽金元史考索》，第 83—99 页。

⑤ 《辽史》卷一一二《耶律重元传》，第 1652 页。

⑥ 《辽史》卷八七《萧孝穆传》，第 1466 页。

⑦ 《辽史》卷九三《萧惠传》，第 1512 页。

⑧ 《辽史》卷八七《萧孝穆传》，第 1466 页。

兴宗一方面"遣使索宋十城",另一方面"会诸军于燕。(令南院枢密使萧)惠与太弟帅师压宋境"。① 辽兴宗"将亲征"宋朝,幸致仕宰相张俭府第问策,"俭极陈利害……上悦而止"。② 由此可见,和战的决定权在辽兴宗手里。

辽兴宗"好儒术,通音律",③ 学习和吸收汉文化,效法中原王朝的礼乐文明和政治制度,以改造契丹旧俗和辽朝的政治制度,制约契丹贵族的权势,加强皇权和中央集权。重熙五年,"颁新定《条制》",二十年,"诏更定《条制》"。④ 辽朝的法律,辽太祖"诏大臣定治契丹及诸夷之法,汉人则断以律令"。至辽圣宗时"更定法令凡十数事","宽法律"和"准法同科"是修法的重要原则。太平六年(1026),辽圣宗颁诏诫饬:"若贵贱异法,则怨必生。夫小民犯罪,必不能动有司以达于朝,惟内族、外戚多恃恩行贿,以图苟免,如是则法废矣。自今贵戚以事被告,不以事之大小,并令所在官司案问,具申北、南院覆问得实以闻。"次年,辽圣宗乃"诏中外大臣曰:'《制条》中有遗阙及轻重失中者,其条上之,议增改焉'"。⑤《制条》即辽太祖时所定"治契丹及诸夷之法"。这次法律修订工作持续近十年,钦哀后摄政时期,修法进程受到阻挠,"先朝所行法度变更殆尽"。⑥ 辽兴宗亲政后所颁《重熙条制》,必定遵循了辽圣宗的修法原则,重熙二十年的更定工作,当对解决"贵贱异法"问题有更多的举措。辽兴宗对负责修法工作的枢密副使萧德、枢密直学士耶律庶成说:"方今法令轻重不伦。法令者,为政所先,人命所系,不可不慎。卿其审度轻重,从宜修定。"⑦ 辽道宗咸雍年间,在《重熙条制》的基础上,以律令为准绳,进一步增订法律,颁行全国,但由于"条约既繁……吏得因缘为奸","罔民于罪",大安五年(1089)下诏恢复《重熙条制》。⑧ 这说明《重熙条制》大致具备维护君主专制中

---

① 《辽史》卷九三《萧惠传》,第1512页。
② 《辽史》卷八〇《张俭传》,第1408页。
③ 《辽史》卷一八《兴宗本纪一》,第239页。
④ 《辽史》卷一八《兴宗本纪一》重熙五年四月,第245页;卷二〇《兴宗本纪三》重熙二十年九月,第278页。
⑤ 《辽史》卷六一《刑法志上》,第1039、1041、1042页。
⑥ 《契丹国志》卷一三《圣宗萧皇后传》,第144页。
⑦ 《辽史》卷八九《耶律庶成传》,第1485页。
⑧ 《辽史》卷六二《刑法志下》,第1047页。

央集权体制的作用。

重熙十二年，"诏复定礼制"。① 十五年，辽兴宗颁诏于翰林都林牙、兼修国史萧韩家奴："古之治天下者，明礼义，正法度。我朝之兴，世有明德，虽中外向化，然礼书未作，无以示后世。卿可与（耶律）庶成酌古准今，制为礼典。"萧韩家奴"既被诏，博考经籍，自天子达于庶人，情文制度可行于世，不缪于古者，撰成三卷，进之"。② 辽臣广泛参考的经籍，当然是中原典籍，其"复定礼制"自然是以中原王朝的礼制为标准。辽兴宗还下令"编集国朝上世以来事迹"，③ 萧韩家奴和耶律庶成"录遥辇可汗至重熙以来事迹，集为二十卷，进之"。④ 修订礼制、编撰国史，对于强化皇权具有重要意义。效法中原王朝礼制追赠先祖谥号、庙号，是昭示皇权神圣之举。追册先祖出于翰林都林牙、兼修国史萧韩家奴奏请："臣以为宜依唐典，追崇四祖为皇帝，则陛下弘业有光，坠典复举矣。"⑤

综上所述，辽兴宗在强化皇权的过程中，对皇族、后族采取彼此制衡的策略，同时起用部落贵族、汉族世族出身的官员，并重视选拔科举出身的汉族官员，目的是维护皇权至上，避免贵族政治威胁专制主义中央集权体制。但是，削弱契丹贵族的权力，强化皇权，必然会引发统治阶级的内讧，并滋生皇权专制体制的弊端。辽朝旧的统治基础——贵族专政依然顽固，而新的统治基础——维护君主专制和中央集权的阶层力量还不够强大，并且滥用专制权力。辽兴宗后期至辽道宗初期的北院枢密使萧革"席宠擅权""怙宠专权"，⑥ 说明其权力来自皇帝，且寄生于皇权。辽道宗中期的北院枢密使耶律乙辛，部落平民出身，"素无根柢之助"。⑦ 他们利用辽兴宗、辽道宗加强皇权的机会，依恃皇帝的宠信，长

---

① 《辽史》卷一九《兴宗本纪二》重熙十二年五月，第 261 页。

② 《辽史》卷一〇三《萧韩家奴传》，第 1598 页。

③ 《辽史》卷一九《兴宗本纪二》重熙十三年六月，第 263 页。

④ 《辽史》卷一〇三《萧韩家奴传》，第 1598 页。卷八九《耶律庶成传》载："偕林牙萧韩家奴撰《实录》及礼书。"（第 1485 页）

⑤ 《辽史》卷二〇《兴宗本纪三》重熙二十一年七月、九月，第 278、279 页；卷一〇三《萧韩家奴传》，第 1597 页。

⑥ 《辽史》卷九〇《耶律义先传》，卷一一三《萧革传》，第 1494、1660 页。

⑦ 《辽史》卷一一〇《萧十三传》，第 1638 页。

期专权干政，破坏了辽朝的统治基础，并对皇权构成巨大冲击，造成政治动荡和社会混乱。

表 2-1 辽兴宗时期的主要官员

| 时间 | 北面宰执和夷离毕 | 南面宰执 | 地方军政大员和诸行宫都部署 |
|---|---|---|---|
| 景福元年（1031） | 枢密使萧朴、左夷离毕耶律韩八（卷九一）、北府宰相萧孝先、南府宰相萧孝穆在任 | 枢密使、左丞相、宰臣张俭（《张俭墓志》）。宰臣吕德懋薨 | 萧阿姑轸授东京留守 |
| 重熙元年（1032） | 萧绍宗授枢密使（《萧绍宗墓志》）。夷离毕萧德顺拜南府宰相（《萧德顺墓志》） | | |
| 重熙二年（1033） | 萧孝先罢北府宰相，授枢密使。枢密使萧绍宗出授平州辽兴军节度使（《萧绍宗墓志》） | | |
| 重熙三年（1034） | | 六月授枢密使萧朴（普古） | 二月授东京留守萧朴（普古） |
| 重熙四年（1035） | | 张俭致仕（《张俭墓志》） | |
| 重熙五年（1036） | 枢密使萧孝先（延宁）在任。耶律宗政（查葛）授南府宰相 | | |
| 重熙六年（1037） | 萧孝穆授枢密使；授左夷离毕萧把哥（卷八八《耶律资忠传》）；北府宰相萧孝惠（撒八，《辽史》作萧孝忠）在任 | 十一月萧惠（管宁）授枢密使 | 授萧孝先南京留守；罢上京留守耶律洪古（胡觌衮，耶律隆裕之子），授萧查剌宁。授西南路招讨使耶律信宁；萧惠（管宁）授契丹诸行宫都部署，十一月罢；授契丹诸行宫都部署萧扫古（挞凛之子）。中京留守韩绍芳（《萧绍宗妻耶律燕哥墓志》）在任 |
| 重熙七年（1038） | 耶律重元（宗元）判院事；授南府宰相耶律喜孙（应稳，卷九七）。南府宰相耶律宗政改授惕隐（《萧绍宗墓志》）。萧孝惠在任北府宰相（《耶律元妻晋国夫人萧氏墓志》） | 耶律重元判院事；宰臣张克恭、韩绍芳在任。授参知政事刘六符 | 萧孝惠兼知东京留守事。萧孝友在任西北路招讨使（《耶律元妻晋国夫人萧氏墓志》） |

续表

| 时间 | 北面宰执和夷离毕 | 南面宰执 | 地方军政大员和诸行宫都部署 |
|---|---|---|---|
| 重熙八年（1039） | 萧德顺再任夷离毕（《萧德顺墓志》） | | 耶律宗教由南面诸行宫副部署升都部署（《耶律宗教墓志》） |
| 重熙九年（1040） | | 枢密使杜防在任 | |
| 重熙十年（1041） | 北院枢密使萧孝穆、北府宰相萧孝惠在任 | 南院枢密使萧惠在任 | 耶律宗政授诸行宫都部署（《耶律宗政墓志》），萧孝惠兼任东京留守 |
| 重熙十一年（1042） | 北院枢密副使耶律仁先在任（《耶律仁先墓志》） | | |
| 重熙十二年（1043） | 正月授枢密使萧孝惠（《辽史》作萧孝忠）；六月授枢密使萧孝穆。萧孝惠七月卒，萧孝穆十月卒。萧惠授北府宰相，继授枢密使。授燕国王耶律洪基知两院事。北院枢密副使耶律仁先改任同知燕京留守，萧革授北院枢密副使。枢密副使萧阿剌授同知院事。萧塔列葛授右夷离毕 | 正月授枢密使萧孝穆，六月罢。授燕国王耶律洪基知两院事。罢参知政事韩绍芳 | 耶律侯唨授东京留守（卷九八）。见前西北路招讨使萧塔列葛（卷八五）；授耶律（韩）涤鲁（敌鲁古，卷八二）西北路招讨使 |
| 重熙十三年（1044） | 授南府宰相杜防。枢密副使耶律敌烈授右夷离毕。枢密副使萧革在任 | 罢参知政事杜防；杨佶授参知政事 | 东京留守耶律侯唨在任。西南路招讨使萧普达战殁 |
| 重熙十四年（1045） | 同知枢密院事萧阿剌授北府宰相（本纪，《秦国太妃耶律氏墓志》）。左移离毕萧德顺卒（《萧德顺墓志》） | 参知政事杨佶、枢密使萧孝友在任（《秦国太妃耶律氏墓志》） | 耶律忠（耶律休哥之子、萧孝穆的女婿）在任西南路招讨使（《秦国太妃耶律氏墓志》《耶律元妻晋国夫人墓志》） |
| 重熙十五年（1046） | 授左夷离毕旅坟（耶律宗教），同年转任大内惕隐（《耶律宗教墓志》）；授左夷离毕耶律敌烈。罢北府宰相萧革，授同知院事。萧孝友授北府宰相 | 罢枢密使萧孝友；罢参知政事杨佶 | 西京留守耶律马六授汉人行宫都部署；罢汉人行宫都部署耶律敌烈（或即耶律马六），授汉人行宫都部署耶律信先。罢西北路招讨使耶律涤鲁（敌鲁古）；罢契丹行宫都部署耶律仁先 |
| 重熙十六年（1047） | 罢南府宰相杜防 | 枢密使韩绍雍在任（《秦国太妃耶律氏墓志》）。宰臣韩绍荣在任（或即韩绍雍） | |

续表

| 时间 | 北面宰执和夷离毕 | 南面宰执 | 地方军政大员和诸行宫都部署 |
|---|---|---|---|
| 重熙十七年（1048） | 萧塔列葛（卷八五）、萧德（萧唐古，卷九六）分授左、右夷离毕；罢南府宰相耶律高十（休哥子，见休哥传），授杜防 | 耶律宗政拜枢密使（《耶律宗政墓志》） | 判西京留守耶律贴不（隆裕之子宗熙，《耶律弘义墓志》）、行宫都部署耶律别古得（圣宗之子）在任 |
| 重熙十八年（1049） | 北院枢密副使萧惟信在任 | | 耶律庶几任上京留守（《耶律庶几墓志》） |
| 重熙十九年（1050） | 耶律洪基领北南院事；授北院枢密副使萧德（唐古）；授知院事耶律仁先。罢南府宰相知白；北府宰相萧孝友罢，授萧塔列葛。同知院事萧革卸任 | 耶律洪基领北南院事；罢枢密副使杨绩；罢枢密使耶律宗政（查葛，隆庆之子），授萧革 | 授中京留守耶律贴不（耶律隆裕之子）；罢东京留守萧塔列葛（卷八五），授萧孝友。西南路招讨使萧蒲奴（卷八七）、诸行宫都部署耶律别古得在任 |
| 重熙二十年（1051） | 授左夷离毕萧谟鲁 | | |
| 重熙二十一年（1052） | 罢知北院事耶律仁先；萧革授枢密使；南府宰相汉王耶律贴不（耶律隆裕之子）在任。罢北府宰相萧塔列葛（卷八五），授萧虚烈（萧惠之弟） | 罢萧革南院枢密使，授耶律宗政 | 萧阿剌授西北路招讨使；耶律义先罢契丹行宫都部署。耶律仁先授东京留守（《耶律仁先墓志》） |
| 重熙二十二年（1053） | | | |
| 重熙二十三年（1054） | | | |
| 重熙二十四年（1055） | 北院枢密使萧革、北府宰相萧虚烈、左夷离毕萧谟鲁在任（《道宗本纪一》） | 南院枢密使耶律宗政、枢密副使姚景行、同知枢密院事、参知政事韩绍文在任 | 上京留守萧孝友（陈留）、西北路招讨使萧阿剌在任 |

注：北面宰执、南面宰执见本书第一章，地方军政大员只取五京留守和西北、西南二路招讨使，诸行宫都部署包括契丹诸行宫都部署、汉人诸行宫都部署。

资料来源：本表主要据《辽史》本纪、列传，参以墓志制成。

# 第三章　辽道宗时期汉族士大夫官僚
## 群体的崛起

辽朝的官员根据其出身大致可以划分成五个阶层。第一层是以皇族和后族为代表的契丹贵族官僚。第二层是地位显赫的汉族、奚族、渤海族等世家大族官僚，如南京、西京（燕、云）地区的韩（韩延徽家族、韩知古家族）、刘（刘六符家族）、马、赵等家族，中京、上京地区的韩（韩知古家族）、耿（耿崇美家族）、刘（刘仁恭家族）等家族，奚王家族，东京地区的渤海族大氏、高氏等。他们之中有的本来就是旧政权的首领及高官显宦，辽初归附，有的则是辽初建立殊功的军功新贵。第三层是各族军功地主（牧主）官僚，其中契丹人、奚人占大多数。第四层是出身科举或以儒学见长的汉族、渤海族士大夫官僚，时称儒臣。① 辽中期以后，世家大族子弟也有通过科举或以儒学才能入仕的，属于"锦上添花"。第五层是出身于中小地主（牧主）、富裕农牧民家庭的各族官僚，他们一般通过吏胥、亲军、荫补、捐纳等途径入仕，一旦靠军功入仕或晋升，进士及第或以儒学才能入仕，就升入第三、第四阶层。根据现有的资料，辽朝的士大夫官僚主要是汉人，渤海人占比偏低，而且其影响主要局限于辽东地区。辽朝的士大夫官僚阶层经历了一个不断上升和壮大的过程。辽圣宗时期，士大夫官僚阶层出现由平缓渐进式成长向跨越式发展的转变，其标志是科举制度和文官制度的完善。本章试论汉族士大夫官僚群体在辽道宗时期的成长及其政治地位。

## 一　科举入仕蔚然成风

辽道宗（1055—1101 年在位）是辽朝在位时间第二长的皇帝，仅次

---

① 《辽史》卷八六《杜防传》记载，辽兴宗重熙二十一年秋，祭仁德皇后，"诏儒臣赋诗，（南府宰相杜）防为冠"（第 1460 页）。

于辽圣宗。在他统治时期，除后期对北方部族的防御性经略外，辽朝基本没有发生过对外战争，社会比较稳定，经济平稳发展，文化教育事业进步显著，军政事务在治国理政中的权重相对降低。辽道宗时期的文化政策呈现两大特点，一是崇儒，二是佞佛。这也是辽朝社会发展到后期的必然结果。崇儒表现在兴办官学，经筵讲学，[①] 发行儒家典籍，增加科举录取人数，重用士大夫，完善典章制度，修举礼乐，实行文治等方面。如辽道宗即位的当年，"诏设学养士，颁《五经》传疏，置博士、助教各一员"。[②] 咸雍六年（1070），"设贤良科，诏应是科者，先以所业十万言进"。[③] 咸雍十年，颁行《史记》《汉书》。[④] 大安元年（1085），辽太祖以下七帝《实录》修成。[⑤] 辽道宗曾自我标榜道："吾修文物，彬彬不异中华。"[⑥] 崇儒政策的积极作用是主要的，而佞佛政策主要产生了消极影响。

辽道宗时期科举及第人数显著增加。辽圣宗在位49年，开科30次，及第人数564人；辽兴宗在位24年（1031—1055），开科6次，及第278人；辽道宗在位46年，开科12次，咸雍十年及第人数缺载，其余11次及第978人；天祚帝在位24年（1101—1125），开科6次，及第474人。[⑦] 辽道宗统治时期的科举及第人数远超辽圣宗、辽兴宗时期科举及第人数之和。随着科举制度的完善以及科举录取人数的显著增加，越来越多的官僚、地主、富农子弟进入官学，或者接受私学教育，加入科考的行列。

科举制度为汉族、渤海族中小地主、富裕农民子弟提供了入仕之途。

① 如《辽史》卷二四《道宗本纪四》大安二年正月，"诏权翰林学士赵孝严、知制诰王师儒等讲《五经》大义"（第329页）。下文所谓"吾修文物，彬彬不异中华"，就是辽道宗在一次经筵中讲读《论语》时所说。
② 《辽史》卷二一《道宗本纪一》清宁元年十二月，第287页。
③ 《辽史》卷二二《道宗本纪二》咸雍六年五月，第305页。
④ 《辽史》卷二三《道宗本纪三》咸雍十年十月，第314页。
⑤ 《辽史》卷二四《道宗本纪四》大安元年十一月，第329页。
⑥ 《契丹国志》卷九《道宗天福皇帝》，第95页。
⑦ 李桂芝：《辽金科举研究》，第7页。《道宗皇帝哀册》称辽道宗时期"一十三次，选士悬科"，是把辽兴宗在位最后一年、辽道宗即位改元那次由辽兴宗主持的开科取士，也算在辽道宗名下了，见向南编《辽代石刻文编》，第514页。重熙二十四年科举是辽兴宗在位时期的最后一榜。辽朝御试一般在六月，这年八月辽兴宗去世，辽道宗即位，改元清宁。

这是契丹统治者笼络汉族、渤海族中小地主，适当扩大统治基础，巩固君主专制中央集权体制的需要。就汉族官员而言，随着科举录取人数的显著增加，进士出身者在其中的比例在辽兴宗以后大幅提高。辽道宗实行崇儒兴文的文治政策，士大夫的政治地位有比较大的提升，受到社会各阶层的尊敬。世家大族子弟、军功地主官僚子弟也不满足于荫补入仕，开始加入科举取士的行列。如幽蓟大族、宰相刘晟（一作刘慎行）有 6 子，其中 3 人是进士出身，最著名的就是宰相刘六符。① 世族韩氏，"世居渔阳、上谷，辽金以来族大而盛，位列公侯将相，富贵赫奕，与刘六符、马人望、赵思温等号四大族，昏因门阀，时人比唐崔、卢"。② 马人望，辽道宗咸雍（1065—1074）中第进士。③ 韩知古后人韩企先，辽天祚帝乾统年间进士及第。④ "族世昌茂，雄视幽蓟"的大族、知顺州军州事马直温之子马梅，辽天祚帝时举进士业，两就廷试不利，才荫补内供奉班祗候。⑤ 契丹文人希望通过科举求取功名的愿望越来越强烈。横帐季父房的耶律庶成、耶律庶箴兄弟都好学善诗文，耶律庶成曾任林牙，耶律庶箴任主管文翰的都林牙。耶律庶箴子耶律浦鲁自幼聪悟好学，学习汉文不到十年便博通经籍。辽兴宗重熙间，他参加科举考试，"主文以国制无契丹试进士之条，闻于上。以庶箴擅令子就科目，鞭之二百"。⑥到辽末，契丹人试进士的禁令终于解除。皇族耶律大石天庆五年（1115）登进士第，擢翰林应奉、翰林承旨。⑦

当时，科举士子的家族化且彼此通婚是一个重要的社会现象。⑧ 如东京地区的陈颐是辽兴宗重熙间进士出身，两个儿子都进士及第，三个

---

① 《辽史》卷八六《刘六符传》，第 1457 页。

② （元）苏天爵：《滋溪文稿》卷一二《元故奉元路总管致仕工部尚书韩公神道碑铭》，中华书局，1997，第 184—185 页。

③ 《辽史》卷一〇五《马人望传》称，马人望高祖马胤卿仕石晋为青州刺史，辽太宗南征，破青州，"徙其族于医巫闾山，因家焉。曾祖廷煦，南京留守"（第 1610 页）。

④ 《金史》卷七八《韩企先传》，第 1889 页。

⑤ 《马直温妻张馆墓志》，向南编《辽代石刻文编》，第 634 页。

⑥ 《辽史》卷八九《耶律庶成传》附《耶律浦鲁传》，第 1486—1487 页。

⑦ 《辽史》卷三〇《天祚皇帝本纪四》附录耶律大石，第 401 页。

⑧ 李桂芝《辽金科举研究》金朝篇专设"辽金进士世家"一章，列举进士世家 16 家，其中始于辽代的有云中孟氏、宛平刘氏、易州魏氏、大兴吕氏、东胜程氏、广宁梁氏（第 286—306 页）。高福顺《科举与辽代社会》第八章第二节"辽代科举家族的形成"，列举 12 个家族（第 289—301 页）。

女儿都嫁给进士。陈颛之妻曹氏纯厚仁爱，"士大夫之家闻其有德者，莫不延颈而愿与之交"。① 中京地区的邓中举（卒于辽道宗寿昌四年），其祖父以术数、医卜名于世，父亲以饮觞博弈自适，邓中举少年及第，官至咸州保安军节度使，其弟及二子皆举进士，四女除一人出家、一人未嫁外，其余两个女儿都嫁给进士。② 辽道宗朝宰相梁颖，进士出身，二子二女，长子进士及第，未娶而卒，次子娶士大夫王师儒之女，亦早卒，长女嫁给士大夫杨遵勖之子杨海，次女出家。③ 士大夫宰相梁援（辽天祚帝乾统元年卒），兄弟四人，三个中进士；梁援二子，长子"四预奏籍，特赐进士及第"；梁援兄梁拣有三子，长子举进士，"三赴御帘，未第而卒"；弟梁扞有五子，三个在修进士业。④ 枢密副使王师儒（天祚帝天庆四年卒），进士出身，有二子二女，长子始冠而卒，次子承荫阁门祗候，仍应进士举，长女先嫁梁颖次子，后改嫁宣徽判官贾辉，幼女嫁进士时立爱。⑤

　　从辽道宗时期开始，不少汉族中下级官员、吏胥、平民地主家庭，刻意培养举子。如汉官张昌龄，辽圣宗开泰二年（1013）荫补入仕，历任仓场库务官，辽兴宗重熙二十三年（1054）卒于知中京银绢库使任上。他曾对人感叹道："以予资灵，何用不器！但拘于武级，不克展生平之远驭耳。予当诫子孙世业儒学。"其子张郁，辽道宗清宁五年（1059）进士及第。张郁之子张公恕、张公恕之子张瓛后来也皆进士及第。⑥ 出土于辽上京地区的《李文贞墓志》（辽道宗大康三年），上部有缺损，记载墓主五世同居，墓主父辈及兄弟辈中，只有墓主曾任公职，所任辽州都孔目应是胥吏。墓主子侄 15 人，排行第三的李崇舜曾任长宁殿都监，

① 参见《陈妻曹氏墓志》（甲）（乙），向南等辑注《辽代石刻文续编》，第 129—130、200—201 页。

② 《邓中举墓志》，向南编《辽代石刻文编》，第 488—489 页。邓中举第三女适秘书郎张毅，《金史》卷一三三《张觉传》载"张觉亦书作毅，平州义丰人也，在辽第进士"（第 3001 页）。

③ 《梁颖墓志》，杨卫东：《辽朝梁颖墓志铭考释》，《文史》2011 年第 1 辑，录文见第 179—180 页。参见《辽史》卷一〇五《杨遵勖传》，第 1612—1613 页。

④ 《梁援墓志》，向南编《辽代石刻文编》，第 522 页。

⑤ 《王师儒墓志》，向南编《辽代石刻文编》，第 645—647 页。时立爱，辽道宗大康九年进士，见《金史》卷七八本传，第 1887 页。参见《梁颖墓志》。

⑥ 《张郁墓志》（辽道宗寿昌三年），周阿根校注《辽代墓志校注》下册，天津古籍出版社，2022，第 481—482 页。参见李义等《辽代张昌龄及夫人耿氏墓志考释》，《中国国家博物馆馆刊》2023 年第 11 期。

主持过修桥、管理义仓等事务；排行第八者名字有缺，任左班殿直，"几临繁务"。二人属于低级武官。墓主李文贞有 12 个孙辈，其中有两个在修进士业，有一个虽然没有明说修进士业，但言其"文动番汉"，另有两个"各知货赂"，从事经商。一个胥吏起家的普通地主家族，第二代始有人由胥吏出职或捐纳任低级武官，第三代有两三人在修进士业。撰志人是墓主的孙女婿，殿试进士。① 这说明跻身官僚士大夫阶层，成为普通地主家庭的追求。出土于今辽宁建平的《秦德昌墓志》（大康四年）记载该家族崇信佛教，秦德昌由御帐阁门官出身，历任州郡长官，其三子有两个出家为僧，二女有一个出家。这样崇信佛教的官僚家庭，秦德昌把一个孙子"升为己子"，并让他举进士。②

## 二　汉族进士政治地位的上升

辽朝以武立国，以契丹贵族为统治支柱，负责全国军政事务的北枢密院以及统率精锐部队负责边防的诸路招讨司、统军司尤为重要，基本操控于契丹贵族之手，极少数平民出身的契丹人以及族系皇族、已经契丹化的韩德让（耶律隆运）家族也可以担任北枢密院、诸路招讨司及统军司的主要官员。契丹贵族通过决定朝政大事的御前会议掌控着南面官事务，南枢密院的主要官员、府州的长官也多见契丹人，拥有军权的五京留守则基本由契丹贵族担任。③ 汉族官员主要在民政、财政、司法、文翰、教育等领域发挥作用。辽圣宗以后，汉族官员的政治地位呈现一种稳定上升的趋势。进士出身的士大夫官僚阶层日益壮大，成为汉族官员的中坚力量。

从辽初迄辽圣宗统治的早期，辽朝的士大夫官僚阶层大致由南来的五代宋朝士大夫（如张砺、李澣④）、本国儒学出身的官员（如邢抱

---

① 《李文贞墓志》，向南等辑注《辽代石刻文续编》，第 162—163 页。
② 《秦德昌墓志》，向南等辑注《辽代石刻文续编》，第 166—167 页。
③ 参见杨若薇《契丹王朝政治军事制度研究》（修订版）第二篇之四"五京的建置及在辽朝政治中的作用"，第 153—191 页；附录三《辽五京留守年表》，第 258—265 页。康鹏：《辽代地方要员选任方式浅议》，黄正建主编《隋唐辽宋金元史论丛》第 4 辑，上海古籍出版社，2014，第 295—302 页。
④ 《辽史》卷七六《张砺传》、卷一〇三《李澣传》，第 1380、1598 页。

朴、邢抱质、马得臣等①)、本国及第进士构成。总体而言，当时的士大夫官僚人数少，政治影响力有限。自辽圣宗统治的中后期起，科举取士成为士大夫官僚的主要来源。至辽道宗时期，随着科举取士人数的大幅增长，科举几乎成为士大夫官僚的唯一来源。

笔者姑且称辽圣宗即位以前的及第进士为辽朝的第一代进士，以辽景宗后期、辽圣宗初期的辅政大臣室昉为代表。② 室昉是辽朝士大夫阶层形成、发展过程中承前启后的人物。辽朝的第二代进士大致是辽圣宗统和年间的及第进士，③ 经历了辽士大夫阶层的初步发展阶段，其代表人物是枢密使、宰相张俭、吕德懋、杨佶等。④ 辽朝的第三代进士是辽圣宗开泰、太平年间的及第进士，其代表人物是枢密使、宰相杜防、杨晳（一作杨绩）等。⑤ 属于第三代进士的王泽，历任秘书省校书郎、营州军事判官，"宣充枢密院令史。太平五年，迁吏房令史，权主事。进士隶院职，自父（泽）之始也"。⑥ 辽圣宗太平中，进士开始在南枢密院各房任职，打破了荫补任子、胥吏出身的官员把持南枢密院的格局，这是辽朝进士政治地位提高的标志性事件。第二代、第三代进士在辽圣宗后期至辽兴宗时期被委以重用，是辽朝开始重视文治的表现，给辽朝的政治体制注入新鲜活力。

辽朝的第四代进士是辽兴宗在位时期的及第进士，其代表人物是宰执姚景禧（后避辽天祚帝的名讳，改"禧"为"行"）、赵徽、王观、刘伸、张孝杰、杨遵勖、王棠、梁颖、王师儒等。⑦ 他们活跃在辽道宗

---

① 《辽史》卷八〇《邢抱朴传》《马得臣传》，第1408—1409页。

② 《辽史》卷七九《室昉传》，第1401—1402页。

③ 辽圣宗统和六年"诏开贡举"，科举取士制度化，见《辽史》卷一二《圣宗本纪三》，第143页。参见李桂芝《辽金科举研究》，第2—3页；高福顺《科举与辽代社会》，第84—85页。

④ 参见《辽史》卷一三《圣宗本纪四》统和十二年末、卷八〇《张俭传》、卷八九《杨佶传》，第158、1407—1408、1488—1489页。详见本书第二章。

⑤ 《辽史》卷八六《杜防传》、卷八九《杨晳传》，第1459—1460、1487页。参见《辽史》卷九七《杨绩传》，第1550页。

⑥ 《王泽墓志》，向南编《辽代石刻文编》，第260页。

⑦ 参见《辽史》卷九六《姚景行传》，卷九七《赵徽传》《王观传》，卷九八《刘伸传》，卷一〇五《杨遵勖传》《王棠传》，卷一一〇《张孝杰传》，第1543—1544、1551、1558—1559、1612—1613、1636—1637页；《王师儒墓志》，向南编《辽代石刻文编》，第645页；《梁颖墓志》，杨卫东《辽朝梁颖墓志铭考释》，《文史》2011年第1辑，第179—180页。

统治前期的政治舞台上。辽道宗崇儒胜过前代，科举及第人数显著增长，士大夫的政治地位进一步提高。他在位前期即权臣耶律乙辛被罢黜前（1056—1078）的及第进士大致是辽朝的第五代进士，他们是辽道宗在位后期至辽天祚帝统治前期南面官的中坚力量，代表人物是宰执窦景庸、李俨、赵廷睦、贾师训、梁援、牛温舒等。① 辽道宗在位后期即耶律乙辛被罢黜后（1079—1101）的及第进士是辽朝的第六代进士，代表人物如虞仲文、时立爱等。② 辽天祚帝时期的及第进士是辽朝的第七代进士，代表人物是韩企先、韩昉等。③ 第六代、第七代进士主要活动在辽末，战乱后的幸存者有的在金初政治舞台上发挥过比较重要的作用。

从《辽史》、传世石刻及其他文献中很不完全的记载看，辽兴宗、辽道宗时期，南面官的中高级官员中，如五京佐贰官，州府长贰官，三司使、盐铁使等路级理财官，翰林学士，知制诰，中书省和南枢密院的主要官员，进士出身者占有相当大的比例。特别是辽道宗统治时期，汉族士大夫的整体地位上升到辽代前所未有的高度。④ 这突出表现在士大夫构成辽朝南面宰执官的主体，政治地位和权力显著提高。表3-1所列是《辽史》及辽代石刻所见辽道宗时期的南面宰执官。

### 表3-1　辽道宗时期的南面宰执官

| 姓名 | 南院枢密使 | 知南院枢密使事 | 南院枢密副使、同知南院枢密使事 | 中书省宰相 | 参知政事 |
|---|---|---|---|---|---|
| 耶律宗政 | 1052—1056 | | | | |
| *刘六符 | | | | 兴宗、道宗朝[1] | |
| *耶律仁先 | 1056—1058、1063 | | | | |

---

① 参见《辽史》卷八六《牛温舒传》、卷九七《窦景庸传》、卷九八《耶律俨传》，第1459、1549、1557—1558页；《贾师训墓志》《梁援墓志》，向南编《辽代石刻文编》，第476—480、519—523页。梁援为清宁五年状元，见《辽史》卷二一《道宗本纪一》，第292页。赵廷睦为咸雍六年进士，见《辽史》卷二二《道宗本纪二》，第305页。

② 《金史》卷七五《虞仲文传》，第1832—1833页；卷七八《时立爱传》，第1887—1888页。

③ 《金史》卷七八《韩企先传》，第1889—1890页；卷一二五《韩昉传》，第2862—2863页。

④ 当然这只是相对于前期而言的，而且仅限于南面官系统。契丹贵族掌控辽朝政权的格局始终未变，汉族世家大族的政治势力仍然盘根错节。

续表

| 姓名 | 南院枢密使 | 知南院枢密使事 | 南院枢密副使、同知南院枢密使事 | 中书省宰相 | 参知政事 |
|---|---|---|---|---|---|
| *萧阿剌 | | 权知1055 | | | |
| *萧革 | 1058 | | | | |
| 萧阿速 | 1059 | | | | |
| *耶律乙辛 | 1059—? 1063—? | | | | |
| *杨皙（绩） | 1066 | 1065—1066 | 兼同知1055—? | 1066 | 1055—? |
| 吴湛 | | | 副使1055—? | | 1055—1059 |
| *萧胡靓 | | | 副使清宁中 | | |
| *耶律涅鲁古 | | 1061—1063 | | | |
| *耶律良 | | | 同知?—1066 | | |
| 张嗣复 | | ?—1065 | | | |
| *姚景禧（行） | 1066—1071 | | | | 1055—? |
| 韩莘 | | | 副使1066—? | | ?—1066 |
| *刘伸（洗） | | | 副使1066 副使1067—? | | 1066—1067，1076—1078，?—1080 |
| *赵徽 | | | 副使?—1072 同知咸雍大康间 | 咸雍大康间[2] | 1067—1072 |
| *张（耶律）孝杰 | | | 同知1067—? | ?—1079 | 1067—? |
| 萧韩家奴 | | | 同知?—1072 | | |
| *王（耶律）观 | | 兼1072 | 副使?—1072 | | 1072 |
| 柴德滋 | | | 副使?—1072 | | 1072—1075 |
| 李（耶律）仲禧 | 1073—1078，1080—? | | | | |
| 刘（耶律）霂 | | | 副使1075—? | | |
| *杨遵勖 | | 1076—? | 副使?—1075 | | 1075—1076 |
| *王棠 | | | 1077—? | | |
| 刘筠 | 1082—1083 | | | | |

| 姓名 | 南院枢密使 | 知南院枢密使事 | 南院枢密副使、同知南院枢密使事 | 中书省宰相 | 参知政事 |
|---|---|---|---|---|---|
| ＊萧挞不也（兀纳） | 1085—？ | 1085 | 同知？—1080 | | |
| 陈毅 | | | | | 1080 |
| 王绩 | | 1085 | 同知 1080—1082<br>副使 1083—1085 | | 1080—1082 |
| ＊萧酬斡 | | | 1081—1082 | | |
| 梁颖 | | ？—1086 | | 1081—1086 | |
| 王言敷 | | | 副使 1089—？ | | 1081—1083，？—1089 |
| 邢熙年 | | 1083—1085 | | | |
| 王经 | | 兼 1083—？ | | | 1083—1087 |
| 杜公谓 | | | | | 1085—？ |
| ＊窦景庸 | | 1086—？ | 副使？—1086 | | |
| 吕嗣立 | | | | | 1087—？ |
| 贾师训[3] | | | 副使 1086—？<br>兼同知 1089—？ | 大安间 | 1089—？ |
| 耶律聂里 | | | 同知？—1088 | | |
| 耶律那也 | | | 同知 1088—1089 | | |
| 耶律吐朵 | | | 同知？—1090 | | |
| 王是敦 | | 1092—？ | 副使？—1092 | | |
| ＊韩资让 | | 1097—？ | | ？—1100[4] | 1092—？ |
| 赵廷睦 | | | 兼同知 1093—？ | | 1093—？ |
| 王师儒[5] | | | 副使 1092—1094<br>兼同知 1094—1095<br>副使 1095—1100 | 签中书省事 1095—1100 | 1094—1095 |
| 耶律特末 | 1094—？ | | | | |
| 赵孝严 | | | | | 1095—1099 |
| 萧药师奴 | | | 同知？—1097 | | |
| ＊牛温舒 | | 1102—？ | 兼同知 1097 | | 1097—1102 |
| 郑颛 | | | | ？—1100 | |
| 梁援[6] | | 1100—？ | 副使 1100—？ | 1100—？ | |
| 赵长敬 | | | | | ？—1100—？ |

| 姓名 | 南院枢密使 | 知南院枢密使事 | 南院枢密副使、同知南院枢密使事 | 中书省宰相 | 参知政事 |
|---|---|---|---|---|---|
| *李（耶律）俨 | | ？—1100—？ | | ？—1100—？ | |
| *张琳 | | 1101—1104 | 副使？—1101 | | |

注：[1]《悟空大德发塔铭》，向南编《辽代石刻文编》，第511页。

[2]《辽史》卷九七《赵徽传》，第1551页。

[3] 参见《辽史》本纪和《贾师训墓志》（向南编《辽代石刻文编》，第479页）。

[4] 参见《王师儒墓志》，向南编《辽代石刻文编》，第646页；《辽史》卷二六《道宗本纪六》寿隆（寿昌）六年六月，第351页。

[5]《王师儒墓志》，向南编《辽代石刻文编》，第646页。

[6]《梁援墓志》，向南编《辽代石刻文编》，第522页。

资料来源：本表主要根据《辽史》之《道宗本纪》及列传制成，并参以墓志及其他石刻资料。少数宰执的官职没有标明是任职于北枢密院还是南枢密院，姑且按契丹人、奚人归于北院，汉人、渤海人归于南院来处理，这对讨论的问题影响不大。史源出自《辽史·道宗本纪》的，恕不一一出注，读者可据标记的公元年核对《辽史·道宗本纪》。所列人物《辽史》有传的在名字前加注＊号。中书省宰相指官衔带门下侍郎、同中书门下平章事和中书侍郎、同中书门下平章事者，详见本书第一章。

表3-1中共列54人，其中契丹人、奚人17人，汉人37人。辽道宗即位初期的清宁（1055—1064）年间，南院枢密使由契丹人担任，其副贰也多有契丹人。咸雍（1065—1074）以后，南院枢密使（无枢密使时，知枢密院事就是枢密院的实际长官）及其副贰主要由汉人担任，汉族士大夫是其主要来源。表3-1所列37名汉人中，出身世家大族者寥寥无几，明确为进士及第者有刘六符、杨皙、姚景禧、刘伸、赵徽、张孝杰、王观、杨遵勖、王棠、梁颖、窦景庸、贾师训、赵廷睦、王师儒、牛温舒、梁援、李俨等17人，他们是辽朝新兴的士大夫官僚阶层的代表人物。而辽道宗以前的南枢密院长贰官，契丹贵族和汉族世家大族如韩氏、刘氏出身者占到半数以上。如辽兴宗时期的南院枢密使先后由马保忠、萧朴、萧惠、萧孝穆、萧孝友、韩绍雍、耶律宗政、刘六符、萧革等契丹贵族和汉族世家大族出身者担任，刘四端、韩绍芳、韩绍文等世家大族出身者曾任宰相和枢密院副贰；见于记载的其他出身的汉族宰执只有张克恭、赵惟节、杜防、杨佶、武白、杨皙等。①

在上述37名汉人中，《辽史》有传的有刘六符、牛温舒、杨皙、姚

---

① 详见本书第二章。

景禧、张孝杰、窦景庸、韩资让、赵徽、王观、刘伸、张琳、杨遵勖、王棠、李俨等 14 人，其中 12 人明确是进士出身。《辽史》的传主，汉人仅收 58 人（其中包括辽世宗妃甄氏，系于横帐皇族季父房的韩匡嗣家族成员，以及列女 1 人、方技 2 人、伶官 1 人、宦官 2 人），渤海人仅收 4 人，其中明确为进士出身者 22 人。22 人中，辽道宗时期的宰执占了一半以上。此外，入《文学列传》的官僚士大夫王鼎、刘辉分别是辽道宗清宁五年（1059）和大康五年（1079）的进士，入《能吏列传》的大公鼎（渤海人）、马人望都是咸雍年间的进士。① 辽朝不少有影响的汉族名臣能吏未入《辽史》列传。如宰臣梁颖、贾师训、王师儒、梁援，都是辽朝后期有较大影响的进士出身的汉族官僚，除梁援因状元及第见载于《辽史》外，其余据出土墓志才知道他们是进士出身。加之《辽史》记载简略，漏记进士及第也在所难免。如辽东沈州汉人张琳，《辽史》卷一〇二、《契丹国志》卷一九有传，前者以后者为史源，均不载进士及第。但据《契丹国志》卷一〇《天祚皇帝上》记载，辽军对女真用兵两战不利，辽天祚帝打破汉人不预军政的惯例，召宰相张琳、吴庸统率汉军出征，而"张琳等碌碌儒生，非经济才，统御无法"。② 据此，张琳应是进士出身的士大夫。

要之，辽道宗时期，汉族士大夫成为南面官宰执的主要来源，是南面州县事务的主要决策者和管理者，并且他们更多地参与北面部族、宫分之行政、民政事务的管理。表 3-1 所列 37 位汉人中，杨晳、姚景禧、赵徽、刘霂、张孝杰、王棠、王绩、杨遵勖、窦景庸、王经、赵廷睦等 11 人在辽道宗时期担任过北面官的南府宰相或北府宰相，刘霂甚至担任过北院枢密使；除刘霂、王绩、王经出身待考外，其他 8 人都是进士出身。辽圣宗、辽兴宗时期，也有汉族、渤海族官员出任南府宰相或北府宰相者，但人数十分有限，而且多出自世家大族。如韩延徽在辽世宗时期，室昉（进士）在辽景宗、辽圣宗时期，韩德让、邢抱质、刘晟（刘慎行）、大康乂（渤海人）在辽圣宗时期，杜防（进士）、韩知白在辽兴

---

① 《辽史》卷一〇四《文学列传下》，第 1601、1603 页；卷一〇五《能吏列传》，第 1608、1610 页。
② 《契丹国志》卷一〇《天祚皇帝上》，第 103—104 页。

宗时期任两府宰相。① 辽道宗时期多达 11 位汉人任南府宰相或北府宰相，而且主要是进士出身的士大夫，确实反映了当时汉族士大夫官僚的政治地位达到一个新的高度。

据辽兴宗时期多次出使辽廷的宋人余靖记述："其汉宰相必兼枢密使乃得预闻机事……汉官参知政事带使相者乃得坐穹庐中。"② 所谓"预闻机事""坐穹庐中"都是指参加御前会议，对军政、民政、人事、司法等重要事项进行讨论，并做出决策。南枢密院的长贰官可以参加御前会议，作为南枢密院辅助机构的中书省，辽兴宗时期其长贰官必须带枢密衔，或带同中书门下平章事即使相阶秩，才有资格参加御前会议。表 3-1 中书省宰相的除授很少见诸记载（辽圣宗、辽兴宗时期也是如此）。事实上，辽兴宗以后，中书省宰相一般都带枢密衔，多数参知政事也带枢密衔。如辽道宗清宁元年十二月，参知政事、同知枢密院事韩绍文出授上京留守，知涿州事杨皙授参知政事兼同知枢密院事。③ 咸雍初，杨皙拜枢密使，"给宰相、枢密使两厅傔从"，④ 说明他兼任宰相。当时中书省的主要官员多出自汉族士大夫，可以"预闻机事"，也是汉族士大夫政治地位提高的表现。

## 三　汉族士大夫与辽道宗时期的政治斗争

辽道宗清宁九年（1063）的耶律重元（宗元）叛乱事件，是契丹皇族和后族内部争权夺利的斗争。类似的斗争自辽朝建立以后时有发生，但激烈的军事对抗主要发生在辽景宗以前，这与契丹世选可汗的传统、皇位继承制不健全以及契丹贵族握有重兵有关。辽景宗以后，确立了皇位嫡长子继承制，争夺皇位的斗争有所减弱，而国舅帐后族不同支系、不同家族之间争夺后位的斗争日趋激烈。耶律重元叛乱主要是皇族内部

① 参见《辽史》卷七四《韩延徽传》（第 1358 页）、卷七九《室昉传》（第 1401 页）、卷八二《耶律隆运传》（第 1422 页）、卷八六《刘六符传》（第 1457 页）、卷八六《杜防传》（第 1460 页）、卷八八《大康乂传》（第 1481 页）。邢抱质见《辽史》卷一五《圣宗本纪六》（第 185 页），韩知白见卷二〇《兴宗本纪三》（第 276 页）。
② （宋）余靖：《武溪集》卷一八《契丹官仪》，《宋集珍本丛刊》第 3 册，第 305 页。
③ 《辽史》卷二一《道宗本纪一》，第 287 页。
④ 《辽史》卷八九《杨皙传》，1487 页。参见《辽史》卷九七《杨绩传》，第 1550 页。

争夺皇权的斗争，掺和有与后族之间的矛盾。辽道宗即位后着手加强皇权，削弱契丹贵族的权力。如辽道宗听信北院枢密使萧革的谗言，"阿剌恃宠，有慢上心，非臣子礼"，① 草率地处死后族重臣、东京留守萧阿剌。这招致部分契丹贵族的不满，被耶律重元父子利用发动叛乱。这场斗争对辽朝后期的政治走向产生深刻影响。平定耶律重元叛乱后，辽道宗采取措施巩固君主专制中央集权体制。参与叛乱的契丹贵族遭到清洗，家人受到惩处。② 辽道宗重用契丹平民出身、平叛有功的耶律乙辛，外放平叛有功的皇族重臣耶律仁先（见下文），推行文治政策，借助儒家思想强化忠君观念。在平叛过程中，汉族士大夫官僚，如北府宰相姚景禧、南府宰相杨皙，坚定地站在辽道宗一边，维护皇权，表现忠勇，受到褒奖，赢得了辽道宗的信任。③ 在此背景下，汉族士大夫官僚队伍得以壮大，政治地位提升，成为南面官的主干，并更多地参与中枢决策和北面部族事务的管理。世家大族官僚和军功地主（牧主）官僚的政治地位则相对下降。当然，辽后期汉族士大夫官僚政治地位提高的根本原因还在于现实政治的需要，是实行文治的需要，特别是笼络经济文化最发达的南京、西京地区地主阶级，缓和民族矛盾，扩大统治基础，维持辽朝国祚久长的需要。

契丹平民出身的耶律乙辛在平定耶律重元叛乱中建立了功勋。耶律乙辛聪慧有吏才，善于迎合上意，利用辽道宗对契丹贵族的失望、不满和不信任心理，赢得宠信。在辽道宗即位后的短短几年内，他连升数级，由护卫太保跃升北院枢密副使、南院枢密使、知北枢密院事。清宁九年，他因平定耶律重元父子叛乱有功，再拜南院枢密使。不久，北院枢密使、皇族耶律仁先出任南京留守，耶律乙辛擢升北院枢密使，成为朝廷首辅。④ 他结党专权，排斥异己，蒙蔽皇帝。如重熙二十四年（清宁元年，1055）科考状元张孝杰，出身贫寒，咸雍三年（1067），擢参知政事、同知枢密院事，后来改任或兼任北府宰相。大康元年（1075），赐姓耶

---

① 《辽史》卷一一三《萧革传》，第 1661 页。参见卷九〇《萧阿剌传》，第 1493 页。

② 如《义和仁寿皇太祖妃萧氏墓志》记载："至清宁末，元恶启衅，祸连戚里。"见向南辑注《辽代石刻文续编》，第 275 页。

③ 《辽史》卷九六《姚景行传》、卷九七《杨绩传》，第 1543、1550 页。

④ 《辽史》卷一一〇《耶律乙辛传》，第 1633—1636 页。

律，"汉人贵幸无比"，与耶律乙辛"同力相济"，谋害皇太子，诬陷忠良。[①] 张孝杰比同榜进士梁颖跻身宰执早了 10 年，固然与他投靠耶律乙辛有关，却也符合辽道宗重用汉族士大夫的政策。被耶律乙辛排挤出朝廷的，如北院枢密使耶律仁先，"乙辛恃宠不法，仁先抑之，由是见忌，出为南京留守"。[②] 咸雍末大康初，耶律乙辛构陷受到契丹贵族拥戴的皇太子及皇后，制造冤狱，契丹贵族的势力再受重创。[③] 在这场政治斗争中，少数汉族士大夫官僚成为耶律乙辛的死党，如张孝杰；一部分士大夫曲意奉承，苟且上进，甚至助纣为虐，如李仲禧；[④] 大多数士大夫采取缄默保身的态度，如杨遵勖；[⑤] 只有少数人敢于直言进谏，公然反对耶律乙辛和张孝杰集团（见下文）。总之，大多数汉族士大夫官僚在耶律乙辛专权、诬害皇后和太子的过程中，采取了明哲保身的态度。这虽不符合儒家舍生取义的思想，却让他们免于卷入风云诡谲的政治旋涡。耶律乙辛对敢于直言的梁颖等竟也没有采取清算手段。

史称耶律乙辛"势震中外，门下馈赂不绝。凡阿顺者蒙荐擢，忠直者被斥窜"。[⑥]《辽史》中关于耶律乙辛结党固权，迫害皇后、太子和"太子派"的记载，双方的核心成员是契丹官员。耶律乙辛集团的核心成员，除张孝杰外，主要是北府宰相兼知契丹行宫都部署事萧余里也（国舅帐后族），左夷离毕耶律燕哥（横帐皇族），殿前副点检萧十三（蔑古乃部人），南面林牙耶律合鲁（六院部皇族），北面林牙、同知北院宣徽使事萧得里特（遥辇洼可汗宫分人），牌印郎君萧讹都斡（国舅帐后族），祗候郎君耶律塔不也（横帐皇族），旗鼓拽剌详稳萧

---

① 《辽史》卷——〇《张孝杰传》，第 1636—1637 页。传记未载张孝杰任南面宰相，应是漏记，从《梁颖墓志》的记载看，梁颖是继张孝杰为南面宰相、知院事的。

② 《辽史》卷九六《耶律仁先传》，第 1537 页。

③ 王善军认为，耶律乙辛集团的核心是出身于社会中下层的高级官僚，太子集团基本上代表了传统世家大族（贵族）的政治利益。在辽后期的政治格局中，世家大族（贵族）的政治地位已不再像从前那样稳固，势力有所削弱，新兴官僚势力已具有不容忽视的政治地位。见王善军《耶律乙辛集团与辽朝后期的政治格局》，《学术月刊》2008年第 2 期。其所论诚是。限于讨论的主题，除张孝杰外，该文基本没有论及士大夫在这场斗争中的不同态度，也没有讨论斗争对士大夫政治力量的影响。

④ 《辽史》卷九八《耶律俨传》，第 1557 页。

⑤ 《辽史》卷一〇五《杨遵勖传》记载："耶律乙辛诬皇太子，诏遵勖与燕哥案其事，遵勖不敢正言，时议短之。"（第 1613 页）

⑥ 《辽史》卷——〇《耶律乙辛传》，第 1634 页。

达鲁古（遥辇嘲古可汗宫分人），上京留守萧挞得，护卫太保耶律查剌等，被列入《辽史·奸臣列传》。[①]

站在耶律乙辛奸党对立面、维护皇太子合法地位的正派官员，以知北院枢密使事萧速撒（突吕不部）、契丹行宫都部署耶律撒剌（六院部皇族）、北面林牙萧岩寿（乙室部）、北院宣徽使耶律挞不也（横帐皇族）、同知汉人行宫都部署萧挞不也（国舅帐后族）、护卫萧忽古（国舅帐后族）、夷离毕郎君耶律石柳（六院部贵族）等为代表，遭到耶律乙辛的清洗。[②] 辽天祚帝即位后，为他们平反昭雪，绘像宜福殿，表彰他们的忠孝义举。《辽史》既设《奸臣列传》，而不设《忠义列传》，只是把他们放在一卷，分别立传。

根据《辽史》的记载，自太子冤死至耶律乙辛被诛的五六年中，抵制、弹劾耶律乙辛最坚决的，一个是北宣徽院使萧兀纳（六院部贵族），一个是北枢密院副使萧惟信（楮特部贵族），此外还有夷离毕萧陶隗。[③] 因为他们的进谏，辽道宗"始疑乙辛"。[④]

在这场斗争中，汉族士大夫的表现给人留下明哲保身的印象。皇后被害后，北面林牙萧岩寿弹劾耶律乙辛和耶律（张）孝杰，二人被外放。耶律乙辛党人替他说情，辽道宗又外放萧岩寿，而"诏近臣议召乙

---

① 耶律燕哥、萧十三，见《辽史》卷一一〇《奸臣列传上》，第1637—1639页；其他见卷一一一《奸臣列传下》，第1641—1644页。护卫太保耶律查剌，见卷一一一《萧讹都斡传》，第1643页；上京留守萧挞得，见卷一一一《萧达鲁古传》，第1644页。

② 见《辽史》卷九九，第1563—1567页。六院部皇族耶律撒剌，"南院大王磨鲁古之孙"，校勘记（第1569页）已指出卷八二《耶律磨鲁古传》作北院大王。据卷八二《耶律虎古传》及附传《耶律磨鲁古传》，磨鲁古为六院夷离堇耶律觌烈之孙（第1427—1428页）；据卷七五《耶律觌烈传》，觌烈出自六院部皇族（第1365页）。国舅帐后族萧忽古，本传不载出身，据卷八八《萧敌烈传》，萧敌烈"族子忽古，有传"（第1474页）；卷一五《圣宗本纪六》，开泰三年六月，"合拔里、乙室二国舅为一帐，以乙室夷离毕萧敌烈为详稳以总之"，随后国舅详稳萧敌烈出征高丽（第191页）。这和《萧敌烈传》中开泰间迁国舅详稳，从征高丽的记载是吻合的（第1474页），故知萧忽古出自国舅乙室已帐，本纪简作乙室。

③ 《辽史》卷九六《萧惟信传》载："枢密使耶律乙辛潜废太子，中外知其冤，无敢言者，惟信数廷争。"（第1541页）卷九八《萧兀纳传》载，耶律乙辛戕害皇太子之后，舍太子之子不立，谋立辽道宗弟宋魏国王和鲁斡之子耶律淳为储嗣，"群臣莫敢言，唯兀纳及夷离毕萧陶隗谏曰：'舍嫡不立，是以国与人也。'"（第1555页）卷九〇《萧陶隗传》未载抵制耶律乙辛事，但言其"刚直，有威重"，"见权贵无少屈"，大康中累迁契丹行宫都部署，后遭枢密使耶律阿思贬逐（第1495—1496页）。

④ 《辽史》卷九八《萧兀纳传》，第1555页。

辛事，北面官属无敢言者"，只有耶律撒剌敢于提出反对意见。耶律乙辛复任北院枢密使后，"乙辛党欣跃相庆，谗谤沸腾，忠良之士斥逐殆尽"。①《辽史》卷九八《刘伸传》记载，刘伸于辽兴宗重熙五年登进士第，累迁南院枢密副使、参知政事，素以忠直著称，"乙辛衔之，相与排诋，出为保静军节度使"。② 这是汉族士大夫"忠直者被斥窜"的一例。在这样的气氛下，"北面官属无敢言者"，绝大多数汉官也只能像杨遵勖、耶律（李）仲禧那样选择明哲保身了。

新出土的《梁颖墓志》，以及《梁援墓志》《贾师训墓志》，提供了不见于《辽史》的珍贵资料，有助于进一步认识汉族士大夫在耶律乙辛集团倒台中发挥的作用，乃至在辽道宗时期的政治作为。早年出土于河北省平泉的《贾师训墓志》记载，贾师训进士出身，在中京留守推官任上，值耶律乙辛自北院枢密使出为中京留守。③

> 乙信自以前在枢极，权震天下，每行事专恣，一不顾利害。诸幕吏素悍，皆随所倡而曲和之。公独不从，乙信怒□公曰："吾秉朝政，迨二十年，凡一奏议，虽天子为之逊接，汝安敢吾拒耶？"公起应之曰："公绾符籥，某在幕席，皆上命也。安得奉公之势而挠上之法耶？义固不可。"乙信知不能屈，辄从。乙信又以嬖人善骑射，署为境内巡检，公争之，不从。未已，乙信被召再入为枢密使。将行，寮属饯之都外，酒再行，公前跪，力白巡检事不便。乙信叹服，遽为之罢。④

贾师训对不可一世的耶律乙辛义正词严，在当时确实是少见的。

出土于辽宁省义县的《梁援墓志》记载："贼臣耶律英弼等，畏东

---

①　《辽史》卷一一〇《耶律乙辛传》，第1635页。参见《辽史》卷九九《萧岩寿传》《耶律撒剌传》，第1563—1565页。

②　《辽史》卷九八《刘伸传》，第1559页。

③　据《辽史》卷二三《道宗本纪三》，北院枢密使耶律乙辛出任中京留守在大康二年六月，十月官复原职。（第316页）

④　《贾师训墓志》。乙信即乙辛。该墓志还记载贾师训任东京曲院使时，有"秤吏董猪儿得幸北枢密使乙信"，怙势横索，人莫敢言，被贾师训制止。见向南编《辽代石刻文编》，第477—478页。

宫之英断，肆巧言以构之。"清宁五年进士、时任权诸行宫副部署兼判三班院的梁援冒死上奏，营救太子，终致触怒耶律英弼。"英弼等大怒，请下吏，孝文皇帝不令致辨。"① 耶律英弼即北院枢密使耶律乙辛，一为汉名，一为契丹名。② 耶律乙辛集团对汉族士大夫中的"异类"梁援、贾师训等未予严惩，与辽道宗对汉族士大夫的优遇不无关系。更主要的是，耶律乙辛集团认为，威胁他们权力的主要是皇亲国戚和契丹贵族中的反对派，而不是无根底的汉族士大夫官僚。

新出土的《梁颖墓志》记载，梁颖也属于少数敢于同耶律乙辛、张孝杰抗争的大臣之一。

> 是时，张孝杰与枢密使耶律英弼奸横相表里，招权利顾，金钱争纳，四方遗赂，引置邪佞，谴逐贤士大夫。上稍闻知，欲退之，事无所发。公性刚嫉恶，日与孝杰争曲直，以气乘之不少假。上知公劲直可大用。大康六年冬，出孝杰为武定军节度使，遂拜公门下侍郎、同中书门下平章事、知枢密院事、监修国史。当是时，天下之人不以公逢时遇主致位宰辅为可荣，皆以天子聪明，能除凶恶、任正直为不可及。在庙堂上，正色敢言，无所回忌，是是非非，不顾人情有不爱。③

梁颖"性刚嫉恶"，与张孝杰"争曲直"，实际也是对耶律乙辛的公然挑战。大康五年、六年，辽道宗先后外放耶律乙辛和张孝杰，擢拔梁颖为南面宰相、知南枢密院事，直至大安二年（1086）罢相。《梁颖墓志》又载他"性质直，平生所不与者，多面斥其短，奏事殿中，必朗言其过，而无内荏阴陷之心……不畏强御，不习诏媚，喜与权门势家为勍敌，未曾少下。以故孤立无援而不为有力者相佑助。其清洁无私，时人比之冰

---

① 《梁援墓志》，向南编《辽代石刻文编》，第521页。

② 耶律英弼即耶律乙辛，最早由清人周春在其所辑《增订辽诗话》中引用《文献通考》卷三四六的史料中揭橥。见蒋祖怡、张涤云整理《全辽诗话》，岳麓书社，1992，第105页。参见《梁援墓志》，向南编《辽代石刻文编》，第524页注⑫；杨卫东《辽朝梁颖墓志铭考释》，《文史》2011年第1辑，第173页。

③ 杨卫东：《辽朝梁颖墓志铭考释》，《文史》2011年第1辑，第179页墓志录文。

壶水镜云"。①

《梁颖墓志》的撰者耶律（杨）兴公身为翰林学士、行中书舍人、史馆修撰，"奉敕撰"此墓志，而辽道宗"有诏论撰，直书不文"。撰者"既承命，访其族系乡间、亲戚资性于其家；录其历官在职、出入资途于有司；询其勤劳尽瘁、干事决务之才于故吏；采其语言、识鉴、好尚于朋友"。耶律兴公与梁颖"邻乡"，而且在枢密院共事10年，所以"知其平生性分所为，洎莅官勤公行己，如此之详"。②《梁颖墓志》撰就是要上报皇帝、庋藏史馆的，撰者绝不敢无中生有。梁颖曾与耶律乙辛、张孝杰做斗争，是不容置疑的。耶律乙辛被逮捕并处死，正是梁颖任相和知院事期间。史籍和《梁颖墓志》未明确记载梁颖主张逮捕和处死耶律乙辛，但似有迹可循。

《文献通考·四裔考·契丹》于辽道宗耶律洪基时期记事之末，有如下一段文字：

> 洪萁［基］能守成，柔惠爱民，安静不挠。然嬖辛其臣耶律英弼。英弼与太子濬有隙，潜畜甲士谋杀之。其母与琵琶工通，英弼又引洪萁视之，母自缢死。濬有遗腹子延禧，时未生，故免于难。英弼益专恣，累封魏王。北人谚云："宁违敕旨，无违魏王白帖子。"其后，国相梁益介杀英弼，坐死者千余人，乃立延禧为太孙。③

当朝皇后和皇太子被戕害，以及专权十余年的耶律乙辛伏诛，是震动辽国朝野的大事，宋朝方面必定十分关注。"国相梁益介杀英弼"绝非空穴来风。据笔者考证，"国相梁益介"实即梁颖。④ 耶律乙辛专权跋

---

① 杨卫东：《辽朝梁颖墓志铭考释》，《文史》2011年第1辑，第180页墓志录文。
② 引文见《梁颖墓志》。耶律兴公即杨兴公，道宗咸雍七年赐国姓。见《辽史》卷二二《道宗本纪二》咸雍七年十二月及校勘记〔一〇〕，第307、309页。参见杨卫东《辽朝梁颖墓志铭考释》，《文史》2011年第1辑，第177页，墓志录文见第179—180页。
③ 《文献通考》卷三四六《四裔考二三》"契丹下"，中华书局校勘本，2011，第14册，第9609页。
④ 详见拙文《辽朝汉人宰相梁颖与权臣耶律乙辛之斗争辨析》，《中国史研究》2017年第4期。

扈，陷害忠良，契丹、汉族官员大多敢怒不敢言，有的曲意奉承，有的俯首帖耳。梁颖不惧淫威，敢与耶律乙辛、张孝杰"争曲直"，"为贤士正人之称叹"。耶律乙辛、张孝杰被罢黜后，梁颖升相，依然"无所回忌"。梁颖"性刚嫉恶"，任相期间主张清除耶律乙辛集团是完全可能的。① 宋人据此认为，耶律乙辛的覆灭，是梁国相的功劳。笔者倾向于认为，宋人对辽朝统治阶级内部的政争得之于传闻，不甚了解，对汉族士大夫、南面宰相梁颖在扳倒耶律乙辛过程中发挥的作用有过分夸大的嫌疑。但宋人的传闻，可以印证梁颖在这场斗争中确实发挥了重要作用。

《梁颖墓志》的撰者赞赏梁颖在庙堂之上"正色敢言，无所回忌"的气节，对他在耶律乙辛覆灭过程中发挥的作用虽然刻意隐讳，一切归功于圣上，但也留下伏笔，那就是对耶律乙辛奸党的所为，"上稍闻知，欲退之，事无所发"。正是"性刚嫉恶"的梁颖，抵制并揭露了他们的罪行。

梁颖在相位凡六年，从大康元年到大康六年，他的职务从枢密直学士到宰相、知院事，共升迁五次。这与他突出的个人能力有关系，比如在辽宋河东勘界谈判中的出色表现，② 也反映了汉族士大夫政治地位的显著提高。在他任相之前，"奸臣"耶律乙辛、张孝杰当政已十多年。③ 在他任相期间，耶律乙辛被处死，张孝杰被流放。

耶律乙辛集团的倒台，当然谈不上是辽道宗的英明决策，恰恰是辽道宗的昏聩导致奸佞专权，亲人和忠良之臣被害。冒死进谏和鸣冤的契丹、汉族官员以及民间义士，虽然人数不多，但终于使辽道宗认清了耶律乙辛和张孝杰的险恶用心。其本质是"相权"膨胀，对皇权构成威胁。史载："会北幸，将次黑山之平淀，上适见扈从官属多随乙辛后，恶

---

① 《辽史》卷二四《道宗本纪四》记载，大康七年冬，辽道宗偕宰辅近臣临幸驸马都尉萧酬斡府第宴饮，被宰相梁颖谏止（第324页）。这则史料是《梁颖墓志》所载梁颖"正色敢言""不习谄媚"的旁证，也反映出他的话在辽道宗那里还是有一定分量的。

② 《梁颖墓志》用较长的篇幅记载了墓主在河东勘界谈判中的表现及收获，认为收复八百里旧壤，"公之力居多焉"。见杨卫东《辽朝梁颖墓志铭考释》，《文史》2011年第1辑，第180页。

③ 《辽史》将耶律乙辛、张孝杰列为《奸臣列传》之首。见《辽史》卷一一〇《奸臣列传上》，第1633页。

之，出乙辛知南院大王事。"① 威胁皇权是辽道宗不能允许的。耶律乙辛膨胀的"相权"对皇权构成威胁，招致覆灭。

在这场政治斗争中，大多数汉族士大夫选择明哲保身，却也保存了政治力量。耶律乙辛集团的核心成员被清算以后，汉族士大夫官僚的政治地位一度有所提高（见下文）。《辽史》记载简略，缺漏甚多，所载人物传记，以契丹贵族居多，汉人、奚人、渤海人入传比例偏低，汉人入传者又以二韩、刘氏世家大族比例最高。② 辽道宗朝后期的宰臣梁颖、贾师训、王师儒、梁援，都是进士出身的汉族名宦，是当时汉族士大夫官僚的代表人物，《辽史》均无传记，所幸他们都有墓志出土，为研究辽朝后期汉族士大夫政治史提供了第一手材料。

梁颖，南京涿州范阳县人，辽兴宗重熙二十四年（1055）进士，道宗清宁六年任枢密院书令史，当时杨皙、姚景禧"连衡秉政"，对他称誉有加。"自初隶枢庭，经十四年十三迁而为副都承旨，由昭文馆直学士提点大理寺，遂为枢密直学士，又四迁为枢密副使。"当时正值耶律乙辛、张孝杰当政时期，"引置邪佞，谴逐贤士大夫"，梁颖属于少数敢于同他们"争曲直"的大臣。大康六年（1080），张孝杰被罢免相职后，梁颖拜相并知院事，任职六年。③ 其间耶律（李）仲禧、刘筹、萧挞不也（兀纳）相继任南院枢密使即南面官最高长官，他的省、院宰执同僚，可考的有王绩、王言敷、邢熙年、王经、杜公谓等（见表3-1）。

贾师训，中京辽滨县人，辽道宗咸雍二年（1066）进士，④ 历任秘书省著作佐郎、恩州军事判官、东京曲院使、奉玄县令、永乐县令、大理寺丞、中京留守推官、枢密院掾史（令史）、大理寺正、同知永州军州事、枢密都承旨、枢密直学士，于大安二年（1086）授枢密副使，五年拜参知政事兼同知枢密院事，稍后进拜中书侍郎、平章事，寿昌初出

① 《辽史》卷一一〇《耶律乙辛传》，第1636页。
② 参见漆侠《从对〈辽史〉列传的分析看辽国家体制》，《历史研究》1994年第1期。
③ 《梁颖墓志》，杨卫东：《辽朝梁颖墓志铭考释》，《文史》2011年第1辑，录文见第179—180页。
④ 据《贾师训墓志》，墓主卒于寿昌二年（1096），享年65岁，35岁中进士，正是咸雍二年榜进士。见向南编《辽代石刻文编》，第476—480页。参见《辽史》卷二二《道宗本纪二》咸雍二年末，第302页。

任中京留守。贾师训有吏能，尤其长于司法，在宰相任上，"威令大行，豪党慑惧，老奸宿盗，不待击逐而逸他境。未几，政声流闻"。[①]

王师儒，南京涿州范阳县人，道宗咸雍二年（1066）进士，[②] 历仕州县，入充枢密院令史，转任直史馆、应奉阁下文字、史馆修撰，迁知尚书吏部铨、中书堂后官，以儒学才华为皇太孙梁王伴读，授知制诰、翰林侍读学士、翰林学士、签诸行宫都部署、兼枢密直学士，大安八年授枢密副使、十年拜参知政事、签枢密院事，寿昌初，超拜同中书门下平章事（使相），授枢密副使、签中书省事。六年，因为中书省致宋朝的国书中出现疏误，与门下相郑颛、中书相韩资让同日被罢免。《王师儒墓志》记载，王师儒深受道宗宠爱，"每豫游闲，逢宴会，入宿阁夜饮，召亲信者侍坐，则公必与焉"。[③]

梁援，出身宫分人官宦家庭，道宗清宁五年（1059）状元及第，释褐授直史馆，迁史馆修撰、应奉阁下文字、知制诰，兼枢密院兵刑房承旨、吏房承旨，迁提点大理寺，大康中超拜翰林学士、权诸行宫副部署，兼判三班院，冒死弹劾耶律乙辛。出任懿州宁昌军节度使、东京户部使、祖州天成军节度使，大康十年，再授翰林学士。大安、寿昌间，历任诸行宫副部署、兴中府尹、诸行宫都部署、上京留守、知宣徽院事、奉圣州武定军节度使、判平州辽兴军节度使事。寿昌六年（1100）夏，拜枢密副使、签中书省事，同年冬，授兼中书侍郎、同中书门下平章事、监修国史、知枢密院事。天祚帝即位后，以营造山陵功，"诏免本属之宫籍，移隶于中都大定县，敕格余人不以为例，示特宠也"。[④]

---

① 《贾师训墓志》，向南编《辽代石刻文编》，第477—480页。《辽史》书作贾士勋。大安五年授参知政事兼同知枢密院事，见《辽史》卷二五《道宗本纪五》大安五年六月，第336页。墓志书授参知政事而失载兼同知枢密院事，载拜中书侍郎、平章事而不记知枢密院事。正是因为中书省宰相、参知政事兼枢密院职在当时是一种惯例，墓志才没有记录。

② 据《王师儒墓志》，墓主卒于乾统元年（1101），享年62岁，26岁中进士，应是咸雍二年榜进士。

③ 《王师儒墓志》，向南编《辽代石刻文编》，第645—647页。寿昌六年免职，亦见《辽史》卷二六《道宗本纪六》寿隆（寿昌）六年六月，第351页。

④ 《梁援墓志》，向南编《辽代石刻文编》，第519—522页。梁援状元及第，见《辽史》卷二一《道宗本纪一》清宁五年末，第292页。

## 四　耶律乙辛倒台后的辽朝政局

元代史臣评论道："道宗初即位，求直言，访治道，劝农兴学，救菑恤患，粲然可观。及夫谤讪之令既行，告讦之赏日重。群邪并兴，逸巧竞进。贼及骨肉，皇基浸危，众正沦胥。诸部反侧，甲兵之用无宁岁矣。一岁而饭僧三十六万，一日而祝发三千。徒勤小惠，蔑计大本。尚足与论治哉？"① 辽道宗在位前期，励精图治，不失为一位勤政开明的君主。中期经历皇后、太子被害，以及用人失察、"忠臣"变奸臣的变故，晚年的辽道宗心灰意冷，对朝政和人世都持一种消极心态。佞佛是这种心态的突出表现。"晚年倦勤"的辽道宗，② 徒能抱残守缺而已。耶律乙辛垮台后，无论是对皇后、太子冤案的处理，还是对耶律乙辛集团的处置，辽道宗的表现都优柔寡断，令朝野大失所望。

史载对太子一案，辽道宗"后知其冤，悔恨无及，谥曰昭怀太子，以天子礼改葬玉峰山"。③ 直至辽道宗晚年，皇后被诬私通伶人、太子被诬阴谋篡位之冤案仍未平反昭雪。除耶律乙辛被诛、张孝杰被流放外，该集团的其他成员并未遭整肃。如皇族季父房的耶律燕哥，耶律乙辛被黜后的"（大康）五年夏，拜南府宰相，迁惕隐。大安三年，为西京留守。致仕"。蔑古乃部人萧十三，"及乙辛出知南院大王事，亦出十三为保州统军使"。国舅帐的萧余里也，"帝出乙辛知南院大王事，坐与乙辛党，以天平军节度使归第。寻拜西北路招讨使。以母忧去官，卒"。宫分人萧得里特，"大康中，迁西南招讨使，历顺义军节度使，转国舅详稳。寿隆五年，坐怨望，以老免死，阖门籍兴圣宫，贬西北统军司，卒"。仲父房的耶律塔不也，"寿隆元年，为行宫都部署"。④ 惩治诬害皇后和太子的耶律乙辛党羽，为受太子案牵连遭受迫害的官员平反昭雪，都是辽天祚帝即位以后的事。辽道宗因此失去激浊扬清、政治革新的良机。

---

① 《辽史》卷二六《道宗本纪六》赞语，第 352—353 页。
② 《辽史》卷九八《耶律俨传》，第 1558 页。
③ 《辽史》卷七二《顺宗耶律濬传》，第 1340 页。
④ 《辽史》卷一一〇《耶律燕哥传》《萧十三传》，第 1638—1639 页；卷一一一《萧余里也传》《萧得里特传》《耶律塔不也传》，第 1642—1644 页。寿隆即道宗寿昌年号，《辽史》避金讳改。

耶律乙辛倒台后，辽朝统治集团内部的矛盾并未得到纾解。据《梁颖墓志》记载，辽道宗大康六年（1080），梁颖继张孝杰任相，"居二岁，前所抑逐者，稍复见用，奸朋邪党，朝斥暮遣，朝班为之一空。而公自信直前，未曾饰虚誉，略遗左右，俾达黈聪以固恩宠。事有不可者，虽近幸辈必裁抑之。故公才直气多，为贤士正人之称叹，而不免小人朋党之所诽谤。大安二年（1086）夏，罢相权"。[①]辽道宗时期统治阶级内部的权力斗争，尚不足以撼动契丹贵族在辽政权中的主导地位，契丹贵族与汉族世家大族的政治联盟仍旧强势。

耶律乙辛倒台后，契丹贵族重掌中枢权力，辽道宗也延续了重用汉族士大夫的政策。耶律乙辛外放的大康五年春，很可能出身于汉族世家大族的耶律霖（刘霖）由知北院枢密使事升迁北院枢密使。与耶律霖同时任命的知北院枢密使事耶律特里底、同知北院枢密使事耶律世迁，[②]应该出身于契丹贵族。耶律仲禧（李仲禧）于大康四年十一月短暂出任乾州广德军节度使，大康六年三月再任南院枢密使。汉人并掌二枢密院，这在辽朝历史上实属罕见，反映了辽道宗时期政治上的汉化取向。[③]大康八年夏，皇族季父房的耶律颇的由南府宰相兼知北院枢密使事升任北院枢密使，刘筠任南院枢密使。大安四年夏，北院枢密使耶律颇的致仕。[④]贵族出身的耶律阿思、皇族耶律斡特剌以知北院枢密使事执掌北院，萧兀纳（挞不也）、耶律特末先后任南院枢密使，耶律聂里、耶律那也、耶律吐朵先后授同知南院枢密使事。[⑤]

---

① 杨卫东：《辽朝梁颖墓志铭考释》，《文史》2011年第1辑，第179页墓志录文。

② 《辽史》卷二四《道宗本纪四》大康五年三月，第321页。

③ 《辽史》卷二二《道宗本纪二》咸雍七年十二月载，"汉人行宫都部署李仲禧、北院宣徽使刘霖、枢密副使王观、都承旨杨兴工各赐国姓"。（第307页）

④ 《辽史》卷二四《道宗本纪四》大康八年六月，第325页；卷二五《道宗本纪五》大安四年六月，第335页。参见《辽史》卷八六《耶律颇的传》，第1462页。耶律颇的，亦作耶律颇德。

⑤ 耶律阿思，见《辽史》卷二五《道宗本纪五》大安四年十月，卷二六《道宗本纪六》寿隆（寿昌）元年十二月，第335、346页；参见《辽史》卷九六本传，第1544页，卷九二《耶律独攧传》，第1508页。耶律斡特剌，见《辽史》卷二四《道宗本纪四》大安二年六月，第330页；参见《辽史》卷九七本传，第1547页。萧兀纳（挞不也），见《辽史》卷二四《道宗本纪四》大安二年十二月，第331页；参见《辽史》卷九八本传，第1556页。耶律特末，见《辽史》卷二五《道宗本纪五》大安十年九月，第342页。耶律聂里、耶律那也，见《辽史》卷二五《道宗本纪五》大安四年六月，第335页。耶律吐朵，见《辽史》卷二五《道宗本纪五》大安六年四月，第337页。

　　史载，耶律颇的"孤介寡合……廉谨奉公，知无不为"，① 看来其在契丹贵族中德高望重，是契丹、汉族官员都认可的首辅人选。关于他的继任者，据记载，辽道宗与群臣商议北院枢密使人选时说："北枢密院军国重任，久阙其人，耶律阿思、萧（耶律）斡特剌二人孰愈？"群臣莫衷一是。萧陶隗说："斡特剌懦而败事，阿思有才而贪，将为祸基。不得已而用，败事犹胜基祸。"辽道宗称誉萧陶隗的忠直，但还是选择了"有才而贪"的耶律阿思。② 寿昌元年十二月，耶律阿思继任北院枢密使。自从大安中北院枢密使耶律颇的致仕以后，直至寿昌元年的数年间，北院枢密使一直空缺。耶律阿思于寿昌元年起任北院枢密使，辽天祚帝即位后，以顾命大臣加于越，次年以疾致仕。其继任者就是耶律斡特剌，乾统二年（1102）十月由南府宰相升任北院枢密使。③ 在萧陶隗看来，耶律阿思和耶律斡特剌都不堪重任。

　　耶律阿思不仅贪，还嫉贤妒能，陷害忠良，比如迫害"刚直，有威重"的萧陶隗，贬逐"论事不合"的右夷离毕萧谋鲁斡。④ 辽道宗想要召用纠正"北南院听讼不直"之弊的萧陶苏斡，亦为耶律阿思所沮。⑤ 耶律斡特剌不见有贪腐、奸诈的记载，是否"懦而败事"，史籍没有明言，但辽天祚帝即位后的朝政足以说明耶律斡特剌毫无作为。如六院皇族耶律棠古，辽道宗大康中出仕，累迁至大将军，"性坦率，好别白黑，人有不善，必尽言无隐，时号'强棠古'。在朝数论宰相得失，由是久不得调。后出为西北戍长。乾统三年，萧得里底为西北路招讨使，以后族慢侮僚吏。棠古不屈，乃罢之。棠古讼之朝，不省"。⑥ 耶律斡特剌本来庸懦，当年耶律乙辛擅权，排斥异己，"斡特剌恐祸及，深自抑畏"。⑦

---

① 《辽史》卷八六《耶律颇的传》，第 1462 页。
② 《辽史》卷九〇《萧陶隗传》，第 1496 页。萧斡特剌，疑为耶律斡特剌。
③ 《辽史》卷二七《天祚帝本纪一》乾统元年六月、二年十月，第 356—357 页。参见《辽史》卷九六《耶律阿思传》，卷九七《耶律斡特剌传》，第 1544、1548 页。
④ 《辽史》卷九〇《萧陶隗传》，卷九五《萧素飒传》，第 1495、1531 页。
⑤ 《辽史》卷一〇一《萧陶苏斡传》，第 1579 页。
⑥ 《辽史》卷一〇〇《耶律棠古传》，第 1571 页。萧得里底，汉名萧奉先，见同卷《萧得里底传》校勘记〔二〕，第 1577 页。
⑦ 《辽史》卷九七《耶律斡特剌传》，第 1547 页。

辽天祚帝"性刚",① 耶律斡特剌在朝中大概拱手唯诺而已。

　　总之,辽道宗在位末期,在推行汉化和重用汉人政策上向契丹贵族妥协让步。辽道宗时期法制改革的反复也反映了这种倾向。史载,咸雍六年(1070),"帝以契丹、汉人风俗不同,国法不可异施,于是命惕隐苏、枢密使乙辛等更定《条制》。凡合于《律令》者,具载之;其不合者,别存之"。这显然是以适用于汉人的《律令》去改造契丹人遵行的《条制》。大康年间颁布新《条制》后,增订工作持续到大安三年,但在大安五年却"以新定法令太烦,复行旧法",即恢复辽兴宗时期的《重熙条制》。②

　　辽道宗去世后,昭怀太子之子耶律延禧即位,群臣上尊号"天祚皇帝"。辽天祚帝虽然为父平反昭雪,恢复了祖母宣懿皇后的名分,追赠辽道宗时拥戴太子、受迫害致死的官员官爵,并绘像宜福殿配享,③ 同时追治奸党之罪,但是因为他"多疑,故有司顾望,不切推问",④ 而北院枢密使耶律阿思又营私舞弊,⑤ 致使除恶的工作草草收场,拨乱反正沦为空话。辽朝的政治弊端愈加严重。

　　接任耶律斡特剌执掌北枢密院的萧奉先(萧得里底),专权十余年,是在辽兴宗朝权倾一时的皇太后萧耨斤家族的成员。他当政时期,女真起兵,攻城略地,国难当头,他却隐瞒战报,对上报喜不报忧。围绕后族权力的争夺,契丹贵族再次爆发激烈内讧。先是辽天祚帝听信萧奉先的谗言杀害文妃和晋王耶律敖卢斡母子,然后萧奉先又诬陷义妃的姻亲、皇族耶律余睹谋反,致其"引兵千余,并骨肉军帐叛归女直",成为女真进攻辽朝的向导和前锋。⑥ 萧奉先排斥异己,任人唯亲,包庇战败的兄弟,令众将寒心,人心解体。⑦

　　南京府析津县的李(耶律)仲禧、李俨、李处温祖孙三代相继为

---

①　宋陈均《皇朝编年纲目备要》卷二六载,徽宗建中靖国元年十二月,"洪基将殂,戒其孙延禧曰:'南朝通好岁久,汝性刚,切勿生事。'"(中华书局,2006,第657页)

②　《辽史》卷二五《道宗本纪五》大安五年十月,第336页;卷六二《刑法志下》,第1047页。

③　《辽史》卷九九《萧岩寿传》《耶律撒剌传》《萧速撒传》《耶律挞不也传》《萧挞不也传》《萧忽古传》,第1563—1567页。

④　《辽史》卷九九《耶律石柳传》,1568页。

⑤　《辽史》卷九六《耶律阿思传》,第1544页。

⑥　《辽史》卷一〇二《耶律余睹传》,第1589页。

⑦　参见《辽史》卷一〇〇《萧得里底传》,卷一〇二《萧奉先传》,第1572—1573、1585—1586页。

相，是辽朝后期最有权势的汉人家族。这个家族属于新兴的汉族官僚士大夫阶层。燕云地区的韩、刘、马、赵等世家大族，虽然依旧拥有庞大的经济利益和盘根错节的政治关系网，但是与辽道宗以前相比，他们的政治地位明显下降，靠科举起家的汉族地主子弟源源不断地进入辽政权，有的成为新贵。李仲禧于咸雍七年（1071）获赐国姓，九年拜南院枢密使，与耶律乙辛、张孝杰同掌朝政，阿附耶律乙辛，大康七年（1081）卒于任。其子李俨（耶律俨），辽道宗咸雍中进士及第，寿昌中拜参知政事，迁知枢密院事。辽道宗大渐，李俨与北院枢密使耶律阿思同受顾命，拥立辽天祚帝即位。后来，李俨"雅与北枢密使萧奉先友旧。执政十余年，善逢迎取媚，天祚帝又宠任之"。李俨去世后，"奉先荐处温为相。处温因奉先有援己力，倾心阿附，以固权位，而贪污尤甚。凡所接引，类多小人"。《辽史》谓"俨素廉洁，一芥不取于人"，与他侄子李处温"贪污尤甚"对比鲜明。史书也记载了李俨的若干善政和政绩。但是，这个"好学，有诗名""以勤敏称""善政流播"的及第进士，却是个善于钻营的政客。他"善伺人主意"，不惜用美貌的妻子讨好皇帝，对萧奉先"逢迎取媚"，由是"权宠益固"。① 新兴的汉族官僚士大夫阶层，面对拥有特权、家大业大的契丹贵族和汉族世家大族出身的官员，为了保证仕途顺畅，他们勤勉而谨慎，面对政治斗争，一般采取明哲保身、因循守旧之道，刚正不阿、敢作敢为的士大夫并不多见。一部分士大夫选择攀附权贵，其代表人物是张孝杰，以及李仲禧、李俨、李处温祖孙三人。李俨、李处温伯侄依附北院枢密使萧奉先，他们之间的关系类似张孝杰和耶律乙辛，形成政治小团体，互相利用，图谋私利，维护个人和小团体的权益，损害他人的利益，激化了统治阶级内部的矛盾和阶级矛盾。

综上所述，继辽道宗清宁九年耶律重元父子叛乱事件发生后，大康年间，辽朝统治阶级再次发生严重的内讧。权臣耶律乙辛结党营私，戕害皇后和太子，对维护太子合法地位的贵族臣僚进行打压。继而耶律乙

---

① 参见《辽史》卷九八《耶律俨传》，第1557—1558页；卷一〇二《李处温传》，第1586—1587页。

辛被罢黜、处死，党羽遭革职查办。辽道宗时期发生的这三次内乱，对皇权构成一定的威胁，也重创了契丹贵族的势力。辽道宗时期政治文化的最大特点是推行崇儒、文治政策，汉族士大夫的政治地位明显提升，贵族政治的影响力下降，君主专制中央集权的政治体制进一步巩固。但辽之皇权和契丹贵族毕竟是命运共同体，契丹贵族仍然是辽朝政治舞台上的核心力量。辽道宗后期至辽天祚帝时期，贵族政治与皇权政治的弊端叠加，导致严重的政治腐败，汉族士大夫发挥作用的空间有限，有些甚至同流合污、助纣为虐。辽末，内忧外患接踵而至，统治集团内部的斗争继续升级，农民起义此起彼伏，女真爆发武装反抗，辽朝的统治面临空前的危机，军政事务陡然加重，契丹军事贵族的权势反弹，不仅威胁皇权，而且打压汉族士大夫以及其他平民出身的官员。

# 第四章　世家大族与金前期政治

金初实行以皇帝为首的诸勃极烈议政辅政制，皇帝和宗室诸勃极烈共同执政。[1] 史载，"金国初建，立法定制，（宗雄）皆与宗干建白行焉。及与辽议和，书诏契丹、汉字，宗雄与宗翰、希尹主其事"。[2] 金太祖天辅三年（1119），辽大册使习泥烈携册玺来到金廷，"太祖不受，使宗翰、宗雄、宗干、希尹商定册文义指，杨朴润色"。[3] 金太宗天会八年（1130），皇弟、谙班勃极烈（皇储）、都元帅完颜杲卒，完颜宗室、移赉勃极烈、左副元帅完颜宗翰从军中回到朝廷，首倡立金太祖完颜阿骨打之嫡孙完颜合剌（金熙宗）为皇储，金太宗完颜吴乞买"无立熙宗意"，完颜宗翰与国论勃极烈完颜宗干、元帅右监军完颜希尹等"请之再三"，"太宗以宗翰等皆大臣，义不可夺，乃从之，遂立熙宗为谙班勃极烈"。[4] 可见，金初立储、立法、行政、外交等各个方面的决策权都掌握在女真军事贵族，特别是皇族成员手中，皇帝本人并未独揽大权。金熙宗即位后，废除诸勃极烈议政辅政制，实行三省六部制，但皇权仍然有限，皇族及女真诸部军事贵族参决军政，分享军事、行政大权。直到金海陵王完颜亮在位时期，才确立了君主专制中央集权体制。从此，皇权居于主导地位，培植出服务皇权专制的官僚政治，贵族政治也不得不从属于皇权政治，出仕的女真贵族成为贵族官僚。

金初女真统治者积极吸纳各族上层人士加入政权，以便有效实行对境内各族的统治。早在收国二年（1116）正月，完颜阿骨打就颁布诏令："自今契丹、奚、汉、渤海、系辽籍女直、室韦、达鲁古、兀惹、铁骊诸部官民，已降或为军所俘获，逃遁而还者，勿以为罪，其酋长仍官

---

① 程妮娜称之为"中央国论勃极烈制度"（《金代政治制度研究》，吉林大学出版社，1999，第3—7页），王曾瑜称之为"中央辅政勃极烈制"（《辽金军制》，河北大学出版社，2011，第132—135页）。

② 《金史》卷七三《完颜宗雄传》，第1784—1785页。

③ 《金史》卷八四《耨盌温敦思忠传》，第2001页。

④ 《金史》卷七四《完颜宗翰传》，第1805页。

之，且使从宜居处。"① 这条诏令得到落实。如天辅二年（1118）闰九月，
"以降将霍石、韩庆和为千户"。十月，"以龙化州降者张应古、刘仲良为
千户"。十二月，"辽懿州节度使刘宏以户三千，并执辽候人来降，以为千
户"。② 率众降金者，或为部落、州县官员，或为地方豪强大户，可能也
有民间武装头领。平定平州张觉的叛乱后，金太宗命令军帅完颜宗望：
"凡南京（金初升平州为南京）留守及诸阙员，可选勋贤有人望者就注
拟之。"③ 在旧辽境内，归顺金朝的汉、渤海族世家大族与契丹、奚族贵
族官员，以及有名望地位的士大夫官员，可谓"勋贤有人望者"。对被
统治民族来说，他们高高在上，是统治阶级的组成部分；对女真贵族来
说，他们是唯女真军事贵族马首是瞻的谋士和武将。

金世宗大定十一年（1171），在祖庙衍庆宫为 21 位开国功臣绘像，④
汉族世家大族刘彦宗、韩企先名列其中，其余 19 人多数为完颜宗室，仅
有个别异姓女真贵族。衍庆宫绘像开国亚次功臣 22 人，⑤ 有渤海世家大
族大臬、契丹贵族耶律马五、汉族世家大族韩常，其余 19 人为女真军事
贵族，既有宗室，也有异姓的原部落酋长、世袭猛安谋克等军事贵族。
金前期——金太祖至金海陵王统治时期，女真军事贵族倚重汉族、渤海
族世家大族及契丹、奚族旧贵族辅助执政，领兵作战，所谓"借才异
代"，⑥ 以建立和稳固女真贵族的统治。金海陵王时期，随着君主专制中
央集权体制的确立，金朝的用人政策发生较大变化。

## 一 金前期渤海世家大族的文治武功

金朝建立后，渤海人是除女真人以外最早认同金政权的族群。在举

---

① 《金史》卷二《太祖本纪》，第 31 页。
② 《金史》卷二《太祖本纪》，第 34 页。
③ 《金史》卷三《太宗本纪》，第 56 页。
④ 《金史》卷七〇《完颜习室传》，第 1724 页。参见《金史》卷六《世宗本纪上》大定
十一年十月，第 166 页。
⑤ 《金史》卷八〇《完颜阿离补传》，第 1925 页。
⑥ （清）庄仲方编《金文雅》序，台北：成文出版社影印光绪江苏书局刻本，1967，第 8
页。庄氏主要就文学人才而言，其实，金初搜罗"异代"人才，涉及各个领域。

NNN NNN NNN NNN

兵之初，女真人便提出"女直、渤海本同一家"的口号，① 以争取渤海人的政治认同。金太祖完颜阿骨打与东京起兵的渤海人高永昌联络，遥相呼应和支援。当高永昌称帝建立政权时，完颜阿骨打迅速调兵"围剿"，完成辽东地区的统一。高永昌渤海复国的梦想破灭后，渤海人转而支持"本同一家"的女真，参加到推翻辽朝、征战宋朝的战争中。如辰州渤海人王政，拒从高永昌反金，任渤海军谋克从征宋朝，授滑州安抚使。此前，宋朝多个州郡在降金后又杀害守将反水，王政的处境十分危险，但他表示："苟利国家，虽死何避。"② 在渤海人看来，金朝为女真人和渤海人共有。金朝占领辽东后，"诏除辽法，省赋税，置猛安谋克一如本朝之制"。③ 因为猛安谋克组织不适应渤海人和汉人的生产生活方式，金熙宗时期，恢复了辽东地区渤海人和汉人的州县建置。④

辽灭渤海后，一方面采取迁移分化政策，将大量的渤海人迁往上京、中京、南京地区，另一方面又笼络以大氏为首的渤海旧贵族。"灭渤海国，存其族帐，亚于遥辇。"⑤ "其王旧以大为姓，右姓曰高、张、杨、窦、乌、李，不过数种。"⑥ 这些大姓拥有雄厚的经济实力和强大的政治势力，他们在辽东地区是世家大族阶层。辽亡金兴，"自平辽之后，所用执政大臣多汉人"。⑦ 事实上，除汉人外，金前期也多用渤海人，而且是首先起用渤海人。正如南宋人所言，金初"有兵权、钱谷，先用女真，次渤海，次契丹，次汉儿……契丹时不用渤海，渤海深恨契丹。女真兵兴，渤海先降，所以女真多用渤海为要职"。⑧ 女真贵族笼络并扶持渤海世家大族，与他们通婚。如"天辅间，选东京士族女子有姿德者赴上京"，⑨ 与

① 《金史》卷二《太祖本纪》，第 27 页。
② 《金史》卷一二八《王政传》，第 2912 页。
③ 《金史》卷七一《完颜斡鲁传》，第 1735 页。
④ 《金史》卷四四《兵志》载，金太宗"天会二年，平州既平，宗望恐风俗揉杂民情弗便，乃罢是制"，意即此后不再在新占领的汉地推行猛安谋克制度（第 1063 页）。辽东地区汉人、渤海人猛安谋克组织制度的废除，经历了两个阶段。《金史》卷八〇《大㚖传》载，金熙宗"天眷三年，罢汉、渤海千户谋克"（第 1923 页）；卷四四《兵志》载："熙宗皇统五年，又罢辽东汉人、渤海猛安谋克承袭之制。"（第 1063 页）
⑤ 《辽史》卷四五《百官志一》，第 799 页。
⑥ （宋）洪皓：《松漠纪闻》，赵永春辑注《奉使辽金行程录》（增订本），第 317 页。
⑦ （宋）徐梦莘：《三朝北盟会编》卷二四四，引《金图经》，第 1751 页。
⑧ （宋）徐梦莘：《三朝北盟会编》卷九八，引《燕云录》，第 725 页。
⑨ 《金史》卷六四《睿宗贞懿皇后传》，第 1616 页。

皇族及女真贵族子弟通婚，后来一直保持这种通婚关系，并让他们加入金政权。金朝统治者希望通过渤海世族和官员的政治认同带动渤海民众的认同。如金海陵王的母亲和元妃，金世宗的母亲和两个妃子，就出自渤海世族大氏、李氏、张氏，① 她们的家族在金朝享有荣宠，对金政权的认同度高，对渤海人的政治认同具有重要影响。

《金史》无传的渤海人杨朴、高庆裔，是最早用事于金廷的渤海人，在女真建立政权、金与辽宋交涉中发挥了重要作用。杨朴，一作杨璞。《契丹国志》记载："杨朴者，辽东铁州人也，本渤海大族，登进士第，累官校书郎。先是高永昌叛时，降女真，颇用事，劝阿骨打称皇帝，改元天辅。"② 早在渤海人高永昌起兵抗辽时，杨朴就审时度势，投奔并效忠于女真，被完颜阿骨打招至帐下，委以重用。他建议完颜阿骨打"变家为国，图霸天下"，同时"遣人使大辽，以求封册"，并向辽朝提出十项具体要求，"乞徽号大圣大明者一也。国号大金者二也。玉辂者三也。衮冕者四也。玉刻印御前之宝者五也。以弟兄通问者六也。生辰正旦遣使者七也。岁输银绢十五万两、匹者八也。割辽东、长春两路者九也。送还女真阿鹘产、赵三大王者十也"。这是一套让女真人摆脱辽朝统治、部落联盟长都勃极烈完颜阿骨打称帝建立政权的方案。"阿骨打大悦，吴乞买等皆推尊杨朴之言。"③ 辽天庆七年（金天辅元年，1117），"女直阿骨打用铁州杨朴策，即皇帝位，建元天辅，国号金"。④ 杨朴参与了金初内政外交政策的制定。"朴为人慷慨，有大志，多智善谋。建国之初，诸事草创，朝仪、制度皆出其手。"⑤ 但是取材于金纂《实录》和《国史》的元修《金史》未为杨朴立传，也未载他献策称帝之事，全书只两见杨朴。一处见于《金史·耨盌温敦思忠传》，辽大册使习泥烈携册玺来到金廷，完颜阿骨打令完颜宗翰、完颜宗雄等人"商定册文义指"，由杨朴润色册文。⑥ 另一处见于《金史·完颜斡鲁传》，金军攻陷辽西京、袭

① 《金史》卷六三、卷六四《后妃传》上、下，第 1602、1604、1616、1620、1621 页。
② 《契丹国志》卷一〇《天祚皇帝上》，第 112 页。
③ （宋）徐梦莘：《三朝北盟会编》卷三，第 22 页。
④ 《辽史》卷二八《天祚皇帝本纪二》，第 376 页。
⑤ （宋）宇文懋昭撰，崔文印校证《大金国志校证》卷二《太祖武元皇帝下》，中华书局，1986，第 24 页。
⑥ 《金史》卷八四《耨盌温敦思忠传》，第 1881 页。

取辽天祚帝营卫，完颜斡鲁派人奏捷，提到"宋人合馈军粮，令银术可往代州受之"。完颜阿骨打在回复完颜斡鲁的诏书中说："已遣杨璞征粮于宋，银术可不须往矣。"①《大金国志》记载，天辅七年（原文误作天辅六年）四月，金"遣杨朴以誓书及燕京、涿、易、檀、顺、景、蓟六州归于宋，且索米二十万石"，②说明杨朴还奉命出使宋朝。杨朴也多次陪同女真贵族官员与来访的宋使谈判。③

《大金国志》记载杨朴病逝于金太宗天会十年（1132），时任"知枢密院内相""内枢密院国相"。④金灭辽，在广宁府置枢密院管理汉人、渤海人事务，稍后于燕京、西京分置枢密院。未见杨朴在广宁府或燕京、西京枢密院任职的记载，可能在内廷兼任知枢密院事，故有"内相"之称。但在诸勃极烈议政辅政制下，所谓枢密院并非宰辅机构，只是统治州县人户的行政机构。出身于渤海世家大族的杨朴不过是金初诸勃极烈议政辅政制下的高级幕僚。王宏志认为，《金史》对杨朴的忽略，"大约不会是疏漏，很可能是不愿把阿骨打称帝这件开创金国基业的事，说成是渤海人杨朴的主意"。⑤李秀莲认为杨朴在《金史》中的隐遁与金初贵族政治与皇权政治的矛盾斗争有关，完颜宗翰假手于编撰《实录》的完颜勖，彰显其家族及其本人的功劳，刻意贬低代表皇权政治的杨朴。⑥

高庆裔，吏职出身。"庆裔，渤海人，本东京户部司翻译吏，稍知书。"⑦吏员是辽代官员的重要来源，荫补任子或亦由吏入仕。高庆裔大概在高永昌败亡之际归附金朝，并在金廷用事。金太祖天辅三年（1119），辽大册使习泥烈至金廷，完颜阿骨打令完颜宗翰、完颜宗雄等人商定册文内容，杨朴润色，"胡十荅、阿撒、高庆裔译契丹字"。⑧金太祖天辅四年（宋宣和二年），宋人赵良嗣出使金朝，商议夹攻辽、收

---

① 《金史》卷七一《完颜斡鲁传》，第1736页。

② （宋）宇文懋昭撰，崔文印校证《大金国志校证》卷二《太祖武元皇帝下》，第30页。

③ 见（宋）马扩《茆斋自叙》，赵永春辑注《奉使辽金行程录》（增订本），第192、194页。

④ （宋）宇文懋昭撰，崔文印校证《大金国志校证》卷一《太祖武元皇帝上》，第17页；卷七《太宗文烈皇帝五》，第119页。

⑤ 王宏志：《略论金进入中原后政策的转变》，陈述主编《辽金史论集》第3辑，书目文献出版社，1987，第254页。

⑥ 李秀莲：《金朝"异代"文士的民族认同之路》，中华书局，2017，第91—100页。

⑦ （宋）李心传：《建炎以来系年要录》卷一，上海古籍出版社，2018，第7页。

⑧ 《金史》卷八四《耨盌温敦思忠传》，第1881页。

取燕云等事，金宋双方对营、滦、平三州是否属于燕京地分产生争议。杨朴对赵良嗣说："郎君们意思，不肯将平州画断作燕京地分，此高庆裔所见如此，须着个方便。"①"郎君们"指完颜宗翰、完颜宗望等女真皇族成员，高庆裔和杨朴一样，都是金太祖和"郎君们"的通事（翻译）兼谋士。"北人官汉地者，皆置通事，即译语官也。而通事之舞法尤甚，上下重轻皆出其手。"② 这是指一般军将和地方官的通事，作为皇帝和诸勃极烈议政辅政大臣的通事，在内政外交事务中充当着更加重要的角色。高庆裔多次陪同女真贵族官员接见宋使，或向宋使传达金朝皇帝的口谕及女真贵族官员的指令，也曾陪同女真贵族官员出使宋朝。③ 金太宗天会初，命左、右副元帅经略中原，高庆裔隶右副元帅完颜宗翰麾下任幕僚和通事，后被任命为地方军政大员，"粘罕（完颜宗翰）以通事高庆裔知云中府，兼西京（原文误作'两京'）留守、西路兵马都部署"，④并以西京留守摄枢密院事。由于深受完颜宗翰的信任，故他人"无敢忤其意者"。⑤ 他主导制定了"磨勘法"，厘定官员的任职资格（见本书第七章）。高庆裔建请册立刘豫为"儿皇帝"，并奉完颜宗翰之命前往河南采集拥戴刘豫的"民意"。⑥ 燕京、云中两枢密院合并后，韩企先和高庆裔这两位完颜宗翰的亲信，成为枢密院的实际负责人。金熙宗继位后，高庆裔和韩企先随完颜宗翰入朝任宰执。在残酷的政争中，作为完颜宗翰的羽翼，高庆裔最先被剪除。⑦

　　继杨朴、高庆裔之后，在金廷最具影响的渤海人出自张浩家族。张浩，"辽阳渤海人。本姓高，东明王之后。曾祖霸，仕辽而为张氏"。金军平定辽东后，张浩"以策干太祖"，呈献治国理政的方策，被任命为

---

① （宋）赵良嗣：《燕云奉使录》，赵永春辑注《奉使辽金行程录》（增订本），第159页。

② （宋）宇文懋昭撰，崔文印校证《大金国志校证》卷一二《熙宗孝成皇帝四》，第174页。

③ 参见（宋）赵良嗣《燕云奉使录》、（宋）马扩《茆斋自叙》，赵永春辑注《奉使辽金行程录》（增订本），第158—160、170—172、184—185、197—198页。

④ （宋）徐梦莘：《三朝北盟会编》卷一三二，引《金节要》，第960页。

⑤ 《金史》卷一〇五《任熊祥传》，第2446页。

⑥ （宋）宇文懋昭撰，崔文印校证《大金国志校证》卷六《太宗文烈皇帝四》，第100—101页。

⑦ 高庆裔入朝任尚书左丞在天会十三年（1135）十一月，获诛在十五年六月，见《金史》卷四《熙宗本纪》，第79—80页。

承应御前文字。金太宗天会八年（1130），赐张浩进士及第，授秘书郎，后超迁卫尉卿，权签宣徽院事、管勾御前文字，负责朝廷礼仪和拟定御前文字，参与"初定朝仪""详定内外仪式"。历任赵州刺史，大理卿，户、工、礼三部侍郎，迁礼部尚书。金熙宗皇统初，因田毂党狱，大批汉族官员受到株连，"台省一空"，张浩"行六部事。簿书丛委，决遣无留，人服其才"。后以疾求外任，历任相州彰德军节度使、燕京路都转运使、平阳府尹。金海陵王在位时期，拜相。①

张浩的族兄弟张玄素，"与浩同曾祖。祖祐、父匡仕辽至节度使。玄素初以荫得官。高永昌据辽阳，玄素在其中。斡鲁军至，乃开门出降，特授世袭铜州猛安"。金太宗召入宫，历任阁门使、客省使，掌东宫计司（负责财务）。金熙宗时期，历任涿州知州、岚州镇西军节度使、东京路都转运使、平州兴平军节度使。②族人张玄征，曾任曹州彰信军节度使。③

渤海另一支世家大族——辽阳李石家族，"先世仕辽，为宰相"。李石之父雏讹只，辽末带桂州观察使官阶。渤海世族高永昌据东京辽阳府自立，与金军抗衡，雏讹只不从，归附金朝，配合金军进攻东京，战死城下。天会二年（1124），李石"授世袭谋克，为行军猛安。睿宗（金世宗之父完颜宗辅）为右副元帅，引置军中，属之宗弼"。历阶礼宾副使、洛苑副使。金熙宗、金海陵王时期历任汴京都巡检使、大名府少尹、汴京马军副都指挥使、景州刺史、兴中府少尹。李石的姐姐是金世宗完颜雍的母亲，完颜雍又娶他女儿为王妃，金海陵王忌惮宗亲，故李石也不受重用。金海陵王南伐，完颜雍时任东京留守，李石借秩满候任之际，"托疾还乡里"，利用李氏在东京辽阳府的势力和人脉，拥戴完颜雍称帝，并力排众议，南下中都，稳住了局面。④

辽代渤海名将高模翰（牟翰）之后高桢，金军讨伐高永昌时降金，

① 《金史》卷八三《张浩传》，第 1980—1981 页。

② 《金史》卷八三《张玄素传》，第 1986—1987 页。

③ 《金史》卷八三《张汝弼传》，第 1987 页。曹州彰信军，见《宋史》卷八五《地理志一》，第 2110 页；《金史》卷二五《地理志中》，第 662 页。北宋末升曹州彰信军为兴仁府，金初恢复曹州节镇，后降为刺史州。

④ 《金史》卷八六《李石传》，第 2031—2032 页。参见卷六四《睿宗贞懿皇后传》，第 1616—1617 页。

授猛安、同知东京留守事。金太宗天会年间，判广宁府，"在镇八年，政令清肃，吏畏而人安之"。金熙宗时期，高桢历任提点河北西路钱帛事、同签会宁府牧、同知燕京留守、同判中京留守、行台平章政事、西京留守。①

大臭（本名挞不也）是金前期渤海族军事将领的代表人物。"其先辽阳人，世仕辽有显者"，当是出身于原渤海王族的世家大族。② 女真起兵后，辽朝在辽东征兵，20多岁的大臭被签征入伍，宁江州战役中成为金军的俘虏。"（金）太祖问其家世，因收养之"，授东京奚民谋克。高永昌落败后，大臭奉命伺察东京地区人心向背，"有闻必达，太祖以为忠实，授猛安，兼同知东京留守事"。③ 大臭率部参加了征辽伐宋的所有重要战事，历任万户、河间路都统、河间府尹兼总河北东路兵马。在金初屯驻中原的20多名万户、都统中，女真将领占绝大多数，出身其他部族的只有4人，大臭是唯一的渤海族将领。④ 天会十一年（1133），升任元帅右都监。金熙宗"天眷三年，罢汉、渤海千户谋克，以臭旧臣，独命依旧世袭千户"。同年，拜元帅右监军。皇统八年（1148），擢左监军。⑤ 自废黜刘齐政权后，大臭长期镇戍南京（今河南开封）地区，所部多为渤海军士。

辰州渤海人高彪，祖父高安国曾任辽朝节度使，父高六哥仕辽官至刺史。女真军进攻辽东，高六哥率乡人迎降，授榆河州千户。高彪代领榆河州千户，从征辽、宋，屡战有功。金废刘豫齐国政权，高彪奉命摄滕阳军（后升置滕州）以东诸路兵马都统，负责徐、宿、曹、单等州防务。⑥

此外，如渤海世族子弟大兴国，"事熙宗为寝殿小底，权近侍局直

① 《金史》卷八四《高桢传》，第2009—2010页。
② 《大金国志》记载，金朝立刘豫为齐帝，大臭扼腕叹息道："某大辽之大姓氏也。大金初招某，许开国辽东，其后被坚执锐，从军争战，积有年矣，虽一郡安闲未可得也。豫，山东一郡守耳，势孤援寡，出降而已。今当是任，岂不负某也？"见（宋）宇文懋昭撰，崔文印校证《大金国志校证》卷七《太宗文烈皇帝五》，第113页。根据大辽之大姓氏、金初许开国辽东，其出身于原渤海王族无疑。
③ 《金史》卷八〇《大臭传》，第1921—1923页。
④ （宋）徐梦莘：《三朝北盟会编》卷一一一，引《金节要》，第814—815页。
⑤ 《金史》卷八〇《大臭传》，第1923页。
⑥ 《金史》卷八一《高彪传》，第1936—1938页。

长，最见亲信，未尝去左右"。① 与大兴国同时的御前近侍（寝殿小底）高寿星，出身东京渤海世家，当时"宰臣议徙辽阳渤海之民于燕南"，高寿星家在迁徙名单中，他向皇后求情，皇后诉诸金熙宗，"上怒议者，杖平章政事秉德，杀左司郎中三合"，② "而寿星竟得不迁"。③ 这都足见金熙宗对渤海世族子弟的宠信。

辽东地区的渤海人和燕云汉人不同，他们在辽金战争初期就选择了效忠金朝，一方面是因为渤海人与契丹的矛盾根深蒂固，另一方面是女真举兵伊始就打出族群认同牌。金朝建立后，完颜氏与渤海世族政治联姻，既是强化族群认同，也是争取渤海世族在政治、经济、军事上的支持。渤海世家大族成为女真贵族最忠实的政治盟友。④

## 二　依附女真贵族的汉族世家大族

辽金战争初期，燕云地区以及塞外的汉人政治倾向大体上是效忠辽朝。随着宋金海上之盟的订立，加之辽军节节败退，燕云地区的汉人逐渐转向宋朝。如燕人马植，"世为辽国大族"，交通宋朝权宦童贯，献灭燕之策，且"在北国，与燕中豪士刘范、李奭及族兄柔吉三人结义同心，欲拔幽蓟归朝"。⑤ 辽之"武、应等州，屡来投附"宋朝代州安抚司。⑥ 燕人李（耶律）仲禧、李俨、李处温祖孙三代为相，是辽朝后期最有权势的汉人家族，李处温拥立耶律淳在南京称帝，耶律淳病逝后，李处温亦谋"挟萧后纳土归宋"。⑦ 在金灭辽以及宋金交涉的过程中，宋朝的软弱无能、缺乏远见暴露无遗，特别是屈服于金朝的压力，交出原属辽朝的归朝官，听任金朝迁徙燕蓟大户，使宋朝失去了燕云地区汉人世族、

---

① 《金史》卷一三二《大兴国传》，第 2980 页。

② 《金史》卷四《熙宗本纪》皇统九年八月，第 94 页。

③ 《金史》卷六三《熙宗悼平皇后传》，第 1599 页。

④ 刘浦江《渤海世家与女真皇室的联姻——兼论金代渤海人的政治地位》指出："渤海人通过累世的联姻与女真统治者结成了牢固的政治同盟。"见氏著《辽金史论》，第 87 页。

⑤ 《宋史》卷四七二《赵良嗣传》，第 13733—13734 页。马植归宋后改名李良嗣，宋徽宗赐姓赵。

⑥ （宋）徐梦莘：《三朝北盟会编》卷一，第 1 页。

⑦ 《辽史》卷一〇二《李处温传》，第 1587 页。参见《辽史》卷九八《耶律俨传》，第 1557—1558 页。

士人的信任和支持。"是时,燕人重于迁徙,有惮其行者,说于粘罕曰:'燕山疆土,本非大宋,彼不能取而我取之。桑麻果实所在,形势之地,岂可与人!金国方强盛,天下莫不威服。'"① 宋迫于金方压力杀害平州节度使张觉,则使宋彻底失去燕云地区各族官民的信任和支持。② 燕云地区世家大族、官宦人家对宋朝的归属感荡然无存,他们转而效忠更能给予他们安全和体面的金朝。

金朝重用归降的各族官员,而宋朝恢复对燕云地区的统治权后,却不信任辽朝旧官。据记载,燕人任熊祥,辽天庆八年(1118)进士及第,任枢密院令史,"(金)太祖平燕,以其地界宋,熊祥至汴,授武当丞。宋法,新附官不厘务。熊祥言于郡守杨晢曰:'既不与事,请止给半俸以养亲。'晢虽不许,而喜其廉。金人取均、房州,熊祥归朝,复为枢密院令史"。其历任深州刺史、磁州刺史、开封府少尹、行台工部郎中、同知南京留守、山东东路转运使、岚州镇西军节度使。③ 两相比较,辽亡之后,辽朝旧汉官更愿意效力于金朝。

金初,仿辽南面官机构,在朝廷——皇帝和诸勃极烈议政辅政大臣组成的议事会——以外设置中书省、枢密院,处理有关州县汉人事务。"太祖定燕京,始用汉官宰相赏左企弓等,置中书省、枢密院于广宁府,而朝廷宰相自用女直官号(指诸勃极烈)。太宗初年,无所改更。及(平州叛将)张敦固伏诛,移置中书、枢密于平州。蔡靖以燕山降,移置燕京。凡汉地选授、调发租税皆承制行之。故自时立爱、刘彦宗及(韩)企先辈,官为宰相,其职大抵如此。"④ 又据宋人记载,刘彦宗、韩企先分别在左、右元帅府帐下,分掌燕京、西京两处枢密院,统领山前、山后州县事务,时称"东朝廷"和"西朝廷"。⑤ 刘彦宗死后,两处枢密院合而为一,由韩企先掌领。刘彦宗和韩企先是金初效力于女真贵族的汉族世家大族的代表人物。金前期也是燕云地区汉族世家大族在金代政治史上最辉煌的一段时期。

---

① (宋)徐梦莘:《三朝北盟会编》卷一五,第109页。
② 《宋史》卷四七二《张觉传》,第13737页。
③ 《金史》卷一〇五《任熊祥传》,第2446页。
④ 《金史》卷七八《韩企先传》,第1889页。
⑤ (宋)徐梦莘:《三朝北盟会编》卷四五,引《金节要》,第340页。

　　刘彦宗，大兴府宛平县人，辽进士及第。"远祖怦，唐卢龙节度使。石晋以幽蓟入辽，刘氏六世仕辽，相继为宰相。父霄至中京留守。"①　辽南京副留守刘景有"四世祖怦"，刘景之子为辽北府宰相刘晟（刘慎行），刘晟之子为中书省宰相刘六符。②　刘彦宗即出自该家族，是幽蓟地区的世家大族。辽秦晋国王耶律淳自立于燕，刘彦宗任南京留守判官。耶律淳病故，萧妃摄政，擢授刘彦宗签书枢密院事。金太祖兵临南京城下，左企弓、刘彦宗等奉表出降。"太祖一见，器遇之，俾复旧，迁左仆射，佩金牌。"③　根据金宋盟约，燕京及所属州县交付宋朝管辖。耶律淳政权枢密院、中书省的主要官员左企弓、虞仲文、曹勇义、康公弼等，奉金廷的命令北上广宁府，行至平州（金初升南京），被平州帅（金之南京留守）张觉杀害。④　刘彦宗因已隶都统完颜宗翰帐下而躲过一劫，后来转隶完颜宗望帐下，为帅府幕僚长，同时任知枢密院事，管理州县民政事务。完颜宗望奏报朝廷："方图攻取，凡州县之事委彦宗裁决之。"金军再度南下攻取燕京，刘彦宗呈献十策，奉诏兼领汉军都统从征。攻占燕京后，金太宗"诏彦宗，凡燕京一品以下官皆承制注授"。金军分两路大举伐宋，刘彦宗随东路军统帅完颜宗望直取汴京，建议效法"萧何入关，秋毫无犯，惟收图籍"，二帅"嘉纳之"。⑤　天会六年（1128）卒于任。

　　刘彦宗之子刘筈先在御前任职，金太祖从燕京北返，中途病逝，"宋、夏遣使吊慰，凡馆见礼仪，皆筈详定"。后"从事元帅府"，即在帅府任幕僚。金太宗即位之初，"元帅府以便宜从事，凡约束废置及四方号令，多从筈之画焉"。金军南征，刘筈在完颜宗翰军中，权中书省、枢密院事。刘彦宗去世后，刘筈起复直枢密院事，后仍权签中书省、枢密院事。金熙宗即位后，废罢设在中原地区的中书省、枢密院，刘筈入朝任左宣徽使，"熙宗幸燕，法驾仪仗，筈讨论者为多"。皇统六年（1146），授行台尚书右丞相，同时兼判左宣徽使事，故"留京师"，未远赴汴京莅职，但在朝中负责处理行台政事。如有人奏请裁减河南冗杂

①　《金史》卷七八《刘彦宗传》，第1881页。
②　《辽史》卷八六《刘景传》《刘六符传》，第1456—1457页。
③　《金史》卷七八《刘彦宗传》，第1881页。
④　《金史》卷七五《左企弓传》，第1832页。
⑤　《金史》卷七八《刘彦宗传》，第1882页。

的官吏，他提出自己的主张；陕西边帅请修缮沿边城郭，他也提出反对意见。朝廷都采纳了他的意见。值得一提的是，帅府提议增筑馆陶县三重城，边防有警即令女真军人入城，刘筈认为："今天下一家，孰为南北。设或有变，军人入城，独能安耶？当严武备以察奸，无示彼此之间也。"筑城之议遂罢。皇统九年，拜平章政事，仍兼行台右丞相。①

活跃在金初政治舞台上的韩知古后人，首推韩企先。辽末进士韩企先，"燕京人，九世祖知古，仕辽为中书令，徙居柳城，世贵显"。他归顺金朝比较早，"都统呆定中京，擢枢密副都承旨，稍迁转运使。宗翰为都统经略山西，表署西京留守"。② 金太宗天会六年，韩企先继刘彦宗任同中书门下平章事、知枢密院事。"领燕京枢密院事刘彦宗以病死，并枢密院于云中，除云中留守韩企先为相，同时立爱主之。"③ 天会十二年，官制改革，朝廷设置尚书省，韩企先入朝任尚书右丞相。金熙宗皇统六年卒于任。史载："方议礼制度，损益旧章。企先博通经史，知前代故事，或因或革，咸取折衷。企先为相，每欲为官择人，专以培植奖励后进为己责任。推毂士类，甄别人物，一时台省多君子。弥缝阙漏，密谟显谏，必咨于王（皇统元年封濮王），宗翰、宗干雅敬重之。世称贤相焉。"金世宗对大臣们说："丞相企先，本朝典章制度多出斯人之手。至于关决大政，与大臣谋议，不使外人知之，由是无人能知其功。前后汉人宰相无能及者，置功臣画像中，亦足以示劝后人。"④

金太祖下燕京，"访求得平州人韩询持诏招谕平州"，平州辽兴军节度

<hr />

① 《金史》卷七八《刘筈传》，第 1883—1884 页。《金史》卷一〇五《任熊祥传》谓"杜充、刘筈同知燕京行省"（第 2446 页），燕京当为汴京之误，行省为行台尚书省之简称。金立刘豫为齐国皇帝，燕京设行台以治理燕云地区。金熙宗天眷年间，从南宋手中复取河南、陕西，行台移至汴京（详见第 2461 页校勘记〔四〕）。

② 《金史》卷七八《韩企先传》，第 1889 页。柳城，汉县，隋郡，唐改营州，辽太祖命韩知古"完葺柳城"，建置"霸州彰武军"，辽兴宗时升置兴中府。见《辽史》卷三九《地理志三》"兴中府"，第 550 页。《辽史》不见韩知古徙居柳城的记载，但在今辽宁朝阳市（辽兴中府）出土多座韩知古后人墓葬，如韩瑜，灵柩"权厝于霸州之私第"，"改葬于霸州之西青山之阳"。见向南编《辽代石刻文编》，第 94—95 页。韩知古有 11 个儿子，三子匡嗣及其后裔的墓葬位于辽上京附近（今内蒙古巴林左旗白音罕山）。见《韩匡嗣墓志》，向南等辑注《辽代石刻文续编》，第 23—25 页。

③ （宋）徐梦莘：《三朝北盟会编》卷一三二，引《金节要》，第 960 页。

④ 《金史》卷七八《韩企先传》，第 1890 页。

使时立爱纳款。① 韩询其人，史书仅此一见，笔者颇怀疑他是辽初名臣韩知古之后。据辽圣宗开泰六年《韩相墓志》，韩相"曾祖讳知古"，父韩琬任平州辽兴军节度使、检校太师，韩相开泰二年卒于"永安军之私第"，六年归葬"安喜县沙沟乡福昌里，近太师玄堂"。② 永安军，辽改幽州卢龙军为南京析津府永安；③ 安喜县为平州属县。韩知古的一支后裔，以平州安喜县为籍贯。平州人韩询应是出身名门望族，故得奉诏前往平州招降。

　　燕京宛平人韩昉，④ 辽天庆二年（1112）科举状元，"仕辽累世通显"，⑤ 当出身于世家大族。辽初功臣韩延徽之后有"葬于宛平县房仙乡鲁郭里，以祔先茔"者。⑥ 韩昉初仕辽，金军取燕，他投奔宋朝，金屡向宋指名索还，于是被迫北返归金，⑦ 授知制诰，在朝中掌词命。时高丽"奉表称蕃而不肯进誓表"，金朝"累使要约，皆不得要领"，韩昉奉命充高丽国信使。"高丽征国中读书知古今者，商榷辞旨，使酬答专对。"韩昉引用古礼，让高丽在"誓表"和"朝会"之间做出选择，"于是高丽乃进誓表如约"。勃极烈完颜宗干十分赞赏，说"非卿，谁能办此！"韩昉以功加昭文馆直学士，兼尚书省堂后官，历翰林侍讲学士、礼部尚书，迁翰林学士，仍带礼部尚书、兼太常卿、修国史。因为"善属文，最长于诏册"，且金熙宗即位后，推行礼乐制度，故他同时担任翰林学士和礼部尚书两个要职。"昉自天会十二年入礼部，在职凡七年。当是时，朝廷方议礼制度，或因或革，故昉在礼部兼太常甚久云。"后历济南尹，入拜参知政事。皇统七年（1147）底出任南京留守，不久致仕。⑧ 他对金熙宗完颜亶个人的文化

① 《金史》卷七八《时立爱传》，第 1887 页。
② 《韩相墓志》，向南编《辽代石刻文编》，第 151 页。
③ 清顾祖禹《读史方舆纪要》卷一一《北直二》"顺天府"，于辽燕京析津府下注引《辽志》："初亦曰卢龙军，开泰元年改为永安军。"（中华书局点校本，2005，第 1 册，第 440 页）
④ （金）元好问编《中州集》辛集《韩汝嘉小传》，华东师范大学出版社，2014，第 502 页。韩汝嘉为韩昉之子，宛平人。
⑤ 《金史》卷一二五《韩昉传》，第 2862 页。
⑥ 《韩资道墓志》（辽道宗咸雍五年），向南编《辽代石刻文编》，第 335 页。宛平县原称幽都县，辽圣宗开泰元年改名。韩延徽后人《韩佚墓志》（辽圣宗统和十五年）载墓主葬幽都县房仙乡鲁郭里。见《辽代石刻文编》，第 101 页，以及第 102 页注⑧。
⑦ 参见（宋）赵良嗣《燕云奉使录》、（宋）马扩《茅斋自叙》，赵永春辑注《奉使辽金行程录》（增订本），第 172、194 页。
⑧ 《金史》卷一二五《韩昉传》，第 2862—2863 页。

修养有一定的辅导教育之功，"亶通识汉语，尝受读于韩昉，知诗文，宗室大臣目为汉儿，亶亦鄙宗室大臣若异类"。① 韩昉还注意为金朝网罗和培养人才。磁州人胡砺，被金军掳掠，流落至燕京香山寺做佣工。韩昉偶遇胡砺，赞赏其文学才华，"因馆置门下，使与其子处，同教育之，自是学业日进。昉尝谓人曰：'胡生才器一日千里，他日必将名世'"。胡砺于天会十年举进士第一，累官翰林学士、刑部尚书。②

金初军将、燕京人韩庆和、韩常父子，《金史》无传，很可能出身于世家。《大金国志》为金朝13位"开国功臣"列传，韩常是其中唯一的非女真人将领。"韩常，字元吉，燕山（宋燕山府，即燕京）人也，父庆和，在辽为统军。太祖入燕，常随父降，俱授千户。"③《金史》记载，早在天辅二年（1118）韩庆和就降金、授千户。④ 后来韩庆和成为金初屯兵于中原的唯一一位汉族万户、都统，统辽东汉军，"屯兵于庆源（北宋后期升赵州为庆源府）"。⑤ 韩庆和随征江南，屡战有功。⑥ "常为辽东汉军万户庆和之子也，小名快儿。庆和死，袭父爵，以总辽东汉儿。兀术（完颜宗弼）喜其有功，故国中稍推之。"⑦ 韩常"随兀术之陕西，攻仙人关，为宋吴玠所败。常被南军射损左目，众不能支，遂回军，然亦以此受知于兀术。兀术首尾陕西凡数年，常必随从"。⑧ 皇统年间，韩常任许州都统，"用法严，好杀人"。⑨ 金海陵王正隆间，"尝罢诸路汉军，而所存者犹有威勇、威烈、威捷、顺德及'韩常之军'之号"。⑩

此外，宛平县"辽大族"出身的马大中，"金初登科，节度全、锦两州"。⑪ 唐代名将郭子仪之后，入辽以后世镇西南路，也属世家大族。

---

① （宋）佚名：《呻吟语》，（宋）确庵、耐庵编，崔文印笺证《靖康稗史笺证》，中华书局，2010，第225—226页。参见（宋）徐梦莘《三朝北盟会编》卷一六六，引《金节要》，第1197页。
② 《金史》卷一二五《胡砺传》，第2869页。
③ （宋）宇文懋昭撰，崔文印校证《大金国志校证》卷二七《韩常传》，第390页。
④ 《金史》卷二《太祖本纪》，第34页。
⑤ （宋）徐梦莘：《三朝北盟会编》卷一一一，引《金节要》，第815页。
⑥ （宋）宇文懋昭撰，崔文印校证《大金国志校证》卷二七《韩常传》，第390页。
⑦ （宋）宇文懋昭撰，崔文印校证《大金国志校证》卷八《太宗文烈皇帝六》，第127页。
⑧ （宋）宇文懋昭撰，崔文印校证《大金国志校证》卷二七《韩常传》，第390页。
⑨ 《金史》卷一二八《高昌福传》，第2917页。
⑩ 《金史》卷四四《兵志》，第1068页。
⑪ 《金史》卷一二三《马肩龙传》，第2838页。

"郭氏自子仪至承勋，皆节镇北方。唐季，承勋入于辽，子孙继为天德军节度使，至昌金降为副使。"金初经略山西，族人郭企忠来降，元帅府承制授同勾当天德军节度使事，后奉命率部东迁接近金源内地的韩州。"及见太祖，问知其家世，礼遇优厚。"金太宗天会三年（1125），郭企忠任猛安，领番汉军兵从征宋，授汾州知州。"是时，汾州初下，居民多为军士掠去，城邑萧然。企忠诣帅府力请，愿听其亲旧赎还。帅府从之。"六年，郭企忠迁天德军节度使，改任汴京步军都指挥使，秩满，权摄沁州刺史，卒于任。①

## 三　效力于金朝的契丹奚族贵族武将

辽亡以后，除了追随耶律大石西迁的部众，大多数契丹人被迫接受金朝的统治。金境内的契丹人，仍以故地为主要分布区，一部分被编置成猛安谋克组织，另一部分仍以部落形式存在。契丹人痛恨宋朝背信弃义，与女真夹攻辽朝，故在金宋战争中十分卖力。金建立初期，女真贵族对契丹贵族还是比较倚重的。如天会八年（1130），"诏遣辽统军使耶律葛礼质、节度使萧别离剌等十人，分治新附州镇"。② 耶律余覩、萧仲恭、萧庆、耶律马哥是金初效力于金朝的契丹贵族代表人物。

耶律余覩，出身契丹皇族，辽末任行军都统，率辽军转战数年，因契丹贵族内讧，于金太祖天辅五年（1121）降金，"以旧官领所部"，从征辽、宋，迁元帅右都监。③ 他是金初都元帅府 7 位长贰官中唯一的非女真人。其余 6 人，除完颜希尹出身非宗室女真贵族外，均出身皇室近亲。④ 耶律余覩奉命征讨西辽耶律大石，因逗留不进，且丢失信符，受到怀疑

① 《金史》卷八二《郭企忠传》，第 1958 页。
② 《金史》卷三《太宗本纪》天会八年六月，第 68 页。
③ 《金史》卷一三三《耶律余覩传》，第 3006 页。
④ （宋）徐梦莘：《三朝北盟会编》卷四五，引《金节要》，第 339—340 页。天会三年十月，金太宗诏诸将伐宋，置都元帅府，任命谙班勃极烈完颜杲（斜也）为都元帅，移赉勃极烈完颜宗翰（粘罕）为左副元帅，先锋经略使完颜希尹为右监军，耶律余覩为右都监。次年六月，任命完颜宗望（斡离不）为右副元帅，八月，诏左副元帅完颜宗翰、右副元帅完颜宗望伐宋。天会五年四月，任命六部路都统完颜挞懒为元帅左监军，南京路都统完颜阇母为元帅左都监。同年六月，完颜宗望病逝，八月，完颜宗辅继任右副元帅。见《金史》卷三《太宗本纪》，第 59、61、63 页。

和监视。天会十一年（1133），耶律余睹被云内州节度使耶律奴哥告发谋叛，率部出走。金朝严厉镇压其同党，燕京统军使萧高六伏诛，蔚州节度使萧特谋自杀，其他"凡预谋者悉诛。契丹之黠，汉儿之有声者，皆不免"。①金境内契丹人纷纷逃亡，"诸契丹相温酋首率众蜂起，亡入夏国，及北奔沙漠"。②此后，女真贵族对契丹旧贵族的信任大不如前。

萧仲恭，出身于辽国舅帐，母为辽道宗之女，事辽天祚帝时为护卫太保，扈从至天德军，与辽主一起被俘。金太宗嘉其忠君，特加礼待。金熙宗时累迁右宣徽使，改授殿前都点检，宿卫严肃，以功迁尚书右丞。皇统初，授世袭兰子山猛安，进拜平章政事，改行台左丞相，入朝为尚书右丞相。金海陵王篡立，除授燕京留守，当年卒。其弟萧仲宣，金太宗命权宣徽使，金熙宗、金海陵王时期历任四镇节度使。③

金初左副元帅完颜宗翰帐下的心腹，除渤海世族出身的高庆裔、汉族世族出身的韩企先外，还有契丹贵族出身的萧庆。④萧庆随耶律余睹降金。⑤前辽官员中，他和刘彦宗、耶律余睹积极主张金军南下灭宋。⑥金太宗天会四年（宋钦宗靖康元年，1126），宋使前来山西金军帐下求和，萧庆为馆伴使，陪同完颜宗翰接见宋使，并直接参与谈判。⑦和谈破裂，金军再度兵临汴京城下，萧庆奉完颜宗翰之命入城劝降、议事，也是接管汴京的主要官员。⑧后来他总管河东南路事务。耶律余睹叛走，"南京留守郭药师、河东南路兵马都总管萧庆皆下狱，既而获免"。⑨金熙宗即位，改革官制，实行三省六部制，任命左副元帅完颜宗翰领三省

① （宋）洪皓：《松漠纪闻》，赵永春辑注《奉使辽金行程录》（增订本），第321页。参见《金史》卷一三三《耶律余睹传》，第3004—3007页。

② （宋）宇文懋昭撰，崔文印校证《大金国志校证》卷七《太宗文烈皇帝五》，第117页。

③ 《金史》卷八二《萧仲恭传》《萧仲宣传》，第1965—1967页。

④ （宋）徐梦莘：《三朝北盟会编》卷五八，引《靖康遗录》，萧庆"本契丹懿亲"（第434页）。

⑤ 《金史》卷一三三《耶律余睹传》，第3005页。

⑥ （宋）马扩：《茅斋自叙》，赵永春辑注《奉使辽金行程录》（增订本），第200页。

⑦ （宋）李若水：《山西军前和议日录》《山西军前奉使录》，赵永春辑注《奉使辽金行程录》（增订本），第232—240页。

⑧ （宋）徐梦莘：《三朝北盟会编》卷六八，引《宣和录》，第515页；卷七一，引《靖康遗录》，第539页。

⑨ （宋）李心传：《建炎以来系年要录》卷五八，第1044页。"河东南路兵马都总管萧庆"原作"河东南路步军都总管萧庆"，据《建炎以来系年要录》卷四七改（第878页）。

事，元帅右监军完颜希尹为尚书左丞相，"以相位易其兵柄"。同时，"除知燕京枢密院事韩企先尚书右丞相，除山西路兵马都部署、留守、大同府尹高庆裔尚书左丞，除前河东南路兵马都总管、平阳府尹萧庆尚书右丞"。① "三人皆粘罕（完颜宗翰）腹心，故不欲用之于外。"② 天眷三年（1140）九月，萧庆与完颜希尹一并获诛。③

耶律马哥，亦作耶律马五，④《金史》无传。金太祖天辅元年（辽天庆七年，1117），辽都统耶律余覩与耶律马哥"军于浑河"，金将完颜银术可、完颜希尹率部来战，辽军逃遁。⑤ 金克辽上京临潢府，辽将耶律马哥曾出兵攻取，未果。⑥ 辽"以马哥知北院枢密使事，兼都统"。⑦ 金太宗天会二年（辽保大四年，1124），完颜宗翰遣完颜挞懒袭击耶律马哥，耶律马哥战败被俘。⑧ 后来从征宋朝，屯驻中原，曾任招讨都监、都统。⑨ 金初屯驻中原的 20 多名万户、都统中，女真将领占绝大多数，出身其他部族的只有 4 人，除渤海族将领大臬、汉族将领韩庆和外，还有"契丹都统马五屯兵于平阳"，以及一位"屯兵于慈、隰"的契丹将领。⑩ 据《呻吟语》所引《燕人尘》，此佚名将领应是指先后降宋、降金的辽将郭药师。⑪ 天会六年，金军再次南伐，耶律马哥攻取房州；⑫ 八年四月，耶律马哥被宋将牛皋所俘。"金人犯江西者回军北归，牛皋潜军于宝丰之宋村，冲其中坚，杀伤甚众，生擒马五太师。"⑬ 后来双方可能交换战俘，耶律马哥重返金军，同年十一月，以招讨都监与宋将吴玠鏖战

① （宋）徐梦莘：《三朝北盟会编》卷一六六，引《金节要》，第 1196—1197 页。参见《金史》卷四《熙宗本纪》，第 78—79 页。
② （宋）宇文懋昭撰，崔文印校证《大金国志校证》卷九《熙宗孝成皇帝一》，第 138 页。
③ 《金史》卷四《熙宗本纪》，第 84 页。
④ （清）施国祁撰，陈晓伟点校《金史详校》卷八上，中华书局，2021，第 497—498 页。
⑤ 《金史》卷一三三《耶律余覩传》，第 3004—3005 页。
⑥ 《金史》卷七五《卢彦伦传》，第 1824 页。
⑦ 《辽史》卷二九《天祚本纪三》保大三年五月，第 386 页。
⑧ 参见《辽史》卷二九《天祚本纪三》，第 390 页；《金史》卷七四《完颜宗翰传》，第 1801 页；《金史》卷七七《完颜挞懒传》，第 1875 页。
⑨ 《金史》卷七二《银术可传》，第 1762 页；卷八〇《突合速传》，第 1916 页。
⑩ （宋）徐梦莘：《三朝北盟会编》卷一一一，引《金要》，第 815 页。
⑪ （宋）佚名：《呻吟语》，（宋）确庵、耐庵编，崔文印笺证《靖康稗史笺证》，第 201—202 页。
⑫ 《金史》卷三《太宗本纪》，第 64 页。
⑬ （宋）徐梦莘：《三朝北盟会编》卷一三八，第 1004 页。

于陇州。① 次年春，转战阶州、成州、大散关，② 后仍屯驻于河东南路平阳府一带。金熙宗皇统二年（1142）八月，"平阳义士梁小哥败国兵于太行，杀契丹都统马五太师"。③

耶律坦和耶律佛顶也是较早降附金朝的契丹贵族将领。金太祖"天辅中，大军至云中，遣耶律坦招抚诸部"。④ 天辅六年（辽保大二年，1122）四月，辽朝西南路招讨使耶律佛顶降金，就出于耶律坦的招降。同月，"金肃、西平二郡汉军四千余人叛去，耶律坦等袭取之"。⑤ 耶律佛顶则奉命护送山西降俘军民东迁浑河路居住。⑥

金初契丹人分布区邻近西北路、西南路二招讨司防区，归降金朝的契丹贵族，是二招讨司主、副帅的主要人选。如耶律怀义，出身辽皇族，仕辽官至同知殿前点检司事。辽西京陷落后，辽主谋投奔西夏，耶律怀义进谏反对，未被采纳，于是脱身降金。其曾领谋克从征。天会初，元帅府承制授耶律怀义西南路招讨使，令其镇抚诸部，发展经济，畜牧繁殖。耶律怀义从完颜宗翰伐宋，连年征战，天会七年（1129）才返回招讨司驻地。天会十年，改西北路招讨使。西南、西北两个招讨司，担负守边、抚绥边部之重责，是金初仅次于元帅府的统兵机构。金熙宗天眷初，耶律怀义改授太原府尹，转中京留守，于皇统年间致仕。其子耶律神都斡时任西北路招讨都监。⑦ 又如"系出遥辇氏，在辽世为显族"的耶律涂山，仕辽任奚遥里部详稳、金吾卫大将军。辽帝西逃天德军，他率部降金，完颜宗翰承制授西北路招讨使。耶律涂山从征伐宋，率本部为先锋，势如破竹，抵汴京城下。后从完颜娄室平定陕西，累迁尚书左仆射。⑧

---

① 《金史》卷三《太宗本纪》，第 68 页；卷一九《睿宗世纪》，第 445 页。

② （宋）徐梦莘：《三朝北盟会编》卷一九六，引《吴武安公功绩记》，第 1410 页。

③ （宋）宇文懋昭撰，崔文印校证《大金国志校证》卷一一《熙宗孝成皇帝三》，第 165 页。

④ 《金史》卷八二《郭企忠传》，第 1958 页。参见《金史》卷七六《完颜杲传》，第 1849 页。

⑤ 《金史》卷二《太祖本纪》天辅六年四月，第 39 页。参见《辽史》卷二九《天祚帝本纪》，第 386 页；《金史》卷七六《完颜杲传》，第 1849 页。

⑥ 《金史》卷四六《食货志一》"户口"，第 1106 页。

⑦ 《金史》卷八一《耶律怀义传》，第 1940—1941 页。

⑧ 《金史》卷八二《耶律涂山传》，第 1951—1952 页。

　　金初也有出身奚族贵族的军事将领。奚人萧王家奴，"未冠仕辽，为太子率府率"，应出身贵族官僚之家。天辅七年（改元天会元年，1123），金兵攻略奚地，萧王家奴率部人降金，授千户，统领奚众，败辽将奚王萧回离保军。后从征宋朝，师还，屯驻河朔。天会八年，授世袭千户。再从完颜宗弼南伐，任行军万户。后历任契丹五院部节度使、乌古敌烈招讨都监。①伯德特离补，"奚五王族人"，曾任辽御院通进。金太宗天会初，其随父归附金朝。其父授世袭谋克，累官京兆府尹。伯德特离补早年从军，入金任行军猛安，以功授同知磁州事，"元帅府以磁、相二州屯兵属之"。历任滨州、涿州刺史，迁工部郎中、大理卿。金海陵王时，伯德特离补历任同知东京留守、同知南京留守、洺州防御使、宜州崇义军节度使。②

## 四　海陵王完颜亮的用人政策

　　金熙宗时期，随着大规模对外战争的结束，金朝的统治趋于稳定，政治改革进程加快，初步确立了专制主义中央集权体制。金海陵王完颜亮于金熙宗时期任相，史称"邀求人誉，引用势望子孙，结其欢心"。③所谓"势望子孙"，既有女真贵族子弟，也包括汉、渤海、契丹族世家贵族子弟。"引用势望子孙"符合金开国以后的政治文化传统。然而，金海陵王篡位以后，"御下严厉，收威柄，亲王大臣未尝少假以颜色"，④这对金初以后政治结构和政治文化造成巨大冲击。他着手清除宗室势力，不少家族被斩草除根，国初以后宗室贵族操控政治权力的局面基本被打破，皇族疏亲和女真异姓贵族得到重用。金海陵王迁都中都，政治中心南移，金朝政治、经济制度的中原王朝化转型大致完成，以张浩家族为代表的渤海世家大族、以刘彦宗家族为代表的汉族世家大族仍然在政治上发挥比较重要的作用，契丹、奚族旧贵族受到更多的信任和重视。同

---

①　《金史》卷八一《萧王家奴传》，第 1942 页。
②　《金史》卷八一《伯德特离补传》，第 1939—1940 页。
③　《金史》卷五《海陵本纪》，第 104 页。
④　《金史》卷八三《张通古传》，第 1979 页。

时，金海陵王进一步拓宽了选人用人的渠道。① （参见表 4-1）

各族文士、进士官员的政治地位显著提高，是金海陵王时期政治文化的鲜明特征。女真文士纳合椿年和纥石烈良弼在政坛上崭露头角（详见本书第五章）。老臣耨盌温敦思忠劝谏伐宋，金海陵王对曰："自古帝王混一天下，然后可为正统。尔耄夫固不知此，汝子乙迭读书，可往问之。"耨盌温敦乙迭，汉名谦，时任御史中丞。② 由此可见他对读书人的重视。渤海世族出身的高桢，"少好学，尝业进士"，属于文士。金海陵王时期，高桢任行台御史大夫，"久在台，弹劾无所避，每进对，必以区别流品、进善退恶为言"。虽遭权贵忌惮、中伤，金海陵王"知其忠直"，信任不减。卒后，"海陵悼惜之，遣使致奠，赙赠加等"。③ 契丹人萧永祺，"少好学，通契丹大小字。广宁尹耶律固奉诏译书，辟置门下，因尽传其业"，继耶律固续撰《辽史》。金海陵王篡位前就特别礼遇他，篡位后擢之左谏议大夫、翰林侍讲学士、翰林学士承旨，并拟任尚书左丞，"今天下无事，朕方以文治，卿为是优矣"，因萧永祺坚辞方作罢。④ 辽季进士、易州人张通古，深得金海陵王父亲完颜宗干和叔父完颜宗弼的赏识，金熙宗天眷初授行台尚书省参知政事，金海陵王篡立后，"迁行台左丞，进拜平章政事，封谭王，改封郓王。以疾求解机务，不许。拜司徒，封沈王"。金海陵王御下严厉，"惟见通古，必以礼貌"。当时高官多礼敬高僧，金海陵王对他们说："张司徒老成旧人，三教该通，足为仪表，何不师之！"⑤ 金太宗天会六年进士、燕京良乡人翟永固，金熙宗皇统间累迁翰林直学士。金海陵王篡立，命侍卫亲军都指挥使完颜思恭为报谕宋朝使，翟永固为副使，"且令永固伺察宋人动静。使还，改礼部

① 王曾瑜先生在一篇短文中讨论了完颜亮用人的某些特点，指出"完颜亮实为金朝最少民族偏见的一个皇帝。他在位期间，女真人在权力比重中不占优势，成为当时政治生活的一个重要特点。他不愿重用女真人，固然出于一己之政治私利，但客观上也具有某种开明性和进步性。大概由于完颜亮本人的血统关系，渤海人又在当时的权力比重中居于较为突出的地位。完颜亮为加强皇权，削弱相权，又有意识地倚重和提拔一些地位较低的官员，这也值得我们予以注意"。见王曾瑜《完颜亮用人的某些特点》，原载《光明日报》1985 年 8 月 21 日"史学"版，收入氏著《点滴编》，第 264—267 页。

② 《金史》卷八四《耨盌温敦思忠传》及附传《耨盌温敦谦传》，第 2003—2004 页。

③ 《金史》卷八四《高桢传》，第 2009—2010 页。

④ 《金史》卷一二五《萧永祺传》，第 2868—2869 页。

⑤ 《金史》卷八三《张通古传》，第 1978—1979 页。

侍郎"，迁太常卿、礼部尚书，出任雄州永定军节度使。"正隆二年，例降二品以上官爵，永固阶光禄大夫，不降，以宠异之。迁翰林学士承旨。"因反对伐宋，忤上意，致仕。① 金熙宗天眷二年进士、易州人敬嗣晖，"有才辩，海陵为宰相，爱之，及篡立，擢起居注，历谏议大夫、吏部侍郎、左宣徽使"，正隆年间拜参知政事。金世宗即位，"御史大夫完颜元宜（赐姓，本姓耶律）劾奏萧玉、嗣晖、许霖等六人不可用"。② 受到弹劾的其他三人乃刘枢、王蔚和王全。进士出身的通州三河县人刘枢，正隆间擢任工部侍郎，"（世宗）大定初，与左司郎中王蔚、右司员外郎王全俱出补外"，原因是御史台弹劾他们"在正隆时皆以巧进，败法蠹政，人多怨嫉之"。然而"上以枢等颇干济，犹用之"。刘枢授同知南京路转运使事，大定四年在中都路转运使任上病逝。③ 王蔚，大兴府香河县人，皇统二年进士，"大定二年，超授河东北路转运使。谕旨曰：'汝在海陵时，行事多不法。然朕素知尔才干，欲授以内除，而宪台有言，以是补外'"。④ 这说明金海陵王重用的文官刘枢和王蔚确实有才干。和他们一起黜外的右司员外郎王全，正隆六年（1161）四月，随签书枢密院事高景山出使南宋贺宋高宗生辰，完成了金海陵王交给他"诋责宋主"的任务。宋高宗对王全说："闻公北方名家，何乃如是？"⑤ 出身"名家"的王全，或亦为及第进士。

金海陵王亦器重原宋境内文士。金熙宗皇统年间的宇文虚中、高士谈被诛案，"南来士大夫"受到女真贵族和原辽境官员的联合打击。⑥ 金海陵王在位时，"南来士大夫"及原宋境内新晋进士文官受到重用。如蔡松年，宋燕山府（辽南京，别称燕京）知府蔡靖之子，随蔡靖降金。蔡靖仕金为翰林学士，蔡松年则被元帅府辟为令史，曾任真定府判官、汴京行台刑部郎中。蔡松年从都元帅完颜宗弼伐宋，总军中六部事，深得完颜宗弼赏识，被荐举为刑部员外郎。皇统七年（1147），协助左丞相完颜宗弼打击汉族官员中的"朋党"，制造"田毅党狱"，迁左司员外

---

① 《金史》卷八九《翟永固传》，第2097—2098页。
② 《金史》卷九一《敬嗣晖传》，第2152页。
③ 《金史》卷一〇五《刘枢传》，第2451页。
④ 《金史》卷九五《王蔚传》，第2244页。
⑤ 《金史》卷一二九《李通传》，第2938—2939页。
⑥ 《金史》卷七九《宇文虚中传》，第1905—1906页。

郎。蔡松年是金初文坛领袖，"文词清丽，尤工乐府，与吴激齐名，时号
'吴蔡体'"。金海陵王篡立后，擢吏部侍郎、户部尚书。"海陵迁中都，
徙榷货务以实都城，复钞引法，皆自松年启之。海陵谋伐宋，以松年家
世仕宋，故亟擢显位以耸南人观听。遂以松年为贺宋正旦使。使还，改
吏部尚书，寻拜参知政事。是年，自崇德大夫（文资正三品阶，后改资
德大夫）进银青光禄大夫。迁尚书右丞，未几，为左丞，封郜国公。"
累官右丞相，正隆四年（1159）卒于任。① 从表面上看，金海陵王提拔
蔡松年是为了"以耸南人观听"，实际上是对原宋境人才的重视，以便
学习、效法中原的典章制度和礼乐文明，是"文治"的需要。又如磁州
武安县人胡砺，天会十年（1132）状元，历任权翰林修撰、定州观察判
官、河北西路转运司都勾判官、同知深州事，入朝授翰林修撰、礼部郎
中，"海陵拜平章政事，百官贺于庙堂，砺独不跪。海陵问其故，砺以
《令》对，且曰：'朝服而跪，见君父礼也。'海陵深器重之"。海陵王篡
立，胡砺擢任翰林侍讲学士、同修国史、翰林学士、刑部尚书。"扈从至
汴得疾，海陵数遣使临问，卒，深悼惜之。"② 相州人王竞，少时以荫补
官，北宋末入读太学，两次考试合格，授屯留县主簿。入金后历任多县
县令，金熙宗皇统年间，经参知政事韩昉荐举，权应奉翰林文字兼太常
博士，迁礼部员外郎。"时海陵当国，政由己出，欲令百官避堂讳，竞言
人臣无公讳，遂止。萧仲恭以太傅领三省事，封王，欲援辽故事，亲王
用紫罗伞。事下礼部，竞与郎中翟永固明言其非是，事竟不行。海陵由
是重之。"金海陵王在位时期，王竞"迁翰林直学士，改礼部侍郎，迁
翰林侍讲学士，改太常卿，同修国史，擢礼部尚书，同修国史如故"。③

　　金海陵王重用宗室疏亲、非宗室女真及其他部族之军功贵族。金初
诸勃极烈议政辅政制下之勃极烈皆为皇帝的兄弟子侄，元帅府都元帅、
左右副元帅、左右监军等皆为皇室近亲。金熙宗废除勃极烈议政辅政制，
诸勃极烈转入新成立的三省成为宰相，元帅府将帅也有转入三省者，即

---

① 《金史》卷一二五《蔡松年传》，第 2863—2865 页。蔡松年助完颜宗弼打击朋党，参
　　见（金）刘祁《归潜志》卷一〇，第 110 页。蔡靖仕金为翰林学士，见（金）元好问
　　编《中州集》甲集《蔡松年小传》，第 25 页。

② 《金史》卷一二五《胡砺传》，第 2869—2870 页。

③ 《金史》卷一二五《王竞传》，第 2870—2871 页。

所谓"以相权易将权"。金海陵王篡立后，对威胁皇权的皇族近支残酷杀戮，起用宗室疏亲和非宗室女真贵族。如完颜昂（本名奔睒），"景祖弟孛黑之孙"，年十七从金太祖伐辽，后从完颜宗望伐宋，屡立战功。金熙宗时，其历任东平府尹、益都府尹、东北路招讨使、宜州崇义军节度使、会宁府尹。金海陵王篡位后，改冀州安武军节度使，迁元帅右都监、左监军，授世袭猛安。金海陵王废罢元帅府，改置枢密院后，完颜昂授枢密副使、枢密使，擢任尚书左丞相。金海陵王南征，授完颜昂左领军大都督。[①] 耨盌温敦思忠，金初在军中任闸剌（即曳剌，侦察兵、传令兵之谓），从征有功，授谋克，任同知西京留守、蒲州防御使。金海陵王在位时期，授行台尚书左丞，入朝拜尚书右丞，迁平章政事、左丞相，天德三年（1151）致仕。贞元二年（1154）复出，领三省事。"罢中书、门下省，不置领三省事。置尚书令，位丞相上。思忠为尚书令，特置散从八人，听随至宫，省奏赐坐。"正隆六年（1161）卒。[②] 赤盏晖，"其先附于辽"，属于熟女真部落，辽末在军中，"以破贼功"授阶礼宾副使，领四州屯兵。天辅六年（1122）降金，从征有功，累迁宋州归德军节度使。金熙宗时，赤盏晖历任诸州节度使、济南府尹。金海陵王"天德二年，迁南京留守，寻改河南路统军使，授世袭猛安，拜尚书右丞，封河内郡王。岁余，拜平章政事，封戴王"。[③] 白彦敬，部罗火部族人，"善骑射，起家为吏"。历任元帅府令史、钱帛司都管勾、尚书省令史、都元帅府知事，以功超迁兵部郎中。金海陵王在位时，白彦敬累迁签书枢密院事，"以便宜措置边防"。正隆六年，"改吏部尚书，充南征万户，迁枢密副使"。[④]

金海陵王继续重用渤海族和汉族世家大族子弟。渤海世族大㚖，天德二年（1150）升右副元帅，兼行台左丞，迁行台平章政事，擢行台右丞相，仍带右副元帅。金海陵王的生母是渤海大氏，他又纳大氏女为妃，纳大㚖之女为宝林。[⑤] 时任左副元帅、行台左丞相的皇族完颜撒离喝，遭

① 《金史》卷八四《完颜昂传》，第2005—2008页。
② 《金史》卷八四《耨盌温敦思忠传》，第2001—2003页。
③ 《金史》卷八〇《赤盏晖传》，第1919—1921页。
④ 《金史》卷八四《白彦敬传》，第2011页。
⑤ 《金史》卷六三《海陵母大氏传》《海陵后徒单氏传》附录诸嬖，第1602、1604页。纳大㚖之女为宝林，见《金史》卷八〇《大磐传》，第1924页。

到金海陵王的疑忌，金海陵王令大臭监视之，"诏军事不令撒离喝与闻"。大臭实际成为行台主官、中原地区最高军事统帅。完颜撒离喝被杀后，金海陵王召大臭入朝，拜尚书右丞相。天德四年，授东京留守。贞元元年（1153），大臭入朝领三省事，同年底卒。① 大臭之子大磐，正隆年间累官登州刺史，世袭猛安，随征南宋，任皇帝亲军骁骑军指挥使。② 又如上文提及的辰州渤海人高彪，金海陵王擢为徐州武宁军节度使，"颇黩货，尝坐赃，海陵以其勋旧，杖而释之"，降沂州防御使，历任诸镇节度使，迁汴京行台兵部尚书、京兆府尹、归德府尹，致仕后，"复起为枢密副使"。③

金海陵王篡位后，张浩拜户部尚书，不久升任参知政事，天德二年（1150）升尚书右丞。三年，扩建燕京城，营建宫室，由张浩与燕京留守刘筈、大名府尹卢彦伦三位重臣负责监造，张浩奉命"就拟差除"，即有权对营修工作中的有功人员提拔使用。两年后，金朝正式迁都燕京，改称中都大兴府。张浩进拜平章政事，升尚书右丞相，进拜首相左丞相。④ 其子侄皆显宦。辽阳张氏可谓女真贵族以外金朝第一官宦人家。

"渤海铁州人"郭药师，辽燕王耶律淳所募辽东怨军的将领，当出身于渤海世家大族，先后降宋降金。⑤ 其子郭安国，金海陵王贞元年间擢任南京副留守，正隆间历任兵部、刑部尚书。金海陵王南征，郭安国领武捷军都总管，为前锋。"及海陵遇弑，众恶安国所为，与李通辈皆杀之"，⑥ 说明郭安国确为金海陵王之"幸臣"。

元人王恽指出，赵思温家族是燕地世家大族。⑦ 赵兴祥，"平州卢龙人，六世祖思温"。他"以父任阁门祗候"，即荫补任官，辽亡归附金朝，

---

① 《金史》卷八〇《大臭传》，第1923页。
② 《金史》卷八〇《大磐传》，第1924页。任骁骑军指挥使，见《金史》卷一三二《完颜元宜传》，第2989页。
③ 《金史》卷八一《高彪传》，第1938页。
④ 《金史》卷八三《张浩传》，第1980—1981页。
⑤ 《宋史》卷四七二《郭药师传》，第13737—13739页。参见《金史》卷八二《郭药师传》，第1949—1950页。《金史》点校本修订本校勘记认为此处当作"铁州渤海人"（第1973页）。
⑥ 《金史》卷八二《郭安国传》，第1950—1951页。
⑦ （元）王恽著，杨亮、钟彦飞点校《王恽全集汇校》卷七三《题辽太师赵思温族系后》，第3086页。

"从宗望伐宋，为六宅使（官阶）。天眷初，累官同知宣徽院事"。金海陵王篡位之初，赵兴祥由右宣徽使升左宣徽使。"海陵尝问兴祥，欲使子弟为官，当自言。兴祥辞谢。海陵善之，赐以玉带，诏曰：'汝官虽未至一品，可佩此侍立。'"宠遇之厚可见一斑。贞元至正隆间，历任济南府尹、绛州绛阳军节度使、定州定武军节度使，进阶太子少傅，封巨鹿郡王。正隆初，规定异姓不封王，例降申国公。①

天德二年（1150），刘彦宗之子刘筈由平章政事擢升尚书右丞相，进封郑王。不久，因病求解相职，改授燕京留守，复乞致仕。史载，"筈自为宣徽使，以能得悼后（金熙宗皇后）意，致位宰相。海陵即位，意颇鄙之"，故免其职。贞元初，"筈因惭惧而死，年五十八"。② 刘筈的弟弟刘萼，金熙宗皇统间累官德州防御使，金海陵王"天德初，稍加擢用，历左、右宣徽使，拜参知政事，进尚书左丞"，后出任沁南军节度使、临洮府尹、太原府尹。"正隆南伐，为汉南道行营兵马都统制。"史载，"萼淫纵无行，所至贪墨狼籍"。③ 刘筈之子刘仲诲，"皇统初，以宰相子授忠勇校尉，九年，赐进士第，除应奉翰林文字。海陵严暴，臣下应对多失次。尝以时政访问在朝官，仲诲从容敷奏，无惧色，海陵称赏之。贞元初，丁父忧，起复翰林修撰"。④ 金海陵王鄙视刘筈，免其职，但对他的弟弟和儿子仍然予以重任，这与刘彦宗的功劳及其家族背景都不无关系。

金海陵王特别宠任契丹、奚族官员。金世宗曾说："海陵时，契丹人尤被信任。"⑤ 除上文提到的翰林学士承旨萧永祺外，遥辇氏贵族耶律安礼，入金后"主帅府文字"，金熙宗时任行台吏，累迁行台左司郎中。金海陵王罢行台尚书省，耶律安礼授工部侍郎，历工部尚书、吏部尚书。迁都中都后，拜枢密副使，升尚书右丞、左丞，因进谏反对南伐，罢为

---

① 《金史》卷九一《赵兴祥传》，第 2150 页。

② 《金史》卷七八《刘筈传》，第 1884—1885 页。

③ 《金史》卷七八《刘萼传》，第 1882 页。

④ 《金史》卷七八《刘仲诲传》，第 1885 页。

⑤ 《金史》卷八八《唐括安礼传》，第 2087 页。《金史》卷六三《海陵后徒单氏传》附录诸嬖记载，金海陵王"初即位，封岐国妃徒单氏为惠妃，后为皇后。第二娘子大氏封贵妃，第三娘子萧氏封昭容，耶律氏封修容"，即位之初，除正宫皇后外，"后宫止此三人"（第 1604 页）。由此亦可见金海陵王对契丹人的宠信。

南京留守。① 萧永祺和耶律安礼属于"文治"之才。契丹武将如耶律元
宜，其父耶律慎思于金初降金，以功赐姓完颜。金熙宗皇统元年
（1141），耶律元宜始补护卫，累迁符宝郎。金海陵王篡立，耶律元宜擢
任兵部尚书、劝农使。正隆南伐，耶律元宜为三十二行军都总管之一，
其子耶律王祥为皇帝亲卫军骁骑军副都指挥使，他们与其他南征的女真
将领一起策动兵变杀死金海陵王。② 又出身辽横帐皇族的耶律恕，降金
后从征有功，历任太原、真定二府少尹，右副元帅完颜撒离喝辟署陕西
参谋，"委以军务"。迁行台兵部侍郎、左司郎中。金海陵王时期，迁行
台工部尚书、邢州安国军节度使，拜参知政事。"以疾求解，为兴中
尹。"正隆元年致仕。③ 辽皇族移剌温（耶律温），入金后从征宋朝，先
后隶完颜宗辅、完颜宗弼麾下。金海陵王时期，历任同知中京路都转运
使事、左谏议大夫兼修起居注。正隆南伐，为济州路行军万户。④

金代契丹族与奚族交叉分布或毗邻，长期戍边，命运与共。金海陵
王篡位后，擢奚王之后萧恭为兵部侍郎，其历任同知大兴府尹、兵部尚
书、侍卫亲军马步军都指挥使。正隆四年（1159），萧恭再拜兵部尚书，
奉命经画夏国边界，失所佩金牌，忧惧成疾，卒于归途。"海陵深悼惜
之"，命"所过州府设奠，丧至都，命百官致祭，亲临奠，赙赠甚厚"。⑤
金海陵王前期，契丹、奚人中地位最高、最有权势的人物是奚人萧裕。
萧裕原是屯驻中京（后改称北京）的猛安，完颜亮任中京留守时，二人
相勾结，萧裕怂恿完颜亮谋逆。完颜亮入朝为相，荐引萧裕为兵部侍郎、
同知北京留守。完颜亮篡立后，任命萧裕为秘书监，倚为心腹。完颜亮
诛杀宗室及大臣，多"与裕密谋"。萧裕升任尚书左丞、平章政事、右
丞相。"裕在相位，任职用事颇专恣，威福在己，势倾朝廷。海陵倚信

① 《金史》卷八三《耶律安礼传》，第1989—1990页。
② 《金史》卷一三二《完颜元宜传》，第2988—2990页。
③ 《金史》卷八二《耶律恕传》，第1957页。参见卷八四《完颜杲传》，第1998页。
④ 《金史》卷八二《移剌温传》，第1964页。
⑤ 《金史》卷八二《萧恭传》载，萧恭父萧翊，金初来归，从攻兴中府，授兴中府尹，
　萧恭为质子。完颜宗望伐宋，"翊当领建、兴、成、川、懿五州兵为万户。军帅以恭
　材勇，使代其父行"。师还，帅府承制授萧恭德州防御使。"奚人之屯滨、棣间者，皆
　隶焉。"改棣州防御使，历任同知沧州横海军节度使、太原府少尹、同知中京留守、
　兵部侍郎，授世袭谋克（第1954—1955页）。

之，他相仰成而已。"完颜亮之弟完颜衮领三省事，对萧裕"颇防闲之"，君相终生猜忌，"裕乃谓海陵使衮备之也"。萧裕之弟殿前左副点检萧祚、妹夫殿前左卫将军耶律辟离剌"势位相凭借"，完颜亮出萧祚为益都府尹，耶律辟离剌为懿州宁昌军节度使。由于完颜亮"猜忍嗜杀"，萧裕唯恐大难临头，于是联络前真定府尹萧冯家奴、前御史中丞萧招折、西北路招讨使萧好胡、五院部节度使耶律朗、博州同知遥设等契丹、奚族官员，谋立亡辽宗室为帝。由于萧好胡告密，萧裕及同伙皆被处死。① 萧好胡，亦为奚人，以功迁枢密副使，赐名怀忠，为西北路招讨使，历任西京留守、南京留守。② 奚人萧玉是金海陵王后期契丹、奚人中地位最高、最有权势的人物。萧玉本是尚书省令史，攀附领三省事、金太宗之子完颜宗本，"亲信如家人"，金海陵王杀完颜宗本，萧裕威逼利诱萧玉诬告完颜宗本。③ 萧玉"既从萧裕诬宗本罪，海陵喜甚，自尚书省令史为礼部尚书，加特进，赐钱二千万、马五百匹、牛五百头、羊千口，数月为参知政事"。后又"代张浩为尚书右丞，拜平章政事，进拜右丞相"。正隆中擢尚书左丞相。④ 萧裕、萧玉受到金海陵王宠信和重用的一个重要原因，是他们甘愿作为金海陵王清除皇族和其他异己女真贵族的工具。

金海陵王统治末年，爆发了契丹、奚人起义。史载："契丹撒八反，复以（萧）怀忠为西京留守、西南面兵马都统，与枢密使仆散思恭、北京留守萧赜、右卫将军萧秃剌、护卫十人长斡卢保往讨之。萧秃剌战无功，大军追撒八不及。而海陵意谓怀忠与萧裕皆契丹人，本同谋，逾年乃执招折上变，而撒八亦契丹部族，恐其合。以师恭与太后密语，而秃剌无功，怀忠、赜、师恭逸贼，既杀师恭，族灭其家，使使即军中杀赜、怀忠，皆族之。"⑤ 同一篇传记，既说萧怀忠是奚人，又说是契丹人，《萧裕传》也明确记载萧裕是奚人。这说明金代契丹和奚已经被视作一个族群。金世宗说金海陵王尤其信任契丹人，实际包括奚人在内。金

① 《金史》卷一二九《萧裕传》，第2944—2947页。
② 《金史》卷九一《萧怀忠传》，第2147页。
③ 《金史》卷七六《完颜宗本传》，第1842—1843页。
④ 《金史》卷七六《完颜宗本传》附传《萧玉传》，第1844—1845页。
⑤ 《金史》卷九一《萧怀忠传》，第2147页。

海陵王统治时期发生的萧裕事变与契丹、奚人起义，是继金初耶律余睹事变后，金代契丹、奚族贵族政治势力遭遇的又一次重挫。

金海陵王还起用了一些身份低下的人为官。这既是中央集权下君主专制权力的体现，也反映了金海陵王不拘一格使用人才的施政风格。金海陵王篡立集团的主要成员多出自女真贵族和渤海世族，唯仆散师恭（本名忽土）"本微贱"，金海陵王之父完颜宗干"尝周恤之，擢置宿卫，为十人长"，金海陵王谋逆，"以忽土出自其家，有恩"，让他利用护卫身份做内应。"既即位，忽土为左副点检，赐钱、绢、马牛羊、铁券。转都点检。改名思恭。迁会宁牧，拜太子太师、工部尚书，封王。顷之，以忧解职，起复为枢密副使，进拜枢密使。贞元三年，为右丞相。正隆初，拜太尉，复为枢密使。"正隆六年（1161），仆散师恭奉命镇压契丹军民起义，无功而返，被诛。① 张仲轲，本"市井无赖，说传奇小说，杂以俳优谈谐语为业。海陵引之左右，以资戏笑"，海陵受封岐国王，"以为书表，及即位，为秘书郎"，累迁秘书少监、左谏议大夫。又有"伶人于庆儿官五品，大氏家奴王之彰为秘书郎"，其他如"唐括辩家奴和尚，乌带家奴葛温、葛鲁，皆置宿卫，有侥幸至一品者。左右或无官职人，或以名呼之，即授以显阶"。② "旧制，宦者惟掌掖廷宫闱之事"，金海陵王时期，"宦者始与政事"。他对宦官们说："人言宦者不可用，朕以为不然。后唐庄宗委张承业以军，竟立大功。此中岂无人乎？"大臬的家奴梁珫，"随元妃入宫，以阉竖事海陵"，于任事宦官中"委任尤甚，累官近侍局使"。③ 近侍局隶属殿前都点检司，并非宦官机构。故大定初有臣僚上书言"正隆任用阉寺"及"因缘巧幸"之人，请金世宗擢

①　《金史》卷一三二《仆散师恭传》，第2982—2983页。师恭，《金史》中亦作思恭。参与海陵王篡立的一共9个人，皇族完颜秉德、完颜言（本名乌带），贵族出身的唐括辩、徒单阿里出虎，都在事后不久因海陵王疑忌被以各种借口诛杀。奚族贵族萧裕本来深受海陵王倚信，后来也互生疑忌，被构陷谋反获诛。只有海陵王的妹夫徒单贞，以及出身渤海世族的大兴国、李老僧，始终受到海陵王的信任。详见《金史》卷一三二《完颜秉德传》《唐括辩传》《完颜乌带传》《大兴国传》《徒单阿里出虎传》《徒单贞传》《李老僧传》，第2976—2982、2984—2987页；卷一二九《萧裕传》，第2944—2947页。

②　《金史》卷一二九《张仲轲传》，第2934—2935页。

③　《金史》卷一三一《梁珫传》，第2964页。

拔"勤恪清廉"的官员。①

　　《三朝北盟会编》征引之《族帐部曲录》，分类记录金海陵王时期及金世宗即位初期的金朝文武官员（见表4-2）。其中主兵官24人，女真人13人，契丹人7人，渤海人2人，来自原宋朝辖区和辽朝辖区的汉人各1人；宰执8人，来自燕云地区的汉人6人，来自原宋朝辖区的汉人1人，渤海人1人；六部尚书、侍郎等侍从13人，来自原辽朝辖区的汉人7人，来自原宋朝辖区的汉人3人，渤海人2人，契丹人1人；馆阁台谏14人，来自原辽朝辖区的汉人8人，来自原宋朝辖区的汉人6人，11人为进士出身，3人特赐及第；卿监12人，来自原辽朝辖区的汉人10人，来自原宋朝辖区的汉人2人，均为进士出身。② 这份名录大致反映出金海陵王的政治改革和官制改革成果被金世宗所继承。金海陵王选人用人的政策既有对金初政治传统的延续，也有加强君主专制中央集权的革新，昭示迁都中都后一种新的政治文化在金朝滋长。

　　总之，金前期重视利用归顺的汉族、渤海世家大族辅助执政，在军事领域则重用契丹、奚族贵族，以巩固女真贵族的统治。金前期无论在建章立制、行政司法、外交信使还是运筹帷幄、决胜沙场方面，都依靠渤海、汉族世家大族的支持。而渤海、汉族世家大族出于维护自身利益的需要，也利用他们在辽东、燕云地区的政治、经济、社会基础，以及行政、司法、文化、教育上的优势，积极为新的王朝服务，在金朝灭辽黜宋、确立对中国北方的统治以及政治变革中发挥了不可替代的作用。契丹、奚族贵族在金初"以武立国"的过程中发挥了积极作用。拥有军事实力的契丹、奚族贵族也往往受到女真贵族的忌惮和打压。汉族、渤海世族官员或依附于女真贵族，或效力于皇权，在皇权与女真贵族的博弈中，也难免成为牺牲品。金海陵王时期，随着君主专制中央集权体制的建立，金朝的用人政策发生较大变化，女真贵族和其他各族世家大族的政治地位有所下降，进士出身的汉族官员政治地位提高。削弱女真贵族和其他各族世家大族的政治特权，倡导以皇权政治为核心的政治文化，

---

① 《金史》卷八九《梁肃传》，第2104页。
② （宋）徐梦莘：《三朝北盟会编》卷二四六，引《族帐部曲录》，第1763—1766页。

成为金海陵王以后金朝占主导地位的政治思想。

**表 4-1　金熙宗与金海陵王时期三省都元帅府枢密院行台正贰官**

| 时间 | 职官 | |
|---|---|---|
| | 宰执 | 都元帅府枢密院行台正贰官 |
| 1135 年 | 国论右勃极烈、都元帅完颜宗翰领三省事。元帅左监军完颜希尹为尚书左丞相。高庆裔、萧庆为左、右丞 | 都元帅完颜宗翰领三省事。左副元帅完颜宗辅卒。元帅左监军完颜希尹转任左丞相 |
| 1136 年 | 完颜宗翰、完颜宗磐、完颜宗干并领三省事 | |
| 1137 年 | 领三省事完颜宗翰卒。左丞高庆裔伏诛。完颜昂授左丞 | 左监军完颜挞懒为左副帅，完颜宗弼为右副帅。废齐国，置行台尚书省于汴京 |
| 1138 年 | 左相完颜希尹罢，东京留守完颜宗隽为左相。完颜奕授平章。御前管勾契丹文字李德固授参政 | 左副帅完颜挞懒来朝。权行台左相张孝纯致仕。燕京枢密院并入行台尚书省 |
| 1139 年 | 左相完颜宗隽领三省事。兴中尹完颜希尹复为左相。领三省事完颜宗磐、完颜宗隽伏诛 | 左副帅完颜挞懒为行台左相，旋伏诛。杜充为行台右相，萧宝、耶律晖为行台平章 |
| 1140 年 | 左相完颜希尹、左丞萧庆伏诛。前西京留守完颜昂为平章，都点检萧仲恭为右丞 | 都元帅完颜宗弼领行台尚书省事，行台右丞相杜充卒。元帅左监军完颜阿离补、右监军完颜撒离喝任左、右副元帅 |
| 1141 年 | 领三省事完颜宗干卒。完颜宗弼拜左相，仍为都元帅、领行台事。济南尹韩昉为参政，参政耶律让罢 | 行台平章耶律晖致仕 |
| 1142 年 | 平章完颜昂卒 | |
| 1143 年 | 左丞完颜昂升平章，都点检完颜宗宪升左丞 | |
| 1144 年 | | 行台左相张孝纯卒 |
| 1145 年 | | |
| 1146 年 | 右相韩企先卒，同判大宗正完颜宗固拜右相 | 完颜阿离补授行台右相，旋卒。左宣徽使刘筈授行台右相 |
| 1147 年 | 右相完颜宗固卒。都元帅完颜宗弼领三省事。平章完颜昂拜左相。都点检完颜宗贤拜右相。行台右相刘筈、右丞萧仲恭并拜平章。参政李德固授右丞。左丞完颜宗宪出为行台平章，同判大宗正事完颜亮拜左丞。参政韩昉罢。秘书监萧肄授参政。兵部尚书完颜秉德进参政 | 都元帅完颜宗弼兼领三省事、领行台事。行台右相刘筈、右丞萧仲恭入朝拜平章政事。行台平章奚宝卒。左丞完颜宗宪出为行台平章 |

| 时间 | 职官 | |
|---|---|---|
| | 宰执 | 都元帅府枢密院行台正贰官 |
| 1148 年 | 领三省事、都元帅完颜宗弼卒。左相完颜昂出领行台。右相完颜宗贤为左相，授领三省事兼都元帅。平章萧仲恭出任行台，复入拜右相，再领三省事。左丞完颜亮拜平章，进右相，再拜左相。都点检唐括辩授左丞，旋罢，左宣徽使完颜禀为左丞。参政完颜秉德拜平章 | 都元帅完颜宗弼卒。左相完颜宗贤兼左副帅，又以领三省事兼都元帅。平章萧仲恭出任行台左相，旋入授右相。左相完颜昂出领行台 |
| 1149 年 | 领三省事都元帅完颜宗贤罢为南京留守，再由左副帅兼西京留守入朝领三省事，拜左相。领行台省事完颜昂入领三省事。判大宗正完颜宗本拜右相，再领三省事，平章完颜秉德授右相。左相兼都元帅完颜亮领三省事，出领行台，复入授平章。都元帅完颜宗敏领三省事，出领行台省。行台右相刘筈入授都省平章。同判大宗正完颜充授左相，旋卒。左丞完颜禀出为行台平章。会宁牧唐括辩授左丞。御史大夫完颜宗甫授参政。海陵篡立，杀左相完颜宗贤，以右相完颜秉德进左相、左副帅，左丞唐括辩为右相，大理卿完颜乌带为平章。参政萧肄、领三省事萧仲恭、右丞完颜禀罢。统军字极为左丞。燕京路都运使刘麟授参政。行台左丞耨盌温敦思忠为都省右丞 | 领行台尚书省事完颜昂领三省事。左相完颜亮兼都元帅，改领三省事，出领行台省事，复授尚书省平章。左副帅完颜宗敏为都元帅，旋领三省事，出领行台省。南京留守完颜宗贤授左副帅兼西京留守，入朝领三省事，拜左丞相兼都元帅。左丞完颜禀出为行台平章。行台右相刘筈入朝拜平章政事。行台左丞耨盌温敦思忠入朝拜尚书右丞 |
| 1150 年 | 皇弟完颜衮兼都元帅，领三省事。左相兼左副帅完颜秉德出领行台尚书省事。右相唐括辩升左相。平章完颜乌带升右相、左相，旋罢。领三省事完颜宗本、左相唐括辩获诛。平章刘筈进右相，旋罢。左丞完颜宗义、右丞耨盌温敦思忠进平章。耨盌温敦思忠拜左丞。完颜宗义寻伏诛。会宁牧徒单恭拜平章。参政刘麟进右丞、左丞，旋罢。秘书监萧裕为左丞，进平章。侍卫步军都指挥完颜思恭拜右丞，旋罢。参知政事张浩进右丞。礼部尚书萧玉进参政。行台右相大㚟拜都省右相，行台左丞张通古拜都省左丞，行台参政张中孚拜都省参政。领三省事完颜昂致仕 | 皇弟完颜衮兼都元帅。左相兼左副帅完颜秉德领行台尚书省事，旋伏诛。行台平章、右副帅大㚟为行台右相，仍右副帅。左副帅完颜撒离喝为行台左相，仍副帅，同年伏诛。改都元帅府为枢密院。罢行台。都元帅完颜衮授枢密使。左监军完颜昂授枢副。行台右相大㚟、行台左丞张通古、行台参政张中孚入朝奏事 |
| 1151 年 | 平章萧裕、右丞张浩、参政萧玉 | |

续表

| 时间 | 职官 | |
| --- | --- | --- |
| | 宰执 | 都元帅府枢密院行台正贰官 |
| 1152 年 | 领三省事、枢密使完颜兖卒。右相大臭罢。平章徒单恭罢。咸平尹李德固升平章 | |
| 1153 年 | 徒单恭领三省事。平章李德固卒。左相耨盌温敦思忠致仕，枢密使完颜昂拜左相。平章萧裕拜右相，右丞张浩、左丞张通古拜平章。参政张中孚、萧玉授左、右丞。左宣徽刘莘、安国军节度耶律恕授参政 | 枢副完颜昂拜枢密使。工部尚书仆散师恭拜枢副，进枢密使。签书枢密事南撒进枢副 |
| 1154 年 | 领三省事徒单恭卒。左相致仕耨盌温敦思忠起复领三省事。右相萧裕伏诛。平章张浩拜右相。右丞萧玉拜平章。前河南路统军使张晖拜右丞。参政耶律恕罢。吏部尚书萧赜进参政 | 西北路招讨萧好胡（萧怀忠）授枢副 |
| 1155 年 | 领三省事大臭卒。左相完颜昂授枢密使。右相张浩进左相。枢密使仆散师恭拜右相。左丞张中孚罢。右丞张晖迁平章。参政刘莘、萧赜进左、右丞。吏部尚书蔡松年、殿前都点检纳合椿年进参政 | 左相完颜昂拜枢密使，枢密使仆散师恭拜右相 |
| 1156 年 | 太师领三省事耨盌温敦思忠拜尚书令。平章张通古致仕。右相仆散师恭拜枢密使。平章萧玉拜右相。平章张晖罢。废置平章。左丞刘莘、右丞萧赜罢，参政蔡松年迁右丞，再迁左丞。枢副耶律安礼迁右丞 | 枢密使完颜昂卸任，右相仆散师恭拜枢密使。枢副萧怀忠罢。吏部尚书耶律安礼授枢副，转任右丞。驸马都尉乌古论当海授枢副 |
| 1157 年 | 参政纳合椿年卒。纥石烈良弼授参政 | |
| 1158 年 | 右相萧玉罢，左丞蔡松年拜右相。右丞耶律安礼迁左丞，同年罢。枢副张晖迁左丞。参政纥石烈良弼迁右丞。左宣徽敬嗣晖、吏部尚书李通迁参政 | 枢副乌古论当海罢，北京留守张晖授枢副，同年迁左丞。归德尹致仕高召和式起为枢副 |
| 1159 年 | 左丞张晖罢。右相蔡松年卒 | 大兴尹徒单贞拜枢副 |
| 1160 年 | 右丞纥石烈良弼迁左丞。致仕刘长言起授右丞，复罢 | 徒单贞罢枢副，徒单永年授枢副 |
| 1161 年 | 尚书令耨盌温敦思忠卒。张浩卸左相，拜尚书令。大兴尹萧玉拜左相。参政李通升右丞 | 枢密使仆散师恭被诛，判大宗正完颜昂拜枢密使。徒单永年罢枢副，都点检纥石烈志宁授枢副，同年出任开封府尹。吏部尚书白彦恭（白彦敬）授枢副。签枢高景山为贺宋生日使 |

注：宰执包括尚书令、领三省事、左右丞相、平章政事、左右丞、参知政事；都元帅府枢密院行台正贰官包括都元帅、左右副元帅、左右监军、左右都监、枢密使、副使、签书枢密院事，行台尚书省左右丞相、平章政事、左右丞、参知政事。

资料来源：本表据《金史》本纪、列传制成。

表 4-2　《族帐部曲录》所载金朝文武官员

| 类别 | 姓名（附注） | 官职 | 族别、籍贯 |
|---|---|---|---|
| 主兵官 | 纥石烈志宁 | 右丞相 | 女真 |
| | 夹谷愿 | 西北路招讨使 | 女真 |
| | 夹谷忠（夹谷愿之弟） | 右副点检、右翼都统 | 女真 |
| | 乌古论执中 | 部族节度使 | 女真 |
| | 夹谷慎中 | 益都尹兼右翼统军 | 女真 |
| | 纳合士举 | 冀州节度使 | 女真 |
| | 唐括安礼 | 参知政事 | 女真 |
| | 赤盏顺忠 | 开州世袭千户兼管屯田军 | 女真 |
| | 温迪罕察剌 | 东平府世袭千户兼管屯田军 | 女真 |
| | 完颜狗粪 | 大名府世袭千户兼管屯田军 | 女真 |
| | 蒲察门三 | 益都府世袭千户兼管屯田军 | 女真 |
| | 完颜挞懒 | 历任西北路招讨使、知大兴府、河南兵马副元帅 | 女真 |
| | 耶律执中 | 右副点检兼管汉儿军 | 契丹 |
| | 耶律劝农 | 威胜统军，平章政事 | 契丹 |
| | 萧母里哥 | 知河间府、右副点检 | 契丹 |
| | 耶律母里哥（耶律劝农之子） | 宿直将军、蠡州刺史、右翼都监 | 契丹 |
| | 萧五斤 | 历任知顺昌府、河中府统军 | 契丹 |
| | 完颜阿喜（娄室之孙） | 陕西副元帅 | 女真 |
| | 萧德 | 右监军 | 契丹 |
| | 萧顺（萧赜之弟，赜原作颐） | 京兆府尹兼右翼都监 | 契丹 |
| | 徐文 | 知莱州以控海道 | 汉，本朝旧人 |
| | 张忠彦 | 历任步军都统、真定府总管 | 汉，本朝发还人 |
| | 郭安国（郭药师之子） | 先锋将 | 渤海 |
| | 郭瑞孙（郭安国之子） | 右护军 | 渤海 |
| 宰执 | 翟永固 | 宰相 | 汉，燕京 |
| | 苏保衡 | 右丞 | 汉，云中府（大同） |
| | 石琚（进士） | 参知政事 | 汉，中山府（定州） |
| | 魏履元（进士） | 参知政事 | 汉，奉圣州（新州） |
| | 敬嗣晖（进士） | 参知政事 | 汉，易州 |
| | 赵永锡（赵开） | 司空 | 汉，燕京 |
| | 任熊祥（进士） | 少师 | 汉，燕京 |

续表

| 类别 | 姓名（附注） | 官职 | 族别、籍贯 |
|---|---|---|---|
| 宰执 | 李受（葛王母舅，即李石） | 参知政事 | 渤海 |
| 侍从 | 梁球（进士） | 户部尚书 | 汉，广宁府（显州） |
| | 王竞 | 礼部尚书 | 汉，相州 |
| | 胡励（进士） | 刑部尚书、翰林承旨 | 汉，密州 |
| | 马倈（进士） | 历任御史中丞、御史大夫 | 汉，燕京 |
| | 张恭愈（进士） | 户部侍郎 | 汉，广宁府 |
| | 蔡珪（蔡松年之子，进士） | 刑部侍郎 | 汉，余杭 |
| | 张汝霖（张浩之子，特赐及第） | 吏部尚书（累拜平章政事） | 渤海，辽阳府 |
| | 张汝为（张浩之子，进士） | 户部侍郎 | 渤海，辽阳府 |
| | 刘仲山（特赐及第） | 礼部侍郎 | 汉，中京（大定府） |
| | 李天吉（进士） | 历大兴府尹、刑部侍郎 | 汉，燕京 |
| | 高怀忠（特赐及第） | 国子监祭酒 | 汉，大定府 |
| | 高怀正（高怀忠之弟，特赐及第） | 吏部侍郎 | 汉，大定府 |
| | 萧廉（萧庆之弟，特赐及第） | 历翰林学士、刑部侍郎 | 契丹 |
| 馆阁台谏 | 郑子聃（进士） | 殿中侍御史兼侍读学士 | 汉，大定府 |
| | 刘仲渊（进士） | 翰林学士 | 汉，燕京 |
| | 张景仁（进士） | 翰林侍读学士 | 汉，广宁府 |
| | 杨伯雄（进士） | 翰林直学士 | 汉，咸平府 |
| | 杨伯仁（杨伯雄之弟，进士） | 翰林待制 | 汉，咸平府 |
| | 王彦潜（进士） | 翰林待制 | 汉，河间府 |
| | 綦戬（特赐及第） | 翰林待制 | 汉，胶东 |
| | 刘机（进士） | 左拾遗 | 汉，益都府 |
| | 孙用康（进士） | 翰林修撰 | 汉，燕京 |
| | 吕宗翰（进士） | 翰林修撰 | 汉，燕京 |
| | 孟宗献（特赐及第） | 应奉翰林文字、同知制诰 | 汉，开封府 |
| | 任忠杰（进士） | 应奉翰林文字、同知制诰 | 汉，大同府 |
| | 李晞颜（特赐及第） | 应奉翰林文字、同知制诰 | 汉，献州或中山府 |
| | 王堪（进士） | 翰林修撰 | 汉，棣州 |
| 卿监 | 毕逢吉（进士） | 太府少监 | 汉，沈州 |
| | 徐之方（进士） | 少府监 | 汉，燕京 |
| | 任佣（进士） | 都水监 | 汉，燕京 |
| | 任佲（任佣之弟，进士） | 秘书少监 | 汉，燕京 |

续表

| 类别 | 姓名（附注） | 官职 | 族别、籍贯 |
|---|---|---|---|
| 卿监 | 田毅（进士） | 工部员外郎 | 汉，广陵 |
|  | 马柔德（进士） | 刑部员外郎 | 汉，广陵 |
|  | 王仲通（进士） | 礼部郎中 | 汉，广宁府或中京 |
|  | 王从龙（进士） | 太常少卿 | 汉，密州 |
|  | 孔固（孔子后人，进士） | 宣徽判官 | 汉，曲阜 |
|  | 杨蟠（进士） | 宣徽判官 | 汉，中京 |
|  | 张锡（进士） | 左司员外郎 | 汉，燕京 |
|  | 王全（进士） | 右司郎中、左司郎中 | 汉，黄龙府 |

资料来源：本表据《三朝北盟会编》征引之《族帐部曲录》制成。

# 第五章　金前中期女真文士、进士官员
## 与皇权政治

金政权建立前的女真，特别是以完颜部为首的生女真部落，长期生活于白山黑水地区，经济、政治、社会、文化发展比较落后，遑论与汉人、契丹人相比，就是与隶籍辽朝的熟女真、五国部等族群相比，社会发展也滞后不少。部落联盟的建立，生女真部落的统一，以及部落社会晚期阶级分化、军事贵族的形成，使女真族的军事力量骤升，女真族走上了反抗辽朝统治的道路。起兵之初，女真贵族吸纳渤海、汉、契丹、熟女真等族群的文士，[①] 以协助处理与辽、宋、高丽的文书往来、谈判等事宜以及筹建政权。在与各政权、各族群的交往过程中，部分女真贵族切身体会到培养本族文士的重要性和紧迫性。金初即有官办女真教育机构，后来陆续设置女真国子学和府州学。金世宗时期，创置女真进士科。总体而言，金前中期女真文士官员和进士官员是拥戴皇权政治的力量，在金朝完善统治制度、确立儒家思想的主导地位、加强皇权和中央集权的过程中发挥了积极作用。

## 一　金前中期的女真文士官员

金朝建立后，部分女真贵族对汉、契丹文化等表现出强烈的求知欲。"金人初无文字，国势日强，与邻国交好，乃用契丹字。"[②] "及破辽，获

---

① 渤海文士如杨朴、高庆裔、张浩等，汉族文士如刘彦宗、时立爱、韩企先、韩昉、蔡松年等（见本书第四章），契丹文士如耶律固、萧永祺（俱见《金史》卷一二五《萧永祺传》，第2868页）、耶律恕（《金史》卷八二本传，第1957页）、移剌道（《金史》卷八八本传，第2089页）等，熟女真文士如完颜胡十门（《金史》卷六六本传，第1661页）、完颜布辉（《金史》卷六六本传，第1663页）等。耶律固或即金初与完颜勖奉命修纂《祖宗实录》的耶律迪越，见《金史》卷六六《完颜勖传》，第1658页。

② 《金史》卷七三《完颜希尹传》，第1788页。

契丹、汉人，始通契丹、汉字，于是诸子皆学之。"① 完颜阿骨打的族弟完颜勖，"好学问，国人呼为秀才"。完颜宗翰、完颜宗望攻克汴州后，金太宗派遣完颜勖去慰劳金军，完颜宗翰等人问他想要什么珍宝财物，他自称"惟好书耳"，装载数车书而还。② 又如宗室完颜宗翰之弟完颜宗宪，"未冠，从宗翰伐宋，汴京破，众人争趋府库取财物"，他却"独载图书以归"。③ 好学习、好书者，在金初女真贵族中并不鲜见。传授他们文化知识的，主要是渤海族、汉族文士，包括原宋朝境内的文士。④

金太祖完颜阿骨打"命（完颜）希尹撰本国字，备制度。希尹乃依仿汉人楷字，因契丹字制度，合本国语，制女直字"。天辅三年（1119）八月，"字书成，太祖大悦，命颁行之"。⑤ 金太祖及时创办学校，教育培养女真子弟。"初置女直字，立学官于西京，（纳合）椿年与诸部儿童俱入学，最号警悟。久之，选诸学生送京师，俾上京教授耶鲁教之，椿年在选中。"⑥ "召耶鲁赴京师教授女直字"，时在金太宗天会三年（1125）。⑦ 纥石烈良弼（本名纥石烈娄室）也属于最早一批女真字学生，"天会中，选诸路女直字学生送京师，良弼与纳合椿年皆童丱，俱在选中……年十四，为北京教授，学徒常二百人，时人为之语曰：'前有谷神（完颜希尹的女真名），后有娄室。'其从学者，后皆成名"。⑧ 夹谷谢奴，"善骑射，通女直、契丹大小字及汉字"。⑨ 不知他是否有入读官学的经历。事实上，有的女真贵族还延聘汉族饱学之士教授子弟汉文化。如被

---

① 《金史》卷六六《完颜勖传》，第 1658 页。
② 《金史》卷六六《完颜勖传》，第 1658 页。
③ 《金史》卷七〇《完颜宗宪传》，第 1715—1716 页。
④ 王世莲指出金初女真族具有"尚文好学的进取精神"。见王世莲《试论金初女真族尚文好学的进取精神》，《北方文物》1985 年第 2 期。舒焚曾撰文讨论金代初期的女真文士及其历史地位，认为"金太祖完颜阿骨打时期，女真族开始具有本族的知识分子；太宗完颜吴乞买、熙宗完颜亶时期，开始形成本族的知识分子群。这无论在女真族内部或外部，还是在当时和后世，都可以认为是重大的历史变化"。见舒焚《金初女真族知识分子群》，《北方文物》1986 年第 1 期。
⑤ 《金史》卷七三《完颜希尹传》，第 1788—1789 页。
⑥ 《金史》卷八三《纳合椿年传》，第 1991 页。
⑦ 《金史》卷三《太宗本纪》，第 59 页。
⑧ 《金史》卷八八《纥石烈良弼传》，第 2071—2072 页。入官学学习女真文字的，不仅有女真少年，也有汉族、渤海族少年。如曹望之，"天会间，以秀民子选充女直字学生。年十四，业成，除西京教授"。见《金史》卷九二《曹望之传》，第 2159 页。
⑨ 《金史》卷八一《夹谷谢奴传》，第 1931 页。

扣留的宋使洪皓教授完颜希尹诸子，另一位被扣留的宋使朱弁，"金国名王贵人多遣子弟就学"。① 又如张用直，"少以学行称。辽王宗干（金海陵王完颜亮之父）闻之，延置门下，海陵与其兄充皆从之学。天眷二年，以教宗子赐进士及第，除礼部郎中"。②

金初，女真人戎马倥偬，军旅生涯是他们的荣耀，军人身份也是他们不二的选择。但也有女真文士从军中入朝为官，除负责行政及建章立制等事务外，亦专任或兼任文史、书翰工作。如皇族完颜勖，"年十六，从太祖攻宁江州，从宗望袭辽主于石辇铎。太宗嗣位，自军中召还，与谋政事"。金熙宗继位后，完颜勖迁尚书左丞，"预平宗盘之难"。他先后主持纂修《祖宗实录》《太祖实录》，"事有详有略，咸得其实"，又编撰《女直郡望姓氏谱》，所作"谏表诗文甚有典则"。金熙宗后期，进拜平章政事，升左丞相，一度"出领行台尚书省事"。金海陵王篡立后，入朝领三省事，仍监修国史，不久致仕。其子完颜宗秀，"涉猎经史，通契丹大小字"。金熙宗、金海陵王时期，完颜宗秀由军中"入为刑部尚书，改御史中丞，授翰林学士。天德初，转（翰林学士）承旨"。③ 随着战争的结束，女真文士的政治舞台从战场、行伍转移到中央和地方政府、秘书文翰、监察及司法机构，主要发挥文治作用，成为带武官阶的"文职"人员。如金太祖之孙、完颜宗望之子完颜文，"皇统间授世袭谋克，加奉国上将军"，金海陵王时期曾任秘书监、翰林学士承旨。④ 除从事文史、书翰工作外，女真贯族中也出现一批儒学素养较高的将领、官员。如曷速馆部人独吉义，"善女直、契丹字"，金太宗天会中任职管勾御前文字，金熙宗、金海陵王时历任州刺史、防御使、部族节度使、州镇节度使。金世宗即位于东京，独吉义最先来归，授参知政事，建议金世宗"早幸中都"，以定天下。大定三年（1163），独吉义因病致仕。⑤ 皇族完颜宗道，"通《周易》《孟子》，善骑射。大定五年，充阁门祗候。累除近侍局使"，后历任西南路招讨副使、西北路招讨使、陕西路统军使兼知

① 《宋史》卷三七三《朱弁传》《洪皓传》，第 11553、11559 页。
② 《金史》卷一〇五《张用直传》，第 2450 页。
③ 《金史》卷六六《完颜勖传》及附《完颜宗秀传》，第 1658—1660 页。
④ 《金史》卷七四《完颜宗望传》附《完颜文传》，第 1816 页。
⑤ 《金史》卷八六《独吉义传》，第 2037—2038 页。

京兆府事、河南路统军使、知河中府、知临洮府。①

　　金前期的女真贵族文士是推动金朝制度变革和女真社会变迁的重要力量。完颜希尹文武双全，是金初女真贵族中文化水平最高的人物之一，也是非宗室贵族中最有权力的人物之一，在建立政权、开疆拓土、统治新占领地区等方面功勋卓著。完颜希尹早年在军中，累迁元帅右监军，"性尤喜文墨，征伐所获儒士，必礼接之，访以古今成败"。金熙宗即位后，入朝拜尚书左丞相，与完颜宗干联合诛杀金太宗之子完颜宗磐、金太祖之子完颜宗隽。作为完颜宗翰的旧部，他也成为权力斗争的牺牲品。其历史贡献，除征伐之功和创制女真文字外，主要在于"创制立法，作新人文"。② 皇族完颜宗雄，从征辽朝，"推锋力战，功多"，而"好学嗜书"，"凡金国初建，立法定制，皆与宗干建白行焉。及与辽议和，书诏契丹、汉字，宗雄与宗翰、希尹主其事"。③ 可惜英年早逝，天辅六年（1122），年仅40岁就病逝。金太祖之子完颜宗干，金海陵王完颜亮之父，金太宗朝任国论左勃极烈，拥戴金太祖嫡孙完颜亶为储嗣称谙班勃极烈。金熙宗完颜亶即位，完颜宗干主导废除勃极烈辅政制，设置三省，授领三省事。金太宗、熙宗朝，"始议礼制度，正官名，定服色，兴庠序，设选举，治历明时，皆自宗干启之"。④ 上文提到的皇族完颜宗宪，"颁行女直字书，年十六，选入学……兼通契丹、汉字"。金太宗时期，从军攻伐，参与制定礼乐制度、纂修国史。"朝廷议制度礼乐，往往因仍辽旧。宗宪曰：'方今奄有辽、宋，当远引前古，因时制宜，成一代之法，何乃近取辽人制度哉！'希尹曰：'而意甚与我合。'由是器重之。"金熙宗朝，完颜宗宪以平定完颜宗磐、完颜宗隽叛乱有功，授昭武大将军，累迁尚书左丞、行台平章政事。皇统间，"将肆赦，议覃恩止及女直人"。完颜宗宪奏曰："莫非王臣，庆幸岂可有间邪？"金熙宗乃下令赦恩不分族别。⑤ 参与平定完颜宗磐、完颜宗隽之乱的还有皇族文士完颜勖、完颜宗秀父子。完颜勖"撰定熙宗尊号策文"。金熙宗后期，完颜

---

① 《金史》卷七三《完颜宗道传》，第1782页。
② （金）王彦潜：《完颜希尹神道碑》，王新英辑校《全金石刻文辑校》，第219页。参见《金史》卷七三《完颜希尹传》，第1788—1790页。
③ 《金史》卷七三《完颜宗雄传》，第1783—1785页。
④ 《金史》卷七六《完颜宗干传》，第1852—1853页。
⑤ 《金史》卷七〇《完颜宗宪传》，第1715—1716页。

亮任职宰相，"朝臣多附之者"。某日召开大臣会议，完颜亮迟到，完颜昂斥责他："吾年五十余，犹不敢后，尔少年强健，乃敢如此!"完颜亮为之"跪谢"皇族祖父辈的领三省事完颜昂。① 可见金初女真贵族文士在改革官制、加强中央集权方面发挥了重要作用。

金熙宗、金海陵王、金世宗三位帝王都受过良好的教育。金熙宗"颇读《尚书》、《论语》及《五代》、《辽史》诸书，或以夜继焉"，认为"太平之世，当尚文物，自古致治，皆由是也"。② 其"所与游处，尽文墨之士。有未居显位者，咸被荐擢"。③ 史载金熙宗本人创制了女真小字，与完颜希尹创制的女真大字并行。④ 金海陵王"好读书"，"嗜习经史"，喜"延接儒生"，"见江南衣冠文物、朝仪位著而慕之"。⑤ 金熙宗即位后，正式废除勃极烈制度，实行三省六部制。金海陵王在位时期，进一步完善金朝的统治制度。金世宗也通经史，尤其重视以史为鉴。他继续完善政治、法律和礼乐制度，改革铨选制度，巩固了中央集权。他们和女真贵族文士——尽管在女真贵族中属于少数——共同推动了女真族接受汉文化的进程，加速了金朝从勃极烈议政辅政制度向专制主义中央集权制度的转变。

健全政治、法律制度，加强皇权和中央集权，缓和阶级矛盾和民族矛盾，是金朝巩固统治的需要，是汉、契丹、渤海等族官僚地主的主张，也得到了接受儒家思想文化的女真文士官员的积极支持。如唐括安礼，"好学，通经史，工词章，知为政大体"，是一位典型的女真族文士官僚。金海陵王时期，他历任锦州临海军节度使、翰林侍读学士、澢州防御使、泾州彰化军节度使。金世宗即位后，授益都尹，改大兴府尹。金世宗对他说："京师好讹言，府中奸吏为民患。卿虽年少，有治才，去其宿弊，毋为因仍。"唐括安礼察廉人第一等，又以狱空，升参知政事。后外任沧州横海军节度使、河间府尹、南京留守，擢尚书右丞，历尚书左丞、平章政事，大定二十一年拜右丞相，同年卒。金世宗赞誉他"正

---

① 《金史》卷六六《完颜昂传》，第1659—1660页。
② 《金史》卷四《熙宗本纪》皇统元年三月，第85页。
③ （宋）宇文懋昭撰，崔文印校证《大金国志校证》卷九《熙宗孝成皇帝一》，第135页。
④ 《金史》卷七三《完颜希尹传》，第1789页。
⑤ （宋）宇文懋昭撰，崔文印校证《大金国志校证》卷一三《海陵炀王上》，第185、187页。

直"，"练习政事，无出卿之右者"。他主张增加科举录取人数，"孔子称才难。贤人君子，世不多有。陛下必欲得人，当广取士之路，区别器使之，斯得人矣"。他遵循儒家礼法，主张缓和民族矛盾。如他对金世宗下令将山东猛安谋克成年男子尽数编入军籍，朝廷按月提供津贴很不以为然，认为"猛安人与汉户，今皆一家，彼耕此种，皆是国人。即日签军，恐妨农作"。结果遭到金世宗的批评："朕谓卿有知识。每事专效汉人。若无事之际可务农作，度宋人之意且起争端，国家有事，农作奚暇？卿习汉字，读《诗》《书》，姑置此以讲本朝之法。前日宰臣皆女直拜，卿独汉人拜，是邪，非邪？所谓一家者皆一类也，女直、汉人，其实则二。"为防范境内契丹人与西辽联合，威胁金朝的统治，金世宗又欲将西北路曾参与叛乱的契丹人迁往东北上京、济州等女真人聚居区，"与女直人杂居，男婚女聘，渐化成俗"。这实际是"强制同化"政策。唐括安礼进言："圣主溥爱天下，子育万国，不宜有分别。"金世宗辩解说："朕非有分别，但善善恶恶，所以为治。异时或有边衅，契丹岂肯与我一心也哉！"金世宗持有强烈的女真本位主义立场，对吸收汉文化持保留态度，民族隔阂思想比较严重，而唐括安礼的思想更符合多民族国家民族关系发展的主流。但金世宗对女真人有超迁官资法不以为然，唐括安礼则认为："祖宗以来立此格，恐难辄改。"① 总体而言，与女真武将同僚相比，唐括安礼的思想、政策主张更接近汉族士大夫同僚。如"参知政事唐括安礼忤上意，出为横海军节度使，数年不复召"，经尚书左丞石琚力荐，召为尚书右丞。他多次与石琚共同上奏，提出政见。②

金朝女真字学培养的女真文士，不少人是女真平民出身，仕宦由中央或地方官府的吏员起步，区别于一般的吏员，他们受到皇帝的青睐，仕进实际比照其他民族进士出身者，因有超迁格而更占优势（女真超迁格，详见本书第七章）。在金前中期政坛上，这是一个积极倡导汉文化、维护皇权、拥护中央集权的官员群体。

纳合椿年和纥石烈良弼是金朝培养的第一批女真文士的代表。"初，丞相希尹制女直字，设学校，使讹离剌等教之。其后学者渐盛，转习经

---

① 《金史》卷八八《唐括安礼传》，第 2085—2089 页。
② 《金史》卷八八《石琚传》，第 2084—2085 页。

史，故纳合椿年、纥石烈良弼皆由此致位宰相。"① 讹离剌或即前文提到
的耶鲁。纳合椿年，学成后补尚书省令史，累迁殿中侍御史、监察御史。
完颜亮任相，荐举他任右司员外郎，"编定新制"。完颜亮篡立后，纳合
椿年历任谏议大夫、秘书监、修起居注、翰林学士兼御史中丞。纳合椿
年并无战功，也并非世袭贵族出身，金海陵王却授之世袭猛安，可见对
其激赏有加，也反映了金海陵王对女真文士的重视和尊崇。贞元初，纳
合椿年奉命迁移上京地区的女真人到中都、河北、山东等路安置，并奉
迁皇陵。纳合椿年以功授殿前都点检，主管禁卫军和大内侍卫，这本来
是典型的军官职位，也最受皇帝亲信和倚重。后擢拜参知政事，正隆二
年（1157）卒于任。史称"椿年有宰相才，好推挽士类"。他荐举纥石
烈良弼，称其"才出己右"，纥石烈良弼得升刑部尚书。经过一段时间
任用，完颜亮称赞纳合椿年道："吾试用娄室（纥石烈良弼本名），果如
卿言。惟贤知贤，信矣。"椿年和良弼都是金海陵王赐名。但作为新兴的
女真官僚地主，纳合椿年"颇营产业，为子孙虑，冒占西南路官田八百
余顷"，因此被人诟病。②

纥石烈良弼，回怕川人，父祖世袭蒲辇（猛安谋克下五十人长）。
十四岁女真字学结业后，担任北京教授，"年十七，补尚书省令史。簿书
过目，辄得其隐奥。虽大文牒，口占立成，词理皆到。时学希尹之业者称
为第一"。历任吏部主事、郎中、尚书右司郎中、刑部尚书。正隆年间，
由侍卫亲军马步军都指挥使拜参知政事，进尚书右丞、左丞。曾谏完颜
亮南伐，未被采纳。金世宗即位后，改授南京留守兼开封府尹，不久召
拜尚书右丞，奉命北上招抚契丹、奚人。官至左丞相，"练达朝政"。大
定十八年，表乞致仕，金世宗授之世袭猛安，准其告老，同年卒于乡。
金世宗曾对大臣们说："丞相良弼拟注差除，未尝苟与不当得者，而荐举
往往得人。粘割斡特剌、移剌慥、裴满余庆，皆其所举。至于私门请托，
绝然无之。"良弼曾奉命前往山东，处理猛安谋克官田与民田犬牙交错、

①　《金史》卷一〇五《温迪罕缔达传》，第 2457 页。
②　《金史》卷八三《纳合椿年传》，第 1991 页。《纳合椿年传》载参知政事纳合椿年荐大
　　理丞纥石烈娄室（良弼），海陵王擢娄室为右司员外郎。《纥石烈良弼传》载良弼任右
　　司郎中，参知政事纳合椿年荐良弼升刑部尚书。参见《金史》卷八八《纥石烈良弼
　　传》，第 2072 页。

军民杂居、诉讼纷扰等复杂问题，互易军民田，"自是无复争诉"的记载虽然有所夸张，但史称其"善断决"绝非虚言。他积极主张推行汉化政策，认为女真人必须熟练掌握汉字，方可为州县官。作为监修国史，他主持修纂《太宗实录》《睿宗实录》。金自建立以后，不曾举行南郊大礼，金世宗将行祭奠，任命他为大礼使，"良弼讨论损益，各合其宜，人服其能"。他进奏民多弃本逐末，耕田者少，游食者众，以致一遇天灾就闹饥荒。金世宗"深然之，于是命有司惩戒荒纵不务生业者"。史家称其"性聪敏忠正，善断决，言论器识出人意表。虽起寒素，致位宰相，朝夕惕惕尽心于国，谋虑深远。荐举人才，常若不及……居位几二十年，以成太平之功，号贤相焉"。①

　　耨盌温敦兀带，宰相耨盌温敦思忠之侄，"天会间，充女直字学生，学问通达，观书史，工为诗。选为尚书省令史，除右司都事，转行台右司郎中，入为左司员外郎。累官同知大兴尹。京师盗贼止息，事无留滞"。后历任刑部、兵部、吏部尚书，从金海陵王伐宋，为三十二行军都总管之一。金世宗大定初，历任咸平府尹、会宁府尹、北京留守，"是时，初定（契丹）窝斡，人心未安，兀带为治宽简，多备御，谨斥候，边郡以宁"。廉察使举荐他"所在有能名，无私过"，升擢参知政事。金世宗赞誉他"为人忠直"。②

　　温迪罕缔达，"该习经史，以女直字出身，累官国史院编修官"，学问在朋侪中"最号精深"。朝廷选拔诸路女真学生百人赴京进修，由他负责教学。后来创设女真进士科，首科及第者都是他的学生。大定十五年（1175），授著作佐郎，与编修官完颜宗璧等"译解经书"，由秘书丞迁东宫左赞善大夫。金世宗对太子说："朕得一出伦之才，学问该贯，当令辅汝德义。"后来卒于翰林待制任上。③

　　完颜兀不喝，会宁府海姑寨人，"年十三，选充女直字学生。补上京女直吏。再习小字，兼通契丹文字。充尚书省令史。天德初，除吏部主事。鞠问押懒路诈袭谋克事，人称其能。擢右拾遗。海陵谓之曰：'始闻

　　① 《金史》卷八八《纥石烈良弼传》，第2071—2078页。
　　② 《金史》卷八四《耨盌温敦兀带传》，第2004—2005页。
　　③ 《金史》卷一〇五《温迪罕缔达传》，第2457—2458页。参见《金史》卷五一《选举志一》，第1221页。

汝名，试以吏部主事。今计其实，优于所闻远矣。'累迁右司郎中"。金世宗称其"为人公忠"，派遣他处置女真猛安谋克接收契丹义军、重新分配土地诸事。后改任沧州横海军节度使，"初到官，谳囚能得其情，人以为不冤"。大定五年，卒于任。①

字术鲁阿鲁罕，隆州琶离葛山人，"年八岁，选习契丹字，再选习女直字。既壮，为黄龙府路万户令史。贞元二年，试外路胥吏三百人补随朝，阿鲁罕在第一，补宗正府令史。累擢尚书省令史"。金世宗大定初，从枢密使仆散忠义北征契丹、南伐宋朝，"辟置幕府，掌边关文字"，召集散亡契丹人，出使宋朝议和，入朝奏事，深得主帅信任。仆散忠义"荐阿鲁罕有才干，可任尚书省都事"。后授大理司直，不久任尚书省都事。历任同知保州顺天军节度使事、刑部员外郎、侍御史。宰相纥石烈良弼向金世宗举荐他"有干材，持心忠正，出言不阿顺"，迁劝农副使、兼同修国史、侍御史。历右司郎中、吏部侍郎、山东统军都监、邓州武胜军节度使、吏部尚书，后又出任西南路招讨使、陕西路统军使兼京兆尹。在边防统帅任上，他整饬军政，加强军事训练，营葺边堡壕堑，补充缺额军籍，禁绝用亲戚、奴婢或雇人代役，保障军人生活，严以律己，不与所部猛安谋克军官宴饮，"故兵民皆畏爱之"。后诏拜参知政事。金世宗对宰执们说："阿鲁罕所至称治，陕西政迹尤著。用之虽迟，亦可得数年力也。"②

粘割斡特剌，盖州别里卖猛安人，"贞元初，以习女直字试补户部令史，转尚书省令史。大定七年，选授吏部主事，历右补阙、修起居注"。累官参知政事，尚书右丞、左丞，金章宗明昌初任平章政事，数月卒。"在相位十余年，甚见宠遇。"金世宗称赞他有才干，"狱讼、簿书有斡特剌在"，尽可放心，又善于处理复杂公务，"凡谋议奏对多副朕心"。早年他曾得到纥石烈良弼的举荐，任宰执时荐举的人才深得金世宗赞赏。③

金初名臣完颜希尹之孙完颜守贞，是金章宗时期各族文士官员的领袖人物。金世宗大定初，充符宝祗候，以宫中承应人起家，累迁上京留守，因部内娶妻受杖刑，夺官。大定二十五年（1185），起授西京警巡使，累迁同知大兴府、同知西京留守。金世宗"爱其刚直"，御史台"奏守贞

①　《金史》卷九〇《完颜兀不喝传》，第2120—2121页。

②　《金史》卷九一《字术鲁阿鲁罕传》，第2148—2149页。

③　《金史》卷九五《粘割斡特剌传》，第2235—2237页。

治有善状"。金章宗继位，召其为刑部尚书兼右谏议大夫，拜参知政事、尚书左丞。明昌三年（1192），守贞出知东平府，后召拜平章政事。金章宗"问司吏移转事"，他回答："今吏权重而积弊深，移转为便。"金章宗和他谈及人才选拔，他建议："国家选举之法，惟女直、汉人进士得人居多，此举更宜增取。"而经童之科以及宫中诸司局承应人出职授官之类，"宜稍裁减，以清流品"。史载："守贞读书，通法律，明习国朝故事。时金有国七十年，礼乐刑政因辽、宋旧制，杂乱无贯。章宗即位，乃更定修正，为一代法。其仪式条约，多守贞裁订，故明昌之治，号称清明。"其为人"刚直明亮，凡朝廷论议及上有所问，皆傅经以对"，而尤"喜推毂善类，接援后进，朝廷正人，多出入门下"。① 如皇族完颜承晖，大定中充符宝祇候，金章宗即位授近侍局使，"好学，淹贯经史"，书房摆放司马光、苏轼的画像，对人说："吾师司马而友苏公。"完颜守贞是他的前辈，但守贞"素敬之，与为忘年交"。② 完颜守贞积极推行文治，推进改革，自然得到汉族士大夫的拥护，而他亦"礼接士大夫"。③ 完颜守贞出知东平府，特赐进士及第的尚书右丞刘玮对金章宗说："方今人材无出守贞者，淹留于外，诚可惜也。"④ 进士、吏部尚书董师中言"台省无此人不治"。⑤

　　综上所述，金前中期的女真文士官员，既有出身世袭贵族者，也有出身平民家庭者。出身女真贵族者，多通过家庭教育获取知识，平民子弟则多由官办女真字学校培育成才。贵族文士一般都有行伍经历，因掌握文化知识，或在元帅府为文书、幕僚，以至运筹帷幄，或被选到朝廷从事文翰、修史、立法工作，任行政官。女真平民文士，学校结业后一般即补地方州府、军府高级吏员，入充朝吏，也有直补随朝吏者，累迁尚书省令史，然后迁转部、省首领官（主事、员外郎、郎中）、台谏官、秘书文翰官、司法官，累进府州长贰官、六部侍郎。这是金朝前中期平民出身的女真字学生比较普遍的履历。一部分升迁到六部尚书等高级官员，少数人可成为宰执。他们既是女真人，又是文士，因而受到金朝统治者的高度信

---

① 《金史》卷七三《完颜守贞传》，第1791—1795页。

② 《金史》卷一〇一《完颜承晖传》，第2357、2361页。

③ 《金史》卷一〇四《孟奎传》，第2426页。

④ 《金史》卷七三《完颜守贞传》，第1792页。参见卷九五《刘玮传》，第2239页。

⑤ 《金史》卷九五《董师中传》，第2243页。

任和重视，在巩固政权、制度建设、行政、司法等方面发挥了积极作用。金前中期的女真文士官员与汉族官僚士大夫共同推动金朝从勃极烈议政辅政制向皇权体制转变，促使金朝统治者确立了儒家思想文化的主导地位，并在从政实践中学习借鉴汉文化治国理政。他们是金前中期历史发展中的进步力量。

## 二　策论进士科的创置与女真进士官员崭露头角

金熙宗以后已经制度化的科举，为金朝选拔输送了一批又一批汉、渤海等族的士大夫官僚，对金朝的政治改革、社会稳定、经济发展起到了积极的作用。但直到金世宗大定初，仍有女真贵族、军官及各族右职武官反对科举制度。金世宗征询宰相张浩的意见，问："自古帝王有不用文学者乎？"张浩以秦始皇对，金世宗大悟："岂可使我为始皇乎！"[1] 金世宗对进士文官的印象良好，大加褒扬，曾说："儒者操行清洁，非礼不行。以吏出身者，自幼为吏，习其贪墨，至于为官，习性不能迁改。政道兴废，实由于此。"[2] 金世宗比前任统治者更重视女真人的文化教育，认为博大精深的汉文化及儒家经典是提高女真人文化水平的知识宝库。"始大定四年，世宗命颁行女直大小字所译经书，每谋克选二人习之。寻欲兴女直字学校，猛安谋克内多择良家子为生，诸路至三千人。九年，选异等者得百人，荐于京师，廪给之，命温迪罕缔达教以古书，作诗、策。后复试，得徒单镒以下三十余人。"[3] 这都为通过科举考试选拔女真进士奠定了基础。

大定九年，"枢密使完颜思敬请教女直人举进士"。金世宗令尚书省讨论。尚书省认为可行，并提出具体的实施方案："初立女直进士科，且免乡、府两试，其礼部试、廷试，止对策一道，限字五百以上成。在都设国子学，诸路设府学，并以新进士充教授，士民子弟愿学者听。岁久，学者当自众，即同汉人进士三年一试。"[4] 金世宗批准施行。史家认为

---

①　《金史》卷八三《张浩传》，第 1983 页。

②　《金史》卷八《世宗本纪下》大定二十三年闰十一月，第 203 页。

③　《金史》卷五一《选举志一》，第 1220—1221 页。参见卷九九《徒单镒传》，第 2317 页。

④　《金史》卷九九《徒单镒传》，第 2317—2318 页。参见卷五一《选举志一》，第 1221 页。

"女直人试进士"，"实思敬启之也"。① 主持科举事务的礼部"以所学不同，未可概称进士"，金世宗诏国史院编修官移剌履负责拟定女真科举的科目名称。移剌履认为："进士之科，起于隋大业中，始试以策。唐初因之，高宗时杂以箴铭赋诗，至文宗始专用赋。且进士之初，本专试策。今女直诸生以试策称进士，又何疑焉？"②

大定十三年（1173）八月，女真进士科首次开考，策"问以求贤为治之道"。③ 考官既有女真人，也有汉人、契丹人。首榜女真进士 27 人，状元徒单镒授两官，其余 26 人授一官，全部任官学教授，"上三人为中都路教授，四名以下除各路教授"。④ 为配合女真进士科的创置，"始设女直国子学，诸路设女直府学，以新进士为教授。国子学策论生百人，小学生百人。府州学二十二，中都、上京、胡里改、恤频、合懒、蒲与、婆速、咸平、泰州、临潢、北京、冀州、开州、丰州、西京、东京、盖州、隆州、东平、益都、河南、陕西置之。凡取国子学生、府学生之制，皆与词赋、经义生同。又定制，每谋克取二人，若宗室每二十户内无愿学者，则取有物力家子弟年十三以上、二十以下者充"。⑤ 金宣宗兴定五年（1221），有宰臣追溯女真官学的盛况曰："大定制，随处设学，诸谋克贡三人或二人为生员，赡以钱米。至泰和中，人例授地六十亩。所给既优，故学者多。"⑥

大定十五年，"诏译诸经"，著作佐郎温迪罕缔达、编修官完颜宗璧、尚书省译史阿鲁、吏部令史杨克忠等人"译解"，将儒家经典翻译成女真文，翰林修撰移剌杰、应奉翰林文字移剌履等人"讲究其义"，即注疏释义。⑦ 兴办官学、译注经史等举措，不仅为女真人学习汉文化提供了方便，也为女真进士科举的持续举行奠定了教育基础。如女真贵族知识青年完颜匡，先后任王府教读和太子侍读，每天讲授汉语文和女

---

① 《金史》卷七〇《完颜思敬传》，第 1727 页。
② 《金史》卷九五《移剌履传》，第 2228 页。
③ 《金史》卷九九《徒单镒传》，第 2318 页。策问全文见《金史》卷五一《选举志一》，第 1221 页。
④ 《金史》卷九九《徒单镒传》，第 2318 页。
⑤ 《金史》卷五一《选举志一》，第 1213—1214 页。按词赋、经义生制度，小学生指年龄十五岁以下的学生。见《金史》卷五一《选举志一》，第 1211 页。
⑥ 《金史》卷五一《选举志一》，第 1224 页。
⑦ 《金史》卷九九《徒单镒传》，第 2318 页。"译解"，《金史》卷一〇五《温迪罕缔达传》作"译解经书"；杨克忠，《温迪罕缔达传》作张克忠（第 2457 页）。

真语文，金世宗的太子完颜允恭令诸皇孙行师弟子礼。某寝殿小底与完颜匡争辩伯夷、叔齐的忠义观，完颜匡晓之以理，完颜允恭听闻后，赞叹道："不以女直文字译经史，何以知此？主上立女直科举，教以经史，乃能得其渊奥如此哉！"又说："由是观之，人之学、不学，岂不相远哉！"但完颜匡不擅长科考，三次赴试皆落第，大定二十八年特赐及第，授中都路教授，仍为皇太孙侍读。①

大定十三年首开女真进士科，此后至大定二十二年以前，不见有女真人进士及第的记载，其他各族参加的词赋、经义进士科，举行过大定十六年、十九年两次考试。史载，大定十六年四月，"定宗室、宰相子程试等第"。② 具体而言，"命皇家两从以上亲及宰相子直赴御试，皇家祖免以上亲及执政官之子，直赴会试"。③ 这是优待和鼓励皇亲国戚与宰执子弟参加科考的举措。《金史·选举志一》将此条法规系于进士诸科门之女真策论进士科下，让人以为是专门针对女真进士科的规定，其实是对进士诸科而言的，换言之，这条法规并不能证明大定十六年举行过女真进士科的考试。大定十三年关于女真科举的诏书曰："俟行之久，学者众，则同汉进士三年一试之制。"大定二十年，"以徒单镒等教授中外，其学大振，遂定制，今后以策、诗试三场，策用女直大字，诗用小字，程试之期皆依汉进士例"，并"敕以来年八月二十五日于中都、上京、咸平、东平府等路四处府试"。大定二十二年三月，"策试女直进士"。因为考官（殿试称读卷官）有汉儒，故考卷须"译作程文，俾汉官览之"。④ 自此，女真进士科与词赋、经义科举同年同月举行。大定十三年以后、二十二年以前，是否举行过女真进士科考，有待新材料验证。首科女真进士免乡试和府试，大定二十二年增加了府试。大定二十五年科举，女真进士"初取止四十五人，显宗（指太子完颜允恭）命添五人"。⑤ 大定二十八年，女真科举增加"论题"考试，故称策论进士。金章宗明昌元年（1190），府试增加北京、西京、益都三处，共计七处，"兼试女直经童"。金世宗鼓励女真贵族和

① 《金史》卷九八《完颜匡传》，第 2293—2296 页。
② 《金史》卷七《世宗本纪中》，第 182 页。
③ 《金史》卷五一《选举志一》，第 1221 页。
④ 《金史》卷五一《选举志一》，第 1221—1222 页。
⑤ 《金史》卷九八《完颜匡传》，第 2295 页。

宰执子弟应举，金章宗对五品以上官员应举也有允许直接参加会试或殿试的优遇，[①] 体现了统治者重视文官和实行文治的政策倾向。

有学者认为金世宗创置女真进士科，首要的考虑是推广女真文字，复兴女真人的文化，加强女真人的认同意识。[②] 对此，李桂芝教授指出："世宗的这一举措更多的是要改变女真官员中自家世和侍卫入仕的现象，一则在于提高女真人的学术与道德修养，二则系在提高女真人整体素质的前提下，为女真有学养的人士开辟入仕之途，从而为女真猛安谋克平民提供接受教育和入仕的机会，改变女真官僚队伍的结构和某些领域中女真官员难以与汉官比肩的状况，使之在文化涵养上逐渐接近汉官的水平。这当是世宗的第一考虑和首要目的。虽然同是为了加强女真人的地位和影响，而加强女真人士的儒学修养，更有利于女真人学习女真文字和通过策论进士科入仕，同时对贵族的权势也是一种制衡。"[③] 陶晋生先生也指出，女真进士在金代中期以后的政局中发挥了两个方面的重要作用，一是女真进士成为宰执的很多，二是"平衡了从其他途径入仕的女真官员的势力，尤其是女真贵族的势力"。[④]

金世宗重视起用进士出身的官员。同样是进士出身的官员，金世宗对"南人"（原宋境内人）的观感好于"汉人"（原辽境内汉人，亦称汉儿），认为"南人矿直敢为，汉人性奸，临事多避难。异时南人不习词赋，故中第者少。近年河南、山东人中第者多，殆胜汉人为官"。[⑤] 金世宗在位时期，"南人"进士出身的官员地位不断提升，女真策论进士开始步入政坛，并受到重用，汉、渤海、契丹等族世家大族子弟的政治地位则相对下降。继金海陵王打击女真贵族势力后，金世宗虽然对女真贵族采取了安抚、尊崇之策，但也限制贵族滥用权力。

金世宗大定十年（宋孝宗乾道六年，1170）八月出使金朝的宋使范成大等人，"略得其廷臣名氏"，包括"领省、太尉、尚书令李石，元妃之父也，称'皇丈人'。起复左丞相纥石烈良弼、右丞相纥石烈志宁，

① 《金史》卷五一《选举志一》，第1222、1223、1226页。
② 陶晋生：《女真史论》，台北：食货出版社，1981，第84、88页。
③ 李桂芝：《辽金科举研究》，第269页。
④ 陶晋生：《女真史论》，第86—87页。
⑤ 《金史》卷九七《贺扬庭传》，第2279页。

左右平章完颜合喜、完颜夕剌，左右丞石琚、孟浩，皆兼太子师傅。参政魏子平、完颜德受。左右宣徽使敬嗣晖、耶律后，同知宣徽院韩纲。殿前都点检完颜习烈，左右副点检乌古论忠弼、乌古论元忠。判宗正王（原注：不知其名）。吏部尚书王宇，户部耶律道，礼部杨伯雄，兵部高寿星，刑部高德基，工部张恭愈。御史中丞李天瑀，工部侍郎张汝霖，御史完颜德温、梁肃，翰林待制郑子聃，秘书监杨邦基，太府监兼客省使梁彬，都水监耶律宝，大理卿李昌国，阁门使卢珙，内藏库使兼国子祭酒王可进，左司员外郎张汝弼、右司张亨，兵部郎中田彦皋"。① 这份名单大致反映了金世宗朝创置女真进士科之前，尚书省、六部、左右司、殿前都点检司（掌御前近侍和侍卫亲军）、宣徽院（掌宫中内府诸司

---

① （宋）徐梦莘：《三朝北盟会编》卷二四五，引（宋）范成大《揽辔录》，第1762—1763页。中华书局2002年版《范成大笔记六种》之《揽辔录》未采信《三朝北盟会编》本，未录此段文字。李石、纥石烈良弼、纥石烈志宁，见《金史》卷八六、卷八七、卷八八本传。完颜合喜，当为徒单合喜之误，贵族军将，父蒲涅为世袭猛安，本人于大定九年拜平章政事，十一年卒，见《金史》卷六《世宗本纪上》、卷八七本传，第162、2064—2067页。完颜夕剌，当即完颜守道，本名习尼列，音近夕剌，早年以祖完颜希尹功授应奉翰林文字出身，历任州刺史，大定初迁昭毅大将军、左谏议大夫，大定九年拜平章政事，见《金史》卷六《世宗本纪上》、卷八八本传，第162、2078—2079页。完颜德受，当即皇族宗叙，本名德寿，护卫出身，大定十年三月授参知政事，次年卒于任，见《金史》卷六《世宗本纪上》、卷七一本传，第163、1745—1748页。耶律后，又名耶律（移剌）神独斡，大定八年九月以右宣徽使使宋，见《金史》卷六《世宗本纪上》，第159页。完颜习烈，或即完颜部军事贵族完颜仲（本名古石乃，音近习古乃、习烈），大定五年二月以右副都点检使宋，不辱使命，升都点检，见《金史》卷六《世宗本纪上》、卷七二本传，第152、1760—1761页。乌古论忠弼，当即乌古论粘没曷，驸马都尉、世袭谋克，大定五年十一月，以右副都点检使宋，见《金史》卷六《世宗本纪上》、卷一二〇本传，第153、2761页。乌古论元忠，驸马都尉，见《金史》卷一二〇本传，第2766页。耶律道，见《金史》卷八八《移剌道传》，第2089—2091页。这份名单中《金史》有传的汉人、渤海人进士有石琚（卷八八）、孟浩（卷八九）、魏子平（卷八九）、敬嗣晖（卷九一）、杨伯雄（卷一〇五）、高德基（卷九〇）、张汝霖（赐进士及第，卷八三）、张汝弼（卷八三）、梁肃（卷八九）、郑子聃（卷一二五）、杨邦基（卷九〇）、张亨（卷九七）。吏部尚书王宇，当即《金史》卷九五有传的王蔚，因宇、蔚音近而误，皇统二年进士，大定二年起历任河东北路转运使、中都路都转运使、吏部尚书、知河中府、南京留守，十五年拜参知政事（第2244页）。张恭愈，见《三朝北盟会编》卷二四五所引《族帐部曲录》，广宁府人，进士（第1764页）。田彦皋，周必大《文忠集》卷六一《范成大神道碑》谓其"文儒"，卷一五二《商议称呼及吴璘落阶官御笔回奏》谓其"向来范成大泛使时接伴，其文采议论大段过人，且知向慕中国"，无疑是进士出身。见王瑞来校证《周必大集校证》卷六一、卷一五二，上海古籍出版社，2020，第914、2327页。李昌国，《金史》卷六《世宗本纪上》大定十一年四月作大理卿李昌图（第165页）。高寿星，或为东京渤海人，出身世族，金熙宗时任近侍，见《金史》卷四《熙宗本纪》皇统九年八月，卷六三《熙宗悼平皇后裴满氏传》，卷一三二《完颜秉德传》，第94、1599、2976页。

局)、御史台、大理寺、都水监以及文翰、礼仪等机构主要官员的族群、家族、文武背景。女真贵族武将出身的官员仍然掌握着朝政和军政大权，女真平民出身的文士官僚纥石烈良弼实际为首相，渤海世族、国戚李石（辽末进士）所任尚书令为尊崇老臣的荣誉官衔，领省事类似顾问。① 渤海世族、国戚张浩家族成员，包括赐进士及第的张汝霖、进士张汝弼，在中央政务部门炙手可热。进士出身的其他汉、渤海族官员如石琚（定州人）、孟浩（滦州人）、魏子平（弘州人）、王蔚（中都香河人）、敬嗣晖（易州人）、杨伯雄（真定藁城人）、高德基（辽阳渤海人）、张恭愈（广宁府人）、梁肃（奉圣州人）、郑子聃（大定府人）、杨邦基（华州华阴人）、张亨（大兴府漷阴人）、田彦皋（籍贯不详）等人在中央行政、司法、监察部门和文翰机构任职，政治地位明显上升。

金世宗在位后期，女真进士崭露头角。金世宗对女真进士的表现赞誉有加："女直人中材杰之士，朕少有识者，盖亦难得也。新进士如徒单镒、夹古阿里补（夹谷衡）、尼厖古鉴辈皆可用之材也。起身刀笔者，虽才力可用，其廉介之节，终不及进士。"② 三位新进士都是大定十三年首科女真进士。徒单镒，上京路速速保子猛安人，父徒单乌辇累官北京副留守。他七岁开始学习女真字，大定九年，入京学习儒家经典，"最精诣，遂通契丹大小字及汉字，该习经史"。及第后授中都路教授，历任国子学助教、国史院编修官兼修起居注，大定末迁翰林待制兼右司员外郎。宰臣纥石烈良弼对他"深加礼敬"，宰臣完颜守道称赞他"有材力，可任政事"。金世宗也很满意他的才学，赞赏道："不设此科，安得此人。"并对宰臣说："当以剧任处之。"③ 夹谷衡，山东西路三土猛安益打把谋克人，科举"中第四人，补东平府教授"，调任范阳县主簿，选充国史

① 据《金史》卷八六《李石传》，李石于大定元年以定策功授户部尚书，旋拜参知政事，三年转任御史大夫，十年进拜太尉、尚书令，诏曰："太后兄弟惟卿一人，故命领尚书事，军国大事，涉于利害，议其可否，细事不烦卿也。"（第2033页）又据《金史》卷六四《世宗元妃李氏传》，妃父"石有定策功，世宗厚赏而深制之，宠以尚书令之位，而责成左右丞相以下。妃虽贵，不得预政"（第1621页），故知尚书令（不常置）、领省事李石并非首相，左丞相才是首相。
② 《金史》卷八《世宗本纪下》大定二十六年十一月，第213页。参见卷九四《夹谷衡传》，第2221页。
③ 《金史》卷九九《徒单镒传》，第2317—2318页。

院编修官，改应奉翰林文字，迁修起居注。① 尼厖古鉴，隆州猛安人，进士及第后"调隆安教授，改即墨主簿，召授国子助教，擢近侍局直长"，后转任太子侍丞，迁应奉翰林文字，兼尚书省右三部司正。金世宗"器其材"，对宰臣们说，尼厖古鉴"尝近侍，朕知其正直干治。及为东宫侍丞，保护太孙，礼节言动犹有国俗纯厚旧风。朕甚嘉之"。② 他们入仕以后先授路府学官，然后历任国子学官或史官，进入文翰机构，并兼任尚书省官。有的进京任职前有过亲民官的历练，有的由国子学官擢拔为宫内近侍局的官员，再掌文翰。翰林学士院为皇帝起草制诏，其官员是皇帝的秘书，也是智囊，颇受器重。近侍局则是皇帝沟通内外朝的侍从机构。

又如临潢府猛安人裴满亨，早年充近侍局奉职，"敦敏习儒"，备考科举，金世宗鼓励他："闻尔业进士举，其勿忘为学也。"中大定二十八年女真策论进士，"世宗嘉之，升为奉御"。奉职原称不入寝殿小底，奉御原称入寝殿小底，都是近侍局的近侍，日夜轮值侍奉皇帝，从女真、汉、契丹、渤海诸族贵族官僚子弟中遴选，本身是官员，身份显赫，任职十年左右即可擢升内外朝要职或州刺史，因而近侍极少有参加科举考试者。裴满亨考中进士，自然更得金世宗赏识和倚重。金世宗曾和他讨论"上古为治之道"，裴满亨奏对："陛下欲兴唐虞之治，要在进贤，退不肖，信赏罚，薄征敛而已。"③

兴办女真官学，创置女真进士科，女真进士步入官场，给金朝的官员队伍、政治生态带来积极的变化。女真科举经过府试、会试、殿试三场考试（汉人科举还有乡试），每一场的落榜者都是中榜人数的好几倍。如泰和二年（1202）定制，会试合格参加殿试的考生，"策论三人取一，词赋、经义五人取一"。明昌元年（1190）规定，五次进入殿试的落榜者可恩赐进士及第，称"五举恩例"，省元（会试头名）、解元（府试头名）落榜者下次科举有免试等优待政策，"女直进士亦同此例"。承安五年（1200），定为"四举该恩"，泰和二年修改为"五举终场年四十五以上、四举终场

①　《金史》卷九四《夹谷衡传》，第 2221 页。
②　《金史》卷九五《尼厖古鉴传》，第 2247—2248 页。
③　《金史》卷九七《裴满亨传》，第 2271 页。

年五十以上者受恩"，① 极少数人可特恩赐第。总之，女真进士只是女真官学所培养人才的一小部分。未考中进士的女真文士，不少人通过考试成为官府吏员，累积资历出职为官，或通过荫补进入官员队伍，成为区别于文官的右职武官。他们的文化水平、行政能力，总体上高于经由军官、护卫、近侍、宫中承应人、侍卫亲军成为右职武官的女真官员。

## 三　金章宗时期的女真文官与皇权强化

金章宗即位后，"锐意于治平"，②"崇尚儒雅，故一时名士辈出。大臣执政，多有文采学问可取"。③ 随着民族交融的深入与社会的进步，部分女真贵族子弟通过学校教育，接受了儒家文化的熏陶，渴望通过科举进入仕途。为保持女真军人的尚武精神，金世宗规定世袭猛安谋克不得入读太学，不得参加科举考试。金章宗即位后，尚书省上奏拟允许世袭猛安谋克参加科举。金章宗征询大臣们的意见，尚书令徒单克宁认为："承平日久，今之猛安谋克其材武已不及前辈，万一有警，使谁御之？习辞艺，忘武备，于国弗便。"④ 于是仍维持旧令。但有些女真贵族青年宁愿放弃世袭官，选择参加科举。如上京人赤盏尉忻，"当袭其父谋克，不愿就，中明昌五年策论进士第"。⑤ 也有的女真军官，如曷懒路人完颜仲德，"少颖悟不群，读书习策论，有文武才。初试补亲卫军，虽备宿卫而学业不辍。中泰和三年进士第"。⑥ 为保证女真军人的数量和军事素质，金章宗时期规定"策论进士限丁习学"，并"程试弓箭"；户仅一丁不得应举，两丁以上须留一半丁口签军，但"三次终场（指三次进入殿试均落榜者），不在验丁之限"。此外还规定女真人只能参加策论进士科，不得参加词赋、经义科考试。⑦

史称金朝"世宗、章宗之世，儒风丕变，庠序日盛，士繇科第位至

① 《金史》卷五一《选举志一》，第1225、1228页。
② 《金史》卷九九《徒单镒传》，第2318页。
③ （金）刘祁：《归潜志》卷一二，第136页。
④ 《金史》卷九二《徒单克宁传》，第2176页。
⑤ 《金史》卷一一五《赤盏尉忻传》，第2674页。
⑥ 《金史》卷一一九《完颜仲德传》，第2747页。
⑦ 《金史》卷五一《选举志一》，第1223页。

宰辅者接踵"。① 徒单镒是金章宗朝最有威望的进士宰相。他在短短三年之内，由左谏议大夫兼吏部侍郎升迁御史中丞，擢参知政事、尚书右丞。他用《尚书》等儒家经典启迪年轻的皇帝，希望金章宗"稽古崇德"，"无因物以好恶喜怒，无以好恶喜怒轻忽小善，不恤人言……上下之情既通，则大纲举而群目张矣"。明昌三年（1192）起，历任沧州横海军节度使、定州定武军节度使、知平阳府事、西京留守、上京留守，承安五年（1200）入拜平章政事。②

金章宗时期，整个社会弥漫着奢靡、浮躁之风，学风士风亦转趋浮华。金末元初人杨奂以为："金大定中，君臣上下以淳德相尚，学校自京师达于郡国，专事经术教养，故士大夫之学少华而多实。明昌以后，朝野无事，侈靡成风，喜歌诗，故士大夫之学多华而少实。"③ 泰和元年（1201），徒单镒"病时文之弊"，认为"诸生不穷经史，唯事末学，以致志行浮薄"，提出改革科举的建议，"可令进士试策日，自时务策外，更以疑难经旨相参为问，使发圣贤之微旨、古今之事变"，被采纳，"诏为永制"。④ 他上疏倡导"五常""五德"，认为"今五常不立，五德不兴，缙绅学古之士弃礼义，忘廉耻，细民违道畔义，迷不知返，背毁天常，骨肉相残，动伤和气，此非一朝一夕之故也。今宜正薄俗，顺人心"。他上疏提出革新之策，"为政之术，其急有二。一曰正臣下之心。窃见群下不明礼义，趋利者众，何以责小民之从化哉。其用人也，德器为上，才美为下，兼之者待以不次，才下行美者次之；虽有才能，行义无取者，抑而下之，则臣下之趋向正矣。其二曰导学者之志。教化之行，兴于学校。今学者失其本真，经史雅奥，委而不习，藻饰虚词，钓取禄利。乞令取士兼问经史故实，使学者皆守经学，不或于近习之靡，则善矣"。史称"镒言皆切时弊，上虽纳其说，而不能行"。史载徒单镒"明敏方正，学问该贯，一时名士皆出其门，多至卿相。尝叹文士委顿，虽

① 《金史》卷一二五《文艺列传上》，第 2861 页。
② 《金史》卷九九《徒单镒传》，第 2318—2319 页。
③ （元）杨奂：《跋赵太常拟试赋稿后》，（元）苏天爵编《元文类》卷三八，安徽大学出版社，2020，第 735 页。杨奂谓明昌以后士大夫喜歌诗，大概就是刘祁所谓"明昌、承安间，作诗者尚尖新。故张翥仲扬由布衣有名，召用，其诗大抵皆浮艳语"之类。见（金）刘祁《归潜志》卷八，第 85 页。
④ 《金史》卷五一《选举志一》，第 1219 页。

巧拙不同，要以仁义道德为本，乃著《学之急》《道之要》二篇。太学诸生刻之于石"。① 他的高明见解未被金章宗和后来的统治者所重视，但他对时弊的批评仍然表现出一位政治家的洞察力。

泰和四年（1204），徒单镒再度罢相，外任知府、诸京留守。金宋交恶用兵，平章政事"仆散揆行省河南，陕西元帅府虽受揆节制，实颛方面。上思用谋臣制之，由是升宣抚使一品，镒改知京兆府事、充宣抚使，陕西元帅府并受节制"。金章宗诏谕徒单镒："卿之智略，朕所深悉，且股肱旧臣，故有此寄。宜以长策御敌，厉兵抚民，称朕意焉。"这体现了金章宗对徒单镒的倚重。徒单镒赴任后，提出改革与完善急递铺制度的方案，被采纳，"自此邮达无复滞焉"。宋臣安丙杀死归降金朝的四川将帅吴曦后，出兵秦陇，直逼关中，徒单镒奉诏出兵金、房等州，牵制宋军，取得预期战果。金宋议和后，徒单镒历任知真定府、东京留守、上京留守。金卫绍王大安三年（1211），徒单镒拜尚书右丞相。贵族武将纥石烈执中发动兵变弑金卫绍王后，拜访德高望重的宰相徒单镒，他说服纥石烈执中迎立金宣宗，将兵变的危害降到最低，进拜左丞相。史称"至宁、贞祐之际，转败为功，惟镒是赖焉"。贞祐危难之际，他虽多次陈言，如遣宰执行省于辽东，反对迁都南京，但都未被采纳。贞祐二年（1214），其卒于任。② 徒单镒是继纥石烈良弼之后女真士大夫官员的代表，经历了金朝由盛转衰的过程，无论在"庙堂之高"，还是"江湖之远"，始终以儒家思想为圭臬，坚定维护金朝的皇权和中央集权，经历贞祐南渡，仍然心系天下，可谓"鞠躬尽瘁，死而后已"。

夹谷衡和尼厖古鉴在金章宗朝先后成为宰执。金章宗即位三年内，夹谷衡连转五职，先由修起居注迁侍御史（从五品），历右司员外郎（回降正六品）、左司郎中（从五品），擢御史中丞（从三品），不久拜参知政事（从二品），升任宰执。明昌三年（1192），40多岁的夹谷衡因病长期告假，上表请求致仕，金章宗加以抚慰，未准允。次年，金章宗赐其汉名"衡"，诏曰："朕选大臣，俾参机务，必资谋画，协赞治平。其或得失晦而未形，利害胶而未决，正须识见纯直，方能去取合公。比来

---

①　《金史》卷九九《徒单镒传》，第2319—2320、2323页。

②　《金史》卷九九《徒单镒传》，第2320—2323页。

议事之臣，鲜有一定之论。盖以内无所守，故临事而惑，致有中失，朕将何赖？卿忠实公方，审其是则执而不回，见其非则去而能果，度其事势，有若权衡。汝之所长，衡实似之，可赐名'衡'。古者命名将以责实，汝先有实，可谓称名，行之克终，乃副朕意。"诏书充分肯定了夹谷衡在议政决策中善于审时度势的政治智慧。之后夹谷衡迁尚书右丞。明昌六年，迁左丞，行省事于抚州，措画边防。承安二年（1197），由上京留守改授枢密副使，"行院规画边事"。次年，"以修完封界，赐诏褒谕"。夹谷衡两次奉诏赴边擘画边务，都令金章宗和朝廷满意。承安四年正月，拜平章政事，不久病故，年仅51岁。[①]他的仕宦经历充分体现了金章宗对女真士大夫官员的信任和倚重，而他也以实际行动报答了金章宗的恩遇。

尼厖古鉴在金章宗朝的行实，史书记载简略，"章宗立，累迁尚书户部侍郎，兼翰林直学士。俄转同知大兴府，用大臣荐，改知大兴府事。明昌五年，拜参知政事。薨"。[②]

金章宗的老师、特赐进士及第的女真文士完颜匡，最受金章宗宠信，后来"位兼将相"。金章宗即位后，任命完颜匡为近侍局直长，升本局副使、局使。完颜匡历任翰林直学士、秘书监、签书枢密院事，一直兼任近侍局使，随侍帝侧，执掌机要，传达圣旨。承安元年，北方部族起兵反抗金朝的统治，金章宗"委匡以边事"，令其"行院于抚州"。承安三年，边事缓和，完颜匡入朝，授尚书左丞、拜枢密副使。泰和六年（1206），金宋交战，平章政事仆散揆、右丞相完颜宗浩先后行省事，统兵出征，都病逝于军中，从征的右副元帅完颜匡临危受命，拜平章政事、兼左副元帅，"代宗浩总诸军，行省于汴京"，全权负责对宋和战事宜，金方取得决定性的胜利。泰和八年十一月，金章宗崩，"匡受遗诏，立卫绍王"，进拜尚书令，次年底病逝。完颜匡能文能武，而更以武功和外交贡献见诸史籍。他也是皇权和中央集权的坚定维护者。但是，完颜匡"怙宠自用，官以贿成"，并限外夺占民田，[③]体现了女真贵族贪婪的一面。

接受了儒家思想的女真进士官员是皇权政治的产物，也是皇权和中央集权的坚定维护者。女真统治者奉行女真本位主义，对汉族官员并不

---

① 《金史》卷九四《夹谷衡传》，第2221—2222页。
② 《金史》卷九五《尼厖古鉴传》，第2248页。
③ 《金史》卷九八《完颜匡传》，第2296—2303页。

完全信任，女真进士成为皇权制衡女真贵族政治的重要支撑。金章宗继位后，面谕近侍裴满亨："朕左右侍臣多以门第显，惟尔繇科甲进，且先朝信臣，国家利害为朕尽言。"在同州节度副使、同知大名府事任上，"豪猾从衡，前政莫制。亨下车宣明约束，阖境帖然"。在中都西京等路按察使任上，有"世袭家豪夺民田，亨检其实，悉还正之"。史称裴满亨"出入宫禁数年，谠议忠言多所裨益……所历州郡，皆有政绩可纪"。① 无论任监察、按察官，还是担任州府官，他都敢于抑制豪强，纠正女真贵族的不法行为，这对维护皇权具有重要意义。

金世宗后期和金章宗时期进士及第的女真文官，在金章宗朝多数属于中低级官员，任县、司（警巡司、录事司、司候司，管理京、府、州城区人口）令佐，或担任府、州佐贰官，也有的在中央机构任属官或令史（见表5-1）。其中多数人是在金宣宗贞祐南渡以后晋升至职级五品以上中高级官员的。州、县、司亲民官处于国家治理的最基层，其素质、品行、能力、担当直接关系着州县的治乱兴衰。有些女真文官在地方治理中留下不错的政绩。如乌延公锐，"年甫弱冠，登进士第。其临政也，刚明果决，凡可以为斯民利者，断然必行，曾不为小节拘。众人罕测，望风敬惮。所至为治最"。金章宗泰和中自刑部员外郎授单州刺史，申请上司减免灾民租税；金宋开战，行部摊派本州运粮车和草料甚多，经他申诉得以减免；行部调发役夫1000多人牵挽漕运船，"适值大河流渐，遂为申覆俟春正起运。夫减其半。故民力不疲而官事办"；金宋和议成，"即劝课农桑，兴修学校"。② 又如大定二十二年进士蒲察郑留，泰和中任朔州顺义军节度使，"朔州多盗，郑留禁绝游食，多蓄兵器，因行春抚谕之，盗乃衰息，狱空"。朝廷特赐"锡宴钱"褒奖他。他善于处理民间纠纷和诉讼，常以儒家伦理化解民间纠纷。如"西京人李安兄弟争财，府县不能决，按察司移郑留平理，月余不问。会释奠孔子庙，郑留乃引安兄弟与诸生叙齿，列坐会酒，陈说古之友悌数事，安兄弟感悟，谢曰：'节使，父母也，誓不复争。'乃相让而归"。③ 明昌二年进士女奚烈守

---

① 《金史》卷九七《裴满亨传》，第2271—2272页。

② （清）张金吾编纂《金文最》卷八○《单州乌延太守去思碑》（大安元年），第1167—1168页。

③ 《金史》卷一二八《蒲察郑留传》，第2920页。

愚，所至"治有声"，承安间任临沂县令，"有不逞辈五百人，结为党社，大扰境内，守愚下车，其党散去"。往年朝廷检括山东土地，规定隐匿的土地入公，并抽取部分罚金奖赏举报人。"莒州刺史教其奴告临沂人冒地，积赏钱三百万（文），先给官锢，乃征于民，民甚苦之。守愚列其冤状白州，州不为理，即闻于户部而征还之，流民归业。县人勒其事于石。"① 此二人与明昌二年进士纥石烈德一起列入《金史·循吏列传》。《循吏列传》传主共 21 人，女真人只有他们三位进士入选。又如承安二年进士纳兰胡鲁刺，任职应奉翰林文字期间，"被诏括牛于临潢、上京等路。丞相（完颜）襄有田在肇州，家奴匿牛不以实闻，即械系正其罪而尽括之。于是豪民皆惧，无敢匿者"。泰和间任曹州刺史，"豪民仆散扫合立私渡于定陶间，逃兵盗劫，皆籍为囊橐，累政莫敢问。胡鲁刺捕治之，穷竟其党，阖郡肃然"。② 这说明女真进士文官在发展生产、轻徭薄赋、抑制豪强、打击不法、缓和社会矛盾、稳定地方秩序等方面发挥了积极作用。

由于朝廷规定女真进士不废武功，他们中也有文武兼擅者，在金章宗后期至金末的对外战争中发挥了一定作用。除上文已经提到的以外，又如明昌二年进士完颜伯嘉，"纯直，不能与时低昂，尝曰：'生为男子，当益国泽民，其他不可学也'"。历任元帅左监军、知太原府事、河东北路宣抚使、知河中府、充宣差都提控，"以著功参大政"，权参知政事、行尚书省于河中，率陕西精锐与平阳公史詠收复河东。③ 泰和三年进士完颜仲德，"虽在军旅，手不释卷，门生故吏每以名分教之。家素贫，敝衣粝食，终其身晏如也。雅好宾客，及荐举人材，人有寸长，极口称道。其掌军务，赏罚明信，号令严整，故所至军民为用，至危急死生之际，无一士有异志者。南渡以后，将相文武，忠亮始终无瑕，仲德一人而已"。④ 面对严重的军事危机，金朝的女真进士文官中虽然没有出现力挽狂澜的政治人物，其战略战术思想、攻防作战亦乏善可陈，但也

① 《金史》卷一二八《女奚烈守愚传》，第 2921 页。
② 《金史》卷一〇三《纳兰胡鲁刺传》，第 2419 页。
③ 《金史》卷一〇〇《完颜伯嘉传》及赞，第 2342—2349 页。
④ 《金史》卷一一九《完颜仲德传》，第 2752—2753 页。

不乏坚持抗战、不屈而死者，其勇武及气节毫不逊色于女真武将。[1]

要之，金前期，女真贵族军官几乎独揽军事和行政大权，其他各族官员居于从属地位。金熙宗废除中央勃极烈辅政制，实行三省六部制，但皇权仍受制于贵族政治。金海陵王打击以皇族为核心的女真贵族势力，强化皇权，加强中央集权。金前期的女真文士促进了金朝从勃极烈辅政制向君主专制中央集权制度的转变。随着对外战争的结束，女真文人群体进一步壮大，特别是金世宗大定年间确立女真进士科后，女真进士群体成为金朝文官的新生力量，给金朝的官员队伍、政治生态带来积极的变化。金世宗、金章宗重视文治，重用女真、汉族进士文官来制衡女真贵族的权势。自金世宗大定十三年至金末，女真进士科为金朝输送了数百名具有较高文化修养、尊奉儒家思想的文官。[2] 他们具备较高的行政、理财、司法、监察、文翰工作能力，其中涌现出一批堪当大任的中高级官员。女真进士官员接受了儒家思想，是皇权和中央集权的坚定维护者。女真统治者奉行女真本位主义，对汉族官员并不完全信任，女真进士成为皇权制衡女真贵族政治的重要支持力量。

表 5-1    金世宗与金章宗时期的女真进士

| 姓名 | 科次 | 履历 | 文献出处 |
|---|---|---|---|
| 徒单镒 | 大定十三年 | 中都路教授，国子助教，国史院编修官兼修起居注，翰林待制兼右司员外郎，左谏议大夫兼吏部侍郎，御史大夫，参知政事兼修国事，尚书右丞，横海军、定武军节度使，知平阳府，西京、上京、东京留守，平章政事，知咸平府，南京留守，知河中府兼陕西安抚使，知京兆府、陕西宣抚使，知真定府，右丞相，左丞相 | 《金史》卷九十九本传 |

① 如列入《金史·忠义列传》的夹谷守中（卷一二一）、和速嘉安礼（卷一二一）、乌古论荣祖（卷一二一）、乌古论仲温（卷一二一）、乌古论德升（卷一二二）、纳合蒲剌都（卷一二二）、尼厖古蒲鲁虎（卷一二二）、蒲察娄室（卷一二二）、乌林答乞住（卷一二二）、陀满胡土门（卷一二三）等。

② 女真进士科自金世宗大定十三年创置开科，至金哀宗正大七年最后一次科考，58 年间最多举行过 20 次。但大定十六年、十九年女真进士很可能停举，大安元年、贞祐三年、正大七年这三次科举，目前也没有找到女真进士的相关记载。关于女真进士每科的录取人数，已知大定十三年 27 人，大定二十二年 50 人，宣宗兴定五年 28 人，哀宗正大元年 30 人，这四次平均每次录取人数 34 人。算上恩榜、特恩进士，金朝女真进士约 600 人。参见都兴智《辽金史研究》，人民出版社，2004，第 62 页；李桂芝《辽金科举研究》，第 269 页。

| 姓名 | 科次 | 履历 | 文献出处 |
|---|---|---|---|
| 夹谷衡 | 大定十三年 | 东平府教授，范阳簿，国史院编修官，应奉翰林文字、修起居注，侍御史，右司员外郎，左司郎中，御史中丞，参知政事，尚书右丞、左丞，上京留守，枢密副使，平章政事 | 《金史》卷九四本传 |
| 尼庞古鉴 | 大定十三年 | 隆安教授，即墨主簿，国子助教，近侍直长，太子侍丞，应奉翰林文字兼右三部司正，户部侍郎兼翰林直学士，同知、知大兴府事，参知政事 | 《金史》卷九五本传 |
| 奥屯忠孝 | 大定二十二年 | 蒲州司候，校书郎兼太子司经，累迁礼部员外郎，翰林待制，权户部侍郎，河平军节度使兼都水监，沁南军节度使，降宁海州刺史，滑州刺史，同知南京留守，定国军节度使，太子少傅兼礼部尚书，参知政事，知济南、中山府 | 《金史》卷一○四本传 |
| 夹谷守中 | 大定二十二年 | 清池、闻喜主簿，尚书省令史，刑部主事，监察御史，修起居注，礼部员外郎，大名府治中，北京临潢路按察副使，同知曷懒路兵马都总管事，坐事谪韩州刺史，同知平凉府事，秦州防御使，通远军节度使。城破不屈，死 | 《金史》卷一二一本传。入《忠义列传》 |
| 蒲察郑留 | 大定二十二年 | 高苑主簿，澛州司候，尚书省令史，监察御史，北京临潢路按察副使，户部侍郎，陕西路按察使，朔州顺义军、隆州利涉军、邢州安国军节度使，知庆阳府、平凉府，东京留守 | 《金史》卷一二八本传。入《循吏列传》 |
| 仆散讹可 | 大定二十五年 | 王府教读选为太子侍读，举进士及第，除书画直长，明昌六年累迁翰林修撰兼右拾遗 | 《金史》卷九八《完颜匡传》，卷一○《章宗本纪二》 |
| 乌古论仲温 | 大定二十五年 | 累官太学助教，应奉翰林文字，河东路提刑判官，河北东路转运副使，同知顺天军节度使，签上京东京等路按察司事，提举肇州漕运兼同知武兴军节度使事，东胜州刺史，坐不称职降镇宁军节度副使，滑州刺史，河东南路按察副使，寿州防御使，岚州镇西军节度使。城破不屈，死 | 《金史》卷一二一本传。入《忠义列传》 |
| 蒲察思忠 | 大定二十五年 | 文德、潮阴主簿，国子助教，应奉翰林文字，太学博士，涿州刺史，吏部郎中，王府傅，大理卿兼左司谏、同修国史，翰林侍讲学士兼左谏议大夫、大理卿、知审官院、同修国史，正职外兼四职自思忠始。进翰林侍读学士兼兵部侍郎，太子太保兼侍读、修国史，翰林学士 | 《金史》卷一○四本传 |
| 裴满亨 | 大定二十八年 | 由奉职备进士举，擢第升奉御，监察御史，王府尉，定国军节度副使，累迁同知大名府事，河南路按察副使，河南路统军副使，中都西京等路按察使，安武军节度使，河东南北路按察使 | 《金史》卷九七本传 |
| 抹撚尽忠（象多） | 大定二十八年 | 高阳、朝城主簿，北京临潢路提刑司知事，顺义军节度副使，翰林修撰，同知德昌军节度使，签北京按察司，滑州、恩州刺史，山东按察副使，坐罪降赣州刺史，乾州刺史，元帅府经历官，吏部郎中，中都西京等路按察使，左副元帅兼西京留守，尚书右丞、行省西京，左丞，平章政事、左副元帅 | 《金史》卷一○一本传 |

| 姓名 | 科次 | 履历 | 文献出处 |
|------|------|------|----------|
| 完颜寓（讹出） | 大定二十八年 | 累调河东北路提刑司知事，同知辽州军州事，国史院编修官，应奉翰林文字，南京路转运副使，太府监丞，吏部员外郎，知登闻检院，右司郎中，翰林待制兼侍御史，礼部侍郎，东京副留守，陇州防御使，安化军节度使兼山东路统军副使、权元帅左都监、行元帅府事。密州城破，死 | 《金史》卷一〇四本传 |
| 乌林荅乞住 | 大定二十八年 | 累官补尚书省令史，山东提刑司判官，王府司马，太原府治中，签陕西路按察司事，汝州、沁州刺史，北京临潢路按察副使，蒲与路节度使，以罪解职，降授德昌军节度副使，利州刺史，同知咸平府事，归德军节度使，兴平军节度使、东面经略使，元帅右都监。赴援中都战死 | 《金史》卷一二二本传。入《忠义列传》 |
| 粘割贞 | 大定二十八年 | 历教授，主簿，河北大名路提刑司知事，都转运户籍判官，泰定军节度副使，德兴军治中，宣德州刺史，礼部郎中，户部侍郎，沁南军、河平军、镇南军、集庆军、汾阳军节度使，潞州昭义军节度使、潞州经略使，工部尚书。权元帅左都监守晋安府。城破，死 | 《金史》卷一二二本传。入《忠义列传》 |
| 和速嘉安礼 | 大定二十八年 | 累官泰安州刺史。坚守城池，城破不屈，死 | 《金史》卷一二一本传。入《忠义列传》 |
| 兀颜讹出虎 | 大定二十八年 | 累官补尚书省令史，顺天军节度副使，治书侍御史，刑部员外郎，单州刺史，户部郎中，河东北路按察副使，同知大兴府事，秦州、泗州防御使，武宁军节度使，河平军节度使兼都水监，降沂州防御使，汾阳军节度使兼经略使。城破，死 | 《金史》卷一二二本传。入《忠义列传》 |
| 奥屯阿虎 | 大定二十八年 | 提点近侍局。父为大定二十二年进士奥屯忠孝 | 《汝南遗事》总论 |
| 完颜匡 | 大定二十八年 | 王府教读，太子侍读，连试落选，特赐及第。授中都路教授，近侍局直长、副使、局使、提点太医院，翰林直学士，秘书监兼提点太医院、近侍局使、大理少卿，签书枢密院事，行枢密院事于抚州，尚书右丞，枢密副使，右副元帅，平章政事兼左副元帅、行省汴京，尚书令 | 《金史》卷九八本传 |
| 完颜璋 | 大定二十五年或二十八年 | 不详。女真贵族，其父宰相完颜守道大定二十六年致仕，赐璋进士及第 | 《金史》卷八八《完颜守道传》 |
| 完颜闾山 | 明昌二年 | 累调观察判官，尚书省令史，都转运都勾判官，南京警巡使，南京路按察判官，沁南军节度使，工部尚书，知京兆府、行省参议官，知凤翔府，知平凉府，吏部尚书，晋安行元帅府元帅 | 《金史》卷一〇〇本传 |

| 姓名 | 科次 | 履历 | 文献出处 |
|---|---|---|---|
| 完颜伯嘉 | 明昌二年 | 中都左警巡判官，宝坻丞，尚书省令史，太学助教，监察御史，平凉府治中，莒州刺史，累迁同知西京留守、权本路安抚使，顺义军节度使，震武军节度使兼宣抚副使，元帅左监军、知太原府事、河东北路宣抚使，知归德府事，签枢密院事，知河南府事，知河中府、充宣差都提控，吏部尚书，御史中丞，权参知政事、元帅左监军、行省、行元帅府于河中，罢为御史中丞。降彰化军节度使，翰林侍讲学士，复权参知政事、行省河中。卒于任 | 《金史》卷一〇〇本传 |
| 乌古论荣祖 | 明昌二年 | 尚书省令史，都转运都勾判官，弘文校理，中都总管府路判官，震武军节度副使，户部员外郎。出为宁海州刺史，城破不屈，死 | 《金史》卷一二一本传。入《忠义列传》 |
| 乌古论德升 | 明昌二年 | 累官补省令史，吏部主事，绛阳军节度副使，太常博士，东平府治中，知弘文院，侍御史，肇州防御使，翰林侍读学士兼户部侍郎，权参知政事，集庆军、汾阳军节度使，河东北路宣抚副使，知太原府事、元帅左监军、行元帅府事。坚守城池，城破，自缢 | 《金史》卷一二二本传。入《忠义列传》 |
| 女奚烈守愚 | 明昌二年 | 深泽主簿，怀仁令，弘文校理，临沂令，秘书郎，同知登闻检院，著作郎，永定军节度副使，行六部员外郎，中都路都总管判官，修起居注，刑部员外郎，户部郎中，太子左谕德，户部侍郎，谏议大夫，提点近侍局，保大军节度使，翰林学士，参议陕西路安抚司事 | 《金史》卷一二八本传。入《循吏列传》 |
| 纥石烈德 | 明昌二年 | 南京教授，厌次县令，尚书省令史，同知泗州防御使事，监察御史，大名府治中，安州、曹州、裕州刺史，同知临潢府、大兴府事，肇州防御使，肇州武兴军节度使兼都提控，辽东路转运使，东京留守，保静军、武胜军节度使，行六部事，权元帅右都监、行元帅府事于宿州，工部尚书 | 《金史》卷一二八本传。入《循吏列传》 |
| 纥石烈胡失门 | 明昌五年 | 累官补尚书省令史，中都路都转运司度支判官，河北东路转运司都勾判官，翰林直学士，大理卿，右谏议大夫，元帅参议官，同知彰德府事，累迁吏部尚书，御史大夫兼大司农 | 《金史》卷一〇四本传 |
| 夹谷石里哥 | 明昌五年 | 泰州防御判官，尚书省令史，临潢路、婆速路都总管判官，刑部主事，蓟州副提控，翰林待制，宿州提控，武卫军副都指挥使，洺州防御使，山东路副统军。以行军逗留解职，起为东平行军提控 | 《金史》卷一〇三本传 |
| 完颜阿里不孙 | 明昌五年 | 易州、忻州军事判官，安丰县令，尚书省令史，兴平军节度副使，应奉翰林文字，翰林修撰，元帅府经历官，户部员外郎，钧州刺史，西京行枢密院经历官，威州刺史，国子祭酒，王府傅，同知平阳府兼本路宣抚副使，兵部侍郎，翰林侍讲学士，陕西宣抚使，元帅左都监，河平军节度使、河北西路宣抚副使，御史中丞，辽东宣抚副使，权右副元帅、权参知政事、行省辽东，参知政事、权右副元帅、行省、行元帅府于婆速路。被叛军所杀 | 《金史》卷一〇三本传 |

续表

| 姓名 | 科次 | 履历 | 文献出处 |
|---|---|---|---|
| 温迪罕达 | 明昌五年 | 固安主簿，信州判官，行省幕府，顺州刺史，尚书省令史，南京警巡使，德兴府判官，监察御史，户部员外郎，左司郎中，太常少卿，陕西元帅府经历官，权侍御史，陕州行院参议官，户部侍郎，刑部侍郎兼左谕谏，同知集贤院，大理卿，河南统军使，许州昌武军节度使、行六部、权同签枢密院、行院许州，集庆军节度使 | 《金史》卷一〇四本传 |
| 赤盏（石盏）尉忻 | 明昌五年 | 尚书省令史，吏部主事，监察御史，镇南军节度副使，息州、丹州刺史，郑州防御使，权河南统军使，户部侍郎、尚书、权参知政事，参知政事，尚书右丞 | 《金史》卷一一五本传 |
| 尼厖古蒲鲁虎 | 明昌五年 | 累官尚书省令史，同知崇义军节度使事，东平府治中，环州、裕州刺史，翰林待制，开封府治中，大理卿，知河南府兼河南路统军副使，陕州宣抚副使兼西安军节度使。御敌兵败而死 | 《金史》卷一二二本传。入《忠义列传》 |
| 颜盏（延扎）世鲁 | 明昌五年 | 累官尚书右丞 | 《汝南遗事》卷四；《金史》卷一一四《斜卯爱实传》 |
| 纳兰胡鲁剌 | 承安二年 | 应奉翰林文字，翰林修撰，同知顺天军节度使事，礼部员外郎，曹州、沃州刺史，南京路按察副使，泗州防御使，吏部侍郎，绛阳军节度使、权河东南路宣抚副使、权经略使 | 《金史》卷一〇三本传 |
| 乌古孙仲端 | 承安二年 | 累官礼部侍郎，裕州刺史，御史中丞，权参知政事，因言得罪贬同州节度使，翰林学士承旨兼同签大睦亲府事。金末崔立之变前自杀 | 《金史》卷一二四本传。入《忠义列传》 |
| 裴满思忠 | 承安二年 | 累官汝州防御使 | 《金史》卷一二四《乌古孙仲端传》 |
| 纳合蒲剌都 | 承安二年 | 大名府教授，比阳县令，尚书省令史，彰武军节度副使，同知西安军节度副使，同知临洮府、平凉府，河州防御使，河州平西军节度使（防御州升），知平凉府，户部尚书，元帅右监军、潞州昭义军节度使、行元帅府事。城破，力战而死 | 《金史》卷一二二本传。入《忠义列传》 |
| 蒙古纲 | 承安二年 | 累调补尚书省令史，国子助教，都水监丞，太子左谕德，顺州刺史，同知大兴府，知河间府、权河北东路宣抚使，权山东宣抚副使，山东路统军使兼知益都府，权元帅右都监、行元帅府事，知东平府，元帅右监军，右副元帅、权参知政事、行省东平，行省邳州。被叛军杀害 | 《金史》卷一〇二本传 |

续表

| 姓名 | 科次 | 履历 | 文献出处 |
|---|---|---|---|
| 纳坦谋嘉 | 承安五年特赐同进士 | 初习策论进士，选入东宫教授显宗诸子，以终场举人补上京提刑司书史。赐进士出身，历任东京教授，汤池主簿，太学助教，翰林修撰，监察御史，吏部员外郎，翰林待制，侍御史，元帅府经历官，唐州刺史，太常少卿兼左拾遗，郑州防御使，左谕德，少詹事，摄御史中丞，摄太子詹事，河南统军使兼昌武军节度使，摄签枢密院事、行院许州，降授颍州防御使，翰林侍讲学士兼兵部侍郎 | 《金史》卷一〇四本传 |
| 完颜仲德（忽斜虎） | 泰和三年 | 累官邳州刺史，同签枢密院事、行院事于徐州，关陕以南行元帅府事，知巩昌府兼行总帅府事，工部尚书，参知政事、行省陕州，右丞兼枢密副使、行省徐州，入朝领省、院事。蔡州破，自缢 | 《金史》卷一一九本传 |
| 蒲察娄室 | 泰和三年 | 庆都、牟平主簿，中都路警巡副使，尚书省令史，吏部主事，监察御史，行省经历官，京兆府治中，元帅府参议官，丹州刺史，同知河中府事、权元帅右都监、河东路安抚使 | 《金史》卷一二二本传。入《忠义列传》 |
| 夹谷土剌 | 泰和三年 | 抚宁、海滨主簿，尚书省令史，武宁军节度副使，京东总帅府经历，户部、刑部员外郎，刑部郎中，京南路司农少卿，裕州、睢州刺史，户部郎中，申州刺史，同知中京留守兼同知金昌府事，汝州、陈州防御使，同知开封府，徐州武宁军节度使 | 《元好问全集》卷二〇《武宁军节度使夹谷公神道碑铭》 |
| 粘割完展 | 泰和三年 | 累官秦州元帅、权参知政事、行省陕西（巩昌）。被叛军杀害 | 《金史》卷一八《哀宗本纪下》，卷一二四《郭虾蟆传》；《汝南遗事》卷二 |
| 蒲察元衡 | 泰和三年 | 永年等四县丞簿，左三部检法司正，监察御史，左司谏，庆阳府治中，刑部郎中，户部侍郎，京西路大司农卿兼采访提举刑狱事，亳州集庆军节度使（未赴病卒） | 《元好问全集》卷二〇《集庆军节度使蒲察公神道碑铭》 |
| 蒲察世达 | 泰和三年 | 累官左司郎中，同签枢密院事，翰林直学士，益政院官，司农大卿，集庆军节度使、行六部侍郎，御史中丞，吏部侍郎、权行六部尚书 | 《金史》卷一八《哀宗本纪下》，卷一一一《完颜撒合辇传》，卷一一五《崔立传》，卷一一六《石盏女鲁欢传》；《汝南遗事》卷一 |

续表

| 姓名 | 科次 | 履历 | 文献出处 |
|---|---|---|---|
| 裴满阿虎带 | 泰和三年 | 陈州防御使，国子祭酒兼司农卿，御史大夫。崔立之变自缢死 | 《金史》卷一七《哀宗本纪上》，卷一一一《完颜撒合辇传》，卷一二四《乌古孙奴申传》；《归潜志》卷五 |
| 蒲察桓端 | 泰和六年 | 累官京西路大司农卿 | 《汝南遗事》卷三 |
| 完颜从郁（字文卿） | 章宗朝 | 以宗室子及父任充符宝郎，章宗赐进士及第。累官安肃州刺史 | 《中州集·乐府》 |
| 陀满胡土门 | 章宗朝 | 累官翰林待制，知中山府（1214），知临洮府兼本路兵马都总管，知河中府、权河东南路宣抚副使、元帅右监军，绛州绛阳军节度使，元帅左监军、行元帅府事兼知晋安府（绛州升置）、河东南路兵马都总管，太常卿，权签枢密院事、知归德府。授临洮路兵马都总管。城破不屈被杀 | 《金史》卷一二三本传。入《忠义列传》 |
| 乌延公锐 | 章宗朝 | 累官刑部员外郎，单州刺史（章宗泰和末离任），户部郎中（1209年时任） | 《金文最》卷八〇《单州乌延太守去思碑》 |
| 完颜珠颗（字仲平） | 或章宗朝 | 累官户部尚书，总讲议所事。崔立之变自缢死 | 《金史》卷一一五《完颜奴申传》，卷一二四《乌古孙奴申传》；《归潜志》卷五 |

# 第六章　金朝后期的文武矛盾与儒吏冲突

女真军官是金朝武将的主体，进士出身的汉族士大夫则是金朝文官的主体。与文官对应的武官，包括武将和非军职的"右职"。金朝的官员，既有文官与武将的畛域，也有文官与"右职"的分途。他们的来源、任职、素质、志趣及尊奉的政治文化都有明显不同。金朝的文武畛域主要表现在女真武将与汉族士大夫官僚两个阵营的存在。女真文士、进士相继加入士大夫阵营。金朝后期的汉人军阀是带有割据色彩的特殊武将群体。文官与"右职"的分途又突出表现在儒吏分野。骄横跋扈的女真贵族，自视"贵种"的女真侍卫、宫中承应、军人，以及舞文弄法的胥吏进入官僚队伍后，与遵循儒家礼法的汉族、女真族文人士大夫的观念、作风形成强烈的反差。① 金朝后期（自金卫绍王即位至金朝灭亡），随着战争的蔓延，女真贵族武将操控朝政和地方政治，重用右职、吏员，贬抑士大夫官僚，导致政治生态恶化，文武矛盾和儒吏冲突升级，君主专制中央集权体制遭到挑战和破坏，加速了金朝的灭亡。

## 一　金朝中期的政风

金初的掠夺破坏给中原地区带来巨大的灾难，无休止的战乱、无度的征敛引得民怨沸腾。好大喜功的金海陵王于南征途中遇弑，金世宗受各族贵族、世族、官僚推戴即位。他总结中国历史上及金朝建立以后治乱得失的经验教训，极力标榜儒家中庸、仁义、忠孝的统治思想，重视文治，尊崇礼教，施政相对仁厚。各级官员也多以"躬行俭约，政先宽简""为治宽简"而著称。② 科举为中小地主和富裕农家子弟进入仕途提

① 女真武将和士大夫官员两个阵营的矛盾冲突，与两个阵营内部的互相倾轧同时存在。女真武将之间存在争权夺利的斗争，金朝士大夫官员的志趣、操守、利益也存在分化，金熙宗朝、金章宗朝都发生过影响较大的党争党狱。
② 《金史》卷八二《乌古论三合传》，卷八四《耨盌温敦兀带传》，第1963、2005页。

供了机会。金章宗"承安、泰和间，文治熠然勃行，士生于其时，蒙被其父兄之业，由子弟之学而为名卿材大夫者，尝十分天下寒士之九"。①时人和后人对金世宗施行仁政、重视文治的评价很高。"世宗天资仁厚，善于守成，又躬自俭约以养育士庶，故大定三十年几致太平。所用多敦朴谨厚之士。故石琚辈为相，不烦扰，不更张，偃息干戈，修崇学校，议者以为有汉文景风。此所以基明昌、承安之盛也。"② 在儒士们看来，金世宗实行的就是儒家的"仁政"，连南宋士人都说："葛王（金世宗即位前的封号）在位，专行仁政，中原之人呼他为'小尧舜'。"③ 元代史臣评论说："非大定之仁政，不足以固百年之基。"④ 这些评论固多溢美之词，但确实能反映金世宗开创了新的政风。

当然，金世宗坚持女真本位主义，为了维护女真人的利益，不惜牺牲其他族群的利益。他对挑战统治秩序的人也绝不手软，因而，当时政风也有苛刻的一面。如通检推排官、拘括官地官督责苛急，肆意定夺，括民地授予女真人户，⑤ 就背离了仁政。金世宗对涉嫌谋乱的行为采取严厉的镇压手段，《金史》多有记载，反映了社会控制的严厉。金章宗初立，翰林侍讲学士兼御史中丞李晏上陈十事，其一就是"禁网差密，宜尚宽大"，⑥ 大概即就此类社会现象而言，故金章宗下诏"罢告捕乱言人赏"。⑦

金世宗主张选官以德才兼备为标准，故用人重操守成为一时风气。金世宗说，"朕思得贤士，寤寐不忘"，"朕乐得忠直之人"。⑧ 他对古代的帝王之术很不以为然，"朕御臣下，惟以诚实耳"。⑨ 他要求宰臣遴选朝官时"当慎选其人"，"知人才优劣，举实才用之"，如此方能"激励

---

① 《元好问全集》卷二四《张君墓志铭》，三晋出版社，2015，第459页。
② （金）刘祁：《归潜志》卷一二，第136页。
③ （宋）黎靖德编《朱子语类》卷一三三《本朝七·夷狄门》，中华书局，1986，第3196页。
④ （元）阿鲁图：《进金史表》，《金史》附录，第3057页。
⑤ 参见《金史》卷四七《食货志二》，第1121—1125页；卷九〇《张九思传》，第2126—2127页。
⑥ 《金史》卷九六《李晏传》，第2255页。
⑦ 《金史》卷九《章宗本纪一》大定二十九年九月，第231页。
⑧ 《金史》卷六《世宗本纪上》大定八年七月，第158页；卷八四《耨盌温敦兀带传》，第2005页。
⑨ 《金史》卷六《世宗本纪上》大定十一年十一月，第167页。

其余，若不当，则启觊觎之心"。① 他还主张慎选百官，不仅重才，更要重德。金世宗尤不喜巧佞诡诈之人，对那些急功近利、"惟官赏是觊"、"炫耀求进"、"涉于躁进"的官员常予以训诫，② 即使确有才干，也慎用其人。大定七年（1167），金世宗诫谕外放官蒲察通曰："卿虽有才，然用心多诈，朕左右须忠实人，故命卿补外。"又对左宣徽使敬嗣晖说："如卿不可谓无才，所欠者纯实耳。""凡为人臣，上欲要君之恩，下欲干民之誉，必亏忠节，卿宜戒之。"③ 所以后人说，金世宗"所用多敦朴谨厚之士"，"君臣上下以淳德相尚"。④

重儒贱吏是金世宗的一项重要用人政策。大定二年，金世宗废除金海陵王专用吏人充尚书省令史的制度，恢复金熙宗皇统年间参用进士任省令史的旧制。⑤ 皇统四年（1144）"始用汉士人"充任六部主事，大定三年规定专用进士，"非特旨不得拟吏人。如宰执保奏人材，不入常例"。⑥ 大定二十三年，金世宗对宰臣说："女直进士可依汉儿进士补省令史。夫儒者操行清洁，非礼不行。以吏出身者，自幼为吏，习其贪墨，至于为官，习性不能迁改。政道兴废，实由于此。"⑦ 宰相张浩曾对人说："省庭天下仪表，如用胥吏，定行货赂混淆，用进士，清源也。且进士受赇，如良家女子犯奸也，胥吏公廉，如娼女守节也。"⑧ 重儒贱吏遂成为一时之风气。吏员奸弊成风则是推行重儒贱吏政策的重要原因。⑨

金世宗时期，吏治尚严。大定初，承金初以后吏治之弊，"职官多贪污，以致罪废，其余亦有因循以苟岁月者"。⑩ 为稳定政局、巩固统治，金世宗大力整饬吏治，反腐肃贪。大定二年十一月，下令"第职官廉能、

---

① 《金史》卷六《世宗本纪上》大定六年十一月，第154页。

② 《金史》卷九二《曹望之传》，第2161、2164页。

③ 《金史》卷六《世宗本纪上》大定七年十二月、八年二月，第157、158页。

④ （金）刘祁：《归潜志》卷一二，第136页；（元）杨奂：《跋赵太常拟试赋稿后》，（元）苏天爵编《元文类》卷三八，第735页。

⑤ 《金史》卷六《世宗本纪上》大定二年二月，卷五二《选举志二·文武选》，第142、1248页。

⑥ 《金史》卷五五《百官志一》，第1315页。

⑦ 《金史》卷八《世宗本纪下》大定二十三年闰十一月，第203页。

⑧ （金）刘祁：《归潜志》卷七，第77页。

⑨ 见《金史》卷五三《选举志三》，第1259—1260页。

⑩ 《金史》卷五四《选举志四》，第1284页。

污滥、不职各为三等而黜陟之"。次年，"诏吏犯赃罪，虽会赦不叙"。①
八年，又"以戒谕官吏贪墨，诏中外"。十八年，规定职官赃罪再犯，
不论赃数多少，一律除名。二十六年，"定职官犯赃同职相纠察法"。②
对贪官污吏，不管亲疏，皆予以严惩。③金世宗重视廉政的制度建设，
大定三年，制定廉察法，派遣官员廉问吏治臧否，廉能、污滥者升降有
差。大定十一年，金世宗说："朕以欲遍知天下官吏善恶，故每使采访，
其被升黜者多矣。"④史称"世宗承海陵凋敝之余，休养生息，迄于明
昌、承安之间，民物滋殖，循吏迭出焉。泰和用兵，郡县多故，吏治衰
矣"。⑤说吏治败坏始于金章宗泰和年间，大致是符合史实的。

此外，金世宗对群臣不举贤、不直言、胸无大略、循默苟且之风很
是不满，⑥对御史台避重就轻、畏避权势的作风也甚为不满。⑦除大定初
期的老臣孟浩，中期的纥石烈良弼、石琚、唐括安礼、梁肃等人外，⑧
金世宗时期"大臣皆依违苟且，无所荐达"。⑨大定后期的宰臣张汝霖，
"凡进言必揣上微意，及朋附多人为说，故言不忤而似忠也"。张汝弼
"为相，不能正谏。上所欲为，则顺而导之，所不欲为，则微言以观其

---

① 《金史》卷六《世宗本纪上》大定二年十一月，三年四月，第146、147。大定七
　年九月，对犯贪赃罪的吏人，改为"虽会赦，非特旨不叙"。见《金史》卷六，第
　156页。
② 《金史》卷六《世宗本纪上》大定八年十月，卷七《世宗本纪中》大定十八年七月，
　卷八《世宗本纪下》大定二十六年十月，第159、189、213页。
③ 见《金史》卷六《世宗本纪上》大定六年九月、十年二月，卷七《世宗本纪中》大
　定十六年七月、十九年十月，第154、162、182、192页。《金史》中对金世宗整肃贪
　赃的记载不少。
④ 《金史》卷五四《选举志四》，第1284—1285页。
⑤ 《金史》卷一二八《循吏列传》，第2910页。
⑥ 见《金史》卷六《世宗本纪上》大定二年正月、八月，四年八月，八年正月，九年四
　月，十年十月、十二月，十一年八月、十月，第141、144、150、157、161、164、
　165、166页；卷七《世宗本纪中》大定十五年闰九月，十七年八月、十月，十八年三
　月，第181、186、187、188页；卷八《世宗本纪下》大定二十一年四月，二十六年三
　月、六月，二十七年二月、十一月，二十八年十月，第199、210、211—212、215、
　217—218、220页。
⑦ 见《金史》卷六《世宗本纪上》大定二年八月，第145页；卷七《世宗本纪中》大定
　十二年十一月，第175页；卷八《世宗本纪下》大定二十一年三月，二十三年二月，
　二十七年十月，第198、201、217页。
⑧ 见《金史》卷八八《纥石烈良弼传》《石琚传》《唐括安礼传》，第2073—2078、2083—
　2085、2086—2088页；卷八九《孟浩传》《梁肃传》，第2102、2106—2108页。
⑨ 《金史》卷八三《张汝霖传》，第1985页。

意。上责之，则婉辞以引过，终不忤之也"。① 大定二十三年，参知政事梁肃请老，金世宗对宰臣们说："梁肃知无不言，正人也。卿等知而不言，朕实鄙之。"② 元代史臣在盛赞金世宗之余，不无遗憾地说："然举贤之急，求言之切，不绝于训辞，而群臣偷安苟禄，不能将顺其美，以厎大顺，惜哉！"③ 金代官员的这种苟且偷安之风，主要是金熙宗、金海陵王实行的高压政策造成的。有人对金世宗说："海陵杜塞言路，天下缄口，习以成风。"④ 金章宗即位后，亦曾感喟："自田毅党事（金熙宗朝党狱）之后，有官者以为戒，惟务苟且，习以成风。"⑤

　　女真贵族仰仗特权骄横跋扈、贪污腐化，这一问题贯穿金朝始终。历经磨炼、"明祸乱之故"的金世宗深谙创业守成之艰难，他注意整顿吏治，倡导朴实之风，对女真贵族的霸凌作风有所遏制。如皇族完颜毅英，"宿将恃功，在南京颇渎货，不恤军民。诏使问以边事，毅英不答，谓诏使曰：'尔解何事，待我到阙奏陈。'及召入，竟无一语及边事者。在相位多自专，己所欲辄自奏行之。除留守，辄忿忿不接宾客，虽近臣往亦不见。上怒，遂改济南。上数之曰：'朕念卿父有大功于国，卿旧将，亦有功，故改授此职，卿宜知之。若复不悛，非但不保官爵，身亦不能保也。'毅英顿首谢。久之，改平阳尹，致仕"。⑥ 金章宗即位时刚满20岁，涉世不深，况且生长于太平富贵时，缺乏祖父金世宗那样强烈的忧患意识，对女真贵族骄纵枉法的危害认识不足，一味纵容放任。护卫出身的纥石烈执中（小字胡沙虎）受到金章宗的宠幸，其"为人凶悍鸷横，为举朝所恶。且莅官不法，台谏屡有言，上常右之，每曰：'汝辈无他事，何止言胡沙虎也？斯人止是跋扈耳。'孟参政铸，时为御史中丞，对曰：'圣世岂容有跋扈之臣？'上无以应。然屡斥屡召，恩宠不衰"。⑦ 皇族完颜弈，

---

① 《金史》卷八三《张汝霖传》《张汝弼传》，第 1986、1989 页。
② 《金史》卷八九《梁肃传》，第 2108 页。
③ 《金史》卷八《世宗本纪下》，第 222 页。
④ 《金史》卷九五《移剌履传》，第 2228 页。
⑤ 《金史》卷八九《孟浩传》，第 2103 页。
⑥ 《金史》卷七二《完颜毅英传》，第 1767 页。
⑦ （金）刘祁：《归潜志》卷一〇，第 114 页。参见《金史》卷一〇〇《孟铸传》，第 2337 页；《元好问全集》卷一七《朝列大夫同知河间府事张公墓表》，第 360 页。

"为人贪鄙，数以赃败，帝爱其能治围场，故进而委信之"。① 金章宗对女真贵族的纵容更使他们目无法纪，胡作非为，最终导致纥石烈执中、术虎高琪相继发动兵变。

金章宗即位后，改革弊端丛生的选官制度，② 但无助于遏制官场兴起的奔竞之风。奔竞之风助长了苟且偷安之风，这从金章宗的几道谕旨中可见一斑。明昌六年（1195），金章宗赐宰臣手诏，"以风俗不淳，官吏苟且，责之"。承安二年（1197），诫谕百官："今纪纲不立，官吏弛慢，迁延苟简，习以成弊。职官多以吉善求名，计得自安，国家何赖焉！"③ 泰和八年（1208），金章宗对尚书省官员说："国家之治，在于纪纲。纪纲所先，赏罚必信。今乃上自省部之重，下逮司县之间，律度弗循，私怀自便。迁延旷岁，苟且成风。"④ 金世宗时期就已存在依违苟且、墨守成规之风，金章宗时期更是积重难返。金末文人刘祁在论金朝衰亡的原因时说，金章宗统治下的盛世已潜伏着衰败的迹象，"大臣惟知奉承，不敢逆其所好，故上下皆无维持长世之策，安乐一时。此所以启大安、贞祐之弱也"。⑤

金章宗时期政治上的突出现象是士大夫甄别君子、小人之风与皇帝打击朋党盛行。金章宗打击宗室异己力量，经童出身的参知政事胥持国与监婢出身的李妃为巩固权势，借机排斥异己，"士之好利躁进者皆趋走其门下"。⑥ 明昌年间，金朝形成了分别以完颜守贞和胥持国为首的政治集团，双方互相攻击和排挤。"完颜守贞礼接士大夫，在其门者号'冷岩十俊'。"士大夫趋走胥持国门下者，"人戏谓'胥门十哲'"。⑦ 先是胥持国谗言完颜守贞有党，完颜守贞一派卷入党狱；然后御史台弹劾胥持国有党，胥持国一派也失去权势。⑧ 党争对金朝后期的政治、政风、

---

① 《金史》卷六六《完颜弈传》，第 1669 页。
② 《金史》卷五四《选举志四》，第 1288—1291 页。
③ 《金史》卷一〇《章宗本纪二》明昌六年四月，承安二年五月，第 258、263 页。
④ 《金史》卷一二《章宗本纪四》泰和八年十一月，第 309 页。
⑤ （金）刘祁：《归潜志》卷一二，第 136 页。
⑥ 《金史》卷一二九《胥持国传》，第 2948 页。《归潜志》卷一〇载，李妃"一家权势熏天，士大夫好进者往往趋附。南京李按察炳、中山李翰林著，皆与妃家结为亲"。（第 113 页）
⑦ 《金史》卷一〇四《孟奎传》，卷一二九《胥持国传》，第 2426、2948 页。
⑧ 参见拙作《金朝明昌党事考实》，姜锡东、李华瑞主编《宋史研究论丛》第 7 辑，河北大学出版社，2006，第 284—296 页。

士风产生了严重的消极影响。

## 二　金朝后期的文武矛盾

金末文豪元好问为金朝文人名相张万公撰写神道碑，不无感慨地说，金朝的宰执人选，"内属、外戚与国人有战伐之功、豫腹心之谋者为多；潢霫之人（指契丹、奚人）以阀阅见推者次之；参用进士，则又次之。其所谓进士者，特以示公道、系人望焉尔。轩轾之权既分，疏密之情亦异。孤寒之迹，处乎危疑之间；难人之言，夺于众多之口。以常情度之，谓必以苟容为得计，循默为知体矣。然而持区区之忠，以尽心于所事，如石右丞琚、董右丞师中、胥莘公鼎之流，慨然以名臣自任者，亦时有之"。① 这段话道出了金朝汉族文官的尴尬处境，揭示了金朝官场存在的族群和文武畛域。

金代，女真人、契丹人多军官，汉人、渤海人多文官和右职武官。军官主要包括都元帅府、枢密院、殿前都点检司、侍卫亲军都指挥使司、武卫军都指挥使司，诸路招讨司、统军司，诸总管府节镇州兵马司，诸万户、猛安谋克、部族、纠、边防堡寨、群牧所、巡检司等部门的官员及诸军将校，中央政务官、五京留守司、诸路都总管府、散府、州、县、司（巡检司、录事司、司候司）官员也参用军官和右职武官。文官除任职翰林学士院，担任礼官、学官、史官外，多担任中央政务官、台谏官、司法官，诸路转运司、提刑司官及府、州、县、司官。金中期以后，尚书省宰执则参用军官、文官，唯宰相——左右丞相、平章政事——中女真贵族占绝对多数。金前期的都元帅府掌握兵权，金中期撤销都元帅府，置枢密院掌军政，但受尚书省节制，枢密院官多由尚书省贵族武将出身的宰执兼任，唯战时仍改枢密院为都元帅府。金后期战时状态下，枢密院的地位提高，不再受尚书省节制。"金制，枢密院虽主兵，而节制在尚书省。兵兴以来，兹制渐改，凡在军事，省官不得预，院官独任专见，往往败事。言者多以为将相权不当分。"② 金哀宗试图扭转武将把持枢密

---

①　《元好问全集》卷一六《平章政事寿国张文贞公神道碑》，第335—336页。
②　《金史》卷一一四《白华传》，第2652页。

院的局面，但实际效果有限，直到金亡前始将枢密院（代表将权）并入尚书省（相权所在）。金后期设置的行枢密院、总帅府、元帅府、行元帅府、经略司、都尉司、总领司、提控司、都统司等机构的官员主要是军官，其幕职多用文官，行尚书省、宣抚司、安抚司官员则军官、文官、右职武官并用。金代文武畛域主要体现在女真贵族军官与汉、女真等族进士文官之间在思想观念、行事风格上的差异及矛盾斗争上。女真贵族军官始终居于优势地位。

金章宗时期有关巡幸金莲川畋猎、营修界壕和括民田的争论，反映了文臣与武臣的不同立场是客观存在的。左丞相徒单克宁、右丞相完颜襄等女真将相希望金章宗保持骑射传统，每年夏季出塞前往金莲川畋猎，但汉族文官和部分女真进士文官却极力反对，金章宗依违于两种势力之间，而偏向女真将相。监察御史焦旭甚至为此弹劾徒单克宁和完颜襄。①边帅和朝中的武臣宰执、枢密院官多主张于北疆地区"开筑壕堑"，"役者三万人，连年未就"，以文臣为主的御史台官员认为此举"无益于御侮，而徒劳民"。此时正值连年旱灾，金章宗问文臣宰相张万公天灾所由，张万公对以"劳民之久，恐伤和气，宜从御史台所言，罢之为便"。但在边将和武臣们的坚持下，特别是宰相完颜襄的布置下，"卒为开筑，民甚苦之"。随后，"主兵者又言：'比岁征伐，军多败衄，盖屯田地寡，无以养赡，至有不免饥寒者，故无斗志。愿括民田之冒税者分给之，则战士气自倍矣。'"张万公上书力言其不可，"皆不报"，② 武臣的意见占了上风。不过，在金世宗、金章宗时代，文武矛盾尚不突出。③

金前期，女真贵族军官几乎独揽军事、行政大权，其他各族官员居

---

① 《金史》卷九《章宗本纪一》大定二十九年九月，第 232 页；卷九七《焦旭传》，第 2282 页。参见卷九五《董师中传》、卷九六《许安仁传》，第 2242—2243、2260 页。
② 《金史》卷九五《张万公传》，第 2231—2232 页。参见卷九三《完颜宗浩传》、卷九四《完颜襄传》，第 2201、2219 页。
③ 《大金国志》记载，金世宗在位中期，女真贵族中曾发生崇文派与尚武派的冲突，崇文派的代表人物是皇子晋王允猷，尚武派的代表人物是所谓"太子允升"，"自是文武分党，如水炭矣"。大定十九年，晋王允猷被"太子允升"谋害，事发，"太子允升"集众北窜，被诛。次年，世宗始立次子允恭为皇太子。见（宋）宇文懋昭撰，崔文印校证《大金国志校证》卷一七、卷一八《世宗圣明皇帝》（中、下），第 240、247—248 页。此事出自民间传闻，甚或为宋元时期传奇、平话作品杜撰。金世宗、章宗时期"文武分党"有之，"如水炭"则言过其实。

于从属地位。金海陵王以后，强化皇权，加强中央集权。尤其金世宗、金章宗时期，重视文治，重用汉族文官制衡女真贵族军官，出现了一些敢于弹劾或抵制女真贵族官僚违法行为的汉族文官。如金熙宗皇统二年（1142）进士王翛，"性刚严，临事果决，吏民惮其威，虽豪右不敢犯"。① 金世宗时，王翛"尝同知咸平府，摄府事。时辽东路多世袭猛安谋克居焉，其人皆女直功臣子，骜夼奢纵不法。公思有以治之。会郡民负一世袭猛安者钱，贫不能偿，猛安者大怒，率家僮辈强入其家，牵其牛以去。民因讼于官"。王翛"以强盗论"，杖杀猛安，"一路悚然"。② 明昌二年（1191）进士李通，金章宗泰和年间任大兴府幕职，时任府尹纥石烈执中"卖权恃势，奴视同列"。李通不畏权势，"每以公事相可否，不少假借"。纥石烈执中"声势焰焰，人莫敢仰视，乃为一书生所抗，积不平，先以非罪诬染之，几至不测"。③ 史称"明昌、泰和间，崇文养士，故一时士大夫争以敢言敢为相尚"。④

金卫绍王以后，尤其金宣宗贞祐南渡后，金朝陷入战乱，政治文化和社会风气发生明显变化。"自金朝南驾，文事扫地。后生所习见，唯驰逐射猎之事。茍官政者，或不能执笔记名姓。风俗既成，恬不知怪。"⑤ 骄兵悍将拥兵自重，骄奢淫逸，擅行令旨，残害百姓，严重冲击了皇权政治，威胁中央集权。在这种恶劣的环境下，仍有士大夫延续"敢言敢为"的风气。金卫绍王时期，纥石烈执中任西京留守、行枢密院、兼安抚使，奉命率兵抵御蒙古军，却不战而遁，并擅取官库银币以及其他军需，抢夺军民马匹，擅杀涞水县令，从前线逃回中都。明昌二年女真进士、侍御史乌古论德升论其奸恶，⑥ "朝廷皆不问"，反而升迁纥石烈执中为右副元帅，权尚书左丞，因此他"益无所忌惮"。⑦ 张翚和李通两位进士出身的监察御史，继续上章弹劾纥石烈执中违反军纪，"士论壮之"，"闻者竦然"。⑧

---

① 《金史》卷一○五《王翛传》，第2453页。
② （金）刘祁：《归潜志》卷八，第82页。
③ （金）元好问编《中州集》戊集《李通小传》，第318页。
④ （金）刘祁：《归潜志》卷七，第73页。
⑤ 《元好问全集》卷二九《千户赵侯神道碑铭》，第526页。
⑥ 《金史》卷一二二《乌古论德升传》，第2804页。
⑦ 《金史》卷一三二《纥石烈执中传》，第2993页。
⑧ （金）刘祁：《归潜志》卷四，第35、40页。

金卫绍王下令调查，"诏数其十五罪，罢归田里"，① 但很快又召纥石烈执中回朝，参与军政决策。"时胡沙虎（纥石烈执中）已除名为民，赂遗权贵，将复进用。举朝无敢言者。"大定二十八年进士、左谏议大夫张行信上章极力反对，称"胡沙虎残忍凶悖，跋扈强梁，媚结近习，以图称誉。自其废黜，士庶莫不忻悦。今若复用，惟恐为害更甚前日。况利害之机更有大于此者"。② 女真进士、丞相徒单镒亦"以为不可用"，汉人进士、参知政事梁璹"跪奏其奸恶"。但是，纥石烈执中"善结近幸，交口称誉"，金卫绍王"终以执中为可用，赐金牌，权右副元帅，将武卫军五千人屯中都城北"。③ 纥石烈执中交结的"权贵""近幸"，无非女真贵族、官员、近侍，都是武臣出身。皇帝的纵容助长了纥石烈执中等武臣的气焰，终于导致兵变发生。纥石烈执中拥兵入宫弑帝，又以拥戴金宣宗之功傲视群臣。他召来御史中丞孟铸和右谏议大夫张行信等人，恐吓道："汝辈向来弹我者邪！"但是"铸等各以正言答之"。④

　　不久之后，元帅右监军术虎高琪因阵前逗留不进，被纥石烈执中警告，遂拥兵进京，发动兵变，杀害纥石烈执中，诣阙待罪。金宣宗赦免术虎高琪，命之为左副元帅，擢平章政事、右丞相。"时高琪为相，专权用事，恶不附己者，衣冠之士动遭窘辱，惟（参知政事张）行信屡引旧制力抵其非。"⑤ 有个叫樊知一的书生求见术虎高琪，谓纠军不可信，恐将作乱。术虎高琪下令用刀杖杀掉他，"自是无复敢言军国利害者"。绝大多数台谏官"迫于凶威，噤不敢忤"。女真进士、监察御史完颜素兰上书求见，"屏人奏事"，弹劾术虎高琪"妒贤能，树奸党，窃弄国权，自作威福……变乱纪纲，戕害忠良，实有不欲国家平治之意"，直指

---

① 《金史》卷一三二《纥石烈执中传》，第 2993 页。
② 《金史》卷一〇七《张行信传》，第 2501 页。参见（金）赵秉文《张左丞碑》，《赵秉文集》卷一二，马振君整理，黑龙江大学出版社，2014，第 299 页。
③ 《金史》卷一三二《纥石烈执中传》，第 2994 页。
④ 《金史》卷一〇〇《孟铸传》载，孟铸于章宗泰和年间任御史中丞，弹劾时任知大兴府事的纥石烈执中。至宁元年（1213），孟铸复为御史中丞。纥石烈执中被杀后不久，孟铸病卒。本传不载孟铸仕宦出身，仅载"大定末，补尚书省令史"（第 2335—2337 页）。世宗大定二年（1162），罢用吏人而恢复熙宗皇统年间选进士任省令史的制度（《金史》卷五二《选举志二》，第 1248 页）。据此可知孟铸为进士出身无疑。
⑤ 《金史》卷一〇七《张行信传》，第 2505 页。

"今高琪之奸过于胡沙虎远矣"。①

金朝亡国前夕，天兴二年（1233），金哀宗流亡至归德府，扈从行宫的忠孝军将领蒲察官奴"欲邀上幸海州"，"又尝请上北渡"，金哀宗都没有听从，于是他发动政变，囚禁皇帝，擅自诛杀300多名朝官，军将、禁卫、百姓3000多人在政变中丧生。金哀宗被迫任命他为参知政事兼左副元帅。政变发生之前，文臣"左丞李蹊、左右司郎中张天纲、近侍局副使李大节俱为上言官奴有反状"，事变中李蹊首先被杀。② 蒲察官奴政变，如纥石烈执中和术虎高琪政变一样，本质上不是文武政争事件，而是贵族政治对皇权政治的挑战，但事变前他们都屡遭文官弹劾，事变后又都有对文官的报复行为，多少带有文武政治斗争的色彩。文官是皇权政治的支持者，贵族武将则是贵族政治的维护者。

除此之外，金朝后期文武官员的矛盾斗争，突出表现为少数耿直敢为的文臣弹劾将帅非才，恳请朝廷选任良将。金宣宗贞祐初，进士、监察御史许古上疏指出："迩来城守不坚，临战辄北，皆以将之不才故也。私于所昵，赏罚不公，至于众怨，而惧其生变则抚摩慰藉，一切为姑息之事。由是兵轻其将，将畏其兵。尚能使之出死力以御敌乎？"他提出荐拔将帅等主张。③ 贞祐三年，进士、太常卿、行尚书六部事侯挚上章言事，直指"兵威不振，罪在将帅轻敌妄举"，"从来掌兵者多用世袭之官，此属自幼骄惰，不任劳苦，且心胆懦怯，何足倚办！"他建议"选骁勇过人、众所推服者，不考其素用之"。④ 贞祐四年，进士、监察御史陈规上书批评："今之将帅大抵先论出身官品，或门阀膏粱之子，或亲故假托之流，平居则意气自高，遇敌则首尾退缩。将帅既自畏怯，士卒夫谁肯前。又居常衰刻，纳其馈献，士卒因之以扰良民而莫可制。"而且军官猥多，"一日之给兼数十人之用。将帅则丰饱有余，士卒则饥寒不足"。他主张沙汰一

---

① 《金史》卷一〇九《完颜素兰传》，第2536—2537页。

② 《金史》卷一一六《蒲察官奴传》，第2688—2691页。参见《金史》卷一一九《张天纲传》，第2745—2746页。李蹊为进士，见（金）王鹗《汝南遗事》卷三，查洪德主编《全辽金元笔记》第1辑第4册，大象出版社，2022，第345页。李大节，时人称之为"美士"，见《元好问全集》卷二〇《资善大夫吏部尚书张公神道碑铭并引》，第399页，《元史》卷一五五《史天泽传》（中华书局点校本，1976，第3663页）称之为金末"名士"。

③ 《金史》卷一〇九《许古传》，第2551—2552页。

④ 《金史》卷一〇八《侯挚传》，第2523—2524页。

众平庸的将领，敕令省院大臣及内外五品以上官员举荐才堪将帅者，"不限官品，以充万户以上都统、元帅之职"，千户长以下遴选军中有谋略、武艺出众者充任。① 陈规又抨击"贵臣、豪族、掌兵官莫不以奢侈相尚，服食车马惟事纷华"，请求朝廷"罢冗员，减浮费，戒豪侈"。② 这番言论切中要害，作为一名汉族文官，说此话是需要极大的勇气的。

"时宣宗迁汴，信任丞相高琪，无恢复之谋。"③ 术虎高琪等武臣主张避敌锋芒，南渡黄河，并将军户迁移到河南，放弃河北、山东，通过伐宋开拓新的疆域，以缓解来自北方的压力。文官、监察御史陈规、许古等人主张坚守中都，即便在中都陷落后，仍反对放弃河北和山东，将军户迁移到河南；平章政事胥鼎、监察御史许古、集贤院谘议官吕鉴、右司谏吕造等文官主张与宋朝讲和，反对两线作战。"高琪心忌之，不用一言"，"力劝宣宗伐宋，置河北不复为意，凡精兵皆置河南"。④

汉族、女真文官亦对女真贵族军将贪赃枉法、渎职失责、仗势欺人等行为进行弹劾、抵制和惩处。金朝后期内忧外患，兵戎再次成为重大事务，"骄将悍卒倚外敌为重"。⑤ 本就骄横跋扈的武人变本加厉，《归潜志》记载：

> 南渡之后，为将帅者多出于世家，皆膏粱乳臭子。若完颜白撒，止以能打球称。又完颜讹可，亦以能打球，号"板子元帅"。又完颜定奴，号"三脆羹"。又有以忮忍号"火燎元帅"者。又纥石烈牙忽带，号"卢鼓椎"，好用鼓椎击人也。其人本出亲军，颇勇悍，镇宿、泗数年，屡破宋兵。有威，好结小人心。然跋扈，不受朝廷

① 《金史》卷一〇九《陈规传》，第 2546—2547 页。
② 《金史》卷一〇九《陈规传》，第 2543—2544 页。
③ 《金史》卷一〇九《许古传》，第 2550 页。
④ 《金史》卷一〇六《术虎高琪传》，第 2482—2484 页。参见卷一〇八《胥鼎传》，第 2517—2518 页；卷一〇九《陈规传》，第 2548—2549 页；卷一〇九《许古传》，第 2551—2555 页。吕造，状元及第，见（金）刘祁《归潜志》卷七，第 72 页。吕鉴，据元好问编《中州集》辛集《吕子羽小传》引李纯甫《故人外传》："吕氏自国朝以来，父子昆弟凡中第者六人，以六桂名其堂。"（第 525—626 页）《吕子羽小传》列吕贞干父子昆弟五人，"皆名士"，其中吕贞干之子吕鉴，当即《金史·术虎高琪传》所见任职集贤院之吕鉴。
⑤ 《金史》卷一一〇《雷渊传》，第 2573 页。

制。尝入朝诣都堂，诋毁宰执，宰执亦不敢言，而人主倚其镇东，亦优容之也。尤不喜文士，僚属有长裾者，辄取刀截去。又喜凌侮使者，凡朝廷遣使者来，必以酒食困之，或辞以不饮，因并食不给，使饿而去。张用章尝以司农少卿行户部，过宿（州）见焉，牙虎带召饮，张辞以有寒疾。牙虎带笑曰："此易治耳。"趣命左右持艾炷来，当筵令人拉张卧，遽蒸艾于腹，张不能争，遂灸数十……及康锡伯禄为御史，上章言其事，且曰："朝廷容之，适所以害之。欲保全其人，宜加裁制。"然朝廷竟不能治其罪。[①]

这段文字生动地刻画了金朝后期女真军事贵族骄奢淫逸的丑态，尤其是对文官的轻蔑和欺凌。弹劾纥石烈牙虎带（牙忽带）的监察御史康锡为至宁元年（1213）进士。[②]纥石烈牙虎带，《金史》作纥石烈牙吾塔，亦即元好问记载贞祐、兴定年间任京东总帅的牙古太，汉名纥石烈志。元好问谓此人"强臣之尤难制者"，[③]"资骘狠，恃功自高，奴视参佐，往往置之死地。从事辈畏之，惟意所向，噤不出一语"。[④]参佐、从事，指帅府幕职参议官、经历官，一般由文官担任。[⑤]由于军将杖责幕僚的问题普遍存在，以至金宣宗元光元年（1222）"权定行省、枢府、元帅府辄杖左右司、经历司官罪法"。[⑥]行省左右司官也多文官。在纥石烈牙吾塔帅府担任经历官的女真进士夹谷土剌，敢于"秉志抗直"，"直前径行，无所顾藉，论事之际，极所欲言者而止。少不见听，则移疾不为出。帅悔悟，或诣公谢之"。[⑦]

　　兴定四年（1220），金廷设置行省节制诸军伐宋。纥石烈牙吾塔擅自行动，纵兵大掠，贻误战机，被行省弹劾。南京路转运副使、承安二年经义进士冯璧奉命"佩金符鞫之"，"驰入志（牙吾塔的汉名）军，夺

---

① （金）刘祁：《归潜志》卷六，第64—65页。

② 《金史》卷一一一《纥石烈牙吾塔传》附《康锡传》，第2600—2601页。

③ 《元好问全集》卷一九《内翰冯公神道碑铭》，第385页。

④ 《元好问全集》卷二〇《资善大夫武宁军节度使夹谷公神道碑铭》，第406页。

⑤ 参见《元好问全集》卷二〇《通奉大夫钧州刺史行尚书省参议张君神道碑铭》，第401—402页。

⑥ 《金史》卷一六《宣宗本纪下》元光元年二月，第391页。

⑦ 《元好问全集》卷二〇《资善大夫武宁军节度使夹谷公神道碑铭》，第406页。

金符，易以他帅，摄志入狱。狱之外，军士哗噪，以'吾帅无罪'为言。公怒，责志曰：'元帅欲以兵抗制使邪？帅臣待罪之礼，恐不如此。使者当还奏之，狱不必竟也。'志伏地请死"。冯璧依军法拟奏处斩，虽然朝廷姑息骄纵之将帅，但"时议壮之"。① 同年，冯璧以礼部员外郎权右司谏、治书侍御史，奉命审理归德行枢密院事胡土门、都水监使毛花辇战备废弛、纵敌不追之罪，依法论斩，有人劝他予以宽贷，"二将皆宠臣，而都水者资累巨万，若求援禁近，必从轻典，君徒结怨权贵，果何益耶？"② 冯璧不为所动。

金哀宗正大四年（1227），右拾遗李大节、右司谏陈规弹劾皇族、同判睦亲府事兼同签枢密院事完颜撒合辇"诌佞、纳贿及不公事"，但"奏帖留中不报"。尚书右丞赤盏尉忻"亦极言之"，③ 上书称"撒合辇奸谀之最，日在天子左右，非社稷福"，④ 金哀宗才放完颜撒合辇外任。陈规、李大节、赤盏尉忻都是进士出身。弹劾完颜撒合辇的还有进士出身的京东路司农少卿张公理。正大八年，右谏议大夫、兼户部侍郎张公理又上疏弹劾平章政事完颜白撒"奸邪误国，虽已遣逐，而典刑未正，无以服中外心"，枢密副使赤盏合喜"瞻望不进"，致军事失利，请明正典刑。⑤ 天兴元年（1232），进士出身的翰林直学士兼左司郎中斜卯爱实弹劾"时相非其人"，"平章白撒固权市恩，击丸外百无一能。丞相赛不菽麦不分，更谓乏材，亦不至此人为相。参政兼枢密副使赤盏合喜粗暴，一马军之材止矣，乃令兼将相之权。右丞颜盏世鲁居相位已七八年，碌碌无补，备员而已。患难之际，倚注此类，欲冀中兴难矣"。⑥ 除颜盏世鲁出身进士外，其他三人都是贵族武将出身。⑦ 迫于压力，丞相完颜赛

① 《元好问全集》卷一九《内翰冯公神道碑铭》，第385页。参见《金史》卷一一〇《冯璧传》，第2570页。

② 《金史》卷一一〇《冯璧传》，第2571页。

③ 《金史》卷一一一《完颜撒合辇传》，第2588—2589页。参见卷一〇九《陈规传》，第2549页。

④ 《金史》卷一一五《赤盏尉忻传》，第2674页。

⑤ 《元好问全集》卷二〇《资善大夫吏部尚书张公神道碑铭并引》，第398页。

⑥ 《金史》卷一一四《斜卯爱实传》，第2657页。

⑦ 见《金史》卷一一三《完颜赛不传》《完颜白撒传》《赤盏合喜传》，第2621、2626、2635页。颜盏世鲁为进士，王鹗《汝南遗事》卷四作尚书右丞延扎世鲁，明昌五年策论进士。见查洪德主编《全辽金元笔记》第1辑第4册，第346页。

不乞请致仕，未获准；颜盏世鲁、赤盏合喜罢职，完颜白撒则被处斩。

文官对武人的弹劾，势必遭到武人出身的宰执、官员和将帅的忌恨。事实上，皇帝和朝中武臣也不会轻易接受文官的批评。贞祐南渡之初，监察御史陈规上章"条陈八事"，事关朝纲、台谏、节俭、铨选、兵民、赏功、将帅、练兵大计，"上览书不悦，诏付尚书省诘之。宰执恶其纷更诸事，谓所言多不当"，不久便被罢免御史，出任帅府经历官。金哀宗即位后，召陈规入朝，授谏职。同年陈规复上书"言将相非材，且荐数人可用者"。金哀宗"善其言而不能有为也"。陈规"每与人论及时事辄愤惋，盖伤其言之不行也"。① 右司谏许古、左司谏抹撚胡鲁剌上书，请削去"职官有犯皆的决"之法条，推行贞祐元年赦恩"刑不上大夫"之文。"上初欲行之，而高琪固执以为不可，遂寝。"② 蒙古军逾越潼关，深入河南州县，术虎高琪"止欲以重兵屯驻南京以自固，州郡残破不复恤"。进士文官占绝大多数的御史台官"请以陕西兵扼拒潼关"，选在京勇将十余人，各领精兵数千出京，与河南、河北诸将互相配合，"且战且守"，缓解州县和京城的压力。术虎高琪轻蔑地说："台官素不习兵，备御方略，非所知也。"③ 大安元年进士陈岢，"遇事辄言无少隐"，金末任右司谏，开封城被围困，上《请战书》，直指"今日之事，皆出陛下不断，将相怯懦"，其书被"时相赤盏合喜等沮之，策为不行，识者惜焉"。④

贞祐南渡前后，武将趁战乱陷害、迫害文官的事件已露端倪。金卫绍王大安年间，陕西地方官李公直、韩玉被诬举兵反叛一事，主要就是文武矛盾引发的。在金军节节败退、中都被蒙军围困的危局中，华州金安军节度使李公直、卫州河平军节度副使韩玉谋划举兵勤王，入援中都。李公直是否进士出身不详。韩玉为明昌五年进士，"少读书，尚气节"。⑤大安中，金朝受蒙古、西夏夹击，陕西安抚司承制除授同知陕西东路转运使事韩玉为凤翔府总管判官，负责为行军都统府募兵。他很快招募了一万人，率部击败夏军。"当路者忌其功，驿奏玉与夏寇有谋。朝廷疑

---

①　《金史》卷一〇九《陈规传》，第2542—2550页。

②　《金史》卷一〇九《许古传》，第2553页。

③　《金史》卷一〇六《术虎高琪传》，第2481—2482页。

④　《金史》卷一〇九《许古传》附《陈岢传》，第2556页。

⑤　（金）刘祁：《归潜志》卷五，第48页。

之，使使者授玉河平军节度副使，且觇其军。"① 所谓"当路者"无非就是陕西将帅。及李公直谋举兵入援中都，韩玉亦"毅然有勤王志，因移檄关中，言词忠壮，闻者感动"。② 他传檄州郡，指斥"贼臣贪容奸赂"，将帅"贪固威权"，③ 导致军事失利。但是，李公直军中的武将以及女真军官、士兵多不从命，"公直一军，行有日矣，将佐违约，国朝人有不从者，辄以军法从事"。陕西统军司"便谓公直据华州反，遣都统杨珪袭取之，皆置极刑"。韩玉被捕，死于囚所，"士论冤之"。④

又如大定末进士高庭玉（一作高廷玉，字献臣），"为人豪爽尚气节，一时名士多归之"，南渡初由左司郎中出为河南府治中。府尹"主帅温迪罕福兴，奸伪人也，公临事不少逊让，遂交恶。是时，北兵围燕都，事已迫，四方无勤王师，公独慨然有赴援意，屡以言激福兴"。温迪罕福兴"惧献臣谋己，乃以造逆讯之"，高庭玉被迫害致死，名士庞铸、雷渊、辛愿、王权等受牵连入狱，"几有一网之祸"。⑤ 元好问赞誉高庭玉为天下"宏杰之士""衣冠龙门"，"盖自近朝，士大夫始知有经济之学，一时有重名者非不多，而独以献臣为称首"。⑥ 真是"木秀于林，风必摧之！"韩玉和高庭玉的悲惨命运，昭示了金后期士大夫面临的严酷环境。

史载，术虎高琪"自为宰相，专固权宠，擅作威福"，"附己者用，不附己者斥。凡言事忤意，及负材力，或与己颉颃者，对宣宗阳称其才，使干当于河北，阴置之死地"。⑦ 术虎高琪裹挟金宣宗撤离中都，迁都南京，留"淹贯经史"的文人右丞相完颜承晖、进士平章政事抹撚尽忠固守中都，就有"阴置之死地"的嫌疑。"是时，高琪居中用事，忌承晖

---

① 《金史》卷一一○《韩玉传》，第 2568 页。
② （金）刘祁：《归潜志》卷五，第 48 页。
③ 《金史》卷一一○《韩玉传》，第 2568 页。
④ （金）元好问编《中州集》辛集《韩玉小传》，第 529 页。
⑤ （金）元好问编《中州集》戊集《高庭玉小传》，第 316 页；（金）刘祁：《归潜志》卷四，第 33 页。庞铸，字才卿，明昌五年进士；雷渊，字希颜，至宁元年进士；辛愿，字敬之，隐逸，博极书史；王权，字士衡，大安元年进士。参见《金史》卷一一○《雷渊传》（第 2573 页）、卷一二六《庞铸传》（第 2886 页）、卷一二七《辛愿传》（第 2904—2905 页）；（金）元好问编《中州集》戊集《庞铸小传》，第 304 页；（金）刘祁《归潜志》卷二，"王权士衡"条，第 13 页。
⑥ 《元好问全集》卷二一《雷希颜墓铭》，第 416 页。
⑦ 《金史》卷一○六《术虎高琪传》，第 2484 页。

成功，诸将皆顾望……终无一兵至中都者。"① 女真进士、监察御史完颜素兰"自中都计议军事回，上书求见"，弹劾术虎高琪，强烈建议召完颜承晖回朝主持大政。② 而"尽忠与高琪素不相能"，抹撚尽忠曾举荐完颜素兰任职近侍局，未果。"纥石烈执中之诛，近侍局尝先事启之，遂以为功，阴秉朝政。高琪托此辈以自固。"③ 术虎高琪与近侍局交好，近侍局成为他左右金宣宗意志的工具。由此可见，金宣宗贞祐年间，女真文士形成反对术虎高琪武将集团的一股势力，术虎高琪必欲除之而后快。中都陷落前，完颜承晖自杀，抹撚尽忠逃回南京，被诬告谋反，获诛。完颜素兰则在术虎高琪被诛后，授近侍局直长。

金哀宗正大年间，进士出身的白华历任枢密院经历官、枢密院判官，奉旨为"奏事官"，负责"承受圣旨"，"备顾问"，"立军中纲纪、发遣文移、和睦将帅、究察非违"。他多次奉旨往来于朝廷与行省将相之间，但是在朝廷则遭到武人出身的枢密院官员的排挤，在军中则屡遭将帅算计。如陕西京兆、平凉二行省宰相完颜合达和移剌蒲阿，拥兵观望，逗留不进，朝廷派遣白华和右司郎中夹谷八里门等人到军前了解情况，责问诸军何故不动，"合达对蒲阿及诸帅则言不可动，见士大夫则言可动"。白华一行回到朝廷如实汇报了前线诸将畏敌怯战的情况。朝廷再派白华赴陕西前线传达进军令旨，二行省将相阳奉阴违，虚晃一枪便撤离陕西，移师河南，并向朝廷申请增兵。白华反对增兵，"二相不悦"。白华奉命到二相军前传令，竟被胁迫乘船到宋城下"视察"，险遭厄运，"乃悟两省怒朝省不益军，谓皆华辈主之，故挤之险地耳"。④

金宣宗、金哀宗父子既需要倚重文臣处理政务，又指望武将出生入死，但从他们内心来讲，更庇护女真贵族官员和军将，更信任近侍局的贵族官僚子弟。金朝的台谏官多由进士出身的文官担任。"监察御史凡八员，汉人四员皆进士，而女直四员则文资、右职参注。"⑤ 金宣宗贞祐、兴定年间，"时监察御史多被的决"，实际上是女真武臣将相对文官士大

---

① 《金史》卷一〇一《完颜承晖传》，第 2357、2360 页。参见同卷《抹撚尽忠传》，第 2361—2364 页。
② 《金史》卷一〇九《完颜素兰传》，第 2536—2538 页。
③ 《金史》卷一〇一《抹撚尽忠传》，第 2363—2364 页。
④ 《金史》卷一一四《白华传》，第 2645—2650 页。
⑤ 《金史》卷七三《完颜守贞传》，第 1792 页。

夫的肆意打击。"的决"即杖刑。进士出身的参知政事张行信上奏："大
定间，监察坐罪大抵收赎，或至夺俸，重则外降而已，间有的决者皆有
为而然。当时执政程辉已尝面论其非是，又有敕旨，监察职主弹劾，而
或看循者，非谓凡失察皆然也。近日无问事之大小、情之轻重，一概的
决，以为大定故实、先朝明训，过矣。"虽然金宣宗下诏"尚书省更定
监察罪名制"，① 但乱世之下，本来就自视"贵种"的女真贵族武臣以及
新兴的军事权贵更加嚣张跋扈，对金世宗大定以后文官地位的提升采取
了报复式的压制手段。如兴定四年（1220），明昌五年进士赵思文由枢
密院经历官授右司谏兼治书侍御史，"公在枢府久，熟知时弊，乃拜章言
四事，大概谓当丰委积，汰冗兵，减军士家口之妄费者。枢密副使、驸
马都尉阿海（仆散安贞之本名）怒公言兵事。公不恤也。无几，被诬下
吏"，幸亏"天子知其冤，有诏勿问"，② 才免去牢狱之灾。进士出身的
台察官陈规、许古、刘元规等人，直言时政得失，弹劾权贵，先后被贬
逐。③ 他们展现了贞祐南渡前后一部分积极有为的士大夫的精神风貌。
陶晋生先生言简意赅地指出，"新造就的女真进士，在政治上俨然形成了
一股新的力量，对于金代中期政局的稳定和金代末期政治腐败的匡救，
都有不可磨灭的贡献"。④

　　在对蒙、对宋作战中，女真将领节节败退，投敌叛变者也不在少数。
在内外交困的政局中，女真贵族出身的将相束手无策。一些进士出身的
文官大臣出谋划策，甚至披挂上阵，在朝廷内外做救亡图存的努力。胥
鼎、侯挚等进士出身的文官临危受命，担任行省大臣，独当一面，为挽
救金朝于危亡之中，率部与蒙军周旋，其表现令女真军官相形见绌。⑤
《金史》赞曰："宣宗南迁，天命去矣，当是时虽有忠良之佐、谋勇之将，
亦难为也。然而汝砺、行信拯救于内，胥鼎、侯挚守御于外，讫使宣宗得
免亡国，而哀宗复有十年之久，人才有益于人国也若是哉。"⑥

----

① 《金史》卷一〇七《张行信传》，第 2506 页。
② 《元好问全集》卷一八《通奉大夫礼部尚书赵公神道碑》，第 376 页。
③ 参见（金）刘祁《归潜志》卷四、卷五，第 35、36、51 页；《金史》卷一〇九本传，第
　　2540—2556 页。
④ 陶晋生：《女真史论》，第 88 页。
⑤ 《金史》卷一〇八《胥鼎传》《侯挚传》，第 2511—2528 页。
⑥ 《金史》卷一〇八传论，第 2532 页。

## 三　金朝后期的儒吏冲突

金朝的左右分途主要体现在科举出身的文官与吏员出职、荫补任子出身的右职官员之间仕途的差别及矛盾上。"物以类聚，人以群分"，进士文官与右职官员之间，由于出身与仕途的不同，形成两个利益群体。因为文化教育程度较高的文官更符合和平时期文治的需要，故金世宗、金章宗比较重视进士出身的文官。除了女真贵族和军官出身的官员外，文官在官场相对处于优势地位。右职官员多为中央政务部门和地方官府的属官，也是院务仓场监当官的主体。数量上远多于官员的吏员，是各级官府具体事务的实际执行者，部分吏员也是右职官员的候补人，他们和右职官员具有天然的亲近感，基本属于同一个阵营。

金朝的胥吏也有考核及迁转进阶制度，并可逐级递补，州县吏可递补节镇州、府和路一级机构的吏，再试补中央机构的吏，便可计岁月出职授官，是为吏员移转法（见本书代序）。"任人太杂、吏权太重"，[①] 可以说是金朝文官对本朝选官用人制度的普遍认识。金章宗时期，文官与军官、右职官员以及胥吏之间的矛盾，文武分野、儒吏分途、各自为政的倾向已经彰显。如大定二十一年进士、武州刺史孟奎曾上奏说："亲民之寄，今吏部之选颇轻，使武夫计资而得，权归胥吏。每县宜参用士人，使纪纲其事。"[②]

金末乱局中，骄横跋扈的女真贵族官员、武将操控朝廷和地方权力，重用右职、吏员，形成女真贵族、武人坐轿，右职、吏员抬轿，排挤贬抑士大夫官僚的政治生态。皇帝和女真贵族、武将、右职、吏员沆瀣一气。金末文豪元好问说："卫绍王时，公卿大臣多言献臣可任大事者。绍王方重吏员、轻进士，至谓'高廷玉人材非不佳，恨其出身不正耳'。"[③] 又说："自卫绍王专尚吏道，继以高琪当国，朝士鲜有不被其折辱者。"[④] 金末文人刘祁说："南渡后，宣宗奖用胥吏，抑士大夫，凡有敢为敢言者，多

---

① 《金史》卷九六《黄久约传》，第2253页。
② 《金史》卷一〇四《孟奎传》，第2427页。
③ 《元好问全集》卷二一《雷希颜墓铭》，第416页。
④ 《元好问全集》卷一九《内翰冯公神道碑铭》，第387页。

被斥逐。故一时在位者多委靡，惟求免罪，罟苟容。"贞祐年间，"术虎高琪为相，欲树党固其权。先擢用文人，将以为羽翼。已而，台谏官许古、刘元规之徒见其恣横，相继言之。高琪大怒，斥罢二人。因此大恶进士，更用胥吏。彼喜其奖拔，往往为尽心，于是吏权大盛，胜进士矣……而宣宗亦喜此曹刻深"。① 在选官用人方面，金卫绍王、金宣宗和权臣术虎高琪一反金世宗以后的重儒贱吏政策，这是由当时的战争环境决定的，与文武矛盾、儒吏对立的政治生态有关，也与金章宗时期士大夫党争的消极影响有关。吏员与进士出身的官员恶性竞争，彼此竟如仇雠。"南渡后，吏权大盛。自高琪为相定法，其迁转与进士等，甚者反疾焉。故一时之人争以此进。虽士大夫家有子弟读书，往往不终辄辍，令改试台部令史。其子弟辈既习此业，便与进士为仇，其趋进举止，全学吏曹，至有舞文纳赂甚于吏辈者。"② 吏员出职后升迁与进士一样快，甚至反超，于是出现读书人放弃科举转而习吏的现象，这与"泰和、大安间，入仕者惟举选为贵科，荣路所在，人争走之"的情况形成强烈反差。③ 参知政事张行信援引金世宗"省掾等不得参注吏员"的诏敕，反对重用吏员，特别是任用吏员充尚书省令史等要职，但被其他宰执否决，并招致金宣宗的不满，"由是补外任"。④

贞祐南渡后，儒吏冲突愈演愈烈。金宣宗贞祐初，至宁元年进士雷渊摄遂平县事，"尝擅笞州魁吏，州檄召之不应，罢去"。⑤ 贞祐三年（1215），监察御史陈规弹劾警巡使冯祥，"进由刀笔，无他才能，第以惨刻督责为事。由是升职，恐长残虐之风，乞黜退以励余者"。诏令罢免冯祥。⑥ 而文官被吏员起诉或诬陷免官的事例更多。如金宣宗时期，进士出身的监察御史程震，"坐为故吏所讼，罢官"。⑦ 文官冀禹锡、李大节，"年少入仕，疏于自检，坐为文吏所陷，并不复用"，文官张公理赏

① （金）刘祁：《归潜志》卷七，第71、73页。
② （金）刘祁：《归潜志》卷七，第72页。"高琪定制，省、部、寺、监官，参注进士、吏员，又使［吏］由郡转部，由部转台省，不三五年，皆得要职。士大夫反畏，避其锋。"见《归潜志》卷七，第71页。
③ 《元好问全集》卷二三《故河南路课税所长官兼廉访使杨君神道之碑》，第438页。
④ 《赵秉文集》卷一二《张左丞碑》，第300页。
⑤ 《金史》卷一一〇《雷渊传》，第2574页。
⑥ 《金史》卷一〇九《陈规传》，第2540—2541页。
⑦ 《金史》卷一一〇《程震传》，第2574页。

识他们的才华，"言之宰相，乞为昭雪，不报。乃上书申理之，二子竟得复叙"。① 金哀宗正大元年（1224），文官吏部尚书赵伯成、权吏部郎中陈规，"坐铨选吏员出身王京，与进士王著填开封警巡判官见阙，为京所讼免官"。② 金末儒吏斗争中，酷吏诬陷文官下狱，甚者迫害士人致死的事例并不少见。史称"高琪秉政，恶儒喜吏，上下苛察"，③ "宣宗喜刑罚，朝士往往被笞楚，至用刀杖决杀言者。高琪用事，威刑自恣"。时有"三贼之目"，指蒲察合住、蒲察咬住和王阿里。蒲察合住，"以吏起身，久为宣宗所信，声势烜赫，性复残刻，人知其蠹国而莫敢言"。当时政尚威虐，"虽士大夫亦为所移"，冯璧、雷渊、李特立等人皆以酷闻，胥吏及胥吏出身的官员中酷吏就更多了，"而合住、王阿里、李涣之徒，胥吏中尤狡刻者也"。④ 金哀宗时期，李涣累官司农卿，天兴元年（1232），他诬陷进士出身的尚书左丞李蹊、户部侍郎权尚书杨慥"军储失计"，诏将二人"系狱"，"俄蹊、慥并除名，而止籍慥家赀。涣遂权户部尚书"。⑤ 又如大定末进士、陈州防御使吕子羽（字唐卿），金宣宗元光间，"为酷吏所诬，以乏军兴系狱，比赦至，唐卿自缢死"。⑥ 大安元年进士王权，"为人跌宕不羁"，"仕宦连蹇，晚召入朝，为部勾当官。俄辟为县令，未赴。家鲁山，为县吏所辱，愤惋发疾死"。⑦

金末儒吏矛盾与文武对立互为表里，女真武人官员联合胥吏及胥吏出身的官员打压进士文官，是当时比较普遍的政治现象。如泰和三年进士张特立，早年曾迁调莱州节度判官，但未赴任，而是躬耕南亩，以经学自乐，赋闲约十年之久。金哀宗正大初，经进士出身的尚书左丞侯挚、参知政事师安石荐举，张特立重新授官。在监察御史任上，"当路者忌其直，阴有以挤之"。因其"劾省掾高桢辈受请托，饮娼家"，高桢等人向武将出身的平章政事完颜白撒泣诉，称"当时同席并有省掾王宾，张为

---

① 《元好问全集》卷二〇《资善大夫吏部尚书张公神道碑铭并引》，第 399 页。
② 《金史》卷一〇九《陈规传》，第 2548 页。参见（金）元好问编《中州集》辛集《赵伯成小传》，第 531 页。
③ 《金史》卷一〇九赞，第 2556 页。
④ 《金史》卷一二九《酷吏·蒲察合住传》，第 2932—2933 页。
⑤ 《金史》卷一八《哀宗本纪下》天兴元年十月，第 428 页。杨慥，见（金）元好问编《中州集》壬集小传，第 587 页。
⑥ （金）元好问编《中州集》辛集小传，第 525 页。
⑦ （金）刘祁：《归潜志》卷二，第 13 页。

其进士故不劾"。这显然是说张特立包庇进士出身的官员，专与吏职出身的官员作对。完颜白撒于是"以其私且不实，并治特立及宾"罪，张特立被降职、杖责，王宾被停职。"士论皆惜特立之去。"①

隶属殿前都点检司的近侍局，本局官员及奉御、奉职等近侍本来多出自贵族、官僚子弟。金宣宗贞祐南渡以后，近侍干预朝政，且多吏员出身者。女真进士、平章政事抹撚尽忠与翰林待制、权参知政事乌古论德升就曾批评近侍局干政，认为既已预政，就应慎选其人，招致金宣宗以及权臣术虎高琪和近侍局人员的不满。金宣宗辩解说："自世宗、章宗朝许察外事，非自朕始也。如请谒营私，拟除不当，台谏不职，非近侍体察，何由知之？"②术虎高琪喜吏恶儒，交好近侍局，安插吏员进入近侍局。金宣宗、金哀宗实际上是以近侍为耳目，以右职官及吏员为鹰犬，以监视女真贵族军官，钳制士大夫，客观上进一步激化了统治阶级的内部矛盾。金哀宗天兴元年，女真策论进士、翰林直学士兼左司郎中斜卯爱实进谏曰："今近侍权太重，将相大臣不敢与之相抗。自古仆御之臣不过供给指使而已，虽名仆臣，亦必选择正人。今不论贤否，惟以世胄或吏员为之。夫给使令之材，使预社稷大计，此辈果何所知乎？"于是，"近侍数人泣诉上前，曰：'爱实以臣等为奴隶，置至尊何地耶！'"请求金哀宗治斜卯爱实之罪。斜卯爱实刚刚弹劾过四位宰执，现在又指斥世胄和吏员出身的近侍，"上益怒，送有司"查办。他实际是遭到世胄出身的宰执、武将、近侍以及吏员出身的近侍、右职官员的共同打击报复。经进士出身的近侍局副使李大节斡旋，才赦免其罪，黜任外职。③

在这种恶劣的政治环境下，不少文人士大夫屈服于权吏。"时胥吏擅威，士人往往附之。"④金末陈州考城县，"胥史所聚，结党为社，有'大刀'之目，把持令佐，连起诏狱。细民虽被侵愁，而无所于诉"。⑤武将横行于上，胥吏操纵于下，舞文弄法，欺诈百姓，这是金末的普遍

① 《金史》卷一二八《循吏·张特立传》，第2925—2926页。完颜白撒，汉名承裔，皇族，奉御出身，由军将拜相，"目不知书"，"性愎贪鄙"，见《金史》卷一一三本传，第2634—2635页。
② 《金史》一○一《抹撚尽忠传》，第2363页。
③ 《金史》卷一一四《斜卯爱实传》，第2658页。
④ 《金史》卷一一五《聂天骥传》，第2673页。
⑤ 《元好问全集》卷二○《资善大夫武宁军节度使夹谷公神道碑铭》，第406—407页。

现象。加之南渡后领土狭隘逼仄，仕进者冗滞，士大夫往往归耕垄亩，或教书乡里，或浪迹山水，或酬唱诗文，或沉浸于佛老。① 在他们看来，"仕宦本求得志，行其所知以济斯民。其或进而不能行，不若居高养豪，行乐自适"。② 承安二年进士李纯甫的经历，强烈比照出文人士大夫南渡前后不同的境遇与抱负。他"少自负其才，谓功名可俯拾"，"喜谈兵，慨然有经世志"，"泰和南征，两上疏，策其胜负"；"中年，度其道不行，益纵酒自放，无仕进意。得官未尝成考，旋即归隐。居闲，与禅僧、士子游，惟以文酒为事"。③ 面对乱世以及官场的倾轧，不少士大夫选择遁世隐居。史家论曰："宣宗南渡，吏习日盛，苛刻成风，殆亦多故之秋，急于事功，不免尔欤。自时厥后，仕进之歧既广，侥幸之俗益炽。军伍劳效，杂置令录，门荫右职，迭居朝著，科举取士亦复泛滥，而金治衰矣。"④ 金末仕进冗杂，尽管科举取士人数有所增加，但改变不了绝大多数文官身处乱世屈辱苟活的命运。

史曰："金自胡沙虎、高琪用事，风俗一变，朝廷矫宽厚之政，好为苛察，然为之不果，反成姑息。将帅鄙儒雅之风，好为粗豪，然用非其宜，终至跋扈。"⑤ 金末女真贵族官僚、将领对文人士大夫的仇视，对儒雅风气的鄙视，实乃对金世宗以后所推行文治政策的反感和报复。而在内忧外患的夹击下，金卫绍王、金宣宗也放弃了金世宗、金章宗任用士大夫以制衡女真贵族的政治遗产，转而重用近侍和胥吏出身的官员，以制衡女真贵族，钳制士大夫官员，终致女真贵族武将趁战乱拥兵自重，屡屡发动兵变，皇权政治由此遭受重创。贞祐南渡后，骄横跋扈的女真贵族武将操纵朝政和地方政治，重用右职、吏员，贬抑排挤士大夫官僚。贵族政治逆流上扬，政治生态恶化，文武矛盾和儒吏冲突升级，加速了金朝的灭亡。

由于金代女真人普遍汉化，一些女真贵族、军官也开始重视读书，倾

---

① 见（金）刘祁《归潜志》卷一，"李纯甫"条，第6—7页；卷二，"张毅"条，"王权"条，第12、13页；卷五，"王彧"条，第46页；卷七，"南渡后疆土狭隘"条，第74页。

② （金）刘祁：《归潜志》卷三，第24页。

③ （金）刘祁：《归潜志》卷一，第6页。参见《金史》卷一二六《李纯甫传》，第2884—2885页。

④ 《金史》卷五一《选举志一》，第1210页。

⑤ 《金史》卷一一一史赞，第2601页。

慕汉文化，对文人士大夫比较尊敬。金朝后期，也能发现文武官员互相举荐、惺惺相惜的事例。如丰州毕里海世袭猛安完颜斜烈，"以善战知名，自寿、泗元帅转安平都尉，镇商州。威望甚重，敬贤下士，有古贤将之风"。他辟举"文章、论议与雷渊、李献能相上下"的太原籍进士王渥为帅府经历官（幕职）。完颜斜烈的从弟完颜陈和尚，护卫、近侍出身，"雅好文史"，在完颜斜烈军中充任宣差提控，拜王渥为师，研读《孝经》《小学》《论语》《春秋左氏传》等典籍。①

护卫出身的金末宰相完颜赛不，对他的文官同僚比较友善。如"雅与参知政事李蹊相得，及蹊以公罪出尹京洛，赛不数荐蹊比唐魏徵，以故蹊得复相"。② 李蹊是明昌五年词赋进士。正大四年（1227），进士、吏部郎中杨居仁"上封事"，"言宰执皆具僚，不足以倚大事，乞择人授之"。③ 金哀宗对宰执们说，评价宰相是否称职，这是台谏官的职责，吏部官员不该置喙。尚书左丞颜盏世鲁"素嫉居仁，亦以为僭"。颜盏世鲁，明昌五年女真策论进士。杨居仁，泰和三年词赋进士。完颜赛不却替杨居仁说话，"天下有道，庶人犹得献言，况在郎官"。皇帝认为臣下说得对就接受，说得不对不接受就是了，没必要告诉宰执。④ 进士出身的宰相侯挚，贞祐南渡后曾行省于外，独当一面，后来致仕，"朴直无蕴藉，朝廷鄙之"。金哀宗正大中，形势危如累卵，"徐州行尚书省无敢行者，复拜挚平章政事"。临危受命的侯挚，在宰执会议上表达了"国势不支"，朝廷"更无擘划"的意见。皇族完颜白撒怒斥侯挚道："平章出此言，国家何望耶！"大有"置之不测"之意。完颜赛不却说："侯相言甚当。"⑤ 为侯挚解了围。

金中都世家大族出身的马肩龙，父祖皆科举及第，本人"在太学有赋声"。金宣宗贞祐初，"有诬宗室从坦杀人，将置之死，人不敢言其冤"。马肩龙与完颜从坦并不相识，但对其军事才能颇为赞赏，于是上书

---

① 《金史》卷一二三《完颜陈和尚传》及附《完颜斜烈传》，第2826—2829页。参见卷一一一《完颜思烈传》附《王渥传》，第2595页。

② 《金史》卷一一三《完颜赛不传》，第2624页。

③ （元）王鹗：《汝南遗事》卷四，查洪德主编《全辽金元笔记》第1辑第4册，第346页。颜盏世鲁、杨居仁进士出身，见于此。

④ 《金史》卷一一三《完颜赛不传》，第2624页。

⑤ 《金史》卷一一三《完颜赛不传》，第2624—2625页。

解救完颜从坦："从坦有将帅材，少出其右者。臣一介书生，无用于世，愿代从坦死，留为天子将兵。"金宣宗赦完颜从坦，授马肩龙东平府录事。金哀宗正大间，马肩龙客居凤翔府。德顺州节度使、行元帅府事爱申敬重赏识马肩龙，派人带亲笔信邀请马肩龙来德顺，襄助守城。马肩龙明知寡不敌众，德顺城不可守，依然怀着士为知己者死的气概奔赴德顺，与爱申一起守城，鏖战100多天，城破，同死于难。① 正因为这样的事例比较少见，所以更加难能可贵。

**表6-1 金卫绍王时期迄金亡（1209—1234）尚书省枢密院长贰官及行省行院主官**

| 姓名 | 出身 | 履历 | 文献出处 |
|---|---|---|---|
| 完颜匡 | 皇族特赐进士 | 以定策功，由平章政事拜尚书令（1209，年底卒） | 卷九八本传，本纪 |
| 仆散端 | 护卫 | 平章政事升右丞相（1209），进左丞相（1209—1211），罢为判南京留守、知开封府事，由御史大夫再拜左丞相（1214），兼枢密使（1215），以左丞相兼都元帅、行省陕西（1215—1217），1217年卒于任 | 卷一〇一本传，本纪 |
| 完颜纲（元奴） | 奉御 | 尚书左丞（卫绍王时），行省缙山（1213），同年纥石烈执中军变，召回京杀之 | 卷九八本传，本纪作完颜元奴 |
| 独吉思忠（千家奴） | 行省都事 | 由尚书右丞拜平章政事（1209），行省屯边，以失利解职（1211） | 卷九三本传，本纪 |
| 完颜承晖（福兴） | 皇族世袭谋克，符宝祗候 | 参知政事（1209），尚书左丞、行省宣德（1210—1211），作战失利降职。复任参知政事（1212），旋升尚书左丞，进平章政事兼都元帅（1213），升右丞相、兼都元帅、行省中都（1214—1215），城破自缢 | 卷一〇一本传，本纪。行省中都见卷一〇四《高霖传》 |
| 完颜承裕（胡沙） | 皇族符宝祗候 | 由御史大夫拜参知政事、行省屯边（1211），作战失利黜降 | 卷九三本传，本纪 |
| 徒单镒 | 进士 | 由上京留守拜右丞相（1211—1212），进左丞相（1213），1214年卒 | 卷九九本传，本纪 |
| 奥屯忠孝（牙哥） | 进士 | 参知政事（左参政）升尚书右丞（1211年本纪；本传作1213年拜参知政事，同年出知济南府事） | 本纪，卷一〇四本传，赵秉文《张左丞碑》 |

---

① 《金史》卷一二三《忠义·爱申传》及附《马肩龙传》，第2837—2839页。宗室完颜从坦，尚书省祗候郎君出身，贞祐战乱中投身行伍。见《金史》卷一二二《忠义传》，第2807页。

续表

| 姓名 | 出身 | 履历 | 文献出处 |
|---|---|---|---|
| 徒单公弼（习烈） | 奉御，世戚，驸马 | 参知政事，右丞，左丞，平章政事升右丞相（1213 年，1214 年罢） | 卷一二〇本传，本纪 |
| 徒单航之父 | 世戚，驸马 | 卫绍王时，以权平章政事、枢密使改授都元帅，仍权平章。辞帅职，授平章政事 | 卷一二三《徒单航传》 |
| 移剌 | 不详 | 平章政事（1211 年时任） | 卷九九《徒单镒传》 |
| 徒单度移剌 | 不详 | 枢密使（1214 年时任） | 卷一〇三《完颜铁哥传》 |
| 徒单铭 | 世戚，奉御 | 以朔戴功，由宣抚使拜尚书右丞（1213 年，1214 年卒于任） | 卷一二〇本传 |
| 纥石烈执中（胡沙虎） | 护卫 | 西京留守、行枢密院事（1211），右副元帅、权尚书左丞（1211 年，1212 年初免）。起复权右副元帅，兵变弑逆夺权，拜尚书令（1213），同年被杀 | 卷一三二本传，本纪 |
| 术虎高琪 | 护卫 | 兵变杀纥石烈执中授左副元帅，拜平章政事（1213—1216），右丞相（1216），1219 年底获诛 | 卷一〇六本传，本纪 |
| 抹撚尽忠 | 进士 | 尚书右丞、行省西京（卫绍王时），尚书左丞、行省西京（1213），次年入朝，拜都元帅，仍任左丞。升平章政事、兼左副元帅（1214），与完颜承晖一起留守中都。弃中都，奔南京，仍为平章政事。后下狱获诛 | 卷一〇一本传，本纪 |
| 孛术鲁德裕 | 省院令史 | 参知政事兼签枢密院事、行省大名府（1214），次年赴援中都，坐弛慢黜降 | 卷一〇一本传，本纪 |
| 乌古论德升 | 进士 | 以翰林侍读学士权参知政事（1215—1216），出为节度使。由河东路宣抚副使改知太原府事、元帅左监军、行元帅府事兼知枢府事，行省太原（1218），城陷遇害 | 卷一二二本传，本纪 |
| 仆散安贞（阿海） | 奉御。世袭猛安。驸马，世戚 | 枢密副使、行枢密院于徐州（1215），枢密副使、左副元帅、权参知政事，行省事，伐宋（1218），行省河北（1219—1221）。1221 年，以左副元帅兼枢密副使率兵伐宋，被诬谋反，获诛。（即《元好问全集》卷一八《朝奉大夫礼部尚书赵公神道碑铭》所载兴定间枢密副使、驸马都尉阿海） | 卷一〇二本传，本纪 |
| 徒单思忠 | 进士 | 参知政事（1215—1221），右丞（1221 年，次年罢）（卷一二〇同名传主卒于1162 年） | 本纪，卷一二九《蒲察合住传》 |
| 蒙古纲 | 进士 | 右副元帅、权参知政事、行省东平（1217—1221），行省邳州（1221），1223 年遇害 | 卷一〇二本传，本纪 |
| 完颜定奴 | 护卫，左丞完颜纲之弟 | 签枢密院事、行院于归德府、兼知归德府（宣宗贞祐中），签枢密院事、行院徐州、兼武宁军节度使（贞祐中），召为刑部尚书、参知政事（宣宗兴定初） | 卷九八《完颜纲传》附传 |

续表

| 姓名 | 出身 | 履历 | 文献出处 |
|---|---|---|---|
| 完颜合打 | 不详 | 知河南府、签枢密院事（1215）、行院事（1216年，同年以征兵失应伏诛） | 本纪 |
| 完颜从坦 | 皇族，省祗候郎君 | 行枢密院于河南府（1216），次年改辉州刺史、权河平军节度使、孟州经略使 | 卷一二二本传 |
| 蒲察移剌都 | 护卫 | 由尚书右丞、辽东上京等路宣抚使黜降知河南府、行枢密院兼行六部事（1217），改陕西行省参议官兼陕西路统军使（1217），签枢密院事、权右副元帅、行枢密院邓州（1218），以罪获诛 | 卷一〇四本传，本纪。参见卷一〇三《完颜阿里不孙传》 |
| 完颜守礼（守绪） | 宣宗子 | 枢密使（1216—1224），后继位，即金哀宗 | 本纪 |
| 完颜守纯 | 宣宗子 | 枢密使转平章政事（1216—1224） | 卷九三本传，本纪 |
| 完颜永锡（合周） | 皇族 | 以御史大夫、签枢密院事、权尚书右丞，总兵陕西（1216年，次年失地罢）。正大中，起为参知政事 | 本纪，卷一一四《斜卯爱实传》附传 |
| 完颜蒲剌都 | 护卫 | 由经略使入为签枢密院事（宣宗贞祐中），改左副点检，迁兵部尚书（1216） | 卷一〇三本传 |
| 蒲察阿里不孙 | 不详 | 兵部尚书、签枢密院事、右副元帅（1216年，备御潼关，以军溃罢） | 卷一〇〇《完颜伯嘉传》 |
| 完颜阿里不孙 | 进士 | 权参知政事、辽东路行省（贞祐间），参知政事、权右副元帅、行省、行元帅府于婆速路（即辽东行省，1217年，同年死于乱军） | 卷一〇三本传，本纪 |
| 太平 | 不详 | 行省上京（1217），与咸平路宣抚使蒲鲜万奴谋乱 | 卷一二二《梁持胜传》 |
| 蒲察五斤 | 不详 | 权参知政事、行省、行元帅府于上京（1217），权参知政事、行省辽东（1217） | 本纪，卷一〇三《完颜阿里不孙传》 |
| 必兰阿鲁带 | 不详 | 签枢密院事（1217年，数月罢），权参知政事、行省益都（1217） | 卷一〇二本传，本纪 |
| 术甲臣嘉 | 袭父谋克 | 行枢密院于寿州，南伐（1217）。以功迁元帅右都监，充陕西行省参议官，改知延安府、左都监 | 卷一〇三本传 |
| 乌古论庆寿 | 奉御 | 由元帅右监军兼陕西统军使行枢密院事，南伐（1217），后历仕节镇 | 卷一〇一本传，本纪 |
| 孙即康 | 进士 | 由尚书左丞拜平章政事（1209年，1211年致仕） | 卷九九本传 |
| 孙铎 | 进士 | 参知政事升尚书左丞（卫绍王大安中），出仕节镇 | 卷九九本传 |
| 耿端义 | 进士 | 权参知政事（1210），参知政事（1213），1214年卒 | 卷一〇一本传，本纪 |

| 姓名 | 出身 | 履历 | 文献出处 |
|---|---|---|---|
| 梁瑭 | 进士 | 参知政事（1211），崇庆中卒于任 | 本纪，《中州集》壬集 |
| 孟铸 | 不详，曾任省令史 | 由参知政事改御史大夫（1212） | 卷一〇〇本传，本纪 |
| 贾铉 | 进士 | 参知政事（1212年，致仕起复） | 卷九九本传，本纪 |
| 贾益谦 | 进士 | 参知政事（1211—1214），外任知府，召为尚书右丞（1215），进左丞（1215年，1216年致仕） | 卷一〇六本传 |
| 王维翰 | 进士 | 参知政事（1213），同年罢为节镇 | 卷一二一本传，本纪 |
| 胥鼎 | 进士 | 参知政事（1213年，同年出知大兴府），右丞（1214年，旋出任节镇、知府），枢密副使、权尚书左丞、行省平阳（1216），入朝任左丞兼枢密副使（1216），平章政事（1217年，1220年致仕），起复平章政事、行省卫州（1225年，1226年卒于任） | 卷一〇八本传，本纪 |
| 高汝砺 | 进士 | 参知政事（1214），右丞（1215），左丞（1216），平章政事（1220），右丞相（1220年，1224年卒于任） | 卷一〇七本传，本纪 |
| 侯挚 | 进士 | 参知政事（1215）、右丞（1216）、行省河北，行省东平（1216），行省河北（1218），复行省邳州（山东，1218—1219），右丞兼三司使（1219年，1220年致仕）。起复左丞（正大初），起复平章政事（1232）、行省京东路，同年再致仕 | 卷一〇八本传，卷一二八《张特立传》，本纪 |
| 李革 | 进士 | 参知政事（1216年，年底罢为节镇），知平阳府、权参知政事、行省河东（1217年，1218年遇难） | 卷九九本传，本纪 |
| 张行信 | 进士 | 权参知政事、参知政事（1217）。次年出为节镇，致仕。哀宗即位，起复左丞（1224），寻复致仕 | 卷一〇七本传 |
| 高霖 | 进士 | 知大兴府事、权参知政事、行省中都（1214），改中都留守，城破死难 | 卷一〇四本传，本纪 |
| 完颜赛不 | 皇族，亲军，护卫 | 签枢密院事（1217），枢密副使（1220），平章政事（1224），右丞相，行省关中（1229—1230），右丞相致仕（1231）。起复右丞相、枢密使兼左副元帅（1232），复致仕（1233年初）。起复京东（徐州）行省（1233），旋遇害 | 卷一一三本传，本纪，《汝南遗事》 |
| 完颜伯嘉 | 进士 | 以御史中丞权参知政事、元帅左监军，行尚书省、元帅府于河中府（1218），御史中丞、行枢密院于许州（1219），权参知政事、行省事于河中府（1222），次年卒 | 卷一〇〇本传，本纪 |

续表

| 姓名 | 出身 | 履历 | 文献出处 |
|---|---|---|---|
| 把胡鲁 | 不详 | 参知政事（1218—1220），权尚书右丞、左副元帅、行省、行元帅府于京兆（1220—1222 年初），由大司农复拜参知政事（1222），尚书右丞（1222 年底），平章政事（哀宗即位授，1224 年卒） | 卷一〇八本传，本纪 |
| 夹谷必兰（必兰出） | 贵族 | 翰林学士承旨、权参知政事、行省辽东（1218），平章政事 | 本纪，卷一〇九《完颜素兰传》，《元好问全集》卷二〇《武宁军节度使夹谷公神道碑铭》 |
| 纳坦谋嘉 | 终场举人补提刑司书史，特赐同进士出身 | 河南统军使兼昌武军节度使、权签枢密院事、行院许州（1217） | 卷一〇四本传 |
| 温迪罕达 | 进士 | 河南统军使、昌武军节度使、行六部、权同签枢密院事、行院许州（1218） | 卷一〇四本传，本纪 |
| 纥石烈桓端 | 袭兄谋克 | 权签枢密院事、行院徐州（1218 年，1221 年病卒） | 卷一〇三本传，本纪 |
| 阿勒根讹论 | 不详 | 同签枢密院事（1215） | 卷一〇八《侯挚传》 |
| 徒单亚剌哥 | 不详 | 同签枢密院事（1223） | 卷一〇二《蒙古纲传》 |
| 陀满胡土门 | 进士 | 归德知府、权签枢密院事、行院归德（1219） | 卷一二三本传，《元好问全集》卷一九《内翰冯公神道碑铭》 |
| 完颜承裔（白撒） | 皇族，奉御 | 参知政事、行省平凉（1220），入朝授右丞（1228），未几升平章政事，1232 年致仕。起复平章政事、权枢密使兼右副元帅。1233 年初下狱 | 卷一一三本传，本纪 |
| 完颜承立（庆山奴） | 皇族 | 元帅右监军、权参知政事、行省、行帅府于京兆（1220 年，同年罢）。行省京兆（1231），行省徐州（1231 年，次年战败被俘） | 本纪，卷一一六本传，《元好问全集》卷一八《内相文献杨公神道碑铭》 |
| 仆散毅夫 | 不详 | 参知政事、行省京东（1221），参知政事（1222 年时任） | 本纪 |
| 仆散五斤 | 不详 | 参知政事（1224 年罢） | 本纪 |

| 姓名 | 出身 | 履历 | 文献出处 |
|---|---|---|---|
| 完颜惟弼 | 皇族，近侍局副使 | 权同签枢密院事、行院中京（1221） | 本纪，卷一三二《纥石烈执中传》 |
| 纳合降福 | 不详 | 权签枢密院事、行院宿州（1221） | 本纪 |
| 完颜讹可 | 皇族，护卫 | 签枢密院事、权参知政事（1222年，1231年战死） | 卷一一一本传，本纪 |
| 石盏（赤盏）尉忻 | 进士 | 权参知政事（1222），右丞（1224年，1228年致仕）。（《元好问全集》卷二五《聂孝女墓铭》记载，崔立之变，右丞大用遇难，即指此人。尉忻，字大用） | 卷一一五本传，本纪 |
| 完颜合达 | 亲军，护卫 | 参知政事，行省京兆（1224），行省平凉（1226年），入朝授平章政事（1227）。平章政事、枢密副使、行省阌乡（1230年，1232年战死） | 卷一一二本传，本纪 |
| 赤盏（石盏）合喜 | 不详 | 签枢密院事（1223），参知政事、权枢密副使（1224），枢密副使，枢密使（1232年，当年罢） | 卷一一三本传，本纪 |
| 乌古孙仲端 | 进士 | 权参知政事（1224—1228） | 卷一二四本传 |
| 葛不霭 | 不详 | 辽东行省（1226年时任） | 本纪 |
| 颜盏世鲁 | 进士 | 权参知政事（1228），右丞（1232年罢） | 本纪，卷一一四《斜卯爱实传》，《汝南遗事》 |
| 完颜撒合辇 | 皇族 | 同签枢密院事（宣宗朝），中京（洛阳）留守、兼行枢密院事（1228），1232年城破死 | 卷一一一本传，本纪 |
| 移剌蒲阿 | 军功劳效 | 权枢密副使（1229），枢密副使、权参知政事、行省阌乡（1230），1232年战死 | 卷一一二本传，本纪 |
| 石盏女鲁欢 | 护卫 | 枢密副使、权参知政事、行院归德 | 本纪，卷一一六本传，《汝南遗事》 |
| 完颜仲德（忽斜虎） | 进士 | 权参知政事、行省巩昌（1231），参知政事、行省陕州（1232），右丞、兼枢密副使、行省徐州（1233），入朝领省、院事（1233）。蔡州破，自缢 | 卷一一九本传，本纪 |
| 阿不罕奴十剌 | 不详 | 权参知政事、行省陕州（1232年，接替完颜仲德，同年遇害） | 本纪，卷一一六《徒单兀典传》 |
| 完颜讹出 | 不详 | 右副元帅兼枢密副使、权参知政事（1232年前授） | 本纪 |
| 完颜素兰 | 进士 | 权元帅右都监、参知政事、行省京兆（1230），未几授节镇兼安抚使 | 卷一〇九本传 |
| 纥石烈牙吾塔 | 亲军 | 参知政事、行省京兆（1230年，次年弃京兆东还，病卒） | 卷一一一本传，本纪，《归潜志》 |

续表

| 姓名 | 出身 | 履历 | 文献出处 |
|---|---|---|---|
| 王庭玉 | 军将 | 元帅右监军、行院山东（1220），行院归德（1222） | 卷一〇二《蒙古纲传》，本纪 |
| 李复亨 | 进士 | 吏部尚书、权参知政事（1219），参知政事（1220年，次年因监试有误免职） | 卷一〇〇本传，本纪 |
| 李蹊 | 进士 | 太常卿、权参知政事（1224），翰林承旨、权参知政事（1224），参知政事（1227），历右丞、左丞。坐粮储不给，除名。起复兵部尚书、权左丞（1232年时任），拜左丞（1233年遇害）。（《元好问全集》卷二二《史邦直墓表》所见正大初宰相李适之，即李蹊。《汝南遗事》卷三载李蹊字适之。《归潜志》卷六载蹊字贯之） | 本纪，卷一一六《蒲察官奴传》 |
| 师安石 | 进士 | 以工部尚书权参知政事（1226），右丞（1227年，1228年卒） | 本纪，卷一〇八本传 |
| 完颜思烈 | 皇族，奉御 | 权参知政事、行省邓州（1232），罢行省之职而留守中京（1232年，1233年卒）。《汝南遗事》记作殿前都点检、权参知政事内族斜烈 | 卷一一一本传，本纪 |
| 徒单兀典 | 不详 | 以兵部尚书权参知政事、行省徐州（正大中），参知政事、行省关陕，1232年战死 | 卷一一六本传，卷一二四《术甲脱鲁灰传》 |
| 徒单益都 | 不详 | 行省徐州（1232年，同年战死） | 卷一一七本传，本纪 |
| 完颜奴申 | 进士 | 参知政事兼枢密副使（1232），1233年初遇害 | 卷一一五本传，本纪 |
| 完颜习捏（亦作斜捻）阿不 | 不详 | 枢密副使兼知开封府、权参知政事（1232），1233年初遇害 | 本纪，卷一一五《完颜奴申传》 |
| 粘割奴申 | 荫补，或曰进士 | 参知政事、行省陈州（1233） | 卷一一九本传 |
| 抹撚兀典（亦作阿典） | 世袭谋克，护卫 | 签枢密院事、权参知政事、行省徐州（1233），参知政事、行省息州（1233） | 本纪，卷一一九《乌古论镐传》，《汝南遗事》 |
| 乌（亦作兀或忽）林荅胡土 | 不详 | 以殿前都点检权参知政事，旋授中京留守、行省中京（1233） | 卷一一一本传，本纪，《汝南遗事》 |
| 蒲察官奴 | 军将 | 发动军变后拜枢密副使、参知政事（1233年，同年被诛） | 卷一一六本传 |

续表

| 姓名 | 出身 | 履历 | 文献出处 |
|---|---|---|---|
| 粘割完展 | 进士 | 秦州元帅、权参知政事、行省巩昌（1233 年，同年遇害） | 卷一二四《郭虾蟆 传》，本纪，《汝南遗事》 |
| 乌古论镐 | 护卫 | 御史大夫兼蔡、息等州便宜总帅，权参知政事（1233） | 卷一一九本传，《汝南遗事》 |
| 完颜娄室 | 皇族 | 权征行总帅、签枢密院事、行院息州（1233） | 本纪，卷一一九本传，《汝南遗事》 |
| 孛术鲁娄室 | 不详 | 以总帅权参知政事（1233） | 本纪，《汝南遗事》 |
| 杨憺 | 进士 | 以户部侍郎权参知政事（1232 年，旋罢权参政） | 本纪，《中州集》，成化《山西通志》卷九 |
| 张天纲 | 进士 | 先后以吏部侍郎、御史中丞权参知政事（1233） | 本纪，卷一一九本传，《汝南遗事》 |
| 时全 | 义军首领 | 同签枢密院事、行院事，伐宋，兵败获诛（1222） | 本纪，卷一一七《时青传》 |
| 李辛（赐姓温撒） | 义军首领 | 正大中曾任行枢密院事 | 卷一一四《白华传》 |
| 国用安 | 义军首领 | 平章政事兼都元帅、行省京东山东等路（1232年，1233 年末降宋） | 本纪，卷一一七本传，《汝南遗事》 |
| 武仙 | 义军首领 | 参知政事、枢密副使、行省河南（1232） | 卷一一八本传，《汝南遗事》 |

注：表中本纪指见于《金史》本纪相应年份记事，卷×指《金史》的卷数。

# 第七章　金朝的铨选制度

## ——皇权对贵族官僚与庶民官僚势力的平衡

金朝皇权与女真贵族势力既相互依存又存在矛盾斗争，是贯穿金朝政治史的一条主线。大体上说，金海陵王篡位以前，贵族政治势力强盛，皇权相对处于弱势。宗室贵族在政治上居于支配地位，女真异姓贵族也权势显赫，女真贵族联合各族世家大族，几乎垄断了所有的军事、行政、财政、司法大权。皇权对贵族权力的有效制约是在金海陵王诛杀宗室贵族、废除元帅府、迁都中都以后实现的。在强化皇权、加强中央集权的过程中，金世宗、金章宗时期的政治文化、权力结构发生较大变化。这突出表现在皇权对贵族和世家大族政治势力的限制，拓宽选官用人范围等方面。最典型的是完善科举制度，提升进士出身的文官群体的政治地位；建立健全铨选制度，加强皇帝和尚书省对官员选任的统一管理。金朝的科举制度和铨选制度，有利于庶民官僚队伍和官僚政治的成长。贵族政治势力和庶民官僚政治势力大致形成一种制衡关系。金朝后期，贵族政治势力反弹，皇权被削弱，铨选制度也遭到破坏。[1]

---

[1] 金朝的铨选和官员管理制度是金史研究的薄弱环节。王世莲的《论金代的考课与廉察制度》（《北方文物》1989 年第 1 期）是较早涉足这一领域的文章。曾代伟《金朝职官管理制度述略》（《民族研究》1993 年第 3 期）简要论述了金代职官选任制度（主要是科举）、考课制度、致仕制度。孙梦伟《金朝选官制度研究》（硕士学位论文，吉林大学，2005）主要是对入仕制度的研究，他还发表了《金朝流外出职制度研究》（《黑龙江教育学院学报》2007 年第 4 期）。郭威著有《金代职官管理制度的一个侧面——以县官为中心》（鲍海春、洪仁怀主编《金上京文史论丛》第 2 集，哈尔滨出版社，2008）。陈昭扬发表了系列论文，包括《金代汉族进士的官职迁转》（张希清等主编《10—13 世纪中国文化的碰撞与融合》，上海人民出版社，2006）、《金代低阶地方官的迁转路径——以县令为中心的观察》（《中国史学》第 18 卷，京都：朋友书店，2008）、《金代宫中承应人的选任制度》（《台湾师大历史学报》第 49 期，2013 年）、《金代的官员迁转路径——以格法为中心的观察》（《成大历史学报》第 47 期，2014 年）、《金代流外职及其人员资格》（《政治大学历史学报》第 41 期，2014 年）。近年青年学者发表了多篇颇具新意的论文，如王崤《金朝门荫制度新论》（《河北师范大学学报》2017 年第 5 期）、《金代审官院研究——兼论有金一代的选官与皇权关系》（贾

# 一 从承制除授到朝参赴选

金初实行以皇帝为首的诸勃极烈议政辅政制度。部落首领、军事贵族、勋臣被任命为万户长、千户长（猛安）、百户长（谋克），归附的辽朝官员一般仍领旧职。金太宗即位后，"始议礼制度，正官名，定服色，兴庠序，设选举，治历明时，皆自宗干启之。（天会）四年，官制行，诏中外"。①所谓"官制行"，指新置尚书省及其他中央行政机构。如辽代进士张通古，入金后因为与知枢密院事刘彦宗有旧交，被起用为枢密院主奏，改兵刑房承旨。"天会四年，初建尚书省，除工部侍郎，兼六部事。"②所任枢密院主奏和兵刑房承旨，都是设在燕京的专门处理汉地事务的枢密院官职，后任工部侍郎兼六部事才是中央行政部门的官职。经过金太宗天会官制、金熙宗天眷官制、金海陵王正隆官制改革，金朝的官制兼采唐、辽、宋制，最终确立了具有本朝特点的君主专制中央集权体制。其官员除授、迁调、磨勘、考课制度，突出体现了中原王朝制度对金制的影响。

## （一）承制除授

金初，人事任命权名义上归属中央——以皇帝为首的诸勃极烈议政辅政机构。如金太祖天辅五年（1121），"千户胡离荅坐擅署部人为蒲里衍，杖一百，罢之"。③蒲里衍是五十户长。同时，中央授予诸路军事统帅"承制除授"或"以便宜从事"任免官员的权力，但须上报中央批准方有效，且中央拥有最终裁决权。如皇族完颜斡鲁古授咸州路都统，

---

淑荣、韩世明主编《辽金史论集》第 17 辑，中国社会科学出版社，2019），闫兴潘《论金代女真人的"超迁格"——民族关系影响下的职官制度变革》（《历史教学》2019 年第 9 期），张又天《金代职事官超迁现象探析》（《河北北方学院学报》2020 年第 3 期）。武玉环教授出版了《辽金职官管理制度研究》（人民出版社，2019）一书，对金代官员入仕、考课、监察、奖惩、俸禄、致仕制度做了比较深入的研究。本章侧重对金代官员的任职资格资序、朝参赴选、磨勘铨叙、超迁优调与回降等制度进行研究。

① 《金史》卷七六《完颜宗干传》，第 1852 页。
② 《金史》卷八三《张通古传》，第 1977 页。
③ 《金史》卷二《太祖本纪》天辅五年六月，第 37—38 页。

"斡鲁古伐永昌，以便宜署胡突古为千户。散都鲁、讹鲁补皆无功，亦以便宜除官。及以便宜解权谋克斛拔鲁、黄哥、达及保等职，皆非其罪。太祖闻之，尽复斛拔鲁等谋克，胡突古等皆罢去"。完颜斡鲁古奉命攻取显州，被人告发恣取人口和牲畜、财物，金太祖下令免其职，任命皇族完颜阇哥接任咸州路都统。朝廷迁徙显州新附之富民安置于咸州，诏完颜阇哥"择其才可干事者授之谋克，其豪右诚心归附者拟为猛安，录其姓名以闻"。① 完颜阇哥获得"承制除授"或"便宜从事"任命新附州县官员的授权，但仍须报经皇帝及诸勃极烈议政辅政机构批准。金太宗始以空名宣头颁授军中，令军帅"便宜从事"。天会元年（1123）十月，命给西南、西北两路都统完颜宗翰百道空名宣头，诏曰："今寄尔以方面，如当迁授，必待奏请，恐致稽滞，其以便宜从事。"次月，又赐给上京路军帅实古乃、婆卢火等人空名宣头及银牌。② 空名宣头用于任命官员，银牌用于传令。

但金太宗已刻意对军帅"便宜"除授官员的权力予以限制。如金太宗继位后赐都统完颜宗翰空名宣头，诏曰："寄尔以方面，当迁官资者，以便宜除授。"其除授仅限"官资"，即文武官阶。完颜宗翰奏陈："先皇帝时，山西、南京诸部汉官，军帅皆得承制除授。今南京（指平州，时金以燕地予宋，改平州为南京）皆循旧制，惟山西优以朝命。"意谓山西汉官的任免权收归中央，而南京汉官仍由军帅承制除授，有失公允。金太宗做出让步，准许"一用先皇帝燕京所降诏敕从事，卿等度其勤力而迁授之"。③ 完颜宗翰遂承制除授耶律怀义为西南路招讨使。④ 稍后，完颜宗望奉命平定南京的叛乱，"请空名宣头千道，增信牌，安抚新降之民"。金太宗仅"给银牌十，空名宣头五十道"，又诏谕完颜宗望令"新附长吏职员仍旧"，⑤ 南京留守及其他缺员，"可选勋贤有人望者就注拟之，具姓名官阶以闻"。⑥ 金太宗显然有意收回官员的任免权。天会三年

① 《金史》卷七一《完颜斡鲁古传》，第1737—1739页。

② 《金史》卷三《太宗本纪》天会元年十月、十一月，第54页。

③ 《金史》卷七四《完颜宗翰传》，第1801—1802页。完颜宗翰所任，本传作山西都统，本纪作西南、西北两路都统。

④ 《金史》卷八一《耶律怀义传》，第1941页。

⑤ 《金史》卷七四《完颜宗望传》，第1809页。

⑥ 《金史》卷三《太宗本纪》天会二年二月，第56页。

（1125）底，金朝从宋朝手中夺取燕京后，金太宗诏令知枢密院事刘彦宗，"凡燕京一品以下官皆承制注授"。① 金太宗似有越过军帅，直接指挥枢密院的意图。天会四年冬，金军攻克宋都汴京后，"宗翰奏河北、河东府镇州县请择前资官良能者任之，以安新民。上遣耶律晖等从宗翰行。诏黄龙府路、南路、东京路于所部各选如耶律晖者遣之"。② 耶律晖等人实际上是金太宗派往各路帅府的钦差大臣，监督并制约军帅行使包括人事权在内的大权。接着，金廷尝试直接任命汉地官员。据记载，"丁未（金天会五年）冬，宰相刘彦宗差一人知燕山玉田县，国里朝廷亦差一人来，交割不得，含怒而归。无何，国里朝廷遣使命至燕山，拘取刘彦宗，赐死。续遣一使来评议。彦宗各赂万缗，乃已"。③ 当时，燕京、西京各置一处枢密院，分别听命于东、西二路主帅，"国里朝廷"要惩处刘彦宗，既是针对东路主帅，也是要一并收回汉地枢相"承制除授"官员的权力。至天会十一年，金太宗明确降诏："比以军旅未定，尝命帅府自择人授官，今并从朝廷选注。"④

当然，任何事物都有惯性，军帅的生杀予夺大权不会因为一纸诏令就作废。废掉刘齐附庸政权（1131—1137）后，元帅府仍承制授官。如齐国的海道副都统兼海道总管徐文，"齐国废，元帅府承制以文为南京步军都虞候，权马步军都指挥使"。⑤ 右副元帅完颜宗辅平定关陕，承制任命力战有功的乌延蒲卢浑为河北西路兵马都总管。⑥

要真正限制军帅的权力，还需要改革官制，用制度约束权力。金世宗大定初，完颜宗翰之孙完颜斜哥授刑部侍郎，拜都统，与副统完颜布辉率兵从东京开赴中都，为金世宗南下打先锋。完颜斜哥抵达中都后，效仿早期军帅便宜用事，"辄署置官吏，私用官中财物"。但这种行为已为金熙宗以后的法律所禁止。依法，"斜哥当死，布辉当除名"，金世宗"诏宽减，斜哥除名，布辉削两阶，解职"。⑦ 就连佩金牌、持诏书宣谕

---

①　《金史》卷七八《刘彦宗传》，第 1882 页。

②　《金史》卷七四《完颜宗翰传》，第 1803 页。

③　（宋）徐梦莘：《三朝北盟会编》卷九八，引赵子砥《燕云录》，第 725 页。

④　《金史》卷三《太宗本纪》天会十一年八月，第 71 页。

⑤　《金史》卷七九《徐文传》，第 1899 页。

⑥　《金史》卷八〇《乌延蒲卢浑传》，第 1918 页。

⑦　《金史》卷七四《完颜宗翰传》附《完颜斜哥传》，第 1806 页。

中都及其以南州军的应奉翰林文字独吉和尚，亦"擅废置州县官，辄行杀戮"。金世宗"诏尚书省鞫治之"。① 直到官制已经比较完善的金章宗承安年间，战时仍或授权军帅承制除授。"始讨契丹，自龙虎卫上将军、节度使以下许承制授之。"但是，率军出征的左丞相完颜襄"以为赏罚之柄非人臣所预，不敢奉诏"，请于战事结束后"委近臣谕旨将士"。金章宗乃遣宣徽使李仁惠"持宣三十、敕百五十，视功给之"。②

金朝后期的战乱中，行省、行院、行部、元帅府、宣抚司等军政机构再度被赋予承制授官的权力。如金宣宗兴定元年（1217），参知政事、权右副元帅完颜阿里不孙行尚书省、元帅府于婆速路，"承制除拜刺史以下"。③ 兴定三年，令岚州镇西军节度使、行元帅府事古里甲石伦复取太原，许"自太原治中及他州从七品以下职、四品以下散官，并听石伦迁调焉"。④ 兴定四年，九公封建，皆兼宣抚使，明确规定有"署置官吏"之权。⑤

### （二）朝参赴选

在金熙宗废除诸勃极烈议政辅政机构，颁布天眷官制，特别是金海陵王颁布正隆官制以后，金朝建立起皇权主导的中央集权体制，官员的铨选也逐步规范化、制度化。如金初不仅科举取士有"南北选"，官员铨调亦分北选、南选。金海陵王天德四年（1152），"始以河南、北选人并赴中京，吏部各置局铨注"。金海陵王迁都中都以后，"命吏部尚书萧赜定河南、北官通注格，以诸司横班大解并大将军合注差人，依年例一就铨注，余求仕人分四季拟授，遂为定制"。又，"命拟注时，依旧令，求仕官明数（原注：谓面授也）"。⑥ 金世宗大定十六年（1176），再次

① 《金史》卷八六《独吉义传》，第 2038 页。
② 《金史》卷九四《完颜襄传》，第 2218 页。
③ 《金史》卷一〇三《完颜阿里不孙传》，第 2417 页。
④ 《金史》卷一一一《古里甲石伦传》，第 2582 页。
⑤ 《金史》卷一一八《苗道润传》，第 2716 页。
⑥ 《金史》卷五四《选举志四·部选》，第 1275 页。参见赵宇《金朝前期的"南北选"问题——兼论金代汉地统治方略及北族政治文化之赓衍》，《中国社会科学》2016 年第 4 期。赵文认为，《金史·选举志一》"以辽、宋之制不同，诏南北各因其素所习之业取士，号为南北选"的记载（第 1214—1215 页），实系误记，并不足取。南、北两选，无论是科举取士，还是官员铨选，其地理分界都是黄河旧道。

明确外官赴选须接受面试面授："选调拟注之际，须引外路求仕人，引至尚书省堂，量材受职。"① 这就是官员的朝参赴选制度。金海陵王以后，随着君主专制中央集权体制的确立，主要通过朝参赴选来任命官员。

金朝文武官员任职有随朝官和外官之分。笼统地讲，朝廷内任职的官员为朝官，亦称随朝官、内任官，朝廷外任职的官员则为外官。朝官又有外朝官（尚书省、枢密院、御史台诸系统官）和内朝官（殿前都点检司和宣徽院系统官）之别。"凡外任循资官谓之常调，选为朝官谓之随朝。"金代外任常调官员，无论文武，官资有考限，职事有任期，秩满赴吏部参选。"文武选皆吏部统之。自从九品至从七品职事官，部拟。正七品以上，呈省以听制授。凡进士则授文散官，谓之文资官；自余皆武散官，谓之右职，又谓之右选。文资则进士为优，右职则军功为优，皆循资，有升降定式而不可越。凡铨注，必取求仕官解由，撮所陈行绩资历之要为铨头，以定其能否。其有犯公私罪赃污者，谓之犯选格，则虽遇恩而不得与。"② "部拟"即"吏部选授之制"，"呈省以听制授"即"省选之制"。③ "正七品以上，以名上省，听制授；从七品以下，每至季月则循资格而拟注，自八品以上则奏，以下则否。"④ 这里的"正七品以上""从七品以下"，所指乃职事官品级，非指散官阶。如金世宗大定三年（1163），"诏监当官（指官员的出身、资序）迁散官至三品，尚任县令者，与省除"。⑤ 职事官品级正七品以上官员，吏部"以名上省"，尚书省左司官员提出除授意向，报宰执"拟注差除"，尚书省向皇帝"奏差除"人选，⑥ 最后由皇帝颁发委任状，谓之"听制授"。也有例外，如大定初，尚书左丞纥石烈良弼请封赏"祖宗以来未录功赏者"，诏"已有五品以上官者，闻奏；六品以下及无官者，尚书省约量迁除"。⑦ 又如大定四年颁敕，"随朝六品以繁剧局分官有阙者，省不得拟注，令具阙及

① 《金史》卷五四《选举志四·省选》。金章宗明昌五年，再"命宰臣拟注之际，召赴选人与之语，以观其人"（第1281—1282页）。

② 《金史》卷五二《选举志二·文武选》，第1237—1238页。

③ 《金史》卷五四《选举志四》"部选""省选"，第1275、1279页。

④ 《金史》卷五五《百官志一·吏部》，第1302—1303页。

⑤ 《金史》卷五四《选举志四·省选》，第1280页。

⑥ 《金史》卷八八《纥石烈良弼传》，第2077页。

⑦ 《金史》卷八八《纥石烈良弼传》，第2072—2073页。

人以闻"。① 大定七年，进一步降敕规范，"外路四品以上职事官，并五品合升除官，皆具阙及人以闻。六品以下官，命尚书省拟定而复奏"。金章宗明昌六年调整为"随朝五品之要职及外路三品官，皆具人、阙进呈，以听制授"。② 而且，"每有除拜，凡尚书省所不敢拟注者，则一阙具二三人以听制授焉"。③ 可见皇帝高度重视铨选工作，直接任命中高级官员及重要部门的官员。

吏部一季一选，是谓季选。"每季选人至，吏部托以检阅旧籍，谓之检卷，有滞留至后季犹不得去者。"大定初，高衎任吏部尚书，因为三度任职吏部，深知其弊，故加以整顿，"岁余，铨事修理，选人便之"。④ 铨选除检查解由、铨头等人事档案外，还对选人进行考试，"每季到部求仕人，识字者试以书判，不识字者问以疑难三事，体察言行相副者"。金章宗明昌三年（1192），规定对通过书判考试、考察（"体察"）合格的官员予以升职、减资考、免回降等奖赏，"定制：若随朝及外路六品以上官，则随长任用；外路正七品官拟升六品县令一等除授，任满合降者免降；从七品以下于各等资历内减两任拟注，以后体察相同，即依已升任使，若体察不同者，本等注授"。明昌七年，"敕复令如旧"。⑤ 资考、资历是金朝文武官员升迁官职的重要依据（详见下文）。

四季赴选的常调官，既有省选官，也有部选官。"凡在官者，若不为随朝职任，便不能离常调。"⑥ 尚书省有《阙本》和《行止簿》。皇帝视朝日，尚书省左司郎中"执奏日"。"每月朔朝，则先集是月秩满者为簿，名曰《阙本》，及《行止簿》、《贴黄簿》，并官制同进呈。御览毕则受而藏之。"⑦ 官员任满，持上级发给的解由赴部参选，吏部据解由拟定铨头，历任的铨头汇集成《行止簿》。《贴黄簿》则主要记录各衙门官员的更代日期、去就之故。"凡内外官之政绩，所历之资考，更代之期，去就之故，秩满皆备陈于解由，吏部据以定能否。又撮解由之要，于铨拟

---

① 《金史》卷五四《选举志四·省选》，第1280页。
② 《金史》卷五四《选举志四·省选》，第1280、1282页。
③ 《金史》卷五五《百官志一·尚书省》，第1300页。
④ 《金史》卷九〇《高衎传》，第2128页。
⑤ 《金史》卷五四《选举志四·部选》，第1277页。
⑥ 《金史》卷五四《选举志四·省选》，第1280页。
⑦ 《金史》卷五五《百官志一·尚书省》，第1300页。

时读之，谓之铨头。又会历任铨头，而书于《行止簿》。《行止簿》者，以姓为类，而书各人平日所历之资考、功过者也。又为簿，列百司官名，有所更代，则以小黄绫书更代之期，及所以去就之故，而制其铨拟之要领焉。"①《行止簿》简明扼要地记录现任官员的履历、资历、功过、散官阶、职级、到任及卸任时间、是否需要回降等内容。如大定十二年，金世宗对宰臣们说："朕尝取尚书省百官行止观之，应任刺史、知军者甚少。近独深州同知辞不习为可，故用之。即今居五品者皆再任当例降之人，故不可也（指不可任刺史、知军）。"② 明昌间，贾守谦由省令史累迁左司郎中，金章宗曾诫谕之："汝自知除至居是职，左司事不为不练，凡百官行止、资历固宜照勘，勿使差缪。若武库署直长（正八品）移刺郝自平定州军事判官（从八品）召为典舆副辖（从九品），在职才五月，降授门山县簿尉（正九品）。朕比阅《贴黄》、《行止》，乃俱书作一十三月。《行止》尚如此失实，其如选法何？盖是汝不用心致然尔。今姑杖知除掾，汝勿复犯之。"③ 知除掾，即知管差除令史，简称知除，是尚书省负责除授差使的吏职令史，一般由进士出身的文官担任，在尚书省左司员外郎、郎中的领导下工作。

解由是官员铨选的重要依据。据主要渊源于金制的元朝制度，其"解由体式"规定，首先是由任满得替的官员向所在衙署提出给由申请（关牒），"除在前历仕外，于某年月日钦、祗受宣命、敕牒，（授）某散官，充前职。自几年月日礼任署事，自几年月日有某官到任替讫，或因病假等故作阙，通闰实历请俸勾当过几个月，中间并无侵欺粘带一切不了事件，请乞依例勘会给由"。官府接到申请后，责成有关部门、有关人员（如州县六案、仓场库务、坊里正等）审核申请人是否有公私过犯、侵欺借贷系官钱粮以及停职旷职等事项，若无则书"中间别无……诸般违碍公事"，如果有，需要在解由前言（由头）中简略说明，并在后面"备细开申"。然后申请人要请"保官"担保履历属实，"别无诈冒"；官府派一名首领官（主贰官下领导吏员承办具体事务的官员）审查申请人任职年月无误，"审、保相同……半印勘合书填"，辨验原授官宣命或敕

---

① 《金史》卷五五《百官志一·吏部》，第1310页。
② 《金史》卷五四《选举志四·省选》，第1281页。
③ 《金史》卷一〇六《贾益谦传》，第2472页。贾益谦，本名守谦，避金哀宗讳改。

牒无伪，抄录在解由文书前言下。然后，"将本官年甲、籍贯、历仕脚色，同应合申事件，逐一开具于后，官吏保结是实，合行申覆"。① "申覆"即提请上级衙署或台察审查。

金朝后期，除了世袭的猛安谋克官外，军官的任命权由尚书省转归枢密院。"金制，枢密院虽主兵，而节制在尚书省。兵兴以来，兹制渐改，凡在军事，省官不得预，院官独任专见。"② 金宣宗贞祐四年（1216）七月，监察御史陈规提到"近诏军旅之务，专委枢府"。③ 贞祐南渡后，枢密院地位上升，不仅取得军政事务的独立处置权，而且收揽了军官的任命权。金宣宗元光二年（1223），昌武军节度使石盏女鲁欢奏请："旧来诸隘守御之官，并从帅府辟置……宜令枢府选举，以革其弊。"④ 可见，军官的选任权归元帅府和枢密院。直到金亡前的正大九年（1232）四月，"并枢密院归尚书省，以宰相兼院官，左右司首领官兼（枢密院）经历官"。⑤ 军官的选任复归尚书省和吏部。

## （三）除授宣敕

金制，吏部"掌文武选授、勋封、考课、出给制诰之政。以才行劳效，比仕者之贤否；以《行止》、《文册》、《贴黄簿》，制名阙之机要"。吏部是负责文武官员除授任免的主要机构。吏部置尚书、侍郎各一员，郎中二员，员外郎、主事各二至四员不等，郎中以下各有专员负责官员差除。如吏部郎中二员，一员"掌文武选、流外迁用、官吏差使、行止

---

① 《元典章·吏部五·职制二·给由·解由体式》，陈高华等点校，天津古籍出版社、中华书局，2011，第397—400页。本条翔实记录了"解由"内罗列的各项审核事宜，包括功过、廉洁自律情况、主职外的兼职、差委完成情况等。关于"申覆"，参见同书《吏部五·职制二·给由·给由置簿首领官提调》，御史台备监察御史吴承务呈："近闻各处任满官员给由，如职诸州、县申覆府、路，府职、路者呈宣慰司。比至自下而上转达省，得起咨文，方赴都省者。有至半载，远者不下一年。"（第412页）又同书《吏部五·职制二·给由·至元新格》："凡当该给由官司，并须依式勘会，别无不尽不实事理，方得保申。有诈冒不实并勘当未尽者，所由上司随即查问。察官局刷日，更须加意检校，但不应给由而循情滥给，并理应出给而刁蹬留难者，并听纠弹。"（第403页）
② 《金史》卷一一四《白华传》，第2652页。
③ 《金史》卷一〇九《陈规传》，第2542页。
④ 《金史》卷一一六《石盏女鲁欢传》，第2684页。
⑤ 《金史》卷一一四《白华传》，第2652页。参见卷一一三《赤盏合喜传》，第2640页。

名簿、封爵制诰",另一员"掌勋级酬赏、承袭用荫、循迁、致仕、考课、议谥之事"。而"员外郎分判曹务及参议事,所掌与郎中同"。吏部主事"掌知管差除、校勘《行止》,分掌封勋、资考之事,惟选事则通署。及掌受事付事、检勾稽失、省署文牍,兼知本部宿直、检校架阁"。吏部有权拟定六品职事官以下官员的任免(部选),五品职事官以上官员的任免则由尚书省拟定(省选)。尚书省左司"总察吏、户、礼三部受事付事",也对官员铨选拥有重要权责,是拟定任命"省选"官的主要执行机构。尚书省左司置郎中、员外郎各一员,都事二员,以检覆"差除"文状为主要职责,对吏部报上来的拟定差除官员名单进行审核。① 尚书省左司有差除房,设置知管差除房(简称知除)领其事。② 吏部令史和尚书省左司差除房令史是负责官员除授的最低级别人员,省令史属于品官担任的吏职。从省部令史往上有吏部及尚书省左司负责"差除"的官员层层把关,然后呈报宰执签押,最后奏请皇帝裁决,降宣敕任命。金海陵王曾对臣下说,他偶尔身体不适,不视朝,"庶事皆奏决便殿",至于"除授宣敕虽复稽缓",也无关紧要。③ 其时,"王彦潜、常大荣、李庆之皆在吏部选中,吏部拟彦潜、大荣皆进士第一,次当在庆之上,彦潜洺州防御判官(正八品),大荣(锦州)临海军节度判官(正七品),庆之沈州观察判官(节镇州观察判官,正七品)。左司郎中贾昌祚挟私,欲与庆之洺州,诡曰:'洺虽佳郡,防御幕官在节镇下。'乃改拟彦潜临海军,大荣沈州,庆之洺州"。李庆之的弟弟李庆云时任尚书省令史,"多与权贵游",金海陵王已料到"昌祚必与庆之善阙",就是靠近中都的河北洺州幕官。又有东京渤海世家大奉国臣,在东京警巡院使任上贪赃,免官。左司员外郎高衎"与奉国臣有乡里旧,拟为贵德县令"。金海陵王知悉这两件事后,严惩有关官吏,贾昌祚、高衎、吏部侍郎冯仲受杖责并降职,吏部主事宋全、兵部员外郎摄吏部主事杨邦基、尚书省知除杨伯杰受到降职处分。④ 又如金章宗承安年间,监察御史路

① 《金史》卷五五《百官志一》,第 1300、1302—1303、1314—1315 页。
② 《元好问全集》卷二〇《资善大夫吏部尚书张公神道碑铭并引》记载,贞祐间,张公理被召为省令史,转知管差除房、提控吏部铨选,更定选法积弊(第 396 页)。
③ 《金史》卷八二《海陵子完颜矧思阿补传》,第 1972 页。
④ 《金史》卷九〇《高衎传》,第 2127—2128 页。

铎劾奏参知政事杨伯通引用乡人，"以公器结私恩，左司郎中贾益、知除武郁承望风旨，不详检起复条例"。贾益辩驳说："除授皆宰执公议、奏禀，不见伯通私任形迹。"①

金章宗承安四年（1199），设立审官院，奏驳省部除授失当，"使于拟奏未受时详审得当，然后授之"，规定"凡所送令详审者，以五日内奏或申省"。② 惠民司都监余里痕都迁织染署直长，刑部尚书兼知审官院事完颜承晖"驳奏"曰："痕都以荫得官，别无才能。前为大阳渡讥察，才八月擢惠民司都监，已为太优。依格，两除之后，当再入监差。今乃超授随朝八品职任。况痕都乃平章（徒单）镒之甥，不能不涉物议。"③ 两除指除授大阳渡讥察、惠民司都监，监差指仓场库务监当差使，"两除一差"是金朝右职官员任职的规定，④ 审官院官对违背这一规定的"超授"任命做出驳回处理，因为事涉宰相，文书或未"申省"，直接"内奏"，金章宗从之，否决了吏部的任命。泰和末，参知政事贾铉"与审官院掌书大中漏言除授事"，⑤ 受到责罚。尚书左司和吏部分别负责五品以上和六品以下官员的职缺除授，审官院（金大安二年罢）负责审核除授名册，最后由宰执公议决定，奏禀皇帝降宣敕正式任命。

大定中，吏部尚书梁肃上疏建议皇帝亲自选授台谏官，"不可委之宰相"，以避免"树私恩，塞言路"。⑥ 金世宗嘉纳之。自此，负责纠察、弹劾不法官员的御史台和谏院的官员，不再由尚书省铨选，而由皇帝直接选拔任命。因为官员的任用最终由皇帝裁决，降宣敕任命，所以金世宗对宰臣们说："官爵拟注，虽由卿辈，予夺之权，当出于朕。"⑦ 金朝的用人权最终归于皇权，这是最高原则。

## （四）差占官

金朝官员在被任命为内外官署职事官外，还常见差占官，类似被上

---

① 《金史》卷一○○《路铎传》，第2341—2342页。参见卷九五《杨伯通传》，第2247页。
② 《金史》卷五四《选举志四·省选》，第1282页。
③ 《金史》卷一○一《完颜承晖传》，第2358页。
④ 《金史》卷五三《选举志三》载："凡右职官，天德制，忠武（校尉，从七品上）以下与差使，昭信（校尉，正七品下）以上两除一差。"（第1260页）
⑤ 《金史》卷九九《贾铉传》，第2325页。
⑥ 《金史》卷八九《梁肃传》，第2105页。
⑦ 《金史》卷七《世宗本纪中》大定十八年十一月，第190页。

级部门抽调、借调执行专项任务的官员。元制，"府、州、司、县但奉上司文字，造作工程，押运粮斛，起遣军役等事，差遣正官离职……往往杂趁差使，离职不下数月"。① 金朝的情况与此类似。金世宗、金章宗时期的官员杨伯元，"以才干多被委注。凡两为推排定课使，累为审录官，人称其平。每有疑狱，必专遣决，明辩多中理"。② "委注"亦称"委差""差占"，③ 指被上级官府短期差使执行专项任务。这种"委注"也计入《考功簿》，算资历。如大定二十七年，曹、濮二州黄河决堤，朝廷派遣大理丞（从六品）康元弼前往勘察灾情，他向朝廷提出迁徙曹州州治的建议，被采纳，并受命负责新城的营建，事毕，以功授弘州刺史（正五品），一年后入朝授大理少卿（从五品）。④ 大理少卿属于"回降"，通过优调外职，快速实现了从大理丞到大理少卿的擢升。

　　州县正员官频繁被差占，严重影响州县政务运行，一旦出现问题，权摄官与被差占正员官往往互相推诿。金世宗大定中，参知政事梁肃奏称："正员官被差，权摄官有公罪，及正员还任，皆准去官勿论，往往其人苟且，不事其事。乞于县令中留十人备差，无差正员官。"金世宗下令："自今权摄有公罪，正员虽还而本职未替者，勿以去官论之。"⑤ 金章宗泰和六年（1206），尚书省奏请："军兴，随路官差占者别注，阙者选补，老不任职者替罢，及司县各存留强干正官一员。"于是派员考察南京、陕西、山东三路官员，登记在任的正员官，以及行省、行部、元帅府"差占员数"及其他缺员。⑥ 泰和年间，桓州刺史（正五品）张炜奉命"宣差西北路军储"，回降户部郎中（从五品），迁翰林直学士（从四品），仍兼"规措职事"，即宣差西北路军储，泰和末，"自西北路召还，勾计诸道仓库，除签三司事（正四品）"。"宣差西北路军储"和"勾计诸道仓库"都是"委注"，属于差占官。⑦

---

① 《元典章·吏部八·公规二·差委》，第 516 页。

② 《金史》卷九七《杨伯元传》，第 2285 页。

③ 金宣宗贞祐四年，监察御史陈规条陈八事，"二曰任台谏以广耳目"，请"不许兼职及充省部委差"。见《金史》卷一〇九《陈规传》，第 2542—2543 页。

④ 《金史》卷九七《康元弼传》，第 2287 页。

⑤ 《金史》卷八九《梁肃传》，第 2107 页。

⑥ 《金史》卷九九《李革传》，第 2329 页。

⑦ 《金史》卷一〇〇《张炜传》，第 2350 页。

# 二 考任资历

## （一）循资守格

史载，"粘罕（完颜宗翰）谕枢密院：磨勘文武官出身、转官冒滥。以云中留守高庆裔参主之，夺官爵者甚众"。① 磨勘法始行于金太宗天会年间高庆裔任职西京留守摄枢密院事时，西京、燕京二枢密院合并后，推行到燕京地区的汉官中。金熙宗继位后，高庆裔随完颜宗翰入朝任职，天会十五年（1137）被处死。随着天眷官制的颁行，他设计的磨勘法亦被废除，其法已难知其详。磨勘法贬黜曾经仕宋的官员。如涿州范阳人、辽朝及第进士赵元，辽降将郭药师任宋朝燕山府（辽南京，俗称燕京）知府时，"以元掌机宜文字"。金攻占燕京后，赵元被金朝的知枢密院事（一说枢密使）刘彦宗征辟为枢密院令史，迁同知蓟州事。"其后朝廷立磨勘格，凡尝仕宣和者皆除名籍，元在磨勘中"，被解职。"齐国废，置行台省于汴，选名士十余人备官属，元在选中，授行兵部郎中。行台徙大名，再徙祁州，及宗弼再取河南，元皆摄户部事，赋调兵食取办。天眷三年，为行台右司员外郎。"② 高庆裔被处死和废罢齐国发生在同一年，即天会十五年，赵元始以行台"行兵部郎中"恢复官籍。辽进士张通古，天会四年授工部侍郎、兼六部事。"高庆裔设磨勘法，仕宦者多夺官，通古亦免去。辽王宗干素知通古名，惜其才，遣人谕之使自理。通古不肯，曰：'多士皆去，而己何心独求用哉！'"原来，张通古是易州易县人，曾任辽枢密院令史，金朝按照金宋盟约将燕京及所属六州地归还给宋朝，"宋人欲收人望，召通古。通古辞谢，隐居易州太宁山下"。张通古被宋朝征召，但并未出仕。金朝再取燕京地区后，张通古复出仕，及磨勘法行，被误以为有仕宋履历而免官。了解其原委的完颜宗干"为论理之"，张通古得以除授中京副留守。③ 磨勘法推行约 10 年，其忽略了金初官制混乱以及燕京地区几易其手的实际情况，自然遭到许多官员

① （宋）宇文懋昭撰，崔文印校证《大金国志校证》卷七《太宗文烈皇帝五》，第 115 页。
② 《金史》卷九〇《赵元传》，第 2115—2116 页。
③ 《金史》卷八三《张通古传》，第 1977—1978 页。

的不满。天眷官制颁行后，特别是金海陵王颁行正隆官制以后，考任资历成为官员晋升的主要渠道。

对于大多数官员来说，循资守格是晋迁官秩（官资）和职务（职事官）的主要途径。金制，"凡官资以三十月为考，职事官每任以三十月为满。群牧使及管课官以三周岁为满，防御使以四十月、三品以上官则以五十月、转运则以六十月为满"。①原则上，散官阶（官资）和职事官均以 30 个月为考核周期，官员"皆循资，有升降定式而不可越"。"既仕，则必循升降之定式，虽或前后略有损益之殊，而定制则莫能逾焉。"②如外任官，"其常调制，正七品（指职事官品级）两任升六品，六品三任升从五品，从五品两任升正五品，正五品三任升刺史"。③外官 30 个月为一考一任，须经历两至三任才可以晋升职事官。"随朝则每考升职事一等"，④随朝官 30 个月为一考一任，便可升职一等，明显优于外任官，故朝官不愿外任，而外任官也难以迁转随朝官。大定十一年（1171），金世宗曾对宰臣们说："随朝官多自计所历，一考谓当得某职，两考又当得某职，故但务因循而已。及被差遣，又多稽违。近除大理司直（正七品）李宝为警巡使（正六品），而奏谢言'臣内历两考'，意谓合得五品而除六品也。……自今外路与内除者，察其为政公勤则升用，若但务苟简者，不必待任满即当依本等出之。不明赏罚，何以示劝勉也？"⑤金章宗即位以后，下令"自正七品（职事官）而上皆以两任而后升"，此乃对外官而言。对随朝官，明昌七年（1196）敕强调"随朝除授必欲至三十，如有急阙，则具阙及人奏禀"。不久做出变通，"寻复令，不须待考满后，当通算其所历而已"。外官一律"两任而后升"，结果职事官品级升迁过快，出现官缺紧缺现象，如"六品、从五品阙少"，

---

① 《金史》卷五二《选举志二·文武选》，第 1238 页。这应是金世宗大定年间的制度。《金史》卷五四《选举志四·省选》记载："凡内外官皆以三十月为考。随朝官以三十月为任，升职一等。"这应是金海陵王正隆官制的规定。金世宗大定十五年，颁制"内外三品官以五十月为任"。金章宗泰和七年（1207），又规定"自按察使副依旧三十月理考外，内外四品（当指职事官）以四十月理考，通八十月迁三品"（第 1279 页）。

② 《金史》卷五二《选举志二·文武选》"序"，第 1237、1239 页。

③ 《金史》卷五四《选举志四·省选》，第 1279 页。

④ 《金史》卷五二《选举志二·文武选》"序"，第 1238 页。

⑤ 《金史》卷五四《选举志四·省选》，第 1281 页。

符合资格的官员无缺可授，金章宗承安五年（1200），"敕命历三任正七品（职事官）而后升六品（职事官）"。①

资考，即任职资序、资格、资历，由尚书省和吏部根据吏格、选法确认，主要取决于入仕出身、履历、年资和散官阶。资考资序的主要功能在于确定任职资格，据此授予相应品级的职事官。如大定二十四年（1184），金世宗巡幸上京，户部侍郎（正四品）张大节改任太府监（正四品），金世宗对他说："侍郎与太府监品同，以从行支应籍卿办耳。"意即这次任命是巡幸上京、内府事务繁重的需要，故职事官品级没有升迁。次年，按照资序授予张大节从三品的沧州横海军节度使。②金章宗承安年间，"历官台谏，有直臣之风"的文官路铎，累迁侍御史（从五品），受监察御史姬端修"言事下吏"的牵连，降两官（散官阶）解职。稍后路铎被起用为兖州泰定军节度副使（从五品），金章宗谕令负责铨选的尚书省左司，"计铎资考至正五品，即除东平府治中（旧名少尹，正五品）"。不久，景州刺史有缺，"诏特改铎为景州刺史（正五品），仍勿送审官院"。路铎的任命不送审官院复核，是因为路铎的资考还没有达到正五品职事官品级，会被审官院驳奏否决。后来路铎由景州刺史调任陕西路按察副使（正五品），因为违规与京兆府属官宴饮，再度被削官解职。泰和六年（1206），召路铎为翰林待制（正五品）兼知登闻鼓院（从五品）。贞祐初，路铎"累除孟州防御使（从四品）"。③由于两度削官解职，路铎的资序出职事官从五品到从四品，至少经历了12年。

再以及第进士的资考为例，"凡进士所历之阶及所循注之职，贞元元年制：南选，初除军判、丞、簿（原注：从八品），次除防判、录事（原注：正八品），三除下令（原注：从七品），四中令、推官、节察判（原注：正七品），五六皆上令（原注：从六品）。北选，初军判、簿、尉，二下令，三中令，四上令，已后并上令，通注节察判、推官。正隆元年格：上甲者初上簿［等］军判、丞、簿、尉，中甲者初中簿［等］军判、丞、簿、尉，下甲者初下簿［等］军判、丞、簿、尉。第二任皆中簿［等］军

①　《金史》卷五四《选举志四·省选》，第1281—1282页。
②　《金史》卷九七《张大节传》，第2273—2274页。
③　《金史》卷一〇〇《路铎传》，第2341—2342页。

判、丞、簿、尉，三、四、五、六、七任皆县令，回呈省"。① 金代令、丞、簿、尉等官员的任期为 30 个月，六任就是 180 个月即 15 年，七任是 210 个月即 17 年半，然后成为尚书省拟授官，可以入朝任省令史、六部御史台等机构的首领官，也可以任职防、刺州副贰。金世宗大定七年（1167），有官员进言："吏部格法，止叙年劳，是以虽有才能，拘于法而不得升，以致人材多滞下位。又刺史、县令亲民之职，多不得人。"② 时"郡县多阙官"，黄久约上疏称"世岂乏材，阂于资格故也"，"宜令亲王以下职官递相推举"。金世宗表示，"荐举人材惟宰相当为耳，他官品虽高，岂能皆有知人之监。方今县令最阙，宜令刺史以上举可为县令者，朕将察其实能而用之"。③ 大定八年，诏令进士第五任任满就可以呈省。至大定后期，荐举擢拔县令仍是当务之急。大定二十三年、二十六年两次颁布新格，规定词赋进士、女真策论进士第二或第三任即授县令，"三降两降免一降，文资、右职外官减最后上令一任，通五任回呈省"。第五任县令任满，然后呈省。经义进士的晋迁明显逊于词赋进士，任职 30 年或 40 年后方除县令。④ 律科出身则长期为监当官资序，任职 40 年方除县令。⑤ 只有小部分人可经由"廉升"或"边升"越资提拔。⑥

　　金初用兄荫补官的刘中德的履历，很好地体现了循资守格、散官阶和职事官并进的特点。天会十二年（1134），他用荫初补供奉班祗候（天眷改制前的低级武官阶），任宁边州商税判官，后充任保州商曲院使；皇统二年（1142），补修武校尉（天眷改制后的从八品上武官阶），监昌平县酒税，以税额增加（功酬）进忠武校尉（正七品武官阶），监云内州商曲；迁敦信校尉（从六品上武官阶），除河间府万盈仓使；转武义将军（正六品下武官阶），监忻州军器库，任满加武功将军（正六品上武官阶）；又转宣武将军（从五品下武官阶），监涿州曲院，以功酬

①　《金史》卷五二《选举志二·文武选》，第 1240—1241 页。本卷校勘记〔二〕据下文"凡特赐同进士者"，疑此处"上簿""中簿""下簿"当是"上等""中等""下等"之误（第 1251—1252 页）。
②　《金史》卷五四《选举志四·部选》，第 1276 页。
③　《金史》卷九六《黄久约传》，第 2252 页。
④　《金史》卷五二《选举志二·文武选》，第 1241—1243 页。
⑤　《金史》卷五二《选举志二·文武选》，第 1245 页。
⑥　《金史》卷五二《选举志二·文武选》，第 1238 页。

迁明威将军（正五品下武官阶），擢下邳县令（从七品）。任职县令以前所任皆为监当差使，散官阶升至从五品后，"依历任例"，再历一任监当官，任职资序终于有了实质性的跨越，进入亲民官资序。下邳县令任满，以振威将军（正五品中下武官阶）移知辽阳府鹤野县，宣使廉察入优等。大定三年（1163），知县任满，转宣威将军（正五品上下武官阶），授大同府怀仁县令；迁广威将军（正五品上上武官阶），受代离任。大定七年，加定远大将军（从四品下武官阶），授蔚州忠顺军节度判官（正七品职事官），任上武官阶加至昭武大将军（正四品上）。大定十一年，年及七十而致仕，推恩加镇国上将军（从三品下武官阶）。荫补出身的刘中德，经过 37 年的循迁，升至从三品武官阶、正七品节度判官，算是比较圆满了。他对子女说："吾以门第取荫，管库之后，三宰剧县，复幕大府。为政尽瘁，无遂生平。"他的四个儿子都是右职武官资，应该是在贞元荫补格限制荫子人数以前，就都荫补授官了。[①]

　　官员晋升循资守格，致使因循苟且之风盛行。金世宗有意突破任官资格的限制，破格选贤任能。大定七年，金世宗对宰执们说："今用人之法甚弊。其有不求闻达者，入仕虽久，不离小官，至三四十年不离七品者。而新进者结朝贵，致显达。"又说："随朝官能否，大率可知。若外路转运司幕官以至县令，但验资考，其中纵有忠勤廉洁者，无路而进，是此人终身不敢望三品矣。岂进贤退不肖之道哉。自今通三考视其能否以定升降为格。"[②] 拘泥于资考，按年资叙进的铨选制度，不仅导致贤愚并进、鱼龙混杂，而且还可能造成官员队伍的结构性失调。大定初，大定府少尹梁肃上疏称："方今用度不足，非但边兵耗费而已。吏部以常调除漕司僚佐，皆年老资高者为之，类不称职。"他建议从军功、进士、诸科、门荫者中选拔"知钱谷利害"之人担任漕司官员。[③] 大定八年，清州防御使（一作同知清州防御使事）常德辉上言："吏部格法，止叙年劳，是以虽有才能，拘于法而不得升，以致人材多滞下位。又刺史、县令亲民之职，多不得人。乞加体察，然后公行廉问，庶使有惧心。且今酒税使尚选能

----

① 《刘中德墓志铭》，王新英辑校《全金石刻文辑校》，第 203—204 页。大定十四年以前武官阶的品秩，据李鸣飞《金元散官制度研究》，兰州大学出版社，2014，第 47 页。
② 《金史》卷五四《选举志四·部选》，第 1276 页。
③ 《金史》卷八九《梁肃传》，第 2104 页。

者，况承流宣化之官，可不择乎？自今宜以能吏当任酒使者，授亲民之职。"① 梁肃和常德辉的建议都被金世宗采纳，可见他决心解决选人用人拘泥年资、贤愚无别、埋没人才之弊。又如，金世宗问为何"外任五品职事多阙？"宰臣回答说"资考少有及者"。金世宗要求"苟有贤能，当不次用之"。② 完颜璋为御史大夫，奏称："今在台自臣外无女直人，乞不限资考，量材奏拟。"金世宗答复道："朕选女直人，未得其人，岂以资考为限，论其人材而已。"③ 孟浩于金熙宗时受田毂党狱牵连落职，金世宗即位后恢复其官爵，其因疾求外任，由右司员外郎除授祁州刺史，致仕后起复御史中丞，不久"以不次用之"，拜参知政事，"故事，无自中丞拜执政者"。孟浩辞谢，金世宗说："卿自刺史致仕，除中丞。国家用人，岂拘阶次。卿公正忠勤，虽年高犹可宣力数年，朕思之久矣。"④

　　金章宗即位之初，"以选举十事，命奉御合鲁谕尚书省定拟"，前两条即事涉资考。"其一曰：'旧格，进士、军功最高，尚且初除丞簿，第五任县令升正七品（职事官，下同），两任正七品升六品，三任六品升从五品，两任从五升正五品，正五三任而后升刺史，计四十余年始得至刺史也，其他资格（这里指官员的仕进出身）出职者可知矣。拘于资格之滞，至于如此。其令提刑司采访可用之才，减资考而用之，庶使可用者不至衰老。'"尚书省臣奏拟："凡三任升者减为两任，于此资历内，遇各品阙多，则于第二任未满人内，选人材、苦辛可以超用者，及外路提刑司所采访者，升擢之。""其二曰：'旧格，随朝苦辛验资考升除者，任满回日而复降之。如正七满回降除从七品，从五品回降为六品之类。今若其人果才能，可为免降。'"⑤ 金章宗告诫宰执："今之用人，太拘资历。循资之法，起于唐代，如此何以得人？"平章政事张汝霖说："不拘资格，所以待非常之材。"⑥ 意为官员就应该按资历迁转，特别出众的

① 《金史》卷五四《选举志四·部选》，第 1276 页。参见《金史》卷八八《纥石烈良弼传》，第 2074 页。
② 《金史》卷八六《李石传》，第 2034 页。
③ 《金史》卷六五《完颜斡者传》附《完颜璋传》，第 1652 页。
④ 《金史》卷八九《孟浩传》，第 2102 页。
⑤ 《金史》卷五四《选举志四·举荐》，第 1288 页。
⑥ 《金史》卷九《章宗本纪一》大定二十九年十一月，第 232 页。参见卷八三《张汝霖传》，第 1986 页。

人才方可破格提拔。翰林修撰萧贡上书疾呼："比年之弊……用人不务因才授官，惟泥资叙。名器不务慎与，人多侥幸。守令不务才实，民罹其害。"[1] 明昌三年（1192），因畿内饥荒，新任命 11 位刺史，金章宗在他们入谢之际告谕道："亲民之职，惟在守令。比岁民饥，故遣卿等往抚育之。其资序有过者，有弗及者。朕不计此，但以材选，尔其知之。"[2] 承安三年（1198），诏谕宰臣："自今内外官有阙，有才能可任者，虽资历未及，亦具以闻。"[3] 泰和元年（1201），金章宗又指示"遇阙而无相应人，则以资历近者奏禀"。对于欠缺的年资，"命内外官通算（指累计随朝、外任经历的年月计算资考），合得升等而少十五月者，依旧在职补足，而后升除。或有余月日，以后积算"。次年，又补充规定："命少五月以下者本任补，六月至十四月者本任或别除补之。"[4] 金世宗、金章宗都认识到选官用人循资守格之弊，希望有所变通，破格提拔急需的人才，但效果有限。

金宣宗贞祐初，中都被围，太常卿、行尚书六部侯挚认为近都州县官往来敌中，转输频仍，"秩满乃与他处一体计资考"，并不公平，应该"优定等级，以别异之"。[5] 贞祐南渡后，兵连祸结，制定沿边州府官"减定资历月日之格"，后又诏令统兵及守边军官"一体减免，以示激劝"。[6] 贞祐年间，县令杂进者多，监察御史陈规奏请"清县令之选"，责成内外官员保举县令，"其资历已系正七品，及见任县令（正从七品）者，皆听寄理，俟秩满升迁"。[7] 所谓"寄理"，就是指被荐举人是县令或资历高于县令者，仍然留任或除授县令，其资历就高不就低，按岁月通理。监察御史完颜素兰亦请内外官荐举县令，可以破格任用，"议者或以阁选法、紊资品为言，是不知方今之事与平昔不同，岂可拘一定之法？"[8] 所谓"资品"，包括资考和散官阶。"不限资考"，就是不受年资

① 《金史》卷一〇五《萧贡传》，第 2456 页。
② 《金史》卷九七《移剌益传》，第 2288 页。
③ 《金史》卷一一《章宗本纪三》承安三年二月，第 271 页。
④ 《金史》卷五四《选举志四·省选》，第 1282 页。
⑤ 《金史》卷一〇八《侯挚传》，第 2523 页。
⑥ 《金史》卷一〇八《胥鼎传》，第 2519 页。
⑦ 《金史》卷一〇九《陈规传》，第 2544 页。
⑧ 《金史》卷一〇九《完颜素兰传》，第 2538 页。

的限制，既要打破散官阶的限制，也要打破根据资考除授职事官的限制。

金宣宗贞祐南渡后，辽东、河北等地相继失陷，为了解决员多缺少的问题，出现遥授官职现象，用遥授体现官员的"资格"。如贞祐二年，武清县巡检梁佐、柳口镇巡检李咬住，戍直沽寨有功，金宣宗嘉其功，"迁佐奉国上将军，遥授德州防御使，咬住镇国上将军，遥授同知河间府事，皆赐姓完颜氏"，并降诏："自今有忠义如是者，并一体迁授。"① 又如贞祐年间，山阴县升置忠州，县令斡勒合打以功升本州刺史（正五品），奉诏徙州人于太和岭以南避敌，"合打遥授同知太原府事（从四品），仍领其众。俄以本官遥授彰国军节度使（正三品），权河东北路宣抚副使……改武宁军节度使"。斡勒合打以忠州刺史之本官两次遥授晋职，获得了正三品节度使的资序，后来实授建州武宁军节度使。② 这种遥授官职代表的职级或也可称为"阶"。如崔立，"乘兵乱从上党公（赵）开为都统、提控，积阶遥领太原知府"。③

### （二）散官阶与职事官品级

金熙宗天眷元年（1138），颁行新官制。天眷官制除建立三省、六部、寺监、殿前都点检司、宣徽院等中央机构外，还有一项重大变化是废除了因袭自辽朝的文武本官阶制度，采用宋朝元丰以后实行的文武散官阶制。如辽朝进士官员程寀，金太祖攻取燕京后，"授尚书都官员外郎、锦州安昌令，累加起居郎，为史馆修撰，以从军有劳，加少府少监。熙宗时，历翰林待制，兼右谏议大夫……皇统八年十二月，由翰林侍讲学士为横海军节度使，移彰德军节度使"。④ 这里尚书都官员外郎、起居郎、少府少监都是文官的本官阶（寄禄官），锦州安昌令、史馆修撰是程寀天眷官制以前的职事官，翰林待制、兼右谏议大夫、翰林侍讲学士、横海军节度使、彰德军节度使是天眷官制以后的职事官。

金朝官员的升迁，既有散官阶的迁转，也有职事官品级的晋升。散官阶的品级和职事官的品级原则上应该大致对应。金太宗时，归化州

①　《金史》卷一〇三《完颜佐传》，第 2409 页。
②　《金史》卷一〇四《斡勒合打传》，第 2439 页。
③　《金史》卷一一五《崔立传》，第 2668—2669 页。
④　《金史》卷一〇五《程寀传》，第 2443、2446 页。

（金世宗大定八年更名宣德州）人曹望之选充女真字学生，十四岁即除授西京教授，金熙宗时历任元帅府令史、行台省令史，这是流外吏职。后来"录教授（从九品职事官）资，补修武校尉（从八品上武官阶），除右司都事（正七品职事官）"。① 辽上京军官、东头供奉官毛子廉率部降金，金太宗天会三年（1125）授上京副留守，后兼盐铁事；金熙宗天眷中，除授燕京曲院都监。完颜宗干问宰相："子廉有功，何为下迁？"宰相"以例对"。天眷改制中，大概因为毛子廉的散官阶比较低，故相应地降低了职事官品级。比毛子廉后降金朝的辽上京军官卢彦伦，彼时"已以少府监除节度使"。经过完颜宗干的荐举，毛子廉得改除懿州宁昌军节度使。② 不过，官员散官阶和职事官的品级不一致、不搭配，甚至严重错位的现象也不少见。如辽末懿州幕官孔敬宗，劝节度使刘宏迎降金军，且作战有功，授世袭猛安，知安州事，迁静江军节度使武官阶，后历任四州刺史（正五品职事官），进阶光禄大夫（从二品上官阶），"阶高职下"，原因是有司不知其"从军积劳"，"一概常调"故也。在金海陵王和宰相张浩的过问下，孔敬宗除授懿州宁昌军节度使（从三品）。③ 又如，荫补出身的石宗璧，历任监当官，所至课利不亏，金世宗大定初超授显武将军（从五品中上武官阶），除太原府丰赡库副使。据《金史·百官志三》，中都广备库、永丰库副使皆从八品职事官，太原府丰赡库副使也最高从八品。后除授博平尉，其以从五品中的武官阶任正九品的县尉，但任职资格、资序从监当官升为亲民官。大定十五年，石宗璧去世时，官至宣威将军（正五品中武官阶），任职河东路第一将正将（正七品职事官），兼知大和寨事（从七品职事官）。④ 武官阶品级高于职事官品级的情况，又如上文提到的荫补出身的刘中德，大定十一年时任昭武大将军（正四品上武官阶）、蔚州忠顺军节度判官（正七品职事官）。这种情况多见于荫补任子出身、多年滞留于监当官的右职武官。

金世宗时期，文武散官阶的授予比较规范，散官阶与职事官品级对应的情况比较常见。如大定十七年（1177），王彦潜为中大夫（从四品

① 《金史》卷九二《曹望之传》，第 2159 页。
② 《金史》卷七五《毛子廉传》，第 1826 页。
③ 《金史》卷七五《孔敬宗传》，第 1827—1828 页。
④ 《石宗璧墓志铭》，王新英辑校《全金石刻文辑校》，第 213 页。

中文官阶）、翰林直学士（从四品职事官）、知制诰、兼行秘书少监（正五品职事官）；任询为奉直大夫（从六品上文官阶）、大名府路兵马都总管判官（从六品职事官）；左光庆为明威将军（正五品下武官阶）、东上阁门使（正五品职事官），兼行太庙署令（从六品职事官）。① 大定二十一年，金世宗说："海陵时，与人本官太滥，今复太隘。"本官，辽朝沿五代之制，指寄禄官阶、本官阶，金初沿用辽制，金熙宗天眷官制颁行后，实行新的文武散官阶制，仍沿用本官指称散官阶。金海陵王滥授散官阶，大定间授予散官阶又过于"严格"。金世宗指示，如果官员所带"散官小者（指散官阶低于职事官品级），奏之"。② 金章宗时期，散官阶授予复趋宽松。

金制，除授台谏官、部官、卿监官、东宫、王府官、符宝郎等宫中官、学官、地方府州县官，"散官高于职事者带'行'字，职事高于散官一品者带'守'字、二品者带'试'字，品同者皆否"。宰执有所不同，"尚书令、左右丞相以下，品不同者，则带'守'字，左右丞则带'行守'字"。猛安、谋克，翰林待制、修撰，东宫谕德、王府文学以下官，省、台、部、院低品级的直省、直院、检法、知法、司正，宫中内承奉、押班等低级官员，官府都事、典事、知事等首领官，地方司狱、司候、教授等低品级职事官，顿舍、部役、厢官、巡河官等杂役官，散官阶和职事官品级不同时，衔内带"充"字。枢密、宣徽、劝农、招讨、统军、转运、提刑、节度、防御、群牧、客省、太医、教坊、警巡、巡检等使以及诸司仓场库务使、副使，散官阶和职事官品级不同时，衔内带"充"字及"知某事"。"以上所带字，品同者则否。"特殊的是，三师、三公、东宫三师、三少、王府傅、平章政事、翰林承旨、翰林学士、元帅以下至监军、统军使副、招讨使副、殿前都点检司官员等，无论散官阶和职事官品级是否相同，衔内"皆不带行、守、试、知、充字"。③

金朝奖赏立功人，既授散官阶，也授职事官。金熙宗皇统八年

① 三人分别为大定十七年《完颜希尹神道碑》《完颜娄室神道碑》的撰写人、楷书人、篆额人，见王新英辑校《全金石刻文辑校》，第217、220页。

② 《金史》卷五四《选举志四·省选》，第1281页。

③ 《金史》卷五五《百官志一·吏部》，第1314页。

（1148）格规定，立功军官授昭信校尉（原注：正七品）以上散官阶者，"初除主簿及诸司副使（原注：正九品），二主簿及诸司使（原注：正八品），三下令（原注：从七品），四中令（原注：正七品），五上令，或通注镇军都指挥使（原注：正七品）及正将"。即前三任、七年半的时间内其职事官品级都低于因功所授的正七品及以上散官阶，第四任始职事官品级才达到正七品，而此时他的散官阶也早已不是正七品了。同年格规定，立功军官所授官阶低于昭信校尉，以及原本流外人员，"自初至三任通注丞、簿，四下令，五中令，六上令及知城寨（原注：从七品）"。金章宗即位之初颁布的大定二十九年（1189）吏格，对皇统八年格做出调整，立功女真人授昭信校尉以上散官阶者，"初下簿，二下令，三中令，四五上令"。立功女真人授昭信校尉、其他各族人士授昭信校尉以上散官阶者，"初下簿，二中簿，三下令，四中令，五六上令"。立功人授宣武将军（从五品下）以上散官阶者，"初下令，二中令，三四上令"。与皇统八年格相比，军功赏官力度加大，不仅职事官品级提高，而且不再授诸司使副（监当官），直接授亲民官。①

关于散官阶与职事官品级的关系，金朝后期进行了新的制度性调整。金卫绍王大安元年（1209），"定文资本职出身内，有至一品职事官，应迁一品散官者，实历五十月，方许告迁。二品三品职事官应告本品循迁者，亦历五十月，不得过本品外。四品以下职事官如迁三品（散官阶）者，亦历五十月，止许告迁三品一资。六品以下职事官历六十月告迁，带至三品（散官阶）更不许告"。②"职事官应告本品循迁"，指的就是迁转同品散官阶。三品至一品职事官须任职满50个月才能循迁同品级散官阶，四品以下职事官迁转散官阶不得超过三品，六品以下职事官的散官阶每五年迁转一阶。可见这是对滥授散官阶的限制。金章宗时期的散官阶授予比较宽松，是对金世宗时期严格迁升散官阶的"矫枉过正"。经过大安元年的调适，金宣宗贞祐南渡之初，金廷还希望维护职事官品级与散官阶大致对应的原则。如加河北义军首领官封，苗道润除宣武将军（从五品）、同知顺天军节度使事（正五品），次年以功迁

---

① 《金史》卷五二《选举志二·文武选》，第1246—1247页。李鸣飞将大定十四年之前的昭信校尉列在从六品下，见氏著《金元散官制度研究》，第47页。
② 《金史》卷五四《选举志四·省选》，第1282—1283页。

怀远大将军（从四品）、同知中山府事（从四品），"再阅月，复战有功，迁骠骑上将军（正三品）、中都路经略使、兼知中山府事（正三品）"。①金宣宗元光二年（1223），河间公移剌众家奴奏请募人渡海交通辽东，"今拟应募者特迁忠显校尉（从七品），授八品职，仍赏宝泉五千贯。如官职已至忠显、八品以上者，迁两官、升职一等，回日再迁两官、升职二等"。②但是，战时不比平时，滥授官爵在所难免，而且只会愈演愈烈。金宣宗贞祐年间，已出现"今之散官动至三品，有司艰于迁授"，"未满一任而并进十级，承应（宫中承应人）未出职而已带骠骑（卫上将军，正三品）、荣禄（大夫，从二品）者，冗滥之极至于如此"的情况。③后来，"以劳进阶者比年尤多，贱职下僚散官或至极品，名器之轻莫此为甚"。④

### （三）超迁优调与回降

部分官员因特殊原因获得"超迁"或"优调"，以奉御出身的武官、驸马都尉、世袭猛安仆散安贞为例。金章宗承安初，仆散安贞由御前近侍——奉御起家，历任尚衣直长（正八品）、御院通进（从七品）、尚药副使（从六品），再转任宫中高级承应人符宝郎，出授同知莱州定海军节度使（正五品），历任邳州、淄州、涿州刺史（正五品），升拱卫直都指挥使（从四品）。金宣宗贞祐元年（1213），仆散安贞迁右副点检兼侍卫亲军副都指挥使（从三品）；二年，授山东路统军使（正三品）、安抚使。⑤他从奉御到正三品的统军使，用了不到 20 年时间，晋升非常快，必定享受了女真人特有的"超迁格"（见下文）。又如荫补出身的高竑，"累调贵德县尉（正九品），提刑司举任繁剧，迁奉圣州录事（正八品）。察廉，迁内黄令（从七品）"。⑥由于有提刑司的察举、察廉，三个任期内他的资序从正九品亲民官提升到从七品，属于优调。

金制，廉洁勤政、才干出众、政绩突出者或者立功人员，予以超迁

---

① 《金史》卷一一八《苗道润传》，第 2713—2714 页。
② 《金史》卷一一八《移剌众家奴传》，第 2718 页。
③ 《金史》卷一〇九《陈规传》，第 2545 页。
④ 《金史》卷五四《选举志四·省选》，第 1283 页。
⑤ 《金史》卷一〇二《仆散安贞传》，第 2377 页。
⑥ 《金史》卷一〇〇《高竑传》，第 2351 页。

或优调，既有官阶的破格，也有职事官的超常擢拔。[①] 如天会中，白彦敬由尚书省令史除授元帅府知事，招谕诸部有功，"超迁兵部郎中"。[②] 自天会四年建立尚书省至天眷官制颁行以前，兵部郎中既是文官本官阶，也是职事官，从《金史·白彦敬传》上下文看，白彦敬"超迁"的兵部郎中是职事官。金世宗大定初，世袭猛安完颜襄从征契丹叛军，"论功为第一，有司拟淄州刺史（正五品），诏特授亳州防御使（从四品），时年二十三"。[③] 这属于职事官的超迁或优调。金熙宗天眷中，仆散忠义以战功"超宁远大将军（疑为安远或定远大将军，武官阶从四品）"。[④] 金海陵王正隆初，廉察使奏飞狐令刘枢治状入优等，"蹿迁奉直大夫（正六品下文官阶）"。[⑤] 金章宗承安年间，枢密使完颜宗浩进拜右丞相（从一品职事官），"超授崇进（从一品下文武官阶）"，泰和间出师讨伐北边部族，还朝，"优诏奖谕，蹿迁仪同三司（从一品中文武官阶）"。[⑥] 以上都属于散官阶的超迁。大定三年（1163）科举状元孟宗献，乡、府、省、廷四试皆第一，"号'孟四元'，时论以为知文。故事，状元官从七品（职事官品级），阶承务郎（正七品散官阶）。世宗以宗献独异等，与从六品（职事官品级），阶授奉直大夫（正六品散官阶）"。[⑦] 金章宗承安年间，知济南府事、前参知政事（从二品）张万公，跨越尚书右丞、左丞（皆正二品），径"拜平章政事（从一品职事官），蹿迁资善大夫（正三品下文官阶）"。[⑧] 这是职事官和散官阶双超

---

① 闫兴潘认为女真"超迁格"仅与武散官系统有关，且只适用于正五品及以下的武散官，金章宗始将此制向契丹人开放，金宣帝更进一步将其适用范围扩及所有非女真人。见闫兴潘《论金代女真人的"超迁格"——民族关系影响下的职官制度变革》，《历史教学》2019 年第 9 期；《金代女真人"超迁格"问题补论》，姜锡东主编《宋史研究论丛》第 31 辑，科学出版社，2022，第 454—461 页。张又天考察了金代职事官品位超迁现象，见氏著《金代职事官超迁现象探析》，《河北北方学院学报》2020 年第 3 期。

② 《金史》卷八四《白彦敬传》，第 2011 页。

③ 《金史》卷九四《完颜襄传》，第 2214 页。

④ 《金史》卷八七《仆散忠义传》，第 2057 页。

⑤ 《金史》卷一〇五《刘枢传》，第 2451 页。

⑥ 《金史》卷九三《完颜宗浩传》，第 2201 页。

⑦ 《金史》卷一二五《杨伯仁传》，第 2872 页。孟宗献榜科考在大定三年。大定十四年以前散官阶品级，据李鸣飞《金元散官制度研究》，第 46 页。（金）元好问编《中州集》壬集《孟宗献小传》，第 589 页。

⑧ 《金史》卷九五《张万公传》，第 2231 页。

迁的两个事例。察举和荐举是超迁或优调散官阶、职事官的重要途径，详见本书第九章。

女真人享有法定的超迁特权。金世宗谓"女直人往往径居要达，不知间阎疾苦"，[①] 又谓"除授格法不伦。奉职皆阀阅之孙，朕所知识，有资考出身月日。亲军不以门第收补，无荫者不至武义（将军，从六品上武官阶）不得出职，但以女直人有超迁官资，故出职反在奉职上。天下一家，独女直有超迁格，何也？"金世宗似有废罢女真超迁格的意思。尚书右丞唐括安礼认为"祖宗以来立此格，恐难辄改"，遂不了了之。[②] 大定二十五年（1185），契丹赐姓人、符宝祗候完颜习涅阿补"乞依女直人例迁官"，金世宗不允，并谓"赐姓一时之权宜"，令习涅阿补恢复耶律姓。[③] "超迁官资"似不限于散官阶，应包括任职资序资历。皇亲国戚还往往有法外超授的特权。如金世宗大定年间，太子妃之父、咸平尹徒单贞因贪赃降授博州防御使，"顷之，迁震武（军）节度使"。金世宗遣使诫饬之曰："朕念卿懿戚，不待终考，更迁大镇。非常之恩不可数得，卿勿蹈前过。"[④]

任职于尚书省左、右司（统称都司），可以取得不同寻常的资历，实现超迁、优调。如进士出身的文官邓俨，"大定中，为左司员外郎、右司郎中，寻转左司，掌机务者数年。有司奏使宋者，世宗命选汉官一人，参知政事梁肃以户部侍郎王翛、工部侍郎张大节、左司郎中邓俨对，世宗曰：'王翛、张大节苦无资历，与左右司官辛苦不同，其命俨往。'"[⑤] 王翛，进士出身，由尚书省令史除授同知霸州事，累迁刑部员外郎，坐请嘱降授泰定军节度副使，四迁大兴府治中，授户部侍郎。[⑥] 张大节亦进士出身，金世宗大定初补尚书省令史，累迁太府丞、工部员外郎，擢修内司使，进工部郎中，改户部郎中，擢工部侍郎。[⑦] 金世宗所谓"王

---

① 《金史》卷八八《石琚传》，第 2083 页。
② 《金史》卷八八《唐括安礼传》，第 2087 页。
③ 《金史》卷一三二《完颜元宜传》，第 2990 页。其他部族赐女真姓，多见于金初功臣之家，天德三年，"诏凡赐姓者皆复本姓，元宜复姓耶律氏"。金世宗大定初，耶律元宜以功拜平章政事，"复赐姓完颜氏"。《金史》卷一三二《完颜元宜传》，第 2989 页。
④ 《金史》卷一三二《徒单贞传》，第 2985 页。
⑤ 《金史》卷九七《邓俨传》，第 2277—2278 页。
⑥ 《金史》卷一〇五《王翛传》，第 2451 页。
⑦ 《金史》卷九七《张大节传》，第 2273 页。

俦、张大节苦无资历"，显然是说二人无任职尚书省左、右司的资历。职事官品级虽同，但辛苦程度不同，岗位重要性不同，资历也就不同，进秩迁职也就不能一概而论。尚书省左右司郎中、员外郎、都事、令史，是特殊重要的任职资历，往往可以获得超迁职事官的机会。又如皇统二年进士王蔚，历任尚书省知管差除令史、都事、左司员外郎、左司郎中，"大定二年，超授河东北路转运使"；① 天德三年进士马惠迪，大定中，由尚书省令史出为西京留守判官，累迁左司郎中，"未几，超授御史中丞，拜参知政事"。②

　　金朝"旧制，尚书省令史考满优调，次任回降"。③ "省令史选取之门有四，曰文资，曰女直进士，曰右职，曰宰执子。其出仕之制各异。"文资官授省令史，金初"惟听左司官举用"，金熙宗皇统八年格规定，从天眷二年（1139）以后及第进士中，依榜次先后，无公私过错，年龄五十以上，官资自承直郎（从六品）至奉德大夫（从五品）的官员中甄选。官资在承直郎以上的文资省令史，满一任（考）可授正七品以上、从六品以下的职事官，满两任可授从六品以上、从五品以下的职事官。任省令史时官资在奉直大夫（从六品）以上，满一任可除授从六品以上、从五品以下的职事官，满两任可除授从五品以上、正五品以下的职事官。金海陵王正隆元年（1156）废罢文资官任省令史之制，一律从枢密院、御史台、六部吏职令史中选用省令史。金世宗大定二年（1162），"罢吏人而复皇统选进士之制"，即恢复皇统间参用进士出身者任省令史的制度，并进一步规范其任满除授职缺：承直郎以上除授者，满一任授正七品职事官，如转运判官、节度判官、同知刺史州事；满两任除授从六品职事官，如都转运判官、总管府判官、同知防御州事。奉直大夫以上除授者，满一任授从六品职事官，满两任授从五品职事官，如节度、转运副使，总管府、京府留守司判官。大定七年，选调省令史的文资官的散官阶上调至五品。为解决外官多缺员的问题，大定二十七年格规定选任文资官省令史不再拘泥散官阶，并对文资官省令史任满及其后几个任期的职事官品级做了细化，"凡一考者与六品（职事官，下同），次任

<hr>

① 《金史》卷九五《王蔚传》，第2244页。
② 《金史》卷九五《马惠迪传》，第2245页。
③ 《金史》卷九九《孙即康传》，第2329页。

降除正七品，第三任与六品，第四任升为从五品；两考者与从五品，次任降除六品，第三、四任皆与从五品，五任升正五品"。大定二十七年格还对女真进士省令史任满后的除授做出规定，"一考注正七品（职事官），两考注正六品"，第一任考满注授比汉人文资官低一等，但自第二任考满后注授就明显高出汉人文资官一等了。金章宗明昌五年（1194），以女真进士与汉人进士令史"辛苦既同，资考难异，遂定与汉进士一考与从六品，两考与从五品"。① 以上任职规定都体现了"尚书省令史考满优调"的原则。

金章宗明昌初，监察御史李完说："尚书省令史，正隆间用杂流，大定初以太师张浩奏请，始纯取进士（文资官），天下以为当。"② 大定二十四年规定，尚书省女真令史30人，其中"进士十人，宰执子、宗室子（各）十人"；汉人令史35人，未载各种出身的比例，应该是以进士出身的文资官为主要来源。③ 进士出身的文官，一般"凡登第历三任至县令，以次召补"充省令史，然后经一考（30个月）或两考（60个月）出授六品州佐或五品节度副使，"或就选为知除、知案。由之以渐，得都事、左右司员外郎、郎中。故仕进者以此途为捷径。如不为省令史，即循资级，得五品甚迟"。④ 知除即知管差除房的简称。

皇族子弟也有任尚书省令史的特权，其出职授官比照宰执子弟。大定二十八年制敕："以宗室第二从亲并宰相之子，出职与六品（职事官）外，宗室第三从亲并执政之子，出职与正七品。其出职皆以百五十月。"即宗室第二、三从亲及宰执之子试补省令史，连续任职150个月，除授

---

① 《金史》卷五二《选举志二·文武选》，第1248—1250页。皇统八年格规定，从天眷二年以后及第进士、官资自承直郎至奉德大夫的官员中甄选省令史。承直郎下原注从六品。下文奉直大夫下原注从六品。据《金史》卷五五《百官志一·吏部》（第1304页），承直郎的品级为正七品。宋人范成大在《揽辔录》中记录了金世宗大定初的文武官散官（没有标记散官品级），与《金史》卷五五《百官志一》所记文武官散官有出入。李鸣飞研究认为，以大定十四年官制改革为界，金代前期与中后期的散官制度有所不同，《金史·百官志一》所载是金代中后期行用的散官。据她的复原，大定十四年以前，承直郎是从六品，奉直大夫是正六品，奉德大夫（天德二年更名朝列大夫）是从五品。见李鸣飞《金元散官制度研究》，第47页表，详见第9—58页。

② 《金史》卷九七《李完传》，第2283页。

③ 《金史》卷五五《百官志一》，第1301页。

④ （金）刘祁：《归潜志》卷七，第76页。

六品、正七品职事官。次年，宗室第四从亲也纳入试补范围。①

右职省令史，实际是指吏员出身的省令史。除金海陵王专用右职省令史外，金熙宗、金世宗时期也参用右职省令史。其迁叙出职与吏职省译史适用同样的条格，以皇统八年格最早："初考迁一重，女直人依本法外，诸人越进义（校尉，正九品下），每三十月各迁两重，百二十月出职，除正六品以下、正七品以上职官。""一重"即一阶，指一阶散官。金海陵王正隆二年格调整为每 50 个月迁一重，"初考，女直人迁敦武校尉（从八品下），余人迁保义校尉（正九品上），百五十月出职，系正班，与从七品"，授正班从七品职事官。如果是从枢密院、御史台、六部令译史转入省令译史的话，"以前已成考月数通算出职"。金世宗大定二年格规定 30 个月迁一重官阶，120 个月出职，授正从七品职事官。大定三年格对右职省令史的出职授官做了进一步细化："及七十五月出职者，初（授）上令，二中令，三下令，四、五录事，六下令，七中令，八上令。百五十月出职者，初刺同（同知刺史州）、运判、推官等，二、三中令，四上令，回呈省。"② 大定二十六年，因为够资格的官员不足，刺史、县令多缺官，故下令临时减免省、院、台、部令史、译史出职人，文资、武资（右职）出身人的任职资历，"省令译史合得县令资历内，免录事及下县令各一任；密院令史三考以上者，同前免之。台、部、宗正府、统军司令译史，合历县令任数，免下令一任。外路右职、文资诸科，合历县令亦免一任"。③ 右职省令史的出职迁调，虽然比不上文资省令史，但仍然享受优调待遇。

文资省令史的出职优调和次任回降，来看几则实例。金海陵王天德三年（1151）进士贺扬庭，金世宗大定十三年（1173）"由安肃令（从七品）补尚书省令史，授沁南军节度副使（出职优调从五品），入为监察御史（次任回降正七品），历右司都事（正七品）、户部员外郎（从六品）、侍御史（从五品）、右司员外郎（正六品）"。右司员外郎任上以廉能迁户部郎中（从五品），再迁左司郎中（正五品）、刑部侍郎（正四品）。文官县令补授省令史，是常见的任职经历，省令史任满后一般予以

---

①　《金史》卷五二《选举志二·文武选》，第 1251 页。

②　《金史》卷五三《选举志三·右职吏员杂选》，第 1255—1256 页。

③　《金史》卷五四《选举志四·部选》，第 1277 页。

"优调"，但下一任要"回降"。贺扬庭任户部员外郎秩满后也有一次"优调"，授侍御史，然后"回降"右司员外郎。① 又如金海陵王正隆五年进士路伯达，"由泗州榷场使（从七品）补尚书省掾（令史），除兴平军节度副使（出职优调从五品），入为大理司直（次任回降正七品）"，大定二十五年改秘书郎（正七品）。路伯达上任秘书郎不久丁忧，经安武军节度使王克温荐举，起复同知西京路转运使事（从四品），召为礼部员外郎（从六品），升刑部郎中（从五品）。② 可见，由朝官补外多"优调"高品级职事官，由外官入朝多"回降"职事官级。又如大定十三年进士贾铉，由单州司候（正九品）补尚书省令史，时金章宗以皇太孙任右丞相，十分器重他，由省令史"优调"陕西东路转运副使（正五品），"回降"刑部主事（从七品），迁监察御史（正七品）、侍御史（从五品），由右司谏（从五品）迁左谏议大夫（正四品）。③ 金章宗泰和年间，省令史"崔建昌已优调兴平军节度副使（从五品），未回降，即除大理司直（正七品，此处疑误，或为大理少卿，从五品）"。台谏弹劾，诏令尚书省知管差除令史、左司员外郎决杖、勒停、解职有差，尚书左丞孙即康则免于追究。④ 虽然由外官授朝官会有回降，但在朝官任上，资考的晋升会更快。

特殊情况下，可以免予回降。如金世宗即位之初，经过金海陵王的横征暴敛和契丹起义军的打击，"近边残破"，按官制，"资历高者不当任边远"，而"多用年老及罪降者"，金世宗下令："可取（资历）以下之才能者升授，回不复降，庶可以完复边陲也。"意即可破格提拔资历较低的官员升任边境州县的长贰官，任满赴选不需要回降。史称"边升之制，盖始于此"。⑤ 金世宗在位后期，出现因官员资考不够，刺史、县令等亲民官严重缺员的情况，于是敕令"见行格法合降资历内，三降两降各免一降，一降者勿降"。⑥

---

① 《金史》卷九七《贺扬庭传》，第 2279 页。
② 《金史》卷九六《路伯达传》，第 2266—2267 页。
③ 《金史》卷九九《贾铉传》，第 2323 页。
④ 《金史》卷九九《孙即康传》，第 2329 页。
⑤ 《金史》卷五四《选举志四·省选》，第 1280 页。
⑥ 《金史》卷五四《选举志四·部选》，第 1277 页。

## 三　考核黜陟

金熙宗时期，创置廉察之制。金世宗大定三年，制定廉察所得廉能官晋阶升职、污滥官决杖罢黜的实施细则。廉察制度成为金朝官员考核黜陟的重要依据。金世宗"大定间，以监察御史及审录官分诣诸路，考核以拟，号为得人"，① 一说"大定间，数遣使者分道考察廉能，当时号为得人"，② 都是说金世宗重视运用廉察制度考核和选拔官员。③ 御史台和诸路提刑司（金章宗继位后置，后改称按察司）负责对官员的常规监察，吏部负责官员的任期考核，各个衙署负责属官的日常考核，并通过填报"解由"向吏部报告属官任内的表现。吏部置《考功籍》，记录官员之功过。官员的迁赏、黜降经历，都会记在《考功籍》和《行止簿》上，以备朝参赴选时考察。如金世宗、金章宗时的官员巨构，"廉慎守法，在《考功籍》始终无过云"。④ 廉察考核的结果自然也会记录在《考功籍》和《行止簿》上。

奖赏功臣及廉能官员。金熙宗时，尚书省令史移剌斡里朵两年内两次因军功晋升武官阶，一迁修武校尉，二迁宣武将军，并擢升官职，"时六部未分，乃以为兵刑二部主事。未几，迁右司都事"。⑤ 金世宗大定四年，金宋战事结束，金廷颁布陕西军官军人迁赏条例，"猛安，阶昭毅（大将军，正四品下）以下迁两资（阶），昭武（大将军，正四品上）以上迁一资。谋克，阶六品以下迁两资，五品以上迁一资。押军猛安，阶昭武以上者迁一资，昭毅以下、武义（将军，正六品下）以上迁两资；昭信（校尉，正七品）以下，女直人迁宣武（将军，从五品下），余人迁奉信（校尉，从六品中下）；无官（阶）者，女直人授敦信（校尉，从六品上），余人授忠武（校尉，正七品）。押军谋克，武功（将军，正六品上）以下、忠显（校尉，从七品）以上迁两资；忠勇（校尉，正八

---

① 《金史》卷五四《选举志四·部选》，第1278页。
② 《金史》卷一○一《李英传》，第2370页。
③ 廉察和察举制度，详见本书第九章。
④ 《金史》卷九七《巨构传》，第2279页。
⑤ 《金史》卷九○《移剌斡里朵传》，第2124页。

品上）以下，女直人迁昭信，余人迁忠显；无官者，女直人授忠显，余人授忠翊（校尉，正八品下）。正军，有官者迁一资，无官者授两资"。① 金世宗大定中，右司员外郎贺扬庭"以廉能迁户部郎中，进官二阶"。② 荫补出身石宗璧，"居榷酤之职，以家资给用，于公秋毫不犯，因此所至羡余。朝廷嘉之，超授显武将军（从五品中武官阶），除太原府丰赡库副使"。③ 金章宗明昌四年（1193），河南统军使仆散揆因私下品藻诸王，称誉"逆臣"完颜永蹈，免死除名，不久"复五品阶"，起用为同知崇义军节度使事，"以战功迁西北路副招讨，进官七阶……复以战功升西南路招讨使兼天德军节度使"。④ 以上三例都反映了官阶与实职的双重晋升。

惩处贪赃枉法。大定初，金太祖之孙完颜阿琐任广宁府尹，贪赃14000余贯，诏杖八十，削两阶，解职。金世宗诚饬之："今汝在法当死，朕以亲亲之故，曲为全贷。"后起授平凉府尹。⑤ 完颜宗翰之子完颜斜哥，在祁州刺史任上"坐赃枉法，当死，诏杖一百五十，除名"，并流放陕西路鄜州，后来在云内州开远军节度使任上，又坐赃，被御史台弹劾，"狱成，法当死"。金世宗对宰臣们说："斜哥祖父秦王宗翰有大功，特免死，杖一百五十，除名。"后来又任劝农副使。⑥ 女真贵族在法律上享有特权，是金朝吏治败坏的主要原因。大定中，朔州顺义军节度使完颜永元"坐卖马与驿人取赢利"，濬州防御使斡论"坐纵孳畜践民田"，皆被解职。⑦ 西京留守石抹荣、河南府尹娄室、陕州防御使石抹靳家奴"皆坐高贾卖私物、抑贾买民物得罪"，石抹荣、娄室削两阶解职，石抹靳家奴又有欺骗廉察使事发，特诏除名。⑧

追责失职渎职。大定三年，皇舅、参知政事李石购买过期的俸粟支帖，"下仓支粟，仓司不敢违，以新粟与之"。金世宗听说后，问户

① 《金史》卷八七《徒单合喜传》，第2066页。此处括号中标记的散官品级据李鸣飞复原的金代前期散官表填写。见李鸣飞《金元散官制度研究》，第47页。
② 《金史》卷九七《贺扬庭传》，第2279页。
③ 《石宗璧墓志铭》，王新英辑校《全金石刻文辑校》，第213页。
④ 《金史》卷九三《仆散揆传》，第2194页。
⑤ 《金史》卷六九《完颜阿琐传》，第1708页。
⑥ 《金史》卷七四《完颜斜哥传》，第1806页。
⑦ 《金史》卷七六《完颜永元传》，第1855页。
⑧ 《金史》卷九一《石抹荣传》，第2152页。

部尚书梁铢，梁铢为尊者讳，不以实对。金世宗委派尚书左丞翟永固勘问，"梁铢削官四阶，降知火山军。石罢为御史大夫"。① 金朝官员的俸禄由钱、粟、绢、外任官职田等组成。大定十一年，户部擅自抬高粟价折算成钱币发放给朝官，多支官钱 40 万贯。事发，户部尚书高德基决杖八十，降兰州刺史；户部郎中、员外郎、同知中都转运使、转运副使、支度判官等官员决杖、降职有差；追缴省、台、部、转运司官多支的俸钱。② 大定十二年，河北东路总管判官字特、德州防御判官酬越奉命追捕叛党完颜京，致其逃亡，"字特杖二百，除名；酬越杖一百，削两阶"。③

金章宗即位后，有意设立考课法，但宰臣多有歧见。右丞相夹谷清臣担心，如果考课"格法繁则有司难于承用"。尚书右丞刘玮认为，既已设置提刑司，就无须再立考课法，"考课之法本于总核名实，今提刑司体察廉能、赃滥以行赏罚，亦其意也。若别议设法，恐涉太繁"。金章宗询问唐代考课法的实施，刘玮对以"四善二十七最"。④ 泰和四年（1204），金章宗下令颁行考课法，以"四善十七最"考核黜陟官员。⑤ 但这些措施并未能遏制官场的贪腐苟且之风。金宣宗贞祐二年（1214），有官员指出："兵兴以来，百务烦冗，政在用人。旧虽有四善十七最之法，而拔擢蔑闻，几为徒设。"⑥ 考课法既为虚文，官员的考核黜陟也就徒有其名了。

本章论述了金朝皇权政治和贵族政治双重作用下的官员铨选制度，重点考察官员的任官资格、资考，官职官资迁转中的循资守格原则与超迁、优调、回降制度，朝参赴选与部选、省选、考核黜陟等制度。金朝确立君主专制中央集权体制后，官员的任命最终由皇帝裁决，皇权主导用人权。其铨选制度的设计和运作，旨在加强皇权，限制贵族培植政治势力，插手人事安排。金代的铨选制度有效实现了皇权主导下贵族政治与官僚政治的平衡。

---

① 《金史》卷八六《李石传》，第 2032 页。
② 《金史》卷九〇《高德基传》，第 2119 页。
③ 《金史》卷七四《完颜京传》，第 1818 页。
④ 《金史》卷九五《刘玮传》，第 2240 页。
⑤ 《金史》卷五五《百官志一·吏部》，第 1310 页。
⑥ 《金史》卷五四《选举志四·部选》，第 1278 页。参见卷一〇一《李英传》，第 2370 页。

表 7-1　《金史·百官志》所载散官阶职事官品级

| 品秩 | 文武散官阶 | 职事官 |
|---|---|---|
| 正一品 | 无 | 三师，三公，尚书令<br>（非常设，近似加官虚职） |
| 从一品 | 开府仪同三司、仪同三司、特进、崇进 | 左右丞相，平章政事，都元帅（金前期及战时置），枢密使，判大宗正（后改大睦亲），宣抚使（金末置） |
| 正二品 | 金紫光禄大夫、银青荣禄大夫 | 左右丞，左右副元帅（金前期及战时置），行台左右丞相、平章政事（金前期置行台），东宫三师，大司农（金末置司农司） |
| 从二品 | 光禄大夫、荣禄大夫 | 参知政事，行台左右丞，枢密副使，同判大宗正，御史大夫，三司使（泰和末至贞祐中置三司） |
| 正三品 | 资德、资政、资善大夫 | 六部尚书，行台参知政事，元帅左右监军，签书枢密院事，同签大宗正事，翰林学士承旨（金后期升从二品），翰林学士，殿前都点检兼侍卫亲军都指挥使，左右宣徽使，太子三少，宣抚副使，劝农使（金中期置），三司副使，诸京府尹（留守，兼本路兵马都总管），诸路都总管，府尹，按察使（旧称提刑使），转运使，统军使，招讨使 |
| | 龙虎卫、金吾卫、骠骑卫上将军 | |
| 从三品 | 正奉、通奉、中奉大夫 | 帅左右都监，御史中丞，翰林侍读、侍讲学士，审官院知院（承安至大安间置审官院），殿前左右副都点检，太常卿，秘书监，武卫军都指挥使，太子詹事，节镇节度使，部族节度使 |
| | 奉国、辅国、镇国上将军 | |
| 正四品 | 正议、通议、嘉议大夫 | 六部侍郎，同签枢密院事，司农卿，签三司事，同知宣徽院事，国子祭酒，太府、少府、都水监，左右谏议大夫，大理卿，王府傅，按察副使，统军副使，提控诸群牧 |
| | 昭武、昭毅、昭勇大将军 | |
| 从四品 | 大中、中、少中大夫 | 大宗正丞，翰林直学士，同知审官院事，拱卫直都指挥使，武卫军副都指挥使，少詹事，诸京府同知（同知留守事，兼同知本路兵马都总管），同知路都总管，同知府事，防御使，转运使同知，招讨副使，猛安，群牧（乌鲁古）使 |
| | 安远、定远、怀远大将军 | |
| 正五品 | 中议大夫、中宪大夫、中顺大夫 | 尚书左右司郎中，劝农副使，司农少卿，同签三司事，翰林待制，太常少卿，提点宫籍监、近侍局、器物局、尚厩局、鹰坊、尚衣局、仪鸾局、尚食局、尚药局、宫闱局、太医院、教坊、司天台，同签宣徽院事，客省使，引进使，阁门使，秘书少监，国子监司业，四方馆使，东宫左右谕德，诸京府少尹（治中，副留守，兼本路兵马副都总管），诸路副都总管，府少尹（治中），同知节度使，刺史，签按察司事，转运副使，盐使司，漕运司提举（景州刺史兼领），总管府节镇兵马司都指挥使 |
| | 广威将军、宣威将军、明威将军 | |

续表

| 品秩 | 文武散官阶 | 职事官 |
|---|---|---|
| 从五品 | 朝请大夫、朝散大夫、朝列大夫 | 六部郎中，枢密院经历，侍御史，左右宿直将军，宫籍监、近侍局、器物局、尚厩局、尚辇局、鹰坊、尚衣局、仪鸾局、尚食局、尚药局、宫闱局使，拱卫直副都指挥使，提点武备署，提点御药院，内藏库使，太府、少府、都水少监，军器监，左右司谏，大理少卿，知弘文院，知登闻鼓院，知登闻检院，修内司使，提点祇应司，左右卫率府率，王府长史，诸京府判官（留守判官），诸路都总管判官，节镇节度副使，南京提控规运柴炭场使，统军司判官，谋克，部族节度副使，乣详稳 |
| | 信武将军、显武将军、宣武将军 | |
| 正六品 | 奉政大夫、奉议大夫 | 尚书左右司员外郎，太常丞，威捷军钤辖，阁门副使，秘书丞，大理正，同知登闻鼓院事，同知登闻检院事，武卫军钤辖，东宫左右赞善、左右监门、仆正，同知防御使事，诸京警巡使，盐司副使，漕运司同提举，南京提控规运柴炭场副使，总管府节镇兵马司副都指挥使 |
| | 武节将军、武德将军 | |
| 从六品 | 奉直大夫、奉训大夫 | 六部员外郎，治书侍御史，三司判官，翰林修撰，太庙署、郊社署、大乐署、武库署、武器署令，诸陵署令，殿前都点检判官，宫籍副监，近侍局、器物局、尚厩局、尚辇局、尚衣局、仪鸾局、尚食局、尚药局、宫闱局、鹰坊副使，宣徽判官，客省副使，引进副使，东上、西上阁门签事，内藏库副使，宫苑司、尚酿署、典客署、典给署、尚方署、裁造署、文绣署、织染署、侍仪司令，著作郎，国子丞，太府、少府丞，左、右藏库使，太仓使，军器监少监，利器署（都作院）令，大理丞，同知弘文院事，榷货务使，惠民司令，四方馆副使，法物库使，万宁宫（太宁宫）提举，修内司副使，都城所提举，祇应司、甄官署、上林署令，东宫典仪、掌宝，王府司马，诸京府推官，上京皇城司提举，按察司判官，诸路总管判官，府判，赤县令，转运司都勾、户籍、支度、盐铁判官，都曲酒使，总管府节镇兵马司指挥使，诸府州兵马钤辖，招讨司判官，群牧副使 |
| | 武义将军、武略将军 | |
| 正七品 | 承德郎、承直郎 | 尚书左右司都事，都元帅府经历、都事、知事，枢密院都事，大宗正府司属司令，殿中侍御史，监察御史，司农司知事，三司规措审计官，太常博士，殿前左右振肃，阁门承奉班都知，阁门内承奉班押班，侍仪司直长，秘书郎，著作佐郎，国子学、太学博士，都水丞，左右补阙，左右拾遗，大理司直，东宫内直郎，侍正、副仆，诸府推官，节度、观察判官，同知刺史，次赤县令，盐司判官，都曲酒副使，规措渠河官，府镇都军司都指挥使，都巡检使，潼关使兼讥察官，正将 |
| | 承信校尉、昭信校尉 | |
| 从七品 | 承务郎、儒林郎 | 六部主事，户、工部覆实司管勾，大宗正府知事，御史台典事，三司知事，应奉翰林文字，太庙署、郊社署、大乐署、宫籍监、武库署、武器署、宫苑司、尚酿署、典客署、典给署、尚方署、裁造署、文绣署、织染署、军器监、利器署、祇应司、甄官署、上林署丞，诸陵署丞，殿前都点检知事，阁门通事舍人，御院通进，校书郎，左右藏库副使，太仓副使，榷货务副使，法物库副使，承发司管勾，万宁宫（太宁宫）同提举，东宫赞仪，王府文学，都城所同提举，京城门尉，上京皇城司同提举，诸京警巡副使，县令，知镇城堡寨，酒税兼榷场使，广备库、永丰库使，京兆府司竹监管勾，都巡河官，居庸关等关使，统军司知事，招讨司勘事官，部族秃里 |
| | 忠武校尉、忠显校尉 | |

| 品秩 | 文武散官阶 | 职事官 |
|---|---|---|
| 正八品 | 文林郎、承事郎 | 尚书左右司架阁库、六部架阁库、枢密院架阁库管勾，尚书左三部、右三部检法司司正，户部勾当官，大宗正府司属司丞，三司勾当官、架阁库管勾，国史院编修官，诸陵署直长，宫籍监、近侍局、器物局、尚厩局、尚辇局、鹰坊、武库署、武器署、尚衣局、仪鸾局、尚食局、尚药局、宫闱局、宫苑司、尚酝署、笔砚局、书画局、典给署、尚方署、文绣署、织染署、军器监、利器署、惠民司、法物库、修内司、祇应司、甄官署、上林署直长，顿舍官，国子学助教、教授，太学助教，军器库使，都水监掾，大理评事，弘文院校理， |
| | 忠勇校尉、忠翊校尉 | 交钞库使，修内司部役官、受给官，都城所左右厢官、受给官，上林署同乐园管勾，南京丰衍东西库使、监支、监纳，东宫典食令、侍药、掌饮令、家令、司经、司藏、司仓、侍丞，大兴府知事，诸京府节镇知法、司狱，按察司知事，防御判官，诸府节镇录事，赤县丞、主簿、尉，军器库使，都曲酒使司都监，京府节镇酒税使、商税使，中都市令，中都流泉务使，南京交钞库使，诸绫锦院使，诸仓使，南京诸仓监支纳官、草场监支纳官，副都巡检使，河桥关渡讥察官，榷场副使，副将，招讨司知事，群牧判官 |
| 从八品 | 征事郎、从仕郎 | 尚书左右司、六部架阁库同管勾，尚书左三部、右三部检法，都元帅府检法，枢密院知法，大宗正府检法，御史台架阁库管勾、检法，三司知法，尚书省堂食公使酒库使，尚书省直省局局长，太常寺太祝、奉礼郎、协律郎，国子校勘、书写官，太府监酒使、市买使，大理寺、登闻鼓院、登闻检院知法，交钞库副使，印造钞引库使，抄纸坊使，承司同管勾，南京丰衍东西库副使，京县、剧县判官， |
| | 修武校尉、敦武校尉 | 诸京府、总管府、转运司、按察司、统军司、招讨司知法，刺史州判官，广备库、永丰库副使，中都左右厢别贮院使、木场使，中都买物使，三品盐司判官，漕运司勾当官，中都路运司柴炭场使，纠弓忽，部族移里堇，群牧所知法 |
| 正九品 | 登仕郎、将仕郎 | 尚书省堂食公使酒库副使，尚书省直省局副局长，尚辇局、仪鸾局、尚衣局、器物局、尚食局、尚药局、御药院、书画局都监，掌厩都辖，内藏头面库、段匹库、金银库、杂物库都监，太府监支应所都监，太府监酒坊副使、市买副使，军器库副使，街道司管勾，交钞库判官，印造钞引库副使、库判，抄纸坊副使，交钞库物料场场官，惠民司都监，南京丰衍东西库库判，东宫典食丞、奉药、掌饮丞、家丞、副司经、副司藏、副司仓、仆丞，京城门副尉，诸京警巡判官，诸府节镇录事判官，防刺州司候，县丞、主簿、尉，诸 |
| | 保义校尉、进义校尉 | 州军司狱，中都市丞，盐司管勾，京府节镇商税副使、酒税副使，广备库、永丰库判官，交钞库副使，中都、南京店宅务管勾，中都左右厢别贮院副使、木场副使，中都买物司、流泉务副使，诸绫锦院副使，诸仓副使，中都路运司柴炭场副使，副都巡检，散巡检，关渡副讥察，管勾泗州排岸兼巡检，散巡河官，诸埽物料场官，部将，队将 |

续表

| 品秩 | 文武散官阶 | 职事官 |
|---|---|---|
| 从九品 | 登仕佐郎、将仕佐郎 | 尚书省直省局管勾，御史台狱丞，国史院检阅官，太常寺检阅官，太常检讨，器物局同监，掌厩副辖，典舆都辖，鹰坊管勾，威捷军都辖，尚衣局同监，仪鸾局收支同监，内藏头面库、段匹库、杂物库同监，武卫军都将，抄纸坊判，东宫中侍局都监，防刺州司候判官，防刺州知法、司军、军辖兼巡捕使，军器库副使，中都左右厢别贮院、流泉务、木场判官，中都买物司都监，京府节镇商税务司都监、同监，诸学教授，榷场同管勾，作院都监，通州仓判，诸埽物料场都监 |
| | 保义副尉、进义副尉 | |

注：金朝官员的文武散官阶与职事官品级，初期借用辽制，金熙宗天眷官制创立新制，金海陵王正隆官制定型，金世宗大定以后有微调。此表系大定十四年以后的定制。正一品无散官阶。从一品至从二品散官阶文武通用。大夫、郎为文阶，将军、校尉为武阶。官员的散官阶和职事官品级未必对应。当散官阶和职事官品级不同时，职衔内带行、守、试、知、充字。司天、太医、教坊、内侍自有散官阶、职事官品级，本表不收。贞祐南渡后所置职官，一般不列入表中。

资料来源：本表职事官品级主要据《金史·百官志》。

# 第八章　金朝下层官员的来源与出路：
## 杂班官与监当官

金朝的官僚体系有所谓杂班官和监当官，二者关系密切。监当官是宋金时期对仓库场务官的总称，元朝则逐渐以钱谷官之名替代。元朝的钱谷官主要由杂职官担任，元朝的杂职官与金朝的杂班官渊源有自。金朝的杂班官、监当官居于官僚体系的下层，人数众多，是王朝国家治理体系的重要组成部分。

## 一　从唐宋元的杂职说起

唐代有"杂职"，是对一类职役的总称。宋《天圣令·杂令》所附唐令第 15 条对流外诸色职掌有以下概括：

> 诸司流外非长上者，总名番官。其习驭、掌闲、翼驭、执驭、驭士、驾士、幕士、称长、门仆、主膳、供膳、典食、主酪、兽医、典钟、典鼓、价人、大理问事，总名庶士。内侍省、内坊阁人无官品者，皆名内给使。亲王府阁人，皆名散使。诸州执刀、州县典狱、问事、白直，总名杂职。州县录事、市令、仓督、市丞、府、史、佐、计史、仓史、里正、市史，折冲府录事、府、史，两京坊正等，非省补者，总名杂任。其称典吏者，杂任亦是。①

据考证，唐代的习驭、掌闲等庶士是供事于中央机构的胥吏，轮番赴任；杂职和杂任是主要供事于州县的胥吏，杂职分番执役，杂任则否。《天圣令·杂令》所附唐令的规定证明，唐代制度中尚未出现比较严密

---

① 天一阁博物馆等校证《天一阁藏明钞本天圣令校证（附唐令复原研究）》下册，中华书局，2006，第 377 页，参见第 433 页。

的胥吏概念，使用的是流外、庶士、杂职、杂任、典吏等。① 《通典》谓"今州县官有杂职者，掌行鞭挞，每官出，则执楚导引，呵辟行路，殆其职也"。② 李春润认为典狱掌守囚，问事执行杖，即系"掌行鞭挞"之任，执刀、公廨白直所任即系"每官出，则执楚导引，呵辟行路"之役。③ 赵璐璐著文对唐代的杂职、杂任做了研究，指出其所包含的人员，唐以前即有，但这两类专名始见于唐代。杂职、杂任是唐代州县胥吏的主体，是州县日常事务的主要承担者。以上县为例，有流内官 5 人，杂职 53 人，杂任 94 人。杂职、杂任属于役，不属于流外官。四种杂职的执掌虽有一定的不同，但并不以此为限，实际承担着州县各类杂役。唐中后期，杂职转化为资课之一，其称谓则流传于宋元明清各代，"其间含义多有变迁，或单指某种服役人或涵盖某类人员，每朝不尽相同，不过基本上都是代指政府机构内品官以外的低级办事人员"。④

宋代的"杂职"是一种职役名。《宋史》记载："役出于民，州县皆有常数。宋因前代之制，以衙前主官物，以里正、户长、乡书手课督赋税，以耆长、弓手、壮丁逐捕盗贼，以承符、人力、手力、散从官给使令。县曹司至押、录，州曹司至孔目官，下至杂职、虞候、拣、掏等人，各以乡户等第定差。"⑤ 宋代杂职的职责与唐代"掌行鞭挞"的杂职存在一定的渊源。《净德集》卷二《奏乞降诏举郡守状》载，王子文知华州，因杂职行杖生疏，下厅亲决一杖做示范。⑥

元代的杂职官，与唐、宋的"杂职"显然不是一回事，它是明清杂职官制度的源流。明清时期，"杂职官"是一类卑官微职的总名。《明会典》卷七六《礼部三十四·行移署押体式》载："各处仓库、司狱、巡检、税课司局、递运、河泊所、驿、坝等杂职衙门申府，如内有各州所

①　黄正建：《天圣令（附唐杂令）所涉唐前期诸色人杂考》，荣新江主编《唐研究》第 12 卷，北京大学出版社，2006，第 203—220 页。

②　《通典》卷三三《职官典一五·总论县佐》，中华书局，1992，第 922 页。

③　李春润：《杂职和两税法后的代役纳课》，《中南民族学院学报》1985 年第 2 期。

④　赵璐璐：《唐代"杂任"考》，荣新江主编《唐研究》第 14 卷，北京大学出版社，2008，第 495—508 页；赵璐璐：《唐代"杂职"考》，《文史》2010 年第 3 辑。

⑤　《宋史》卷一七七《食货志上五·役法上》，第 4295 页。

⑥　（宋）吕陶：《净德集》卷二，丛书集成初编本，中华书局，1985，第 1921 册，第 21 页。

属，申州，俱牒呈各县。"①《续通志·职官略七》依次列举了明朝巡检司、驿丞、税课司、仓库局、河泊所、批验所、递运所、金银局、铁冶所、医学、阴阳学、僧纲司、道纪司等各部门的编制后云："臣等谨按：自巡检以至僧道各司皆杂职也，各府、州、县有无多寡不同。"②据《大清会典》等文献记载，清代的杂职官制度一仍明制。柏桦指出，明清的州县杂职官，"诸如巡检司、驿、税课局、库、仓、织染杂造局、河泊所、批验所、递运所、冶铁所、闸、坝等，分别设巡检、驿丞、大使、副使等官进行管理。其官高者为从九品，大多数则为未入流。杂职虽然各有所专掌，但是要接受所在地州县正官的领导。此外，各州县还设有一些不给俸禄的杂职官。如医学（州典科、县训科）、阴阳学（州典术、县训术）、僧正司会（州僧正、县僧会）、道正司会（州道正、县道会）等"。在州县官吏等级结构中，杂职官低于州县主官、佐贰官、首领官（属官）和教官，而高于吏典。③杂职官不仅存在于地方州县，也见于京内。如《明会典》卷四四《礼部二·常朝御门仪》记载洪武二十四年令："朝参，将军先入，近侍官员次之，公侯、驸马、伯又次之，五府、六部又次之，应天府及在京杂职官员又次之。"同书卷一二《吏部十一·考功清吏司·杂职官入流仓官》录洪武二十六年令："内外杂职官，三年给由，无私过者，未入流升从九品，从九品升正九品。"④这里所谓"内外"就是指京官和外官。

陈高华先生等校释《元典章·户部·禄廪》"杂职官俸米"条，认为"杂职官，确切含义不详。从本条内容来看，地方教官、库官显然包括在杂职官范围之内。《元典章》卷七《吏部一·官制一·职品·内外文武职品》所列元朝前期职官设置，外任官包括'民职'、'军职'、'军民职'、'匠职'、'诸职'几大类，其中'诸职'一类包含有教官、库官等，应当属于杂职官，'匠职'似亦属于杂职官。又同书卷九《吏部三·官制三》将元代职官区分为十二类：流官、军官、投下官、教官、

① 《明会典》卷七六，万历朝重修本，中华书局，1989，第442页。
② 《续通志》卷一三六《职官略七》，《万有文库》，商务印书馆，1935，第4079—4080页。
③ 柏桦：《明清州县官群体》第二章第二节，天津人民出版社，2003，第49、52页。清末成书的《六部成语注解》（浙江古籍出版社，1987，第17页）对杂职的解释是："非正印之官即称曰杂职，即佐贰也。"正印官即"府、州、县等正任掌印之官"。
④ 《明会典》卷四四、卷一二，第312、74页。

医官、阴阳官、仓库官、局院官、场务官、站官、首领官、捕盗官。其中，教官、仓库官应当属于'杂职官'。据《元典章·吏部三·官制三·投下·投下职官公罪》，投下官亦属杂职官。医官、阴阳官、场务官、局院官、站官与以上三类官员性质相近，当亦属杂职官"。① 笔者试对元代杂职官的性质、特点提出几点粗浅认识。

第一，元代杂职官是区别于流官即常调官的一类官员，既有九品以上官，也有流外官。其任命出自投下主或其他有权自选官员的衙门，以及中书省、吏部、地方政府任命的流外杂职官。

元代的杂职官与流官虽同是官，但身份地位截然不同。《元典章·吏部六·吏制·职官吏员》"职官补充吏员""选取职官令史"两条，规定中央和行省、宣慰司等机构"有出身"的（指任满后有资格出职流官者）高级吏职令史、译史、通事、知印、宣使等，一半由职官充任，任满后于应得资品上升一等任用，但必须从没有过错的"文资流官"内选用，"杂职不预"。②《元典章·吏部五·职制二·封赠·流官封赠通例》规定"封赠一品至七品流官等第，杂职不与"。③《至正条格·条格·厩牧·抽分羊马》记载："（后）至元六年（1340）十一月，兵部议得：今后但系抽分羊马，省、院差官，不许委用杂职官员、白身之人，合于类选或见任流官内选委廉干人员。"④ 类选或即吏部依据吏能分类备案以备重用的官员。⑤ 类似的差别对待杂职官与流官的规定还有很多。

流官即常调官、常选官。《至正条格·断例·职制·漏附行止》的内容是，官员任满，持上级部门的评语——"解由"到中书吏部考核，省部官在其《行止簿》上书写考核意见，规定如果有关官吏在《行止

① 陈高华等：《〈元典章·户部·禄廪〉校释》，《中国社会科学院历史研究所学刊》第 3 集，商务印书馆，2004，第 354 页。

② 《元典章·吏部六》，第 446—449 页。

③ 《元典章·吏部五》，第 418 页。

④ 《至正条格》，韩国学中央研究院影印本，2007，《条格》部分第 29 页。《至正条格》残本存《条格》《断例》两部分，影印本分别标记页码。

⑤ 《通制条格·选举·选格·至元新格》："诸在流品人员，凡能任繁剧，善理钱谷，明达吏事，深识治体，或器非一用、无施不可者，吏部考其功状，加之访察，以类注籍，时备选择之用。"见方龄贵校注《通制条格校注》，中华书局，2001，第 253 页。

簿》上"改换杂职、常调，隐蔽过名"，"即同诈伪"治罪。① 可见常调官与杂职官泾渭分明，不可混淆。《元典章·吏部二·官制二·承荫·禁治骤升品级》记载："各投下、各衙门里应着他每自选人么道，腹里、江南白身的人每，虚捏着怯薛，诈冒着籍贯、姓名，作弊欺诳朝廷，受了宣敕，近上名分委付了的多有。……常选里人每循着资格，两考、三考才得升转。这等侥幸人每，白身里做三品、四品，虽是不入常调，各投下、各衙门委付呵，是一般受了国家宣敕，管着军民人匠等户。"② 所谓"不入常调，各投下、各衙门委付"的官员，就是杂职官。少数民族土官，也属于不入常调官。《元史·选举志二》载："凡蛮夷官，议：播州宣抚司保蛮夷军民副长官，系远方蛮夷，不拘常调之职，合准所保。其蛮夷地分，虽不拘常调之处，而所保之人，多有泛滥。今后除袭替土官外，急阙久任者，依例以相应人举用，不许预保。"③

宋制，参部注授的常调官员分为常调京朝官和常调选人两部分，堂除和特旨除授的高级官员谓之"出常调"。④ 金制，"凡外任循资官，谓之常调；选为朝官，谓之随朝"。⑤ 元制，"诸自九品依例迁至正三品，止于本等流转，三品以上职，不拘常调"。⑥ 元代的常调官、常选官，即流官，是指正三品以下、循资流转的入流官、流内官。《元典章·吏部三·官制三·流官·铨选官从元籍保勘》谓："常选流官，各有应任地方。"⑦ 元代的流官由都省、吏部铨选，"曰省选、部选"，"由一品至五品为宣授，六品至九品为敕授。敕授则中书署牒，宣授则以制命之……

①　《至正条格》，《断例》部分第37页。

②　《元典章·吏部二》，第262页。从内容看，此条不应列于"承荫"目下，应置于同类"月日"目下。

③　《元史》卷八二《选举志二》，第2055页。

④　参见邓小南《宋代文官选任制度诸层面》（修订本）第七章，中华书局，2021，第279—282页。

⑤　《金史》卷五二《选举志二·文武选》，第1238页。

⑥　《元典章·吏部二·官制二·选格·循行选法体例》，第238页。同书《吏部二·官制二·承荫·品官荫叙体例》："诸自九品依例迁至正三品，止于本等流转，二品以上职位，选自特旨。"（第253页）

⑦　《元典章·吏部三》，第285页。元代，迁调、迁转与常调、常选的含义不尽相同。迁调、迁转是相对于世袭而言的，官员或吏员有任期，任期满了调整级别和职务，都可以称迁调、迁转。见《元典章·吏部三·官制三·投下·投下达鲁花赤迁转》（第292页），《元典章·吏部六·吏制·司吏·迁转人吏》（第477页）。

武官、杂职亦如之"。① 这里的官品指职事官品级。九品以上杂职官，任命出自后妃、太子、诸王、公主诸投下或其他有权自选官员的衙门，官诰则受敕牒或宣命；九品以下的杂职官，受省、部、院、寺、监、行省、宣慰司、路等部门的官札付身或投下主的令旨、懿旨。流官称谓当兼具流内品官与循资流转之意。杂职官之名，则兼具杂职掌与杂流出身两重意义。

《元文类》卷四〇《经世大典·治典·入官序录》概述元朝入仕之途，有怯薛、军功、吏职、国学岁贡、进士科，以及"奉上官之任使，奔走服役，岁月既久，亦皆得官。虽细大有殊，要皆为正流矣。乃宗王之有分地官府而保任之者（当指投下官），与夫治酒浆饮食者（当指宣徽院、中政院等宫中系统的官员），执乐伎者（教坊），为弓矢、衣甲、车庐者（指工匠官），治历数、阴阳、医药者（阴阳官、医官），出纳财赋者（即钱谷官），远夷掌其部落者（土官），或身终其官，或世守其业，不得迁他官，而有恩幸遭遇骤至贵近者有之，非有司所得制"。② 这里"正流"即指常调官、流官，其他"或身终其官，或世守其业"者，除边远地区的土官外，投下官、医官、钱谷官等都可归入杂职官。他们的共同之处是"不得迁他官""非有司所得制"，即不属于省、部铨选的常调官。

第二，元代杂职官一般只在本系统杂职衙门仕职、升迁，可在本系统荫补子孙。流官可以奉命主管杂职事务，通理流官月日。只有少数杂职官有递补流官的资格。中下级流官荫子、吏员、纳粟补官是杂职官的重要来源。

《元典章·吏部三·官制三·仓库官·杂职依前考第品级迁升例》记载："流官内选用者，任回，理流官月日。元拟杂职人员，任回，杂职迁升。……各衙门选用人员，任回，本衙门所辖叙用。匠官、院长至从五品，止于匠官迁升。"③ 管匠官有缺，"如无资品相应之人，拟于杂职资品相应到选人内铨用"。④ 内外平准行用库官，"提领从七品，大使从

---

① 《元史》卷八一《选举志一》，第 2016 页；《元史》卷九一《百官志七》，第 2321 页。

② （元）苏天爵编《元文类》卷四〇，第 771 页。

③ 《元典章·吏部三》，第 317 页。

④ 《元史》卷八二《选举志二·铨法》，第 2051 页。

八品，副使从九品。若流官内选充者，任回减一资升转，杂职人员止理本等月日"。福建、两广官员选充仓库等官，"元系流官，任回，止于流官内任用；杂职者，杂职内迁叙"。① 这说明流官可任职于杂职衙门，但依照流官的选法迁转，并可获得减免官资的优待；杂职官任职期间"理本等月日"，另有一套考核升级的制度。有些重要的杂职衙门，规定必须用流官任职。如元世祖至元三十年（1293），都省拟定，各路税务"提领二年为满，省、部于流官内铨注"。元武宗至大二年（1309），吏部呈准："凡平准行用库设官二员，常平仓设官三员，于流官内铨注。"②

姚燧《蓟州甲局提举刘府君墓志铭》提供了杂职匠官迁转、补授的一则实例："先人始以函工赐田通州，后以锻制精坚他工，迁彰德院长，寻官进义副尉，徙平阳杂造局副使；再官进义校尉，为使；又官敦武校尉、蓟州局使，犹领于提举司，以劳深而资久也，制以前官超为提举。俄病废，兄德渊嗣，为降同提举……乃先人虽班杂职，而县官视以为要。"③ 匠官不仅可荫补子孙，还可由兄弟嗣任，但"止于管匠官内流转"，④ 荫补子孙也只任管匠官。

少数杂职官，比如巡检，有递补流官的资格。法令规定，"腹里巡检任回及考者，止于巡检内注受；所历未及者，于省札钱谷官内定夺，通理巡检月日。实历六十月，升从九品，流官内委付"。⑤ 实际上至迟到元英宗时期，巡检已上升为流官。许有壬《送陈季和序》载：

> 季和历邑郡校官，当升教授。教授员浮于缺数倍，在昔有皓首不调之叹。（元英宗）至治辛酉（元年，1321），选部以巡检则缺浮于员，始议借注，以八品借九品，而当时执政且谓："巡检为流官，教授在流外。"戛戛靳之。予时主事天官，力辨于堂："九品监当，

① 《元史》卷八二《选举志二·铨法》，第 2042、2043 页。
② 《元史》卷八二《选举志二·铨法》，第 2045、2046 页。
③ （元）姚燧：《牧庵集》卷二八，查洪德编校《姚燧集》，人民文学出版社，2011，第 439 页。
④ 《元典章·吏部二·官制二·选格·循行选法体例》，第 240 页；《通制条格·选举·荫例》至元十九年十二月条，见方龄贵校注《通制条格校注》，第 266 页。
⑤ 《元典章·吏部二·官制二·承荫·正从六七品子孙承荫升转》，第 260 页。

中州得借，孰谓八品师儒且置要荒而反不彼若乎？"其议始允。选部行十六年，季和今借授宁都巡检，始释褐矣。①

这里所谓以八品借注九品，是说职事官八品的教授可以借授职事官九品的巡检。又说教授在"流外"，是指属于流官之外的杂职。按照至元二十一年的规定，腹里"教授祗受敕牒，学正受中书省札付，学录、教谕并受吏部付身。路、府、州、县各添设直学一员，止受本路官司付身勾当"。② 教授从此由无品级的杂职升为有品杂职，学正以下为流外杂职。学官在本系统内迁转，至路、府教授可"转入流品"，为品官，乃至于迁转流官。所以说，元前期"虽科举之法未行，而于儒人选取教官，升转民职，盖乡举里选之遗意"。③ 又如医官，"诸路医学教授一员，祗受敕牒。外，学正一员，上州、中州、下州各设一员，俱系尚医监札付。各县设学谕一员，受本路医学教授札付"。④ "凡宫壶所需，省台所用，转入常调，可任亲民。其从太医院自迁转者，不得视此例。"⑤ 这是说有官品受敕牒的医学教授可以由杂职官转常调官，而由太医院自行任命的医官则没有改为流官的资格。

中下级官员荫子是杂职官的一个重要来源。《元典章·吏部二·官制二·承荫·正从六七品子孙承荫升转》载："从六品子，各于近上钱谷官务提领历三界，升省札钱谷官，再历三界，通理七十二月，升从九品杂职。正七品子，于酌中钱谷官务使，历三界，升提领、省札，各历三界，通理一百八月，升从九品杂职。从七品子，于近下钱谷官都监内任用，历三界，升务使、提领、省札，各历三界，通理一百四十四月，升从九品杂职。"⑥ 又据《通制条格·选举·荫例》大德四年条的记载，正六品子，"流官

① （元）许有壬：《至正集》卷三一，《元人文集珍本丛刊》（七），台北：新文丰出版公司，1985，第163页。
② 《元典章·吏部三·官制三·教官·正录教谕直学》，第309页。《元史》卷八一《选举志一》载："中原州县学正、山长、学录、教谕，并受礼部付身；各省所属州县学正、山长、学录、教谕，并受行省及宣慰司札付。"（第2032—2033页）这当是后来的规定。
③ 《元典章·吏部三·官制三·教官》"考试教官等例""选取教官"条，第305、307页。
④ 《元典章·吏部三·官制三·医官·选医学教授》，第313页。
⑤ 《元史》卷八一《选举志一》，第2033页。
⑥ 《元典章·吏部二》，第260页。

于巡检内用，杂职于省札钱谷官内用"；从六品至从七品荫子分别叙近上、酌中、近下钱谷官。① 这说明流官和杂职官都有荫叙资格。

吏员出职也是杂职官的重要来源。中低级吏员任满，"除钱谷官、案牍、都吏目"等。② 财税出纳部门的吏员，如运司奏差、巡盐官、库藏司吏、库子等，任满后的"出身"主要就是钱谷官。③ 具有出职流官资格的高等级吏员，出职前可选充杂职官。如元成宗元贞二年（1296），都省拟定："今后仓官有缺，于到选相应职官并诸衙门有出身令、译史、通事、知印、宣使、奏差两考之上人内选用，依验难易、收粮多少，任回于应去地方迁叙。"④ "于应去地方迁叙"就是官、吏各理本等月日迁叙。入粟补官，除茶盐流官申省部除授外，"凡钱谷官，隶行省者行省铨注，腹里省者吏部注拟"。⑤

第三，元代杂职官主要负责管理仓库、征课征榷、官营手工业、驿站、捕盗等杂务。因其职掌庞杂且官职细微，被视作"冗职""浊流"。而只有常调官亦即流官，方有任地方政府官员——亲民官的资格。故中央及地方高等级衙门有出职流官资格的吏员，其地位、声望、前途在杂职官之上。

元代钱谷官分省札、近上、酌中、近下四个等级。⑥ 胡祇遹谓："仓场库务诸钱谷官，虽非所以处清流、待英才之地，亦无以市井细民赂以货财而可得者。"⑦ 钱谷官亦称监当官。监当官是宋金以后对仓场库务官的总称，元朝早期也沿用监当官之名，后来更多地使用钱谷官这一总称。

① 方龄贵校注《通制条格校注》，第268—269页。参见《元史》卷八三《选举志三·铨法中》，第2060页。
② 见《元史》卷八四《选举志四·考课》，第2108页。
③ 《元史》卷八四《选举志四·考课》，第2097页。
④ 《元典章·吏部三·官制三·仓库官·仓官升转减资》，第320页。
⑤ 《元史》卷八二《选举志二·铨法上》，第2053页。
⑥ 参见《通制条格·选举》"荫叙钱谷"（第280页）、"荫例"（第269页）条及《元典章·吏部二·官制二·承荫·正从六七品子孙承荫升转》（第260页）条。
⑦ （元）胡祇遹：《紫山先生大全集》卷二三《杂著·民间疾苦状》，《胡祇遹集》卷二三，魏崇武、周思成点校，吉林文史出版社，2008，第490页。《吏学指南·钱粮造作》曰："管库曰钱，管仓曰谷。如历仓库者，谓曾任钱谷也。"见（元）徐元瑞《吏学指南》（外三种），浙江古籍出版社，1988，第117页。钱谷官实不只指仓库官，凡内外一切"仓场库务"出纳、征课、工商税务管理的基层官员，都属于钱谷官。

如至元八年（1271），吏部拟定"六品七品子孙许应当随朝傔使周年，或减半年，并不支俸，满日依例铨注监当差使"。① 元仁宗延祐二年（1315）文书《职官荫子例》引用至元十九年吏部议定"江淮致仕、身故官员子孙荫叙，六品七品子孙发去行省，于监当官内任用"的内容，并提到江南与腹里从六品至从七品流官子孙荫授的官职同是"院务等官""钱谷官"，但江南人"不许升转"，没有"入流之例"，吏部奏请江南官员"比例腹里荫例一体，移咨各处行省，将上项应荫之人，依例监当差使，满日于从九品杂职升用"。② 而延祐三年文书《正从六七品子孙承荫升转》，使用的都是"钱谷官"。

钱谷官为数众多，构成元朝杂职官的主体。《元史·选举志二·铨法》记载了"都省所辖去处""行省所辖去处"，受都省或行省管理的掌管财务出纳的各转运使司、提举司、仓库、税务等官，其中既有流官，也有"受省、部札付管钱谷院务杂职等官"。③ 地方上的钱谷官多无俸禄。如"诸受行省札付充钱谷、湖务、水旱站官人等，既系无禄杂职，例不入流"。④ 杂职官绝大多数属于卑官微职，如《元史·选举志一》所载："以仓庾、赋税任事者，例视冗职。"⑤ 流官与杂职官有清浊之别，如"浙西财赋都府，率以杂职任其事。迩者，朝廷欲清其源，往往以宪台官居之。于是，前燕南廉访使义甫魏公为都府总管，然常情终以辍近侍，去清要，怏怏思代。公独曰：'钱谷、甲兵，皆吾分内。天下事，非彼为，则我为。我居清流，谁任其浊？'怡然就职"。⑥

只有流官才能铨选管民官。延祐四年，江浙行省就福建道缺少管民官上书中书省，中书省提出解决措施，特别强调："军官、匠官、站官、医官、各投下人等，例不转入流，虽资品相应，不许铨注。"⑦ 此处"流"即指流官，而军官多属世袭承替，与匠官以下杂职官都不是流官。

① 《元典章·吏部二·官制二·傔使·品官子孙当傔使》，第267页。
② 《元典章·吏部二·官制二·承荫·职官荫子例》，第258—259页。
③ 《元史》卷八二《选举志二》，第2043页。
④ 《至正条格·断例·职制·湖务站官犯赃》，《断例》第83页。
⑤ 《元史》卷八一《选举志一》，第2016页。
⑥ （元）程端学：《积斋集》卷四《环秀亭记》，《景印文渊阁四库全书》，台湾商务印书馆，1982，第1212册，第349页。
⑦ 《元典章·吏部二·官制二·选格·迁调官员》，第252页。

流官犯罪，有杂职任用之科。[1] 元代的条格、断例中有不少关于违法乱纪的民官降任杂职的内容。[2] 杂职官的社会地位当然低于那些有出职流官资格的吏。

## 二 金朝的杂班官

金代官员除文、武官资之别外，另一畛域就是正班官与杂班官的区别。"金制，文武选皆吏部统之。自从九品至从七品职事官，部拟。正七品以上，呈省以听制授。凡进士则授文散官，谓之文资官。自余皆武散官，谓之右职，又谓之右选。……凡品官任都事、典事、主事、知事及尚书省令史、覆实架阁司管勾、直省直院局长副、检法、知法，院务监当差使，及诸令史、译史、掌书、书史、书吏、译书、译人、通事，并诸局分承应有出身者，皆为流外职。凡此之属，或以尚书省差遣，或自本司判补，其出职或正班、杂班，则莫不有当历之名职。"官员荫补，"凡正班荫亦正班，杂班荫杂班"。[3]

金代官员的正班、杂班之名，或源自唐宋，与朝班班次有关。宋张洎等《上太宗论入阁图》谓："臣窃按旧史，中书、门下、御史台谓之三司，为侍从供奉之官。今常朝之日，侍从官先入殿廷，东西立定，俟正班入，一时起居。其侍从官则东西对拜，甚失北面朝谒之礼。今请准旧仪，侍从官先次入，起居毕，在左右分行侍立于丹墀之下，故谓之峨眉班。然后宰臣率正班入起居。庶免侍从官有东西对拜之失，得遵正

---

① 苏天爵《滋溪文稿》卷二七《论台察纠劾辨明之弊》载："今动辄曰'省、院、台勿用'，则当用者宣政（院）、资政（院）之选乎？是降为杂职矣。又曰：'有选衙门勿用。'无选者孰敢用乎？是不复得叙矣。且职官犯赃，犹有一贯至三百贯之分，至论其罪，则有殿、降、叙、不叙之别。岂有一遭论列，或犯在革前，或事涉疑似，辄坐杂职任用之科，终身不叙之罪。岂法之平允哉！"（中华书局，1997，第448页）

② 见《至正条格·断例·户婚》"诬侄为义子""娶订婚妇""勒娶民女驱使"（《断例》第93—94、107、110—111页），《元典章·刑部八·诸赃一·取受·犯赃再犯通论》（第1570页）等。《至正条格·条格·赏令·获贼》至顺三年六月条（《条格》第121页）作"难以牧民，拟于杂职流官内任用"，疑"流"字为衍文。

③ 《金史》卷五二《选举志二》，第1237—1239页。文、武散官体现的主要是官员仕宦出身的区别，其次才是官员的职业区别。带武散官者，许多人并不在军中任职。

礼。"① 这里的"正班"，《宋史·礼志二十·宾礼二·入阁仪》作"文武班"，此外还有"南班（内侍省）""金吾班"等班次。②《宋史·何郯传》记载：

> 都知王守忠以修祭器劳，迁景福殿使，给两使留后奉。郯曰："守忠劳薄赏重。旧制，内臣遥领止于廉察。今虽不授留后，而先给其禄；既得其禄，必得其官；若又从之，则何求不可。"既又诏许如正班。守忠移阁门，欲缀本品坐宴。郯又言："祖宗之制，未有内臣坐殿上者。此弊一开，所损不细。"守忠闻之，不敢赴。③

王守忠以南班内侍而特命"如正班"，行常朝礼时想要预正班，坐殿上飨宴，遭到朝臣的反对。元代朝班的主体仍称正班。《元史·曹元用传》载，曹元用转礼部尚书，大朝会为纠仪官，"谓太医、仪凤、教坊等官不当序正班，当自为一列"。④

金海陵王在位初期，除尚书省、枢密院、御史台的吏员外，中央其他各部门的吏员皆为杂班。他把杂班吏员召集到昌明殿，谕之曰："尔等勿以班次稍降为歉。果有人才，当不次擢用也。"⑤ 宋人赵彦卫《云麓漫钞》记载金朝的仪制："金虏官制有文班、武班，若医、卜、倡优谓之杂班。每宴集，伶人进，曰'杂班上'。"⑥ 金代司天（卜、方伎）、太医、教坊（倡优）、内侍各有属于自己的散官阶名。⑦ 大定五年（1165），金世宗说："教坊出身人，若任流内职者，与文武同用荫。自余有勤劳

---

① 《宋朝诸臣奏议》卷九二《礼乐门·朝会》，上海古籍出版社，1999，第992页。

② 《宋史》卷一一七《礼志二十》，第2766页。

③ 《宋史》卷三二二《何郯传》，第10440页。

④ 《元史》卷一七二《曹元用传》，第4027页。参见《元史》卷一三九《朵尔直班传》，正月元日，朝贺大明殿，"朵尔直班当纠正班次。即上言：'百官逾越班制者，当同失仪论，以惩不敬。'先是，教坊官位在百官后，御史大夫撒迪传旨俾入正班。朵尔直班执不可"（第3356页）。

⑤ 《金史》卷五三《选举志三·右职吏员杂选》，第1259页。

⑥ （宋）赵彦卫：《云麓漫钞》卷一〇，中华书局，1996，第166页。金初，教坊人员可预朝参起居，熙宗皇统二年（1142）以后罢赴朝参。见《金史》卷三九《乐志上》，第947页。

⑦ 见《金史》卷五五《百官志一》，第1306—1310页。司天翰林官、太医官官阶定于熙宗天眷年间，内侍官阶定于海陵王天德间，教坊旧用武散官，世宗大定二十九年创新阶。

者，赏赐而已。"教坊出身人任流内职是指授常调官，如金海陵王"正隆时常使教坊辈典城牧民"。大定七年五月规定："司天台官四品以上官改授文武资者，并听如太医例荫。"金章宗泰和二年（1202）以前，"司天、太医、内侍长行虽至四品，如非特恩换授文武官资者，不许用荫。以本人见充承应，难使系班故也"。泰和二年方"令系班"，① 并获得门荫资格。此前他们似乎既不属于正班官，也不属于杂班官。《云麓漫钞》成书于宋宁宗开禧二年（1206），所记金朝仪制或即此新制。

　　金朝的杂班官绝不限于医、卜、倡优。如前所述，金朝的吏、宫中承应人、监当差使等流外职，出职或系正班官，或系杂班官。如太常寺检讨，编制二人，"正隆二年，五十月迁一重，女直迁敦武（校尉，从八品下），余人进义（校尉，正九品下），百五十月出职，系杂班。大定二年制，以三十月迁一重，百二十月出职，系正班九品"。② 宫中承应人尚药局的尚药、果子本把属于正班局分，果子厨子则是杂班局分，将来出职分属正班官和杂班官。③ 进纳补官者，"正班三品荫四人，杂班（三品荫）三人。正班武略（将军，从六品下）子孙兄弟一人，杂班明威（将军，正五品下）一人"。④

　　正班官、杂班官都有免役特权，但免役范围有所不同。金制，有物力钱之征，"上自公卿大夫，下逮民庶，无苟免者"。物力钱是财产税，也是科征差役的依据，"有物力者为课役户，无者为不课役户"，⑤ 差役轻重依据物力钱之多寡而不同。大小官吏均为课役户。差役有里正、主首等职役，也有力役。力役含横泛杂役。"凡叙使品官之家，并免杂役。验物力所当输者，止出雇钱。进纳补官未至荫子孙，及凡有出身者（原注：谓司吏、译人等）、出职带官叙当身者、杂班叙使五品以下，及正品承应已带散官未出职者，子孙与其同居兄弟，下逮终场举人、系籍学生、医学生，皆免一身之役。"⑥ 据文意，此处引文或有错简，"子孙与其同居兄弟"应置于"凡叙使品官之家"后。散官或职事官五品以下的杂班

---

① 《金史》卷五二《选举志二》"凡门荫之制"，第1239—1240页。
② 《金史》卷五三《选举志三》，第1263页。
③ 《金史》卷五三《选举志三》，第1270页。
④ 《金史》卷五二《选举志二》"凡门荫之制"，第1240页。
⑤ 《金史》卷四六《食货志一》"序""户口"，第1102、1105页。
⑥ 《金史》卷四七《食货志二》"租赋"，第1133页。

官，与无荫叙资格的纳粟补官人，有出职资格（"有出身者"）的吏员，部分无荫叙资格（"叙当身"）的流外出职授官人，带散官的宫中正品（正班）承应人，他们可以免本人的杂役，而正班官、五品以上杂班官可免"子孙与其同居兄弟"的杂役。"验物力所当输者"是指依据物力钱应承当的职役，则是正班官、杂班官之家都须负担的差役，但是正班官之家可纳钱雇役。

属于正班局分的宫中承应人多出身高官显贵家庭，而属于杂班局分的宫中承应人多出身一般平民家庭。省、院、台、部的令、译史、通事等高级吏员，出职皆系正班官，中央和地方政府的中下级吏员出职系杂班官。① 正班官的仕途前景优于杂班官，也是当然的事。既然有正班、杂班两个班次，且二者"莫不有当历之名职"，则其职务职责、铨叙升迁总有一定的差序性区别。大定七年（1167）敕："随朝司属吏员、通事、译史，勾当过杂班月日，如到部者，并不理算。"② 所谓"勾当过杂班月日"，指的就是监当差使之类。司天台、医官、教坊官、内侍这类有自己的散官阶、不系常调、专业技术性较强、职业具有世袭性（内侍除外）的官员，泰和二年（1202）以后也系于杂班官。金海陵王在位时，教坊官多有任亲民官的；金世宗严格限定亲民官的资格，不仅教坊官，杂班官也难以升转亲民官了。大定五年、七年，金世宗先后下令禁止教坊、鹰房、厨人之类授典城牧民的职务。旗鼓笛角唱曲子人、鹰房子、厨人正属于宫中杂班局分。③ 大定二十九年，金章宗谕示"诸有出身承应人，系将来受亲民之职"，应学习知识，特别提到护卫、符宝、奉御、奉职等侍卫、近侍人员，应择师授学。④ 这些高级宫中承应人，日后出职皆系正班官，"受亲民之职"。

《金史·选举志二》载："凡特赐同进士者，谓进粟、出使回、殁于王事之类，皆同杂班，补荫亦以杂班。正隆元年格，初授下簿，二中簿，三县丞，四军判，五、六防判，七、八下令，九中令，十上令。寻复更初

① 《金史》卷五三《选举志三》，第 1255—1260 页。
② 《金史》卷五三《选举志三》，第 1259 页。
③ 《金史》卷六《世宗本纪上》大定七年十月，第 156 页；卷五三《选举志三》，第 1270 页。
④ 《金史》卷九《世宗本纪一》大定二十九年闰五月，第 230 页。

注下等军判、丞、簿、尉，次注中等军判、丞、簿、尉，第三注上等军判、丞、簿、尉，四下令，五中令，六上令。"正隆元年（1156）格规定的进士循注之职，"上甲者初上簿［等］军判、丞、簿、尉，中甲者初中簿［等］军判、丞、簿、尉，下甲者初下簿［等］军判、丞、簿、尉。第二任皆中簿［等］军判、丞、簿、尉。三、四、五、六、七任皆县令，回呈省"。与正隆元年格规定的"特赐同进士者"循注之职相比较，除了起点和升迁快慢有别外，亲民职务没有什么不同。故"特赐同进士者⋯⋯皆同杂班"是正隆元年以前的规定，正隆元年格提升"特赐同进士者"为正班，授亲民职。正隆二年格规定，"恩例补荫同进士者⋯⋯初下簿，二中簿，三上簿，四下令，五中令，六、七上令"。上文"特赐同进士者"，"寻复更初注下等军判、丞、簿、尉⋯⋯"，与"恩例补荫同进士者"的资序几乎完全相同，应该也是正隆二年格的规定。①

金朝有监当官资序和亲民官资序。进士出身的文资官、贵族官僚子弟担任的宫中高级承应人、朝廷高级吏员出身的武资官一般直接授亲民官资序，而荫补任子、一般承应人、吏员出身的武资官须经监当官资序才能升转亲民官资序。监当官当属杂班官，入亲民官资序即属正班官。金代的监当官属于杂班官，是就班序而言；元代的钱谷官（监当官）属于杂职官，是就职掌而言。金代的杂班官和元代的杂职官是有渊源的。

## 三 金朝的监当官

宋制，"监当官，掌茶、盐、酒税场务征输及冶铸之事。诸州军随事置官。其征榷场务岁有定额，岁终课其额之登耗以为举刺"。② 北宋的监当官是官员的差遣，也是官员的差遣资序，小县镇的监当官也使用无品流外官。非进士出身或及第进士名次靠后者，不能直接获得州县亲民官职，须先注授监当、巡检等差遣，累积满监当资序，才能取得亲民资序。③

---

① 以上引文见《金史》卷五二《选举志二》，第 1241、1244 页。

② 《宋史》卷一六七《职官志七》，第 3983 页。

③ 参见苗书梅《宋代监当官初探》，漆侠、李埏主编《宋史研究论文集》，云南民族出版社，1997，第 1—19 页。周峰《金代酒务官初探》（《北方文物》2000 年第 2 期）考察了金代酒务机构的等级、酒务官的出身，以及酒税盈亏对仕途的影响。

金代的监当官职掌同于宋，其职级或为流内，或为流外。

监当官是金代法定的官员类别名。《金史·百官志一》记载，金熙宗皇统五年（1145），"以古官曰牧曰长，各有总名，今庶官不分类为名，于文移不便，遂定京府尹牧、留守、知州、县令、详稳、群牧为长官，同知、签院、副使、少尹、通判、丞曰佐贰官，判官、推官、掌书记、主簿、县尉为幕职官，兵马司及它司军者曰军职官，警巡、市令、录事、司候、诸参军、知律、勘事、勘判为厘务官，应管仓库院务者曰监当官（原注：监当官出大定制），知事、孔目以下行文书者为吏"。① 下面这则史料提供了监当官作为官员类别名的实例。《大金集礼》卷四〇 "朔望常朝仪"记载，"大定二年二月二十一日敕旨：仓场库务监当酒税，七品已下，今月二十一日为头，便不赴朝参。今再勘当到上件，七品职事官，除仓场库、监酒税官合依已降敕旨施行外，其余七品职事官拟常朝日并赴"。②

金代的诸司（院务使司）除授官与监当差使，合称监当官，是仓库场务官的总称。诸使司为流内衙门，院务监当差使为流外职，"凡院务监当差使，则皆同从九品"。③ 如蓟州人张萧之（字），金初承曾祖辽朝枢密副使荫，"入充内供奉班祗候，授左班殿直，始监招燕州酒，次监冀州□□□□酒，次监无极县酒，次任真定府绫锦使，次除雄州军器库使，□任差榷佑安军，次监□□□□，历五差两除"。④ 内供奉班祗候、左班殿直是流外无品低级武官阶，五差监酒即院务监当差使，两除真定府绫锦使、雄州军器库使，为院务使司除授官。中都路香河县旧置有榷盐院，"以榷盐课利浩大，其盐守之官业，尝以散官虽品秩至有几于三品，咸以流外当之。（大定初）乃命有司改榷盐院署置使司，升为五品，设副使之官，傔从、俸秩视诸刺郡，以重其事"。院务升置使司，就由流外衙门变为流内衙门。金世宗大定十三年（1173），榷盐使司和永济盐使司合并为宝坻盐使司。⑤ 至金章宗时，共设置了七大盐使司（正五品），每司

① 《金史》卷五五《百官志一》，第 1313 页。

② 《大金集礼》卷四〇，任文彪点校，浙江大学出版社，2019，第 398 页。

③ 《金史》卷五二《选举志二》，第 1238 页。

④ 《张□震墓志铭》，王新英辑校《全金石刻文辑校》，第 585 页。

⑤ （金）刘晞颜：《创建宝坻县碑》，（清）张金吾编纂《金文最》，第 1002—1003 页。《金史》卷四九《食货志四》略作 "并榷、永盐为宝坻使司"（第 1173 页）。

下辖若干盐场，场置管勾（正九品）、同管勾或都监、监（皆为流外职）。①

使司（诸司）、院务实际成为仓场库务监当官司的泛称。《金史·百官志》谓自枢密、宣徽至巡检、诸司局仓库务使副，皆带"充"字及"知某事"。② 金章宗明昌五年，参知政事马琪奏请："自昔选用都、散巡河官，止由（都水）监官辟举，皆诸司人，或有老疾，避仓库之繁，行贿请托，以致多不称职。拟升都巡河作从七品，于应入县令廉举人内选注外，散巡河依旧，亦于诸司及丞簿廉举人内选注。"③ 散巡河官是设置于黄河诸埽的水利官员，都巡河官是统辖数埽的水利官员，④ 长期以来由都水监官员从"诸司人"即仓场库务监当官中辟举，明昌五年以后，参用诸司人与县令丞簿廉举人。

金章宗明昌元年（1190），诸路使司、院务共计1616处。⑤ 金世宗大定二十八年（1188），在仕官19700人，其中监当官3000人。到金章宗泰和七年（1207），在仕官47000多人，监当官9290多人。⑥ 金章宗在位后期的监当官总数远远超过金世宗时期，而且监当官占官员总数的比例也有所上升。金代使司、院务之名及官吏设置是根据课额多少而定的。以酒税务为例，"凡京都及真定皆为都曲酒使司"，"它处置酒使司，课及十万贯以上者设使、副、小都监各一员，五万贯以上者设使、副各一员，以上皆设司吏三人。二万贯以上者设使及都监各一员，司吏二人。不及二万贯者为院务，设都监、同监各一员，不及千贯之院务止设都监一员。其它税醋使司及榷场与酒税相兼者，视课多寡设官吏，皆同此"。⑦ 中都都曲使司置使（从六品）、副使（正七品）、都监（正八品）；中都都商税务司置使（正八品）、副使（正九品）、都监（从九品）；南京草场监支纳官、诸仓监支纳官，为正八品职事。⑧ 监当官之

① 《金史》卷五七《百官志三》，第1405页。参见《金史》卷四九《食货志四》，第1172、1178—1179页。
② 《金史》卷五五《百官志一》，第1314页。
③ 《金史》卷二七《河渠志》，第725页。
④ 《金史》卷二七《河渠志》，第715页。
⑤ 《金史》卷四九《食货志四》，第1188页。
⑥ 《金史》卷五五《百官志一》，第1298页。
⑦ 《金史》卷五七《百官志三》，第1406页。
⑧ 《金史》卷五七《百官志三》，第1405—1406、1410页。

外，使司、院务下还有司吏、公使、攒典、库子、仓子等役人。

金制，"凡官资以三十月为考，职事官每任以三十月为满，群牧使及管课官以三周岁为满，防御使以四十月、三品以上官则以五十月、转运则以六十月为满"。① 散官阶（官资）和职事官均以 30 个月为考核周期，但是管课官即监当官的任期一般为 36 个月，总领一路财赋的转运司官的任期一般为 60 个月，比一般内外官的任期要长，并以整年计，显然是考虑到财税工作业绩考核的特殊性。出于工作需要，有的监当官衙门可自行辟举官员。如金宣宗贞祐四年（1216）臣僚所言："自迁汴以来，废回易务，臣愚谓当复置，令职官通市道者掌之，给银钞粟麦缣帛之类，权其低昂而出纳之。仍自选良监当官营为之。"② 回易务始置于金章宗承安三年（1198），③ "自选"监当官，即辟举。

金初，因袭宋制，文资官、武资官通注监当官。长期滞留金的宋人洪皓记载金初的任子之法，"一品于阁门承应，三品内供奉，不限人数，亦无年限，并补右职，皆与监当"。④ 金末士人元好问曰："维金朝入仕之路在近代为最广，而出于任子者十之四。国初，监州县酒税亦以文资参之，故任子多至大官，其不达者犹得俎豆于大夫士之列。大定以后，杂用辽制，罢文资之注酒使副者，纯用任子，且增内廷供奉台傔直之目。凡历监当久及课最者得他迁，谓之出职，如唐人入流之比。"⑤ 金世宗大定以后，文资、武资始畛域分明，进士出身的文资官地位上升，武资官地位相对下降。文资官初仕无须经历监当官，监当官几乎专任武资官，尤其是荫补官员——任子。不过，少数税课繁重的使司还是参用文资官的。洪皓还记载，金朝"文武官不以高下，凡丁家难未满百日，皆差监关税、州商税院、盐铁场，一年为任，谓之优饶"。⑥

《金史·百官志一》"应管仓库院务者曰监当官"下原注"监当官出

① 《金史》卷五二《选举志二》，第 1238 页。卷五四《选举志四·功酬亏永》记载："凡诸提点院务官，三十月迁一官，周岁为满，止取无亏月日用之。"（第 1292 页）"周岁为满"当为"三周岁为满"之误。

② 《金史》卷四八《食货志三》，第 1161 页。

③ 《金史》卷四八《食货志三》，第 1152 页。

④ （宋）徐梦莘：《三朝北盟会编》卷二二一，引洪皓《文具录》，第 1595 页。阁门，原作"阁外"。

⑤ 《元好问全集》卷二七《辅国上将军京兆府推官康公神道碑铭》，第 494 页。

⑥ （宋）洪皓：《松漠纪闻》，赵永春辑注《奉使辽金行程录》（增订本），第 333 页。

大定制"，应是说有关监当官的朝参、任职、考核、奖惩等规章制度确立于金世宗大定年间。如自大定二年（1162）起，七品监当官不赴朝参（见上文引《大金集礼》）；大定四年，"定制，一任内亏一分以上降五人，二分以上降十人，三分以上降十五人。若有增羡则依此升迁。其升降不尽之数，于后任充折"。① 所谓降、升几人，当指注授官职时的资次前后。大定八年更定监当官法，"酒使司课及五万贯以上，盐场不及五万贯者，依旧例通注文武官，余并右职有才能、累差不亏为之"。② 监当官的考核奖惩，"旧制，凡监临使司、院务之商税，增者有赏，亏者克俸"。大定九年，以"增亏分数为殿最，乃罢克俸、给赏之制，而监官酬赏仍旧"。③ 大定二十一年，规定监当官"亏永及一酬以上，依格追官、殿一年外，亏永不及酬者亦殿一年"。④ "殿一年"即任期延长一年，以四年为一任。由于"随路使司、院务并坊场，例多亏课"，而"其罚涉重"，遂于二十六年四月"奏定院务监官亏永陪偿格"。⑤ "监官"即监当官的省称；"亏永"即亏损永课。金章宗即位后，对"功酬亏永之制"做出新的调整，"罢年迁之法，更定制：比永课增及一酬迁一官，两酬迁两官，如亏课则削亦如之，各两官止。又罢使司小都监与使、副一体论增亏者，及罢余前升降不尽之数后任充折之制"。⑥

　　大定八年以后，除少数税课繁重的使司通注文资、武资官外，绝大多数使司、院务只差除武资官即右职了。吏员出职和荫补任子这两种右职武资官是监当官的主要来源。按金章宗泰和吏格："凡诸右职正、杂班（原注：谓无资历者，班内祗同），皆验官资注授。带忠武（校尉，从七上）以下者与监当差使，昭信（校尉，正七下）以上拟诸司除授，仍两除一差，宣武（将军，从五下）以上与中簿（原注：功酬人与上簿），明威（将军，正五下）注下令，宣威（将军，正五中）注中令，广威（将军，正五上）注上令，通历县令四任，如带定远（大将军，从四中）已历县令三任者，皆呈省。若但曾亏永及犯选格（原注：诸曾犯

---

① 《金史》卷五四《选举志四·功酬亏永》，第1292页。
② 《金史》卷四九《食货志四》，第1183页。
③ 《金史》卷五八《百官志四》，第1436页。
④ 《金史》卷五四《选举志四·功酬亏永》，第1292页。
⑤ 《金史》卷五八《百官志四》，第1437页。
⑥ 《金史》卷五四《选举志四·功酬亏永》，第1293页。

公罪追官、私罪解任，及犯赃，廉访不好，并体察不堪临民，谓之犯选格），女直人迁至武义（将军，从六上），汉人、诸色人武略（将军，从六下），并注诸司除授，皆两除一差。若至明威，方注丞、簿。女直人迁至广威，汉人、诸色人迁至宣威者，皆两任下令，一任中令，回呈省。"①　此处右职（武资官）正、杂班指有出职任官资格的吏员，依据任职部门和吏职的重要程度，出职分系正班官、杂班官，并据散官品级除授、差使。所谓"两除一差"的"差"即任监当差使，"除"即除授诸使司官。金朝的宫中承应人、吏员、监当差使等流外官可带武散官，出职为右职官员，有正班官，也有杂班官。

金代的荫补任子制度，"天眷中，一品至八品皆不限所荫之人。贞元二年，定荫叙法，一品至七品皆限以数，而削八品用荫之制"。这里的"品"指散官阶。七品官荫补子孙兄弟一人，往上每品依次多荫补一人。金章宗明昌元年（1190）以后，五品以上再多荫补一人。②　荫补任子须经历漫长的监当官资序，才会转亲民官资序。如泰州长春县人吴璋，七岁而孤，其父曾于贞元中监崞县烟火公事，赠官明威将军（正五品下）。大定十年（1170），吴璋"以荫补官，历遂城、满城四务酒官。明昌四年，调保州军器库使。改太原大备仓副使。泰和初，以六品诸司差监历城税。课最，迁济南军资库副使，转邓州草场副使。……卫绍王即位，用大安霈恩，官显武将军（从五品中）、骑都尉（从五品）、濮阳县男，食邑三百户。因为所亲言：'吾猥以赏延，入仕将四十年，得不偿劳，宁不自知？徒以先君子早世，不及通显，故强颜末秩耳。今品及列爵，当豫追锡之典，生平之志毕矣。今不自止，欲何求耶？'乃投牒请老。武胜节度高侯雅知君，劝止之曰：'选法，荫子五品，例入一差，随有超擢。君淹管库久，能少忍之，且当被百里之命。何求去之决耶！'君不得已，起调得监方城税。到官不数日，以崇庆元年五月二十五日，春秋六十有

---

① 《金史》卷五三《选举志三》，第 1261 页。按：班内祗或指省祗候郎君、官员荫子随朝儤使（见《金史》卷一〇七《高汝砺传》，第 2497 页）及阁门承奉班、内承奉班祗候等（《金史》卷五六《百官志二》，第 1345 页）。省祗候郎君选自皇亲祖免以上亲及一品官子，在班祗候，分内祗在班和班祗在班，30 个月循迁。见《金史》卷五三《选举志三》，第 1263 页。

② 《金史》卷五二《选举志二》，第 1239 页。

五，终于官舍"。① 吴璋荫补仕进淹滞监当官近 40 年，得五品散官后，须再历监当差使一任，才有资格超擢亲民官。又如大名人毛伯明，"明昌中，以父任（正五品上广威将军、永年县主簿）系承奉班，历监差者五，皆以课最闻，而未尝以勺水自及。泰和初，超灵宝县主簿……大安初（丁忧终制），北鄙用兵，选授昌平县军资库使……贞祐元年，调潞州录事"。② 毛伯明承荫后，五任监当差使，才超授县主簿，然后又历一任监当官，转入亲民官。"系承奉班"，当即元好问所说"内廷供奉台儌直之目"。承奉班即供奉班，为避金章宗父完颜允恭名讳，改"供"为"承"，是低级武资官入仕的初阶，无品级。再以真定人苏车（字彦远）的履历为例，其父以荫补官，官至宣武将军（从五品下）、灵璧县主簿，苏彦远"初以父任为河北西路转运司押递，监平舆阳步店商酒，再监曲阳之龙泉，俱以课最闻。升真定酒使司监，羡及百分。贞祐二年八月朔，当满替，明日府官吏以兵至弃城，而彦远守职如故。事定以羡余进四阶（散官阶），城守三阶，循资一阶。授归德下邑主簿。未赴，丁太夫人王氏忧。服除，新制行，当再历诸司，授蔡州税务使，羡及二分有奇。擢卫州获嘉县令。召为南京广贮仓监支纳。除蔡州观察判官（正七品职），留为丰衍东库副使，官镇国上将军（从三品下）"。③ 据此，贞祐四年以前，从五品下阶武官荫子，任满三任监当官可升县主簿，贞祐四年以后，须历四任才升亲民官。亲民官任满，再历一任监当差使，仍除授亲民官。

以上是武资官荫补监当官的实例。文资官荫补子弟，也任监当官。如辽阳人康德璋，祖父为金太宗天会年间进士，官至咸平路转运副使，金世宗大定年间，康德璋承祖父荫入官，历任邯郸、沂州酒官，于金章宗明昌五年迁乐安盐使司管勾，三年成考，"用课最当迁，且本道提刑司荐公材可临民，七年，得升陈留令"。④ 稷山县人段铎，进士出身，累官华州防御使，金章宗泰和元年蹿进两阶，授中奉大夫（从三品下）致仕。他的两个儿子"并袭父爵，一守华州郑县赤水镇酒务同监，一守华

---

① 《元好问全集》卷二九《显武将军吴君阡表》，第 519—520 页。
② 《元好问全集》卷二八《潞州录事毛君墓表》，第 517 页。
③ 《元好问全集》卷二四《苏彦远墓铭》，第 455—456 页。
④ 《元好问全集》卷二七《辅国上将军京兆府推官康公神道碑铭》，第 495 页。

州蒲城县荆姚镇酒务同监，初盖便于侍养也"。① 泰和年间词赋进士、监察御史、大中大夫（从四品上）程震，一子举进士及第，四个弟弟皆用兄荫补官，一人监木场，一人监税务，一人监酒务，一人从军授招抚使。②

女真贵族子弟、宰执子弟多经由宫中高级承应、省祗候郎君、省院台部吏员出职，一俟出职便任亲民职务，一般无须出任监当官。③ 但是也有例外。如隶属上京路司属司的宗室成员完颜怀德，祖父完颜阿鲁于金熙宗朝曾任平章政事，父完颜习捏为上将军、义州节度副使。完颜怀德以第五从宗子任走马局承应人，"迁内承奉班，三历监务，用课最，调密州仓使。卫绍王至宁元年，选注临淄令"。④ 完颜怀德历三任监务，一任仓使，才转任亲民官。

词赋进士，吏部格法没有任监当官的条文。经义进士，原来规定拟注防判、丞、簿时，还须穿插任监当差使，满40年除授县令；金海陵王正隆三年（1158）起，更定不再授监当差使。金世宗大定十三年（1173）创置的女真策论进士，除授教授和亲民官。⑤ 进士文资官任监当官的例子，如金海陵王天德年间进士王元德，正隆初由怀柔县主簿改济州路转运司支度判官，金世宗大定初知泰州长春县，考满政成改充冀州酒务使，再转入县令，入补省令史，考满授南京路转运司户籍判官。⑥大定以后的事例，如东胜人程震，经童出身，后举词赋进士及第，换授偃师县主簿，贞祐南渡后，补尚书省令史，授南京警巡副使，"秩满，例

①　（金）张万公：《武威郡侯段铎墓表》，（清）张金吾编纂《金文最》，第1310页。
②　（金）元好问：《御史程君墓表》，（清）张金吾编纂《金文最》，第1417页。《遗山集》《元好问全集》所收《御史程君墓表》有阙文，不载诸弟袭荫事。《金文最》参石刻拓本补。
③　省祗候郎君、宫中承应人出职授官，见《金史》卷五三《选举志三》，第1263、1265—1270页。进士省令史及宰执子弟省令史，见《金史》卷五二《选举志二》，第1248—1251页。右职省令史、枢密院、御史台令史，见《金史》卷五三《选举志三》，第1255—1258页。
④　《元好问全集》卷二八《临淄县令完颜公神道碑》，第511页。走马承应人，或为习骑，或为走马郎君。习骑属于宫中正班局分承应人，见《金史》卷五三《选举志三》，第1270页；走马郎君，承安二年以前，拟注尚书省祗候郎君管勾官，见《金史》卷五五《百官志一》，第1300—1301页。
⑤　《金史》卷五二《选举志二》，第1243页。
⑥　《王元德墓志铭》，王新英辑校《全金石刻文辑校》，第330页。

为广盈仓监支纳官"。① "例为" 是说按铨选制度文资官须有监当官资历。但是，有关传记资料显示，文资官并非普遍有监当官的任职经历。除了记载的疏漏，由于普遍任用荫子为监当官，参用文资官担任监当官的规定很可能执行不力。

诸科出身人授文散官，须历监当官资序。金海陵王正隆三年规定，"律科及第及七年者与关内差使，七年外者与关外差。诸经及第人未十年者关内差，已十年关外差。律科四十年除下令，经童及第人视余人复展十年，然后理算月日"。金世宗大定十七年，"敕诸科人仕至下令者免差"。二十六年，"敕命诸科人累任之余月日至四十二月，准一除一差"。金章宗明昌、承安间吏部格法，诸科人 "十年内拟注差使，十年外一除一差。若历八任，或任至三十二年注下令，则免差"。金章宗即位后复置经童科。经童成年后可参加词赋进士或经义进士科举，经历殿试落第者，仕进有优遇。明昌五年敕："神童（经童）三次终场，同进士恩榜迁转。两次终场，全免差使，第六任与县令，依本格迁官。如一次终场，初入仕则一除一差。"②

此外如军功出身人，按照金熙宗皇统八年（1148）的格法，"凡带官一命昭信校尉（原注：正七品）以上者，初除主簿及诸司副使（原注：正九品），二主簿及诸司使（原注：正八品），三下令（原注：从七品）……"但是，金章宗大定二十九年的军功格法已不见授诸司使副。年老管军千户、百户劳效出身人，大定五年制敕有 "二十年以上千户、三十年以上谋克从九品，二十年以上谋克与正班、与差使" 的规定，大定二十年制敕规定 "先曾充军管押千户、谋克、蒲辇（五十户长）二十年以上、六十五岁放罢者，视其强健者与差除，令系班。不则量加迁赏"。③ 可见下级军官劳效出身也可充监当差使。隶属宣徽院的拱卫直军使、什将、长行兵，也有机会出职补监当差使。他们 "每五十月迁一重（散官阶），女直人（迁至）敦武（校尉，从八品下），余人进义（校尉，正九品下），迁至指挥使，则三十月出职，迁一重，系正班，与诸司都监。虽未至指挥使，迁至武义（将军，从六品上）出职，系杂班，与

---

①　（金）元好问：《御史程君墓表》，（清）张金吾编纂《金文最》，第 1415—1416 页。
②　《金史》卷五二《选举二》，第 1244—1245 页。明昌五年神童终场敕系于 "恩榜" 下。
③　《金史》卷五二《选举志二》，第 1246—1247 页。

差使"。① 金末纳资补官者亦授监当官。元好问谓："初，河朔扰攘之际，馈饷不给，官募人出粟佐军，补监当官。"②

流内监当官有俸禄和官府提供的仆役，超额完税有酬赏，亏欠税额则克扣俸禄，职田则或有或无。流外官任监当差使没有月俸，只逐年按榷税额领取"食直"即口粮钱，"诸使司都监食直，二十万贯以上六十贯，十万贯已上五十贯，五万贯已上四十贯，三万贯已上三十贯，二万贯已上二十五贯。诸院务监官食直，五千贯已上监官二十贯、同监十五贯，二千贯已上监官十五贯、同监十贯，一千贯已上监官十五贯，一千贯已下监官十贯"。③《金史·仪卫志下》罗列外任官"执私家之役"的从己人力，特别地在监当官前标示其品级，如"从六品酒曲盐税使""正七品酒曲盐税副使""从七品盐判""正八品酒使副、诸司使""从八品盐判官""正九品酒使、诸司副使"等。④ 这是因为同名的监当官具有不同的品级。此外，如"盐司所辖灶户，旧出分例钱以资司官。管勾历三周岁乃成考，所得不下万缗……诸管勾分办岁课，额外仍有积贮者，谓之附余，管勾私用之，有司视之以为例而不禁也"。⑤ 类似的"分例钱"和"附余钱"，其他仓场库务官恐怕也会起而效之。

金代主要由武资官担任的监当官，总体上属于低级官员群体。从大定二年起，七品监当官不再出席常朝仪，而其他七品职事官仍有资格出席。⑥ 金前期朝廷不重视春秋释奠孔子之礼，礼仪十分简陋，一般朝官、京官不参加，只由国子监官"用本监官房钱六十贯，止造茶食等物，以

---

① 《金史》卷五三《选举志三》，第 1271 页。
② 《元好问全集》卷一八《通奉大夫礼部尚书赵公神道碑》，第 377 页。
③ 《金史》卷五八《百官志四》，第 1436 页。参见同卷"百官俸给"正七品以下，第 1430—1434 页。金朝的随朝吏员、宫中承应人有月俸，而外任京府州县及转运司的吏人自金宣宗贞祐二年八月始有俸。"旧制，惟史案孔目官有俸，余止给食钱，故更定焉。"见《金史》卷五八《百官志四》，第 1442 页，参见第 1435—1437 页。笔者据此认为领取"食直"的诸使司都监、诸院务监官为流外官，而领月俸的从九品诸司都监、同监是流内官。
④ 《金史》卷四二《仪卫志下》，第 1032 页。
⑤ 《元好问全集》卷二七《辅国上将军京兆府推官康公神道碑铭》，第 495 页。宋洪皓说，金朝管课官税课倍增可转一官，"富者择课额少处受之，或以家财贴纳，只图迁转；其不欲迁者，于课利多处，除岁课外，公然分之"。见（宋）洪皓《松漠纪闻》，赵永春辑注《奉使辽金行程录》（增订本），第 333 页。
⑥ 《大金集礼》卷四〇，第 398 页。

大小碟排设，用留守司乐，以乐工为礼生，率仓场等官陪位，于古礼未合也"。金世宗大定十四年始参校唐《开元礼》拟定释奠礼。① 贞祐南渡后，金宣宗下令签军，"会一时任子为监当者以春赴吏部调数，宰执使尽拣取，号监官军"。② 监当官被签发入伍，充分反映了其在官僚队伍中的卑微地位。中下级监当官更是处于官僚队伍的末梢。贞祐三年（1215）七月，"朝廷备防秋兵械，令内外职官不以丁忧、致仕，皆纳弓箭。行简上书曰：'弓箭非通有之物，其清贫之家及中下监当、丁忧、致仕，安有所谓如法军器？今绳以军期，补弊修坏，以求应命而已，与仓猝制造何以异哉！'"③

　　本章考察了金朝下层官僚队伍——杂职官、监当官的选任情况。金代官员有正班官与杂班官之分，大致对应元朝的常调官与杂职官。杂班官、杂职官都不仅限于监当官。金朝官员有监当官资序和亲民官资序。荫补官、诸科出身人以及多数流外出职人员是诸司局仓场库务官、监当差使的主要来源。进士出身的文资官，护卫、奉御、奉职、符宝郎等宫中高级承应人，以及尚书省、枢密院、御史台、六部的高级吏员出身的武资官一般直接授亲民官资序，而荫补任子、中下级承应人、吏员出身的武资官须经历多任监当官资序才能渐次转入亲民官资序。按规定，"凡增课升至六品者，任回复降"。④ 即因课税增额而超擢至六品监当衙门任使的，任满后要降一等职事官任职，以避免升迁太快。从监当官资序向亲民官资序的转变，与监当官的任届及任内业绩有关，也与散官阶的递进有关。荫补人散官阶迁至五品，循例再历一任监当官，便可超擢县令。金宣宗贞祐初期，对监当官转任亲民官又增加一任监当官资历。这主要借鉴吸收中原王朝的制度。监当官作为基层仓场库务财税官，负有保障王朝国家财政收入之责。金朝将杂班官、监当官纳入官员铨选制度，置于皇权和中央集权的统一管理之下，使其摆脱了女真贵族武将的控制，有利于加强皇权、巩固中央集权。

---

① 《金史》卷三五《礼志八》，第871—872页。
② （金）刘祁：《归潜志》卷七，第78页。
③ 《金史》卷一〇六《张行简传》，第2471页。
④ 《金史》卷五二《选举志二》，第1238页。

# 第九章　辽金荐举制度：皇权政治与贵族政治博弈的一个侧面

　　荐举是中外政治史上普遍存在的一种官员选任机制。中国历代王朝荐举官员的制度化程度、运作方式、发挥的作用不尽相同。两汉魏晋南北朝时期的察举制是荐举的一种形式，与汉代以前尚较粗糙散漫的官吏举荐保任制有渊源，最后演变为隋唐的科举制度。唐代荐举制度是官员入仕的主要途径之一。宋代荐举则是官员铨选、改官、除授差遣的重要条件。辽金的政治体制带有鲜明的贵族政治特色，贵族阶层居于权力结构的顶层。辽金也建立了君主专制中央集权制度，通过不断吸收中原王朝的制度文化，限制贵族的权力，强化皇权。辽金的荐举制度兼采唐宋，并各具特点。本章侧重讨论辽金在加强皇权和中央集权的过程中，荐举制度所体现的皇权政治与贵族政治的博弈及其矛盾统一关系。①

---

　①　中国古代的荐举、察举制度，参见阎步克《察举制度变迁史稿》引言，北京师范大学出版社，2021，第1—4页。唐代的荐举制度，参见宁欣《唐代的荐举》，氏著《唐史识见录》，商务印书馆，2009，第96—111页。宋代的荐举制度，参见邓小南《宋代文官选任制度诸层面》（修订本）第五章，第175—233页。辽金皇权与贵族政治，参见张帆《论金元皇权与贵族政治》，王守常等主编《学人》第14辑，江苏文艺出版社，1998，第170—198页；拙文《辽金元贵族政治体制与选官制度的特色》，李华瑞、姜锡东主编《王曾瑜先生八秩祝寿文集》，第446—456页。武玉环《辽金职官管理制度研究》第二章"辽代选官制度"指出，荐举是辽代选官的途径之一，包括朝官举荐、亲属荐举、自荐、基层推荐四种方式（第25页），但论述简略；第三章"辽代职官考核制度"简述辽代巡察制度，指出巡察有举荐官员的职能（第51页）；第十章"金代职官考课制度"对作为官员考核方式的廉察制始末做了考述（第211—213页）。王世莲《论金代的考课与廉察制度》（《北方文物》1989年第1期）总结金代廉察制度的特点，其中一点就是廉察与察举相结合。此外，对金代荐举制度的研究，还有孙孝伟《金朝荐举制度初探》（《黑龙江教育学院学报》2007年第12期），袁成、宋卿《金朝荐举制度探析》（《齐齐哈尔大学学报》2019年第5期），里景林《金代荐举制度研究》（硕士学位论文，渤海大学，2020）。

## 一　贵族政治色彩浓厚的辽朝荐举

辽代的荐举制受中原王朝荐举制度和契丹世选制度的双重影响。契丹贵族可世选南北府宰相和部落官职。辽中期以后，有的世选职位如二府宰相、部落节度使已纳入铨选，人选并不限于世选之家。贵族子弟的任职范围亦突破世选职位，他们可以通过入值御帐任护卫、祗候郎君，以及荫补、荐举等途径入官，担任中央和地方官府的要职。二府宰相和部落节度使，世选之家仍有优先任职权，石烈夷离堇等部落基层官员，可能仍实行世选。① 辽兴宗重熙十六年（1047）诏，"世选之官，从各部耆旧择材能者用之"，② 只是强调世选之官从世选之家择贤而用的传统，"各部耆旧"享有荐举权。

辽朝契丹贵族官僚荐举亲族之风比较盛行，这集中体现了以宗法制度为基础的贵族政治特点，也是契丹贵族特权的表现。如后族萧阿古只五世孙萧柳，辽圣宗统和中，"叔父恒德临终，荐其才，诏入侍卫"。后来其伯父萧排押任东京留守时，又"奏柳为四军兵马都指挥使"。③ "奏"即奏举、奏荐。辽圣宗太平年间，惕隐耶律弘古荐举同出横帐孟父房的"刺血友"耶律马六，"荐补宿直官"。④ 六院皇族耶律陈家奴，辽兴宗重熙中补牌印郎君，"坐直日不至，降本班"，后经皇族耶律仁先荐举他"健捷比海东青鹘"，授御盏郎君。⑤ 皇帝也会特诏契丹贵族官僚荐举族亲。如辽道宗清宁初，六院部人萧图独"以事入见，帝问族人可用者"，乃荐举其弟萧兀纳，召为祗候郎君。⑥

荐举官员、选贤任能，是辽朝南北两面官宰辅的职责所在。辽兴宗时北院枢密使萧孝穆说："枢密选贤而用，何事不济？若自亲烦碎，则大

---

① 关于辽朝世选制度的变迁，参见吴凤霞《契丹世选制的发展变化及其历史作用》，《内蒙古社会科学》1999 年第 2 期；王德忠《辽朝世选制度的贵族政治特色及其影响》，《东北师大学报》2003 年第 6 期。

② 《辽史》卷二〇《兴宗本纪三》，第 271 页。

③ 《辽史》卷八五《萧柳传》，第 1449 页。

④ 《辽史》卷九五《耶律马六传》，第 1528 页。参见同卷《耶律弘古传》，第 1527 页。

⑤ 《辽史》卷九五《耶律陈家奴传》，第 1529 页。

⑥ 《辽史》卷九八《萧兀纳传》，第 1555 页。

事凝滞矣。"① 南面宰相杨佶，"居相位，以进贤为己任，事总大纲，责成百司"。② 辽道宗即位后，"诏宰相举才能之士"。③ 此处所谓"宰相"，应包括南北二枢密院、北面二宰相府、南面中书省的长贰官。契丹贵族基本垄断北枢密院长贰官、南府宰相和北府宰相，南枢密院长贰官、中书省宰相则契丹贵族、汉人世族并用，辽中期以后参用进士出身的汉官。④ 宰辅的用人权、荐举权，实际是维护契丹贵族的特权。出身于契丹贵族的宰辅，荐举的对象首先是契丹贵族。如保宁元年（969），北院枢密使、国舅帐萧思温荐举六院部皇族耶律斜轸"有经国才"，辽景宗召见耶律斜轸，命节制西南面诸军，授南院大王。⑤ 辽圣宗开泰中，北院枢密使、国舅帐萧朴荐举六院部贵族子弟耶律仆里笃"有捕盗功"，授之官。⑥

辽朝皇亲国戚、贵族官僚的荐举，对官员的仕途具有举足轻重的作用。结交权贵，成为官员选用、升迁的捷径。契丹贵族也通过举荐官员培植个人和家族的势力。辽太宗会同九年（946），后晋官员高勋降辽，授四方馆使。此人"性通敏"，入辽后，"好结权贵，能服勤大臣，多推誉之"。这里"权贵""大臣"主要指契丹贵族官僚，所谓"推誉"，就是向皇帝举荐他。辽世宗任命他为南院枢密使，辽穆宗时历任上京留守、南京留守、知南院枢密使事。⑦ 辽朝的皇太后、皇后、王妃有摄政、问政的传统，她们也往往荐举官员。如辽景宗时期，皇后之姊、故齐王妃、皇太妃萧氏录用本宫永兴宫宫分人、南京军官高嵩为宫官，保宁十年，"奏超授金紫崇禄大夫、检校尚书右仆射、兼御史大夫"；辽圣宗统和中，"皇太妃以侍从以来，岁月弥远，遂具章疏，荐为表仪，八年，授永兴宫汉儿都部署"。⑧ 皇太妃先奏举高嵩超授散官阶和检校官，再荐举他任本宫表仪、都部署。辽景宗幼女魏国公主和驸马都尉、枢密使、北府

①　《辽史》卷八七《萧孝穆传》，第1466页。
②　《辽史》卷八九《杨佶传》，第1489页。
③　《辽史》卷二一《道宗本纪一》，第288页。
④　参见本书第一章、第三章。
⑤　《辽史》卷八三《耶律斜轸传》，第1434页。
⑥　《辽史》卷九一《耶律仆里笃传》，第1503页。
⑦　《辽史》卷八五《高勋传》，第1449—1450页。
⑧　《高嵩墓志》，向南等辑注《辽代石刻文续编》，第38页。

宰相萧排押（萧曷宁）之女秦晋国妃，"延纳群彦，士之寒素者赈给之，士之才俊者升荐之。故内外显僚，多出其门"。① 其墓志的辞藻，彰显了契丹贵族荐举门人故旧任官升官的风气。

当然，契丹贵族荐举的官员，也确实有德才兼备、政绩突出者。这符合契丹贵族和辽朝统治阶级的整体利益。如萧思温荐举的耶律斜轸，后来成为一代名将、名臣，官至北院枢密使，忠心辅佐辽圣宗，实现了政治稳定、边防稳固。又如辽景宗的叔叔耶律隆先，在东京留守任上，"数荐贤能之士"。② 辽兴宗重熙初，北院枢密使萧孝穆"所荐拔皆忠直士"。③ 又如乙室部人萧岩寿，"性刚直，尚气。仕重熙末。道宗即位，皇太后屡称其贤，由是进用"，后来在北面林牙任上，弹劾佞臣耶律乙辛和张孝杰，"恒以社稷为忧"，"面折廷诤"，被迫害致死。④ 辽道宗时，进士出身的马人望知涿州新城县，"吏民畏爱"，"近臣有聘宋还者，帝问以外事，多荐之，擢中京度支司盐铁判官"。⑤ 此处的"近臣"当指御帐近臣，如护卫太保、护卫、祗候郎君详稳、祗候郎君等，他们出身于契丹贵族，对皇帝选官用人的影响不可低估。

辽帝出于治国理政、加强皇权的需要，鼓励宰辅以及中央和地方官员举荐人才。辽圣宗统和九年（991），"诏诸道举才行、察贪酷"。⑥ 这或属于常程荐举令。统和年间，科举状元出身的张俭任云州幕职，经节度使荐举，进入中央任职。"故事，车驾经行，长吏当有所献。圣宗猎云中，节度使进曰：'臣境无他产，惟幕僚张俭，一代之宝，愿以为献。'……召见，容止朴野，访及世务，占奏三十余事。由此顾遇特异，践历清华，号称明干"，终成一代名相。⑦ 通过荐举，一些平民出身有真才实干者得以进入官僚队伍。这有利于拓宽辽朝选官用人的范围，扩大统治基础。如突吕不部人萧合卓，本部吏胥出身，"谨恪"，"明习典故，善占对"。统和中，北院枢密使韩德让"举合卓为（御史）中丞"，后累官北院枢

① 《秦晋国妃墓志》，向南编《辽代石刻文编》，第341页。
② 《辽史》卷七二《耶律隆先传》，第1336页。
③ 《辽史》卷八七《萧孝穆传》，第1466页。
④ 《辽史》卷九九《萧岩寿传》，第1563—1564页。
⑤ 《辽史》卷一〇五《马人望传》，第1610页。
⑥ 《辽史》卷一三《圣宗本纪四》，第153页。
⑦ 《辽史》卷八〇《张俭传》，第1407页。

密使。① 韩德让还曾荐举医术高超的宫分人耶律敌鲁为官，后者官至节度使。② 汉官特别是进士出身的文官经荐举获提拔重用，有利于提高官员队伍的素质，亦有利于加强皇权。如辽圣宗开泰元年（1012），北府宰相刘晟（刘慎行）奏荐"殿中高可垣、中京留守推官李可举治狱明允"，诏令"超迁之"。③ 天祚帝时南院枢密使马人望，"用人必公议所当与者，如曹勇义、虞仲文尝为奸人所挤，人望推荐，皆为名臣"。④

据现有材料，不见辽朝对荐举要素，如举主的身份、资格，荐举的人数、频率，举主的权责，举主与被举人的关系，被举人的条件，失举是否追责等有具体的规定，也不见辽朝有官员上任或致仕时举官自代的规定。辽圣宗统和九年，宰相室昉请求致仕，"荐韩德让自代"，⑤ 是罕见记载。

不少有才干的官员因为没有高官举荐，久淹常调，只能照章程依资序循迁。以汉官孟有孚为例，辽道宗春水之行道出泰州属县，闻知泰州乐康县前任知县孟有孚有佳政，于是由辰渌盐院使擢升同知泰州军州事，"未几，特旨改（长春州）韶阳军节度副使。上方急用之，当涂无有力者推挽，改知卢龙县、锦州节度副使。至磨勘、监临、解由，凡五任，上复记其能，用为大理正"。⑥ 有些官员出于私利，妒贤嫉能，刻意不举贤。如辽圣宗太平中，平民出身的北院枢密使萧合卓病笃，对前来探视的北府宰相萧朴说："吾死，君必为枢密使，慎勿举胜己者。"⑦

辽朝也盛行辟举。辽世宗时，南京留守赵延寿辟署"资端厚，好学能文"的刘景为幽都府文学。⑧ 汉官李内贞，辽世宗时累加检校尚书左仆射，"故燕京留守、南面行营都统、燕王知其才，补充随使左都押衙、中门使、兼知厅勾"。⑨ 可见至迟在辽前期，诸京留守、知府、节度使等

---

① 《辽史》卷八一《萧合卓传》，第 1418—1419 页。

② 《辽史》卷一〇八《耶律敌鲁传》，第 1627 页。

③ 《辽史》卷一五《圣宗本纪六》，第 188 页。刘晟，原文误作刘晨，刘晟即刘慎行，见《辽史》卷一五《圣宗本纪六》校勘记〔一五〕、〔三二〕，第 199、202 页。

④ 《辽史》卷一〇五《马人望传》，第 1611 页。

⑤ 《辽史》卷七九《室昉传》，第 1402 页。

⑥ 《孟有孚墓志》，向南编《辽代石刻文编》，第 470—471 页。

⑦ 《辽史》卷八一《萧合卓传》，第 1419 页。

⑧ 《辽史》卷八六《刘景传》，第 1456 页。

⑨ 《李内贞墓志》，向南编《辽代石刻文编》，第 53 页。

可以辟署官员做衙官，这是沿袭唐后期五代藩镇的惯例。更普遍的做法是，从中央到地方各级衙门的主官可辟举吏职。如辽圣宗统和中，枢密使耶律斜轸闻知头下州榆州刺史之子宋匡世有才干，"降以恩荣，起家署为都孔目官"，后来"特奏授将仕郎、北安州兴化县令"。耶律斜轸先是辟署宋匡世为头下州都孔目官，后又荐举其任兴化县令。宋匡世任北枢密院都孔目官时，"会中宫之爱弟，开外馆以亲迎。户民既益于赋租，钱谷复资于主辖，改授晋国公主中京提辖使。颇沾厚赐，尚带前衔"。① 宋匡世以北院都孔目官被辟署公主府中京提辖使。又如头下军州，"其节度使朝廷命之，刺史以下皆以本主部曲充焉"。② 头下军州及头下提辖司的官员可以辟举，旨在维护契丹贵族的利益。

辽朝廉察、廉举的出现可能比较晚。辽圣宗统和中，遣参知政事邢抱朴"按察诸道守令能否而黜陟之"。③ 这是所见辽朝最早的按察地方官员的记录。辽圣宗太平六年（1026），"诏北南诸部廉察州县及石烈、弥里之官。不治者罢之"。凡"大小职官有贪暴残民者，立罢之，终身不录；其不廉直，虽处重任，即代之；能清勤自持者，在卑位亦当荐拔；其内族受赂，事发，与常人所犯同科"。④ "北南诸部"可能泛指北南两面官的政务、监察部门。罢黜贪赃和残暴的官员，荐拔廉能官，是廉察的应有之义。辽兴宗、辽道宗时期见有中京路案问使、辽东路按察使。⑤ 史称辽朝"历世既久，选举益严。时又分遣重臣巡行境内，察贤否而进退之"。⑥ 廉察、廉举是整饬吏治、限制贵族官僚非违、加强皇权和中央集权的措施。

## 二　皇权政治主导下的金朝荐举

金初，在军事占领辽境和中原宋地的过程中，女真贵族军事将领被

---

① 《宋匡世墓志》，向南编《辽代石刻文编》，第180—181页。
② 《辽史》卷三七《地理志一·头下军州》，第506—507页。
③ 《辽史》卷八〇《邢抱朴传》，第1409页。
④ 《辽史》卷一七《圣宗本纪八》，第226页。
⑤ 《辽史》卷八九《耶律和尚传》，第1490页；《邓中举墓志》，向南编《辽代石刻文编》，第489页。
⑥ 《辽史》卷一〇五《能吏列传》"序"，第1607页。

赋予"承制除授"新附部落、州县官员的权力。这大致可作辟举看待。金太宗即位后，始以空名宣头颁授军中，允许军帅"便宜从事"。① 完颜宗望奉命平定南京（平州）叛乱，金太宗赐"空名宣头五十、银牌十给宗望"，并令他"凡南京留守及诸阙员，可选勋贤有人望者就注拟之，具姓名官阶以闻"。② 但金太宗已刻意对军帅承制除授官员的大权予以限制（详见本书第七章）。

金前期"承制除授"以外的荐举权，也是女真贵族特权的表现。金前期完颜宗室诸勃极烈议政辅政时期，皇权相对较弱，诸勃极烈对朝政拥有裁决权，选官用人的话语权更重些。金熙宗废除诸勃极烈议政辅政制后，女真贵族的荐举对官员选任仍有很大影响。宗室完颜宗弼任都元帅，南征攻占河南，"表荐（仆散）忠义为猛安"。③ 宗室完颜亮任职宰相，"徼取人誉，荐大臣子以为达官"。④ 金前期，举人唯亲、攀附权贵的问题比较突出。如正隆二年（1157），金海陵王曾对尚书左右司及御史台官员说："朕询及人材，汝等若不举同类，必举其相善者。朕闻女直、契丹之仕进者，必赖刑部尚书乌带、签书枢密遥设为之先容，左司员外郎阿里骨列任其事。渤海、汉人仕进者，必赖吏部尚书李通、户部尚书许霖为之先容，左司郎中王蔚任其事。"⑤ 当时渤海、汉人高官多依附于女真军事贵族，堪称女真贵族的政治代理人。金前期贵族政治特点显著。

金熙宗颁布天眷官制，特别是金海陵王颁布正隆官制后，随着皇权和中央集权的强化，金朝官员的铨选也规范化、制度化。官员的任命主要通过朝参赴选。尚书省和吏部分层除授、循资历、取解由，金朝的铨选制度和唐宋如出一辙（详见本书第七章）。金世宗正式将荐举纳入铨选制度，使荐举成为皇权主导下选任官员的制度性安排。大定二年（1162），"诏随朝六品、外路五品以上官，各举廉能官一员"。大定三年，"定制，若察得所举相同者，即议旌除。若声迹秽滥，所举官约量降罚"。⑥ 这是对奉诏荐

---

① 《金史》卷三《太宗本纪》天会元年十月、十一月，第54页。
② 《金史》卷三《太宗本纪》天会二年正月、二月，第55—56页。
③ 《金史》卷八七《仆散忠义传》，第2057页。
④ 《金史》卷八二《萧拱传》，第1966页。
⑤ 《金史》卷一二九《李通传》，第2937页。
⑥ 《金史》卷五四《选举志四》，第1287页。

举的举主职品、连带责任的规定。大定九年，参知政事魏子平建议，"当举官者，每任须举一人，视其当否以为旌赏"。金世宗认为令官员"一任举一人，则人材或难，恐涉于滥。又少有所犯则罪举者，故人益畏而不敢举"。左丞相纥石烈良弼附和说不如"申明前诏"。① 被举荐的官员，"尚书省覆察，如所举"，② 御史台没有异议，方得晋升。如金章宗承安年间，监察御史路铎劾奏参知政事"伯通引用乡人李浩，以公器结私恩。左司郎中贾益承望风旨，不复检详"。"检详"即"覆察"。路铎"言之台端，欲加纠劾"，被御史大夫张晤扣下。金章宗派人去御史台过问此事，回奏"晤言弹绌大臣，须有实迹，所劾不当，徒坏台纲。益言除授皆宰执公议，不言伯通私枉"，③ 才算过关。又如金宣宗兴定年间，石抹世勣任华州元帅府参议官，"有荐其深通钱谷者，覆察不如所举，未籍《行止》中"。④ 可见，被举荐的官员经覆察所举与事实无出入，方记入类似人事档案的《行止簿》。

金章宗即位后，改革选官制度，进一步完善荐举制度。他诏谕尚书省"定拟"的"选举十事"，八条与廉察、荐举有关，其中六条专门针对荐举制度。一是荐举由权力变为义务。吏部根据金章宗"其令五品以上官，各举所知几人，违者加以蔽贤之罪"的指示，拟定"内外五品以上职事官，每岁保廉能官一人。外路五品、随朝六品愿举者听。若不如所举者，各约量降罚。今拟贤而不举者，亦当约量降罚"。二是官员上任后举荐自代者一名。"内外官五品以上到任，须举所知才行官一员以自代"，"自代非谓即令代其人也，止类姓名，取所举多者约量授之尔"。所谓"类姓名"，指按出身、资历、特长分类籍记官员的姓名，以备遴选。三是内外五品以上职事官任内至少须举荐僚属一名。四是荐举监当官和各色人才。金章宗认为"人才随色有之。监临诸物料及草泽隐逸之士，不无人材，宜荐举用之"。五是举荐出职亲军。六是被举官员须经提刑司察访、尚书省覆察，称职者籍记在簿，有缺时优先除授。⑤ 至明昌

① 《金史》卷五四《选举志四·举荐》，第 1287 页；卷八八《纥石烈良弼传》，第 2076 页。
② 《金史》卷九五《杨伯通传》，第 2247 页。
③ 《金史》卷九五《杨伯通传》，第 2247 页。
④ 《金史》卷一一四《石抹世勣传》，第 2660 页。
⑤ 《金史》卷五四《选举志四·举荐》，第 1288—1291 页。

四年（1193），金章宗对荐举制度做出调整，"岁举不限数，不举不坐罪。但不如所举则有降罚"。① 这就明确规定了岁举、举人自代、任内荐举僚属等义务，规范了举主的资格，放宽被举人的条件，明确了考察被举官员的程序。这显然是皇帝和中央为掌控官员选任权采取的措施。金朝后期行"辟举县令制"，② "辟举"与"辟署"不同，实际就是保举、荐举，而且并非限定路官、州官辟举管辖的县令，县令的遴选和任命权仍在尚书省和吏部。

金世宗、金章宗特别倚重宰执荐举人才。金世宗对宰执说："荐举，大臣之职。外官五品犹得举人，宰相无所举，何也？"③ 这里所说的"大臣"，就是指宰臣、宰执。金世宗又对宰臣说："知人最为难事。近来左选多不得人。惟石琚为相时，往往举能其官。左丞移剌道、参政粘割斡特剌举右选，颇得之。朕常以不能遍识人材为不足。此宰相事也。"④ 左丞相纥石烈良弼，"荐举人材，常若不及"，"荐举往往得人"，受到金世宗的嘉奖。⑤ 金章宗曾诏令宰执"举奏中外可为刺史者"，并亲自"阅阙点注，盖取两员同举者升用之"。⑥ 论者以为宰执操纵荐举权和选拔官员的权力，极大地打击了其他官员对荐举的积极性，⑦ 这不无道理。金世宗、金章宗时期宰执的任用，女真贵族仍占优势，体现了皇权和贵族政治利益的一致性。但这个时期皇权能够比较有效地制约贵族的权力，保证贵族的特权不会损害统治阶级的整体利益。况且当时出身于女真官学、女真进士科的女真宰执以及进士出身的汉族宰执不少，他们多数来自普通官僚和平民家庭，是维护皇权的重要力量。⑧

更重要的是，金朝效法唐宋的铨选制度，有一套程序烦琐、循资格升迁的制度设计，即便女真人有超迁格，但仍然受章法制约。无论是制

---

① 《金史》卷五四《选举志四·廉察》，第1286页。
② 《金史》卷五四《选举志四·举荐》，第1291页。参见里景林《金代辟举县令法探赜》，《保定学院学报》2020年第1期。
③ 《金史》卷八八《唐括安礼传》，第2087页。
④ 《金史》卷八八《石琚传》，第2085页。
⑤ 《金史》卷八八《纥石烈良弼传》，第2077—2078页。
⑥ 《金史》卷一〇七《高汝砺传》，第2489页。
⑦ 详见里景林《金代荐举制度研究》，硕士学位论文，渤海大学，2020，第43—44页。
⑧ 参见程妮娜《金代政治制度研究》第十四章"世宗、章宗时期任用宰执的政策"，第274—291页。

度设计的主观愿望还是客观效果，金朝荐举制度本质上是服务皇权而非贵族政治。比如，铨选制度规定循资序晋升职务职级，由于资考的限制，州县官员严重缺员，所以金世宗、金章宗多次下令荐举、廉举可任刺史、县令的官员，破格提拔使用。①

需要提及的是，官府主官拥有辟署胥吏的权力，而胥吏出职是金代官员的一个重要来源。辟用胥吏最早见于金太宗即位不久，金军从宋人手中夺取燕京，"枢密使刘彦宗辟元为本院令史"。② 刘彦宗与张通古"素善，知其才，召为枢密院主奏"，③ 也是辟授。移剌子敬，读书好学，金熙宗皇统间，移剌固奉命纂修《辽史》，"辟（移剌子敬）为掾属。《辽史》成，除同知辽州事"。④ 移剌道，金熙宗时其族人"移剌古为山东东路兵马都总管，辟掌军府簿书，往来元帅府计议边事。右副元帅宗弼爱其才，召为元帅府令史。补尚书省令史，特除监察御史"。⑤ 金章宗明昌初，监察御史李完请"以三品官子孙及终场举人，委台官辟用"为台令史。⑥ 除辟署吏职外，金中期以后，辟举行军、行省幕府比较常见。如大定初，枢密使仆散忠义行省事于汴京，"奏偲幕府。世宗曰：'李偲方治京畿漕事，行省可他选也'"。⑦ 金章宗承安间，女真进士、信州判官温迪罕达被"丞相襄辟行省幕府"。⑧ 此外，户部、诸路转运司辟举仓场库务官也比较常见。如大定中有官员上疏"论六盐场用人，宜令户部公议辟举"。⑨

## 三 金朝基于廉察制度的察举

如果说金朝中后期的荐举制度存在种种弊端，难以收到广揽人才的效果（详见下节），那么荐举的特殊形式——基于廉察制度的察举、廉

---

① 《金史》卷五四《选举志四·廉察》，第 1284、1285、1288 页。
② 《金史》卷九〇《赵元传》，第 2115 页。
③ 《金史》卷八三《张通古传》，第 1977 页。
④ 《金史》卷八九《移剌子敬传》，第 2110 页。
⑤ 《金史》卷九〇《移剌道传》，第 2116 页。
⑥ 《金史》卷九七《李完传》，第 2283 页。
⑦ 《金史》卷九二《李偲传》，第 2166—2167 页。
⑧ 《金史》卷一〇四《温迪罕达传》，第 2429 页。
⑨ 《金史》卷九二《曹望之传》，第 2163 页。

举，在金朝形成制度化的运作机制，对整饬吏治、激浊扬清，以及维护皇权、制约贵族特权，还是颇具积极意义的。

金朝之廉察，始见于金熙宗天眷二年（1139）九月，遣行台尚书左丞耨盌温敦思忠等赴"诸路廉问"。次年四月奏报，"得廉吏杜遵晦以下百二十四人，各进一阶；贪吏张轸以下二十一人，皆罢之"。① 皇统八年（1148）四月，金熙宗"遣参知政事秉德等廉察官吏"。② 完颜秉德罢免了中京留守裴满忽覩、太原尹徒单恭等官员。史载，"朝廷以忽覩与徒单恭等污滥至甚，命秉德黜陟天下官吏"。③ 雄州永定军节度使、宗室完颜宗贤以"廉能"超迁官资。④ 这是廉察、廉举的肇始阶段。

金海陵王篡立之初，曾遣使廉问；⑤ 正隆二年（1157），"有廉罢官复与差除之令"。⑥ 他在位时期有关廉察的记载不多，或许与他热衷大兴土木、穷兵黩武有关。金世宗重视廉察制度建设。大定二年（1162），尚书左丞翟永固"请依旧制廉察官吏，革正隆守令之污"，金世宗从之。⑦ 三年，诏遣户部侍郎魏子平、户部郎中曹望之、监察御史夹谷阿里补等官员"分道劝农，廉问职官臧否"。⑧ 同年，分别颁布廉察州县、猛安谋克所得廉能官、贪赃官的奖惩令，对贪赃枉法的猛安谋克世袭官的处罚重于府州县官。⑨ 大定四年，颁敕擢升、黜降河北、山东等路廉

---

① 《金史》卷四《熙宗本纪》，第83页。参见卷八四《耨盌温敦思忠传》，第2001—2002页。本纪作温都思忠。

② 《金史》卷四《熙宗本纪》，第92页。

③ 《金史》卷一二〇《裴满忽覩传》，第2757页。参见同卷《徒单恭传》，第2758页。

④ 《金史》卷六六《完颜宗贤传》，第1666页。

⑤ 《金史》卷七三《完颜阿邻传》，第1786页。

⑥ 《金史》卷五四《选举志四》谓"廉察之制，始见于海陵时，故正隆二年六月有廉罢官复与差除之令"（第1284页），此说并不准确。

⑦ 《金史》卷八九《翟永固传》，第2098页。

⑧ 《金史》卷九二《曹望之传》，第2160—2161页。

⑨ 大定三年，"命廉到廉能官，第一等，进官一阶（指散官阶），升一等（指职级），其次约量注授。污滥官，第一等，殿三年（指减三年资历），降二等，次二年，又次一年，皆降一等"。这是对府州县官的奖惩。对猛安谋克的奖惩稍有不同，也是在大定三年，"诏廉问猛安谋克，廉能者，第一等，迁两官（指散官两阶）；其次，迁一官。污滥者，第一等，决杖百，罢去，择其兄弟代之；第二等，杖八十；第三等，杖七十，皆令复职。蒲辇，决则罢去，永不补差"。见《金史》卷五四《选举志四·廉察》，第1284页。

察出的清廉、贪赃官员，并宣谕天下。① 这是上年廉问的结果。大定八年，御史中丞移剌道奉命"廉问职官殿最"，还朝奏禀，金世宗指示："今廉能即与升除，无以慰百姓爱留之意，可就迁秩，秩满升除。"于是，"廉能官景州刺史耶律补进一阶，单州刺史石抹靳家奴、泰宁军节度副使尹升卿、宁陵县令监邦彦、濮州司候张匡福各进两阶。贪污官同知濮州防御使事蒲速越、真定县令特谋葛并免死，杖一百五十，除名。同知睢州事乌古孙阿里补杖一百，削四阶，非奉旨不得录用"。② 大定中，"县令多阙"，金世宗下令"廉察八品以下已去官者，录事、丞、簿有清干之誉者，县尉入优等者，皆与县令。散官至五品，无贪污旷职之名者，亦可与之。俟县令不阙，即如旧制"。③

金世宗时期，吏治相对清廉，廉察制度发挥了积极作用。史称"自熙宗时，遣使廉问吏治得失。世宗即位，凡数岁辄一遣黜陟之，故大定之间，郡县吏皆奉法，百姓滋殖，号为小康"。④ 廉察使由皇帝派遣，廉察的对象是地方官员及势要。对官员的廉察，公开巡视与微服私访相结合。廉察使既要弹劾违法乱纪及不称职者，也要奏报朝廷嘉奖升迁勤政廉洁的官员，朝廷另派官员复查核实。如大定十年，金世宗对宰臣说："今天下州县之职多阙员，朕欲不限资历用人。何以遍知其能？拟欲遣使廉问，又虑扰民而未得其真。若令行辟举之法，复恐久则生弊。不若选人暗察明廉，如其相同，然后升黜之。"⑤ 宰臣一致表示赞同。廉问是不定期的。大定十一年，有官员建议"每三年委宰执一员廉问"。金世宗顾忌"大臣出则郡县动摇"，且"若常设访察，恐任非其人，以之生弊"，所以没有接受此建议。金世宗认为"今默察明问之制，盖得其中矣"。同年，有司"奏所廉善恶官"，金世宗下令："罪重者，遣官就治。

---

① 《金史》卷八八《移剌道传》，第2090页。《金史》传主有两位移剌道，卷八八传主本名赵三，其先乙室部人，金熙宗皇统初补刑部令史，转尚书省令史，迁大理司直。卷九〇传主本名按，金初辟署山东东路兵马都总管府书吏，补元帅府令史、尚书省令史，除授监察御史（第2089、2116页）。

② 《金史》卷九〇《移剌道传》，第2117页。参见卷五四《选举志四·廉察》，第1284页。

③ 《金史》卷八八《移剌道传》，第2091页。卷九七《李完传》载："时以县令阙人廉问，世宗选能吏八人按行天下。"（第2283页）尚书省令史李完在其中。

④ 《金史》卷七三《完颜宗雄传》附《完颜蒲带传》，第1786页。

⑤ 《金史》卷五四《选举志四·廉察》，第1284—1285页。

所犯细微者，盖不能禁制妻孥耳，其诫励而释之。凡廉能官，四品以下委官覆实，同则升擢。三品以上以闻，朕自处之。"同知城阳军山和尚等廉问"清强"，金世宗谕旨："此辈，暗察明访皆著政声。夫赏罚必信，则善者劝、恶者惧，此道久行庶可得人也。其第其政绩旌赏之。"当时，"每使采访，其被升黜者多矣"。[①] 廉察是考察人才优劣的重要方式。察举作为基于廉察制度的一项特殊的荐举制度，收到一定成效。不少骄横跋扈的女真贵族官员被罢免，政绩突出的官员得以升迁重用。大定后期，金世宗曾问太常卿兼谏议大夫黄久约："近日察举好官，皆是诸科、监临（监当官），全无进士，何也？岂荐举之法已有奸弊，不可久行乎？"黄久约对曰："诸科中岂无廉能人，不因察举有终身不至县令者，此法未可废也。"[②] 黄久约的解释是，和进士相比，诸科出身人和监当官资序落后，迁转缓慢，绝大多数人沉潜于中下级官僚，其中也有廉洁能干之人，廉察官应该重点考察并提名廉举他们。金朝后期的御史中丞李英认为考课法徒为虚文，主张恢复大定年间"当时号为得人"的"遣使者分道考察廉能"之制。[③]

御史台负责对内外官员的日常监察。监察御史的品秩不高，但负有"采察内外官吏"，"纠正非违"的重责，[④] 故一律由尚书省注拟，并听以"制授"。[⑤] 金世宗要求监察御史不仅要惩恶，还要扬善。"御史分别庶官邪正。卿等惟劾有罪，而未尝举善也。宜令监察分路刺举善恶以闻。"[⑥] 这就赋予其廉举之责。金章宗明昌元年（1190），御史台奏荐户部员外郎李献可、太府丞徒单绎等 11 人"皆刚直可用"，诏令升职褒奖。[⑦] 金章宗在全国设置了 9 个提刑司，分区廉察官吏、审谳刑狱、劝督农事。对地方官的廉察，就由监察御史的日常监察和不定期遣使廉察，变为提刑司的常规职责。承安三年（1198），金章宗诏谕御史台："随朝大小

①　《金史》卷五四《选举志四·廉察》，第 1285 页。
②　《金史》卷九六《黄久约传》，第 2252 页。
③　《金史》卷一〇一《李英传》，第 2370 页。
④　《金史》卷九六《李晏传》，第 2254 页。
⑤　《金史》卷五四《选举志四·省选》，第 1283 页。
⑥　《金史》卷八六《李石传》，第 2033 页。
⑦　《金史》卷一〇〇《孟铸传》，第 2335 页。御史台察举官员，诏各升一等，又见卷一〇四《郭俣传》，约当金章宗明昌、承安之间（第 2428 页）。

官，虽有才能，率多苟简，朕甚恶之。其察举以闻。提刑司所察廉能、污滥官，皆当殿奏。"① 如完颜宗道在西北路招讨使任上，"诸部悦服，边鄙顺治。提刑司察廉，召为殿前右副都点检。寻除陕西路统军使，以镇静得军民心，特迁三阶，兼知京兆府事"。② 金章宗后期，左丞相完颜襄奏请取消提刑司"采访廉能"的权责，恢复"监察御史岁终体究，仍不时选官廉访"的旧制，史载"上皆听纳"。③

监察御史任满，御史台依其任内的表现、能力填写解由，"以送尚书省"，尚书省据以黜陟监察御史。金章宗即位之初，改由御史台自行辟举监察御史。明昌三年起，仍由尚书省拟注监察御史，"每一阙则具三人或五人之名，取旨授之"。④ 起初，御史台也对提刑司官员进行廉察。如李愈为河南路提刑使，"宪台廉察，九路提刑司以愈为最"。⑤ 马百禄为南京路提刑使，"御史台以刚直能干闻，转知河中府"。⑥ 明昌五年（1194），右谏议大夫贾益谦奏请"提刑司官不须遣监察体访，宜据其任内行事，考其能否而升黜之"。⑦ 泰和年间，御史中丞孟铸亦"论提刑司改按察司，差官覆察，权削望轻"，金章宗令尚书省商议，采纳了参知政事贾铉的意见，"差监察时，即别遣官偕往，更不覆察，诸疑狱并令按察司从正与决，庶几可慰人望"。⑧

## 四　辽金荐举制度的消极影响

辽朝贵族政治体制下的世选制、荐举制，不可避免地滋生裙带关系和结党营私之风，对皇权和中央集权构成威胁。辽圣宗时，汉人行宫都部署王继忠荐举国舅帐萧敌烈，"其材可为枢密使"。当时，辽圣宗拟擢

---

① 《金史》卷一一《章宗本纪三》，第 272 页。
② 《金史》卷七三《完颜宗道传》，第 1782 页。
③ 《金史》卷九四《完颜襄传》，第 2220 页。
④ 《金史》卷五四《选举志四·省选》，第 1283 页。
⑤ 《金史》卷九六《李愈传》，第 2258 页。
⑥ 《金史》卷九七《马百禄传》，第 1284—1285 页。
⑦ 《金史》卷一〇六《贾益谦传》，第 2472 页。本传谓金章宗采纳了他的意见，但据下文引《金史》卷一〇〇《孟铸传》，监察御史"体访"——廉察按察司之制迄泰和年间仍存。
⑧ 《金史》卷一〇〇《孟铸传》，第 2336—2337 页。

拔萧合卓为北院枢密使，王继忠进言："合卓虽有刀笔才，暗于大体；萧敌烈才行兼备，可任。"但"帝疑其党"，"不纳，竟用合卓"。① 萧合卓出身于突吕不部平民家庭，由部吏起家，"时议以为无完行，不可大用"。② 辽圣宗疑忌朝臣与国舅帐萧敌烈结党，诋毁、排挤萧合卓。这说明官员荐举中的党同伐异并非空穴来风。辽道宗清宁间，同知北院枢密使事、国舅帐萧胡覩与族弟北剋萧敌烈、国舅详稳萧胡笃"倾心交结"，萧胡覩"奏胡笃及敌烈可用，帝以敌烈为旗鼓拽剌详稳，胡笃为宿直官"。③ 耶律重元权势显赫，图谋篡位，萧胡覩是叛党的重要成员。北院枢密使萧图古辞"为枢密数月，所荐引多为重元党与"。④ 这是契丹贵族利用荐举特权树立党羽、结党营私、挑战皇权的典型案例。

平定以耶律重元为首的契丹贵族叛乱后，辽道宗为加强皇权和中央集权，重用契丹平民出身的耶律乙辛等官员以及汉族进士文官。但耶律乙辛却专权擅政，滥用荐举权结党营私，"凡阿顺者蒙荐擢，忠直者被斥窜"。⑤ 为巩固权力，他一方面排挤打击异己的契丹贵族势力，另一方面荐拔契丹贵族和平民以及汉官中的同党。如横帐季父房的耶律燕哥，国舅帐的萧余里也，都谄事耶律乙辛，耶律燕哥被荐举为左夷离毕，萧余里也先后被荐为国舅详稳、北府宰相兼知契丹行宫都部署事。⑥ 汉官李仲禧、张孝杰在耶律乙辛的荐举下升任南院枢密使和中书省宰相。⑦ 他们结成政治集团，诬陷皇太后和皇太子，残害忠良，谋取私利。辽天祚帝时，李仲禧之子李俨迁知南枢密院事，"逢迎取媚"国舅帐出身的北院枢密使萧奉先，李俨的侄子李处温亦"倾心阿附"萧奉先，"俨卒，奉先荐处温为相"。⑧ 这是契丹贵族、新贵荐举汉族官员、结党营私的典

---

① 《辽史》卷八一《王继忠传》，第1417页；卷八八《萧敌烈传》，第1474页。
② 《辽史》卷八一《萧合卓传》，第1419页。
③ 《辽史》卷一一四《萧胡覩传》，第1664页。
④ 《辽史》卷一一一《萧图古辞传》，第1645页。
⑤ 《辽史》卷一一〇《耶律乙辛传》，第1634页。
⑥ 《辽史》卷一一〇《耶律燕哥传》，第1637—1638页；卷一一一《萧余里也传》，第1641—1642页。
⑦ 《辽史》卷九八《耶律俨传》，第1557页；卷一一〇《张孝杰传》，第1637页。参见卷一一〇《耶律乙辛传》，第1634—1635页。
⑧ 《辽史》卷一〇二《李处温传》，第1586—1587页，参见卷九八《耶律俨传》，第1557—1558页。

型案例，严重破坏了辽朝的政治生态，加剧了政治腐败和社会分裂。

金代的荐举制度存在不同程度的私门请托、结党营私现象。金世宗时期，同知西京留守曹望之以为"荐举之法虚文无实。宰相拔擢及其所识，不及其所不识。内外官所举亦辄不用，或指以为朋党，遂不敢复举"。① 金世宗也承认"今用人之法甚弊，其有不求闻达者，入仕虽久，不离小官，至三四十年不离七品者。而新进者结朝贵，致显达"。② 金世宗对群臣"依违苟且，无所荐达"十分不满。右丞张汝霖竟然说："臣等苟有所知，岂敢不荐，但无人耳。"金世宗无奈地说："今天下之大，岂无人才，但卿等不举而已。今朕自勉，庶几致治。他日子孙谁与共治乎？"③

金代廉察制度在实际运行中也存在各种弊端，如"廉问使者，颇以爱憎立殿最"。④ 又多弄虚作假，如单州刺史石抹靳家奴，"廉察官行郡，乃劫制民使作虚誉，用是得迁同知太原尹"。⑤ 有的官员反映，"监察御史所察州县官多因沽买以得名誉，良吏奉法不为表襮，必无所称"。⑥ 金世宗批评监察御史不能履职尽责，"监察专任纠弹。宗州节度使阿思懑初之官，途中侵扰百姓，到官举动皆违法度。完颜守能为招讨使，贪冒狼籍。凡达官贵人，皆未尝举劾"。⑦ 监察御史察举的"廉能"官员，也难免滥竽充数者。对出身官僚贵族的宗室郎君、尚书省祗候郎君以及护卫、奉御（入寝殿小底）、奉职（不入寝殿小底）、阁门祗候、笔砚承奉等宫中高级承应人，金世宗则明令"不须体察"，⑧ 即免于接受廉察。

金章宗即位后，立即着手改革完善"选举"制度。金章宗对荐举法的改革，未能有效遏制官场兴起的奔竞之风。明昌四年（1193），金章宗诫谕宰臣："今之所察举，皆先才而后德。巧猾之徒，虽有赃污，一旦见用，犹为能吏，此廉耻所以丧也。若谕所司，察举官吏，必审真伪，

---

① 《金史》卷九二《曹望之传》，第 2161 页。
② 《金史》卷五四《选举志四·部选》，第 1276 页。
③ 《金史》卷八三《张汝霖传》，第 1985 页。卷五四《选举志四·举荐》记载，大定十一年，金世宗批评宰臣曰："昨观贴黄，五品以下官多阙，而难于得人。凡三品以上，朕则自知，五品以下，不能尽识，卿等曾无一言见举者。"（第 1288 页）
④ 《金史》卷七三《完颜宗雄传》附《完颜蒲带传》，第 1786 页。
⑤ 《金史》卷九一《石抹荣传》，第 2152 页。
⑥ 《金史》卷八三《张汝霖传》，第 1983—1984 页。
⑦ 《金史》卷七三《完颜守能传》，第 1796 页。
⑧ 《金史》卷五四《选举志四·廉察》，第 1285 页。

使有才无行者不能觊觎，非道求进者加之纠劾，则奔竞之俗息，而廉耻可兴矣。"① 承安二年（1197），金章宗敕令御史台 "纠察谄佞趋走有实迹者"。② 奔竞之风助长了苟且偷安之风。承安三年，金章宗谕御史台："随朝大小官虽有才能，率多苟简。朕甚恶之，其察举以闻。"③

综上所述，辽金荐举制度的运行与影响，既体现了皇权政治与贵族政治的对立统一关系，也反映了辽金政治、社会、文化变迁中的共同性与差异性。契丹贵族，尤其是皇族、后族的政治势力强大，对中央和地方权力的控制远比金代女真贵族强大。受此影响，辽朝的铨选制度不够健全，荐举也比较随意，缺乏制度性规范，带有浓厚的贵族政治色彩。金朝的荐举制度则带有更多皇权政治和官僚政治色彩，比较规范，是严密的铨选制度的组成部分，主要为朝廷延揽人才服务，虽然有各种弊端，但确实较少受制于贵族政治。辽金荐举制均发挥过一定的积极作用，但消极影响显著。辽代契丹贵族利用荐举权培植个人和宗族的势力，严重威胁皇权。金代铨选循资格、荐举请托营私，致使官员奔竞苟且之风盛行。

---

① 《金史》卷一〇《章宗本纪二》，第 250 页。
② 《金史》卷一〇《章宗本纪二》，第 266 页。
③ 《金史》卷一一《章宗本纪三》，第 272 页。

# 结　语

　　本书围绕辽金中央集权体制形成、发展及遭到破坏过程中皇权与贵族集团权力的博弈，从官员选任的角度阐述了辽金皇权政治与贵族政治的关系及其演变，皇权政治与贵族政治双重主导下选官制度、权力结构和政治生态的发展变化。辽金选官用人制度实际上贯穿着两条主线：一是皇权与贵族权力的博弈竞合与此消彼长，以及建立和加强君主专制中央集权体制的曲折过程；二是接受汉文化与坚持民族本位主义之间的碰撞及平衡，以及中原王朝制度与统治民族传统制度的长期共存与交融。本书既是政治史研究，也是"活"的制度史研究，既设专章实证研究辽金王朝的铨选制度与权力结构，又各分三个时期对辽金两朝的官员选任、权力运作、政治文化做了动态分析。辽金统治者在强化皇权、加强中央集权的过程中，通过科举取士、吏员出职、亲军和军功补官等途径吸收中小地主和平民加入官员队伍，以皇权主导下的官僚政治制衡贵族和世家大族的权力，并通过铨选制度将贵族和世家大族纳入官僚政治体系。辽金王朝的贵族政治与皇权政治既互相依存又对立冲突，以皇权为中心的专制主义中央集权不断得到加强，传统的贵族政治不断被削弱，呈现出贵族政治逐步向皇权政治、官僚政治转变的趋势。

　　辽金借鉴中原王朝制度逐步建立了君主专制中央集权体制。在制衡贵族势力、强化皇权、加强中央集权的过程中，辽金的权力结构、权力运作始终处于不断变化中。本书对辽圣宗时期承前启后的用人政策，辽兴宗选人用人平衡皇族、后族势力以强化皇权，辽道宗时期进士出身的汉族文官群体势力的崛起等做了动态的实证研究，提供了辽中后期政治史的基本框架：辽朝中后期加强皇权和中央集权，制约贵族势力，起用吏员出身的部落平民和进士出身的汉人官员，官员来源趋于多元化，并不断完善政治、法律制度，逐步确立了儒家思想的主导地位、以皇权为中心的中央集权体制。但是，削弱契丹贵族的权力，强化皇权，必然会引发统治阶级的内讧，并滋生皇权专制体制的弊端。同时，本书聚焦金朝前中后期的政治形势、社会变迁背景下的权力架构和权力运作，揭示金朝皇权与贵族势力博弈下选官用人体制机制的变化，君主专制中央集权确立、巩固及遭到破坏的过程。金初立法、行政、外交等方面的决策权都掌握在女真军事贵族，特别是皇族成员手中，皇帝本人并非独揽大权。女真贵族利用归顺的汉族、渤海族世家大族辅助执政，契丹、奚族贵族则在军事领域受到重用，以巩固女真贵族的统治。金熙宗即位后，废除诸勃极烈议政辅政制，实行三省六部制，但皇权仍然有限，皇族及女真诸部军事贵族参决军政，分享军事、行政大权。直到金海陵王时期，才确立了君主专制和中央集权制度。金朝的用人政策随之发生较大变化，女真贵族和各族世家大族的政治地位明显下降，进士出身的汉族官员的政治地位提高。金世宗设立女真进士科后，女真进士群体成为金朝文官的新生力量，给金朝的官僚队伍、政治生态带来积极的变化。女真进士官员接受了儒家思想，是中央集权和皇权的坚定维护者。金末贞祐南渡后，骄横跋扈的女真贵族武将操控朝政和地方政治，重用右职、吏员，贬抑排挤士大夫官僚，导致政治生态恶化，君主专制中央集权体制遭到破坏。这是对金朝政治史研究的细化和深化。

　　金代铨选制度及监当官、杂班官制度，是前人尚未深入研究的问题，本书对此做了比较深入系统的实证研究。金朝在强化皇权、加强中央集权的过程中，权力结构发生较大变化。这突出表现在皇权对贵族和世家大族权力的制约、拓宽选官用人范围等方面。最典型的是推行科举制度，提升进士出身的文官群体的政治地位；建立铨选制度，加强皇帝和尚书省对官员选任的掌控。金代的科举制度和铨选制度，有利于庶民官僚队伍的成长。在皇权主导下，金代的铨选制度制约贵族政治发展，逐步实现了贵族政治与官僚政治的平衡。贵族政治势力和庶民官僚政治势力大致形成一种制衡关系。金后期贵族政治势力反弹，皇权被削弱，铨选制度也遭到破坏。金朝官员有监当官资序和亲民官资序。进士出身的文资官、宫中高级承应人、朝廷高级吏员出身的武资官一般直接授亲民官资序，而荫补任子、一般承应人、吏员出身的武资官须经监当官资序才能升转亲民官资序。荫补官、诸科出身人以及流外出职人员是金代监当官的主要来源。金代官员有正班官与杂班官之分，大致对应元朝的常调官与杂职官。杂班官、杂职官都不仅限于监当官。监当官身处官场基层，所管事务广泛涉及工商税务、仓库管理等领域，金代将之纳入官员铨选制度，置于皇权和中央集权的统一管理之下，使其摆脱了女真贵族武将的控制。

本书最后选取辽金荐举制度及其运行这个侧面，剖析辽金皇权政治与贵族政治的关系，以及荐举制度所体现的辽金政治体制的共同性与差异性。辽朝实行南北两面官制度，铨选制度不够健全，荐举缺乏制度性规范，带有浓厚的贵族政治色彩。金朝的政治体制改革比较彻底，荐举制度带有更多皇权政治和官僚政治色彩，比较规范，是严密的官员铨选制度的组成部分，主要为朝廷延揽人才服务，较少受制于贵族政治。辽金荐举制发挥过一定的积极作用，但消极影响显著。辽代契丹贵族利用荐举培植个人和宗族的势力，严重威胁皇权。金代铨选循资格、荐举请托营私，致使官员奔竞苟且之风盛行。

通过对以上问题的辨析和论证，本书主要结论如下。

第一，辽金政权的性质是以皇亲国戚为核心的贵族阶层联合各族世家大族、庶民地主共同实行对各族人民的统治，贵族阶层始终居于权力结构的顶层，具有贵族政治的特点。以世袭、世选、世代担任要职为标志的政治特权，以分封、赏赐土地和人口为标志的经济特权，是贵族政治的基础。

第二，辽金因袭中原王朝制度逐步建立了君主专制中央集权体制。皇权政治与贵族政治既互相依存又对立冲突，从相辅相成转变为一种博弈竞合关系。贵族欲借皇权培植个人和宗族的势力，皇权也需要依赖贵族强大的宗法势力赢得对外战争的胜利，实行对各族的统治。但加强皇权和中央集权，必然与贵族政治产生冲突。皇权政治与贵族政治的博弈，呈现出以皇权为中心的中央集权不断加强，传统的贵族政治不断被削弱的趋势。

第三，辽金王朝在强化皇权、加强中央集权的过程中，其权力结构、权力运作始终处于不断变化中。这突出表现在皇权对贵族和世家大族权力的限制、拓宽选官用人范围等方面。科举取士、吏员出职为中小地主阶级加入政权提供了机会，扩大了统治阶级的社会基础。皇权有意培植一支庶民官僚队伍，用官僚政治平衡贵族政治，确立皇权主导下的官僚政治体制。

第四，辽金政治体制表现出从贵族政治向专制主义皇权政治、官僚政治转变的趋势。军事贵族集团拥戴部落联盟首领"变家为国"，成为王朝的皇帝，贵族也由此世代为官，贵族政治的影响力与王朝相始终。王朝的皇权不断强化，皇权政治逐步占据主导地位。贵族政治与皇权政治此消彼长。皇权政治孕育了官僚政治，二者密不可分。贵族政治与官僚政治亦此消彼长。但辽金两朝后期都出现了贵族政治势力反弹的现象。

第五，辽金在官员选任、管理等方面不断吸收中原王朝的制度。最典型的是实行铨选制度，使官员的选任摆脱贵族政治的支配，为强化皇权服务，体现皇权政治的特点；推行科举制度，提升进士出身的文官群体的政治地位。

第六，辽金的选官制度既有对中国传统王朝制度的继承与发展，又都带有各自制度和习俗的烙印。辽金的政治和经济制度、社会发展道路、阶级结构、权力结构都有所不同，贵族政治、皇权政治、官僚政治的发展程度有所不同，选官制度也各有特色。比较而言，辽朝君主专制中央集权程度比金朝低。辽朝实行南北面官制，北面官掌控军政大权和部落事务，其主要官员绝大多数出身于契丹贵族，更多地保留了契丹族传统的政治文化。女真族和金朝对中原文化、汉文化的接受程度更高，政治体制改革更彻底，皇权政治和官僚政治比较早就取得了对贵族政治的优势。

希望本书为深入认识辽金暨契丹女真在中国统一多民族国家形成发展过程中的地位及作用，深化对中国历史发展道路及其规律的认识，深刻理解中华民族共同体意识的形成及其内涵，贡献绵薄之力。

# 征引与参考文献

## 一　古籍文献

《新五代史》，中华书局点校本修订本，2015。

《旧五代史》，中华书局点校本修订本，2015。

《辽史》，中华书局点校本修订本，2016。

《金史》，中华书局点校本修订本，2020。

《宋史》，中华书局点校本，1985。

《元史》，中华书局点校本，1976。

（宋）司马光：《资治通鉴》（全 10 册），中华书局点校本，1996。

（宋）李焘：《续资治通鉴长编》，中华书局点校本，2004。

（宋）徐梦莘：《三朝北盟会编》，上海古籍出版社，2008。

（宋）李心传：《建炎以来系年要录》，上海古籍出版社点校本，2018。

《宋会要辑稿》（1—8 册），中华书局影印本，1957。

《宋会要辑稿》（1—16 册），上海古籍出版社点校本，2014。

（宋）马端临：《文献通考》，中华书局点校本，2011。

《大金集礼》，任文彪点校，浙江大学出版社，2019。

天一阁博物馆等校证《天一阁藏明钞本天圣令校证（附唐令复原研究）》，
　　中华书局，2006。

杨一凡、田涛主编《中国珍稀法律典籍续编》第 1 册《庆元条法事类》，
　　戴建国点校，黑龙江人民出版社，2002。

杨一凡、田涛主编《中国珍稀法律典籍续编》第 2 册《吏部条法》，刘
　　笃才点校，黑龙江人民出版社，2002。

方龄贵校注《通制条格校注》，中华书局，2001。

《大元圣政国朝典章》，中国广播电视出版社影印元刊本，1998。

《元典章》（全 4 册），陈高华等点校，天津古籍出版社、中华书局，2011。

《至正条格》，韩国学中央研究院影印本，2007。

（宋）叶隆礼：《契丹国志》，贾敬颜、林荣贵点校，上海古籍出版社，1985。

（宋）宇文懋昭撰，崔文印校证《大金国志校证》，中华书局，1986。

（金）赵秉文：《赵秉文集》，马振君整理，黑龙江大学出版社，2014。

（金）元好问著，姚奠中主编《元好问全集》（全3册），三晋出版社，2015。

（金）元好问编《中州集》，萧和陶点校，华东师范大学出版社，2014。

（金）刘祁：《归潜志》，中华书局，1983。

（金）王若虚著，胡传志、李定乾校注《滹南遗老集校注》，辽海出版社，2006。

（元）郝经著，张进德、田同旭编年校笺《郝经集编年校笺》，人民文学出版社，2018。

（元）胡祗遹：《胡祗遹集》，魏崇武、周思成校点，吉林文史出版社，2008。

（元）王恽著，杨亮、钟彦飞点校《王恽全集汇校》（全10册），中华书局，2013。

（元）姚燧著，查洪德编校《姚燧集》，人民文学出版社，2011。

（元）苏天爵：《滋溪文稿》，陈高华、孟繁清点校，中华书局，1997。

（元）苏天爵编《元文类》，张金铣点校，安徽大学出版社，2020。

（清）张金吾编纂《金文最》，中华书局，1990。

## 二 古籍校录考证、石刻文字辑注

（清）钱大昕：《廿二史考异》，方诗铭、周殿杰校点，上海古籍出版社，2014。

（清）赵翼著，王树民校证《廿二史札记校证》，中华书局，2013。

（清）施国祁撰，陈晓伟点校《金史详校》，中华书局，2021。

贾敬颜：《五代宋金元人边疆行记十三种疏证稿》，中华书局，2004。

赵永春辑注《奉使辽金行程录》（增订本），商务印书馆，2017。

向南编《辽代石刻文编》，河北教育出版社，1995。

向南等辑注《辽代石刻文续编》，辽宁人民出版社，2010。

盖之庸编著《内蒙古辽代石刻文研究》（增订本），内蒙古大学出版社，2007。

刘凤翥等编著《辽上京地区出土的辽代碑刻汇辑》，社会科学文献出版社，
　　2009。

周阿根校注《辽代墓志校注》，天津古籍出版社，2022。

王新英辑校《全金石刻文辑校》，吉林文史出版社，2012。

### 三　考古报告与研究

王健群、陈相伟：《库伦辽代壁画墓》，文物出版社，1989。

内蒙古自治区文物考古研究所等：《辽陈国公主墓》，文物出版社，1993。

河北省文物研究所编著《宣化辽墓——1974—1993 年考古发掘报告》，
　　文物出版社，2001。

辽宁省文物考古研究所编著《关山辽墓》，文物出版社，2011。

巫鸿、李清泉：《宝山辽墓：材料与释读》，上海书画出版社，2013。

乌力吉：《辽代墓葬艺术中的捺钵文化研究》，文化艺术出版社，2013。

郑承燕：《辽代贵族丧葬制度研究》，文物出版社，2014。

赵评春、迟本毅：《金代服饰：金齐国王墓出土服饰研究》，文物出版社，
　　1998。

北京市文物研究所编著《鲁谷金代吕氏家族墓葬发掘报告》，科学出版社，
　　2010。

### 四　今人著作

爱新觉罗乌拉熙春：《爱新觉罗乌拉熙春女真契丹学研究》，松香堂书
　　店，2009。

爱新觉罗乌拉熙春、〔日〕吉本道雅：《新出契丹史料研究》，松香堂书
　　店，2012。

白钢主编《中国政治制度通史》，人民出版社，1996。

北京大学中国古代史研究中心编《邓广铭教授百年诞辰纪念论文集》，
　　中华书局，2008。

本书编委会编《庆祝邓广铭教授九十华诞论文集》，河北教育出版社，
　　1997。

曹流：《〈亡辽录〉辑释与研究》，巴蜀书社，2022。

蔡美彪：《辽金元史考索》，中华书局，2012。

陈得芝：《蒙元史研究丛稿》，人民出版社，2005。

陈得芝：《蒙元史与中华多元文化论集》，上海古籍出版社，2013。

陈俊达：《辽朝节镇体制研究》，上海三联书店，2021。

陈述：《金史拾补五种》，科学出版社，1960。

陈述：《契丹社会经济史稿》，生活·读书·新知三联书店，1963。

陈述：《契丹政治史稿》，人民出版社，1986。

陈爽：《世家大族与北朝政治》，中国社会科学出版社，1998。

陈苏镇主编《中国古代政治文化研究》，北京大学出版社，2009。

陈晓伟：《〈金史〉丛考》，中华书局，2022。

陈寅恪：《唐代政治史述论稿》，上海古籍出版社，1997。

陈志英：《金元之际转运司制度的变迁》，新华出版社，2018。

程妮娜：《金代政治制度研究》，吉林大学出版社，1999。

戴建国：《宋代法制研究丛稿》，中西书局，2019。

邓小南：《祖宗之法：北宋前期政治述略》，生活·读书·新知三联书店，
　　2006。

邓小南：《宋代文官选任制度诸层面》（修订本），中华书局，2021。

都兴智：《辽金史研究》，人民出版社，2004。

范兆飞编译《西方学者中国中古贵族制论集》，生活·读书·新知三联书
　　店，2018。

方震华：《权力结构与文化认同——唐宋之际的文武关系（875—1063）》，
　　社会科学文献出版社，2019。

费孝通、吴晗等：《皇权与绅权》，岳麓书社，2012。

符海朝：《元代汉人世侯群体研究》，河北大学出版社，2007。

符海朝：《辽金元时期北方汉人上层民族心理研究》，中国社会科学出版
　　社，2016。

傅乐焕：《辽史丛考》，中华书局，1984。

高福顺：《科举与辽代社会》，中国社会科学出版社，2015。

高福顺：《教育与辽代社会》，人民出版社，2019。

龚延明：《宋史职官志补正》，浙江古籍出版社，1991。

桂栖鹏：《元代进士研究》，兰州大学出版社，2001。

韩世明：《明代女真家庭形态研究》，中国社会科学出版社，2006。

何天明：《辽代政权机构史稿》，内蒙古大学出版社，2004。

何忠礼：《宋史选举志补正》，浙江古籍出版社，1992。

何忠礼：《科举与宋代社会》，商务印书馆，2006。

胡坤：《宋代荐举改官研究》，上海古籍出版社，2019。

黄宽重：《宋代的家族与社会》，国家图书馆出版社，2009。

贾芳芳：《宋代地方政治研究》，人民出版社，2017。

贾淑荣：《金代武将群体研究》，内蒙古大学出版社，2014。

贾玉英：《唐宋时期地方政治制度变迁史》，人民出版社，2016。

康鹏：《辽代五京体制研究》，中国社会科学出版社，2023。

兰婷：《金代教育与科举研究》，人民出版社，2019。

李昌宪：《五代两宋时期政治制度研究》，生活·读书·新知三联书店，
　　2013。

李昌宪：《宋朝官品令与合班之制复原研究》，上海古籍出版社，2013。

李渡：《明代皇权政治研究》，中国社会科学出版社，2004。

李谷城：《辽代南京留守研究》，中国社会科学出版社，2013。

李桂芝：《辽金科举研究》，中央民族大学出版社，2012。

李涵：《宋辽金元史论》，四川人民出版社，2022。

李华瑞、姜锡东主编《王曾瑜先生八秩祝寿文集》，科学出版社，2018。

李济沧：《东晋贵族政治史论》，江苏人民出版社，2016。

李鸣飞：《金元散官制度研究》，兰州大学出版社，2014。

李锡厚：《临潢集》，河北大学出版社，2001。

李锡厚：《辽史》，人民出版社，2006。

李锡厚：《辽史礼志疏证稿》，社会科学文献出版社，2023。

李锡厚、白滨、周峰：《辽西夏金史研究》，福建人民出版社，2005。

李秀莲：《金朝"异代"文士的民族认同之路》，中华书局，2017。

李秀莲：《金源女真的英雄时代》，社会科学文献出版社，2018。

李玉君：《金代宗室研究》，科学出版社，2016。

李治安、杜家骥：《中国古代官僚政治》，中华书局，2015。

李治安：《元史暨中古史新论》，人民出版社，2022。

李治安：《元代政治文化新探》，中国社会科学出版社，2022。

梁庚尧：《宋代科举社会》，东方出版中心，2017。

林鹄:《辽史百官志考订》,中华书局,2015。

林鹄:《南望:辽前期政治史》,生活·读书·新知三联书店,2018。

刘浦江:《辽金史论》,辽宁大学出版社,1999。

刘浦江:《松漠之间——辽金契丹女真史研究》,中华书局,2008。

刘浦江:《宋辽金史论集》,中华书局,2017。

刘浦江:《正统与华夷:中国传统政治文化研究》,中华书局,2017。

楼劲:《北魏开国史探》,中国社会科学出版社,2017。

苗润博:《〈辽史〉探源》,中华书局,2020。

苗书梅:《宋代官员选任和管理制度》,河南大学出版社,1996。

苗书梅:《宋代地方官僚制度探研》,中国社会科学出版社,2022。

宁欣:《唐史识见录》,商务印书馆,2009。

齐伟:《辽代汉官集团的婚姻与政治》,科学出版社,2017。

漆侠、乔幼梅:《中国经济通史·辽夏金经济卷》,经济日报出版社,1998。

邱靖嘉:《〈金史〉纂修考》,中华书局,2017。

任爱君:《契丹史实揭要》,哈尔滨出版社,2001。

史风春:《辽朝后族诸问题研究》,人民出版社,2017。

史泠歌:《宋朝武官制度研究》,上海古籍出版社,2022。

宋德金:《辽金论稿》,湖北教育出版社,2005。

孙昊:《辽代女真族群与社会研究》,兰州大学出版社,2014。

唐长孺:《魏晋南北朝隋唐史三论》,中华书局,2011。

田余庆:《东晋门阀政治》,北京大学出版社,1996。

田余庆:《拓跋史探》,生活·读书·新知三联书店,2003。

陶晋生:《女真史论》,台北:食货出版社,1981。

王承礼主编《辽金契丹女真史译文集》,吉林文史出版社,1990。

王德朋:《金代汉族士人研究》,中国社会科学出版社,2006。

王锦萍:《蒙古征服之后:13—17世纪华北地方社会秩序的变迁》,陆骐、刘云军译,上海古籍出版社,2023。

王雷:《金代吏员研究》,社会科学文献出版社,2018。

王民信:《王民信辽史研究论文集》,台北:台湾大学出版中心,2010。

王明荪:《辽金元史论文稿》,台北:槐下书肆,2005。

王瑞来:《近世中国——从唐宋变革到宋元变革》,山西教育出版社,2015。

王瑞来：《士人走向民间：宋元变革与社会转型》，广西师范大学出版社，2023。

王善军：《世家大族与辽代社会》，人民出版社，2008。

王善军：《宋代宗族和宗族制度研究》，人民出版社，2018。

王旭东：《辽代五京地方政务运行研究》，知识产权出版社，2021。

王亚南：《中国官僚政治研究》，中国社会科学出版社，1981。

王耘：《金代从地域到国家的政治文化认同》，中国社会科学出版社，2017。

王曾瑜：《宋朝阶级结构》，河北教育出版社，1996。

王曾瑜：《辽金军制》，河北大学出版社，2011。

文史哲编辑部编《门阀、庄园与政治：中古社会变迁研究》，商务印书馆，2011。

武文君：《辽代部族军研究》，黄山书社，2022。

武玉环：《辽制研究》，吉林大学出版社，2001。

武玉环：《辽金社会与文化研究》，中国社会科学出版社，2014。

武玉环：《辽金职官管理制度研究》，人民出版社，2019。

吴宗国：《唐代科举制度研究》，辽宁大学出版社，1992。

吴宗国主编《中国古代官僚政治制度研究》，北京大学出版社，2004。

夏宇旭：《金代契丹人研究》，中国社会科学出版社，2014。

肖爱明：《中国古代北方游牧民族两翼制度研究》，人民出版社，2007。

肖爱明：《辽朝政治中心研究》，人民出版社，2014。

萧启庆：《内北国而外中国：蒙元史研究》，中华书局，2007。

萧启庆：《元代的族群文化与科举》，新北：联经出版事业股份有限公司，2008。

萧启庆：《九州四海风雅同：元代多族士人圈的形成与发展》，新北：联经出版事业股份有限公司，2012。

薛瑞兆：《金代科举》，中国社会科学出版社，2004。

阎步克：《察举制度变迁史稿》，北京师范大学出版社，2021。

杨果：《宋辽金史论稿》，商务印书馆，2010。

杨若薇：《契丹王朝政治军事制度研究》（修订版），社会科学文献出版社，2022。

姚从吾：《东北史论丛》（第3版），台北：正中书局，1970。

叶潜昭:《金律之研究》,台北:台湾商务印书馆,1972。

游彪:《宋代荫补制度研究》,中国社会科学出版社,2001。

曾小华:《中国古代任官资格制度与官僚政治》,杭州大学出版社,1997。

张邦炜:《宋代政治文化史论》,人民出版社,2005。

张邦炜:《宋代皇亲与政治》,郑州大学出版社,2021。

张博泉等:《金史论稿》第1卷,吉林文史出版社,1986。

张博泉等:《金史论稿》第2卷,吉林文史出版社,1992。

张国庆:《辽代社会史研究》,中国社会科学出版社,2006。

张国庆:《辽代石刻所见辽朝史事研究》,辽宁教育出版社,2023。

张帆:《元代宰相制度》,北京大学出版社,1997。

张希清等主编《10—13世纪中国文化的碰撞与融合》,上海人民出版社,2006。

赵冬梅:《文武之间:北宋武选官研究》,北京大学出版社,2010。

赵琦:《金元之际的儒士与汉文化》,人民出版社,2004。

曾代伟:《金元法制丛考》,杨一凡主编《中国法制史考证续编》第9册,社会科学文献出版社,2009。

周良霄:《皇帝与皇权》(增订本),上海古籍出版社,2006。

周良霄:《知止斋存稿》上下册,上海古籍出版社,2022。

诸葛忆兵:《宋代宰辅制度研究》,中国社会科学出版社,2000。

朱子彦:《多维视角下的皇权政治》,上海人民出版社,2007。

祝总斌:《两汉魏晋南北朝宰相制度研究》,中国社会科学出版社,1990。

〔美〕贾志扬:《棘闱:宋代科举与社会》,江苏人民出版社,2022。

〔美〕谭凯:《中古中国门阀大族的消亡》,胡耀飞、谢宇荣译,社会科学文献出版社,2017。

〔日〕川合安:《南朝贵族制研究》,柴栋译,复旦大学出版社,2022。

〔日〕川胜义雄:《六朝贵族制社会研究》,李济沧、徐谷芃译,上海古籍出版社,2018。

〔日〕饭山知保:《另一种士人:金元时代的华北社会与科举制度》,邹笛译,浙江大学出版社,2021。

〔日〕高井康典行:《渤海与藩镇——辽代地方统治研究》,东京:汲古书院,2016。

〔日〕三上次男：《金代女真研究》，金启孮译，黑龙江人民出版社，1984。

〔日〕柿沼阳平、饭山知保编《贵族与士大夫——青年学者眼中的中国史》，王博等译，上海古籍出版社，2022。

〔日〕外山军治：《金朝史研究》，李东源译，黑龙江朝鲜民族出版社，1988。

## 五　论文

### （一）政制、官制、选举制度

陈述：《论契丹之选汗大会与帝位继承》，《史学集刊》第 5 期，1947 年。

陈述：《契丹世选考》，《历史语言研究所集刊》第 8 本第 2 分册，1939 年。

陈昭扬：《金代的官员迁转路径——以格法为中心的观察》，《成大历史学报》第 47 期，2014 年。

陈昭扬：《金代低阶地方官的迁转路径——以县令为中心的观察》，《中国史学》第 18 卷，京都：朋友书店，2008。

陈昭扬：《金代宫中承应人的选任制度》，《台湾师大历史学报》第 49 期，2013 年。

陈昭扬：《金代汉族进士的官职迁转》，张希清等主编《10—13 世纪中国文化的碰撞与融合》，上海人民出版社，2006。

陈昭扬：《金代监察御史的选任制度及其运作——以官员组成为中心的考察》，《东吴历史学报》第 28 期，2012 年。

程妮娜：《是酋邦，还是国家？——再论金朝初年女真政权的国家形态》，《陕西师范大学学报》2020 年第 4 期。

〔日〕川合安：《关于六朝隋唐的"贵族政治"》，《北大史学》第 14 辑，北京大学出版社，2009。

都兴智：《金代科举的女真进士科》，《黑龙江民族丛刊》2004 年第 6 期。

都兴智：《金代科举制度的特点》，《北方文物》1988 年第 2 期。

都兴智：《有关辽代科举的几个问题》，《北方文物》1991 年第 2 期。

费国庆：《辽朝郎君考》，《上海教育学院学报》1991 年第 1 期。

费国庆：《辽代斡鲁朵探索》，《历史学》1979 年第 3 期。

高福顺：《从部族到王朝国家：契丹族群早期政治生态演进模式的道路抉择》，《内蒙古社会科学》2023 年第 5 期。

高福顺：《辽代进士群体的政治地位与社会作用》，《东北亚研究论丛》第 9 辑，东北师范大学出版社，2016。

〔日〕高井康典行：《辽朝科举与辟召》，程尼娜译，《史学集刊》2009 年第 1 期。

葛华廷、王玉亭：《辽代北、南宰相府地位的变化及其宰相职位设置与选任》，《北方文物》2015 年第 3 期。

关树东：《金朝官中承应人初探》，《民族史研究》第 1 辑，民族出版社，1999。

关树东：《金代的监当官》，刘宁、张力主编《辽金历史与考古国际学术研讨会论文集》（上），辽宁教育出版社，2012。

关树东：《金代的杂班官与元代的杂职官》，黄正建主编《隋唐辽宋金元史论丛》第 3 辑，上海古籍出版社，2013。

关树东：《辽朝的选官制度与社会结构》，张希清等主编《10—13 世纪中国文化的碰撞与融合》，上海人民出版社，2006。

关树东：《辽朝墩官刍议》，黄正建主编《隋唐辽宋金元史论丛》第 2 辑，上海古籍出版社，2012。

关树东：《辽朝御帐官考》，《民族研究》1997 年第 2 期。

关树东：《辽朝州县制度中的"道""路"问题探研》，《中国史研究》2003 年第 2 期。

关树东：《辽金荐举制度——兼论辽金贵族政治与皇权的关系》，《殷都学刊》2022 年第 4 期。

关树东：《辽金元贵族政治体制与选官制度的特色》，李华瑞、姜锡东主编《王曾瑜先生八秩祝寿文集》，科学出版社，2018。

关树东：《辽圣宗时期的宰执群体》，《宋史研究论丛》第 11 辑，河北大学出版社，2010。

郭晓东：《金代尚书省令史选任制度考论》，《中央民族大学学报》2020 年第 2 期。

黄艳：《"贵族政治"与"君主独裁"——内藤湖南"宋代近世说"中的史实问题》，《古代文明》2014 年第 4 期。

蒋金玲：《辽代汉人的入仕与迁转》，《中国史研究》2013 年第 3 期。

蒋金玲：《辽代进士仕宦问题考述》，《中国边疆史地研究》2012 年第

1 期。

蒋金玲：《辽代荫补制度考》，《史学集刊》2010 年第 2 期。

景爱：《金代行省考》，《历史地理》第 9 辑，上海人民出版社，1990。

康鹏：《辽代地方要员选任方式浅议》，黄正建主编《隋唐辽宋金元史论
　　丛》第 4 辑，上海古籍出版社，2014。

乐日乐：《金代郎君考》，《宋史研究论丛》第 23 辑，科学出版社，2018。

乐日乐：《辽朝郎君考述》，《辽金历史与考古》第 9 辑，科学出版社，2018。

李桂芝：《辽朝进士杂考》，《学习与探索》2009 年第 2 期。

李桂芝：《辽朝最高决策机构的职能及其演变》，《蒙古史研究》第 6 辑，
　　内蒙古大学出版社，2000。

李桂芝：《契丹贵族大会钩沉》，《历史研究》1999 年第 6 期。

李桂芝：《契丹郎君考》，《民大史学》第 1 辑，中央民族大学出版社，1997。

李涵：《金初汉地枢密院试析》，《辽金史论集》第 4 辑，书目文献出版社，
　　1989。

李浩楠：《金代许州昌武军节度使的用人及任期研究》，《北方文物》2016 年
　　第 2 期。

李文泽：《金代女真族科举考试制度研究》，《四川大学学报》2003 年第
　　3 期。

李文泽：《辽代的官方教育与科举制度研究》，《四川大学学报》1999 年第
　　4 期。

李锡厚：《金朝的"郎君"与"近侍"》，《社会科学辑刊》1995 年第 5 期。

李锡厚：《辽代宰相制度的演变》，《民族研究》1987 年第 4 期。

李锡厚：《论辽朝的政治体制》，《历史研究》1988 年第 3 期。

李秀莲、刘智博：《金朝酋邦社会形态下勃极烈官制始末》，《辽金历史与
　　考古》第 10 辑，科学出版社，2019。

李玉君：《金朝"郎君"非宗室子弟之专称》，《史学月刊》2012 年第 2 期。

李玉君：《金代宗室的任用与政治运作》，《南开学报》2012 年第 4 期。

李治安：《关于秦以降皇权官僚政治与贵族政治的复合建构》，《史学月
　　刊》2011 年第 3 期。

里景林：《金代辟举县令法探赜》，《保定学院学报》2020 年第 1 期。

里景林：《金代大定年间荐举制度的确立与运行探析》，《河北北方学院

学报》2019 年第 4 期。

林鹄:《辽世宗、枢密院与政事省》,《中国史研究》2014 年第 2 期。

林培源:《魏晋南北朝士族门阀政治与贵族社会关系探微——兼论日本学者"六朝贵族制"论说》,《科学·经济·社会》2016 年第 1 期。

刘浦江:《金朝初叶的国都问题——从部族体制向帝制王朝转型中的特殊政治生态》,《中国社会科学》2013 年第 3 期。

刘浦江:《辽朝的头下制度与头下军州》,《中国史研究》2000 年第 3 期。

刘源:《"五等爵"制与殷周贵族政治体系》,《历史研究》2014 年第 1 期。

鲁西奇:《金初行台尚书省与汉地统治政策》,《江汉论坛》1994 年第 10 期。

鲁西奇:《金末行省考述》,《湖北大学学报》1995 年第 1 期。

孟繁清:《金代的令史制度》,《宋辽金史论丛》第 2 辑,中华书局,1991。

漆侠:《从对〈辽史〉列传的分析看辽国家体制》,《历史研究》1994 年第 1 期。

邱靖嘉:《"超越北南":从中枢体制看辽代官制的特性》,《历史研究》2022 年第 3 期。

邱靖嘉:《"元谋叛辽十弟兄"与金初皇位继承——兼论勃极烈辅政群体之构成》,《学术研究》2021 年第 11 期。

任爱君:《契丹国家的房帐官卫制度》,《昭乌达蒙族师专学报》1996 年第 3 期。

史建群:《论赵国政治改革的失败:贵族政治与官僚政治并存》,《河北学刊》1988 年第 3 期。

宋德金:《金代的学校考试和铨选考试》,《社会科学战线》1995 年第 2 期。

孙孝伟:《金朝荐举制度初探》,《黑龙江教育学院学报》2007 年第 12 期。

孙孝伟:《金朝流外出职制度研究》,《黑龙江教育学院学报》2007 年第 4 期。

谭其骧:《金代路制考》,《中国历史地理论丛》第 1 辑,陕西人民出版社,1980。

唐长孺:《金初皇位继承制度及其破坏》,《山居存稿》,中华书局,1989。

唐统天:《关于契丹北、南宰相府的几个问题》,《民族研究》1988 年第 5 期。

唐统天:《辽代宰相制度的研究》,《东北地方史研究》1992 年第 1 期。

陶晋生:《金代的女真进士科》,《政治大学边政研究所年报》第 1 期,

1970 年。

陶晋生：《金代的用人政策》，《食货》复刊第 8 卷第 11 期，1979 年。

田晓雷：《皇统党狱与金朝官制》，《史学月刊》2023 年第 4 期。

田晓雷：《金代中央政务研究——以尚书省左右司为中心》，《中央民族
　　大学学报》2018 年第 3 期。

王德忠：《辽朝世选制度的贵族政治特色及其影响》，《东北师大学报》2003
　　年第 6 期。

王峤：《金代门荫制度新论》，《河北师范大学学报》2017 年第 5 期。

王峤：《金代审官院研究——兼论有金一代的选官与皇权关系》，《辽金
　　史论集》第 17 辑，中国社会科学出版社，2019。

王民信：《辽朝的理财机构——五京诸司使及南面财赋官》，《书目季刊》
　　第 10 卷第 2 期，1976 年。

王明德：《论春秋战国时期贵族政治向官僚政治的转变》，《理论导刊》2009
　　年第 3 期。

王善军：《世选制度与契丹的家族势力》，《社会科学战线》2004 年第 1 期。

王世莲：《金代的考课与廉察制度》，《辽金史论集》第 4 辑，书目文献出
　　版社，1989。

王滔韬：《辽朝南面朝官体制研究》，《重庆交通学院学报》2006 年第 3 期。

王滔韬：《辽朝南面宰相制度研究》，《社会科学辑刊》2002 年第 4 期。

王曾瑜：《金熙宗"颁行官制"考辨》，《宋史研究论丛》第 6 辑，河北大
　　学出版社，2005。

王曾瑜：《辽朝官员的实职和虚衔初探》，《文史》第 34 辑，中华书局，1992。

吴凤霞：《契丹世选制的发展变化及其历史作用》，《内蒙古社会科学》1999
　　年第 2 期。

武玉环：《辽代斡鲁朵探析》，《历史研究》2000 年第 2 期。

武玉环：《辽代职官考核制度探析》，《史学集刊》2014 年第 3 期。

武玉环、孙孝伟：《赵翼"金中叶以后宰相不与兵事"考辨——兼论金
　　朝中后期尚书省与枢密院的关系》，《学习与探索》2011 年第 4 期。

肖爱民：《辽朝斡鲁朵的含义、性质与地位》，《契丹学论集》第 2 辑，内蒙
　　古人民出版社，2015。

徐秉愉：《金代女真进士科制度的建立及其对女真政权的影响》，《台大

历史学报》第 33 期，2004 年。

闫兴潘：《金代女真人"超迁格"问题补论》，《宋史研究论丛》第 31 辑，科学出版社，2022。

闫兴潘：《论金代女真人的"超迁格"——民族关系影响下的职官制度变革》，《历史教学》2019 年第 9 期。

杨军：《辽朝南面官研究——以碑刻资料为中心》，《史学集刊》2013 年第 3 期。

杨军：《辽代的宰相与使相》，《学习与探索》2012 年第 2 期。

杨茂盛：《试论金初军事民主制与君主专制的关系》，《民族研究》1991 年第 1 期。

杨茂盛：《试论契丹的宗族—家族斗争及其世选制》，《北方文物》1996 年第 1 期。

杨若薇：《辽朝科举制度的几个问题》，《史学月刊》1989 年第 2 期。

杨若薇：《辽代斡鲁朵官制探讨》，《中国史研究》1986 年第 4 期。

姚从吾：《辽金元时期通事考》，《台大文史哲学报》第 16 期，1967 年。

姚从吾：《说辽朝契丹人的世选制度》，《台大文史哲学报》第 6 期，1954 年。

余蔚：《金代地方监察制度研究——以提刑司、按察司为中心》，《中国历史地理论丛》2010 年第 3 期。

余蔚：《辽代斡鲁朵管理体制研究》，《历史研究》2015 年第 1 期。

袁成、宋卿：《金朝荐举制度探析》，《齐齐哈尔大学学报》2019 年第 5 期。

曾代伟：《金朝职官管理制度述略》，《民族研究》1993 年第 3 期。

张帆：《金朝路制再探讨——兼论其在元朝的演变》，《燕京学报》第 12 期，北京大学出版社，2002。

张帆：《论金元皇权与贵族政治》，《学人》第 14 辑，江苏文艺出版社，1998。

张国庆：《辽朝官员的考绩与迁转探赜》，《中国史研究》2017 年第 2 期。

张国庆：《石刻所见辽代中央行政系统职官考——〈辽史·百官志〉补遗之六》，《黑龙江民族丛刊》2012 年第 1 期。

张又天：《金代职事官超迁现象探析》，《河北北方学院学报》2020 年第 3 期。

赵冬晖：《金代科举制度研究》，《辽金史论集》第 4 辑，书目文献出版社，1989。

赵冬晖：《论金熙宗时期国家政体的转变》，《辽金史论集》第 2 辑，书目文献出版社，1987。

赵宇：《金朝前期的"南北选"问题——兼论金代汉地统治方略及北族政治文化之赓衍》，《中国社会科学》2016 年第 4 期。

周峰：《金代近侍初探》，《内蒙古社会科学》1998 年第 2 期。

周峰：《辽代的边将——以西部边疆为中心的探讨》，《宋史研究论丛》第 11 辑，河北大学出版社，2010。

**（二）政治、社会、宗族等**

爱新觉罗乌拉熙春：《萧挞凛与国舅夷离毕帐》，《辽金历史与考古国际学术研讨会论文集》（上），辽宁教育出版社，2012。

伯颜：《金朝之汉人与南人》，《社会科学辑刊》1985 年第 1 期。

蔡美彪：《辽代后族与辽季后妃三案》，《历史研究》1994 年第 2 期。

曹流：《子凭母贵与辽代继位三案》，《中央民族大学学报》2019 年第 5 期。

都兴智：《辽代国舅拔里氏阿古只家族的几个问题》，《黑龙江民族丛刊》2009 年第 5 期。

都兴智：《辽代国舅小翁帐萧知玄家族述论》，《渤海大学学报》2021 年第 4 期。

关树东：《金朝明昌党事考实》，《宋史研究论丛》第 7 辑，河北大学出版社，2006。

关树东：《金世宗、章宗时期政风士风刍议》，《宋史研究论文集》，上海人民出版社，2008。

关树东：《辽朝汉人宰相梁颖与权臣耶律乙辛之斗争辨析》，《中国史研究》2017 年第 4 期。

关树东：《辽道宗时期汉族士大夫官僚群体的崛起》，刘晓、雷闻主编《隋唐辽宋金元史论丛》第 7 辑，上海古籍出版社，2017。

关树东：《辽兴宗朝皇族后族权势的消长与皇权的强化》，《桑榆启晨——史金波先生八十寿辰纪念论文集》，甘肃文化出版社，2021。

关树东：《耶律和鲁斡、耶律淳父子与辽末政治》，《宋史研究论丛》第 15 辑，河北大学出版社，2014。

郭宝存、祁彦春：《辽代〈萧绍宗墓志铭〉和〈耶律燕哥墓志铭〉考释》，《文史》2015 年第 3 辑。

韩世明、都兴智：《辽〈驸马萧公平原公主墓志〉再考释》，《文史》2013 年第 3 辑。

韩世明：《女真姓氏及姓氏集团研究》，《辽金史论集》第 8 辑，吉林文史出版社，1994。

和希格：《从皇统党狱始末看金朝政治》，《内蒙古大学学报》1996 年第 2 期。

康鹏：《承天太后家族之姻娅及其政治地位之升降》，刘晓、雷闻主编《隋唐辽宋金元史论丛》第 6 辑，上海古籍出版社，2016。

康鹏：《萧挞凛家族世系考》，《新亚洲论坛》第 4 辑，首尔出版社，2011。

李桂芝：《辽景宗即位考实》，《学习与探索》2006 年第 6 期。

李锡厚：《辽朝汉族地主与契丹权贵的封建化》，《中国社会科学院历史研究所学刊》第 3 集，商务印书馆，2004。

李锡厚：《辽金时期契丹及女真族社会性质的演变》，《历史研究》1994 年第 5 期。

李秀莲：《阿骨打称都勃极烈与金朝开国史之真伪研究》，《史学月刊》2008 年第 6 期。

李秀莲：《高庆裔与宗翰的贵族政治》，《金上京文史论丛》第 4 辑，黑龙江人民出版社，2013。

李秀莲：《杨朴在〈金史〉中的隐遁与金初政治》，《黑龙江民族丛刊》2010 年第 4 期。

李玉君：《金代皇族婚姻述论》，《东北史地》2009 年第 6 期。

李玉君：《论金朝中央集权对女真皇族的防范对策》，《满族研究》2009 年第 3 期。

李智裕、苗霖霖：《略论辽金时期东京渤海遗民李氏家族》，《东北史研究》2014 年第 2 期。

李智裕、苗霖霖：《略论辽金时期东京渤海遗民张氏家族》，《辽金历史与考古》第 4 辑，辽宁教育出版社，2013。

林鹄：《耶律阿保机建国方略考——兼论非汉族政权之汉化命题》，《历史研究》2012 年第 4 期。

刘浦江:《渤海世家与女真皇室的联姻——兼论金代渤海人的政治地位》,
　　《北大史学》第 3 辑,北京大学出版社,1996。

刘浦江:《金朝的民族政策与民族歧视》,《历史研究》1996 年第 3 期。

刘浦江:《女真的汉化道路与大金帝国的覆亡》,《国学研究》第 7 卷,北
　　京大学出版社,2000。

刘浦江:《试论辽朝的民族政策》,《辽金史论》,辽宁大学出版社,1999。

罗继祖:《辽承天后与韩德让》,《吉林大学人文科学学报》1962 年第 3 期。

孟古托力:《契丹族婚姻探讨》,《北方文物》1994 年第 1 期。

苗霖霖:《试析金朝渤海遗民集团的形成与影响》,《辽宁省博物馆馆刊
　　(2014)》,辽海出版社,2015。

苗霖霖:《试析辽金时期渤海遗民的世族化》,《辽金史论集》第 18 辑,
　　黑龙江人民出版社,2023。

苗润博:《再论所谓阿保机“变家为国”问题》,《辽金历史与考古》第 7 辑,
　　辽宁教育出版社,2017。

齐伟:《辽代的皇权争夺与玉田韩氏家族》,《辽金历史与考古》第 3 辑,
　　辽宁教育出版社,2011。

齐伟:《辽代耿崇美家族的婚姻与政治》,《东北史地》2011 年第 5 期。

乔幼梅:《论女真统治者民族政策的演变》,《文史哲》2008 年第 2 期。

邱靖嘉:《辽金韩知古家族新证》,《中国史研究》2022 年第 3 期。

邱靖嘉:《辽太祖朝的“皇太子”名号问题——兼论辽代政治文化的特
　　征》,《历史研究》2010 年第 6 期。

任爱君:《契丹“盐池宴”、“诸弟之乱”与夷离堇任期问题》,《史学集
　　刊》2007 年第 6 期。

舒焚:《金初女真族知识分子群》,《北方文物》1986 年第 1 期。

宋德金:《大金覆亡辨》,《史学集刊》2007 年第 1 期。

宋德金:《金代女真的汉化与汉族士人的历史作用》,《宋辽金史论丛》第 2
　　辑,中华书局,1991。

孙伟祥、高福顺:《辽朝后族相关问题刍议》,《辽金历史与考古》第 4 辑,
　　辽宁教育出版社,2013。

孙伟祥、铁颜颜:《辽朝后族政治作为评价》,《辽金史论集》第 17 辑,中
　　国社会科学出版社,2019。

王民信:《契丹外戚集团的形成》,《契丹史论丛》,台北:学海出版社,1973。

王明荪:《金初的功臣集团及其对金宋关系的影响》,《政治大学边政研究所年报》第9期,1978年。

王善军:《辽代渤海世家大族考述》,《民族研究》2006年第3期。

王善军:《女真贵种与金代政治文明的演变》,《中国社会科学》2022年第6期。

王善军:《耶律乙辛集团与辽朝后期的政治格局》,《学术月刊》2008年第2期。

吴凤霞:《金世宗的君臣共治思想与历史文化认同》,《史学集刊》2012年第6期。

吴翔宇:《诸弟之乱与两代后族之争——兼论辽朝帝、后二族共治模式的形成》,《黑龙江民族丛刊》2018年第6期。

席岫峰:《关于契丹婚姻制度的商榷》,《历史研究》1993年第2期。

向南:《契丹萧罕家族——兼说平原公主》,《辽金历史与考古国际学术研讨会论文集》(上),辽宁教育出版社,2012。

向南:《契丹萧思温家族》,《辽金历史与考古》第1辑,辽宁教育出版社,2009。

向南:《契丹萧谐里家族》,《辽金历史与考古》第2辑,辽宁教育出版社,2010。

向南:《萧惠世系族属考——兼及〈大辽故皇弟秦越国妃萧氏墓志铭〉所记的几个人物》,《东北史地》2008年第4期。

向南、杨若薇:《论契丹族的婚姻制度》,《历史研究》1980年第5期。

萧启庆:《汉人世家与边疆政权——以辽朝燕京五大家族为中心》,《元代的族群文化与科举》附录一,新北:联经出版事业股份有限公司,2008。

熊鸣琴:《钦哀后家族与辽道宗朝党争考论》,《中国史研究》2013年第2期。

杨军:《女真文字、女真科举与女真汉化》,《长春大学学报》2006年第1期。

杨军:《契丹社会组织与耶律阿保机建国》,《中国边疆史地研究》2020年第2期。

杨若薇：《释"辽内四部族"》,《民族研究》1987 年第 2 期。

张博泉：《完颜希尹家族考略》,《史学集刊》1986 年第 4 期。

张博泉：《宗翰和金初的派系斗争》,《史学集刊》1982 年第 3 期。

张功远：《辽末贵族政治斗争管窥——以耶律淳三次被拥立事件为中心的考察》,《辽宁工程技术大学学报》2015 年第 1 期。

张国庆：《世家大族联姻背景下的辽朝政治生态》,《辽金历史与考古》第 8 辑,科学出版社,2017。

张中正：《汉儿、签军与金朝的民族等级》,《社会科学辑刊》1983 年第 3 期。

周峰：《辽代前期汉人重臣高勋生平发微》,《北方文物》2011 年第 1 期。

# 后　记

　　2021 年，我申报的国家社科基金后期资助项目"辽金贵族政治、皇权与官员选任"获批立项。本书就是该项目的结项成果。说来惭愧，作为一名从业 30 年的专业史学工作者，本书是我的第一部个人专著。

　　30 年来，我主要从事辽金史研究。前期重点关注辽朝军制和官制，发表了《辽朝的中央宿卫军》（1995 年）、《辽朝部族军的屯戍问题》（1996年）、《辽朝的兵役和装备给养述略》（1997 年）、《辽朝御帐官考》（1997年）、《辽朝州县制度中的"道""路"问题探研》（2003 年）、《辽朝的选官制度与社会结构》（2006 年）等论文。这是我师从中央民族大学历史系（现历史文化学院）李桂芝教授读硕士研究生时期培养的学术兴趣。2000 年，我考上中国社会科学院研究生院历史系宋代经济史方向的博士研究生，在职师从王曾瑜先生学习，最终确定以《五代辽宋金时期黄淮海地区的水旱灾害、水利与经济》为博士论文题目。博士研究生阶段的学习和博士论文的写作，开阔了我的学术视野，提升了研究问题的能力。博士论文的主要内容后来以单篇论文形式发表：《金朝的水利与社会经济》（2013 年）、《辽宋金时期的水旱灾害、水利建设与经济重心的转移——以黄淮海地区和东南江淮两浙地区为考察对象》（2014 年）。大致自 2006 年起，我的研究重点转向辽金政治史，发表的论文有《金朝明昌党事考实》（2006 年）、《金世宗、章宗时期政风士风刍议》（2008年）、《辽圣宗时期的宰执群体》（2010 年）、《辽朝皇帝结义交友考论》（2010 年）、《耶律和鲁斡、耶律淳父子与辽末政治》（2014 年）、《辽道宗时期汉族士大夫官僚群体的崛起》（2017 年）、《辽朝汉人宰相梁颖与权臣耶律乙辛之斗争辨析》（2017 年）、《耶律乙辛倒台后的辽朝政局》（2020 年）、《辽兴宗朝皇族后族权势的消长与皇权的强化》（2021 年）、《辽金元国家建构中的民族认同和国家认同——以渤海人、契丹人为例》（2021 年）等。2012 年以后，也发表了几篇个人认为比较有价值的辽金官制研究论文，如《辽朝墩官刍议》（2012 年）、《金代的监当官》（2012

年）、《金代的杂班官与元代的杂职官》（2013年）、《辽朝乌隗乌古部与倒塌岭统军司考述》（2021年）等。

近年来，个人早年重点关注过的辽朝军制、官制和北宋水利，都有年轻学者撰写专著出版。我为自己在学术上的惰性和浅尝辄止深感懊悔，于是决定在这些年政治史研究的基础上，选择一个题目，尝试做深入的专题研究。受中外学者对魏晋南北朝隋唐时期门阀政治、贵族政治以及21世纪以来古代政治文化研究的启发，特别是周良霄、张邦炜、萧启庆、邓小南、李治安、王瑞来、张帆等宋元史专家关于皇权政治、贵族政治、官僚政治、士大夫政治和政治文化研究的启迪，我选择了本书的题目。辽代部分主要利用了本人已有的研究成果并加以梳理和完善，金代部分则是这几年新的研究成果。全书主要围绕辽金中央集权体制形成、发展及遭到破坏过程中皇权与贵族集团权力的博弈，论述辽金贵族政治与皇权政治的关系及其演变，贵族政治与皇权政治双重主导下选人用人和权力运作机制的发展变化，及其与政治变迁、社会发展、文化演进的内在联系。中国古代的官僚政治是皇权政治的产物，并始终依附于皇权政治。本人资质驽钝，此书就要面世，接受同行的"面试"，我内心是惶恐的。

2020—2024年，我共搬走"三座大山"。对于别人来说，也许只是三座小山丘。第一座"大山"是陈智超先生主持的国家社科基金重大项目"《宋会要》的复原、校勘与研究"，我完成"兵类"绝大部分的初步整理工作。从自发组团研读，到申报项目立项、结项，十几年间，我始终参与其中。陈先生已经91周岁，回忆先生带我们研读、讨论、校勘的点点滴滴，真是无限感慨。2022年春季举行结项报告会，同年以优秀等级结项。在提供结项的20多篇文本文献研究论文中，含拙作4篇（均已公开发表）。第二座"大山"是由原院领导牵头和督办的重大项目，也是我参加的集体项目中工作会议最多的一项，当然收获也是可贵的，比如强化了我的问题意识、整体史观和提纲挈领谋篇布局的能力。我完成有关辽夏金哲学思想、经济思想、民族思想、科技思想的写作20余万字，于2023年上半年交稿。最后一座"大山"就是本书，2023年底打磨完成，申请结项，2024年5月通过结项。

我的硕士研究生导师李桂芝教授、博士研究生导师王曾瑜研究员都已是 80 多岁的老人，每次见面，他们慈爱的眼神中分明有热情的激励和深沉的期待。李锡厚先生和刘凤翥先生是我进入中国社会科学院历史研究所（2019 年更名古代史研究所）的推荐人。读硕士研究生时，李桂芝老师邀请刘凤翥先生给我和师兄开了一学期的契丹文字课，我们的期末作业分别是关于契丹小字和契丹大字研究学术史的综述，刘先生推荐到《民族研究动态》发表。从此，刘先生一直视我为嫡传弟子。李锡厚先生是我入职之初的研究室副主任（主任是隋唐史专家李斌城先生），多年来，他始终关心着我。近年来，李锡厚先生客居加拿大，每隔一段时间，他总是主动给我打电话，每次通话短则 20 分钟，长则 1 个多小时，主要聊他对某些学术问题的认识，也回忆他的老师和同学。王曾瑜、李锡厚、刘凤翥三位先生是北京大学历史学系 1957 级的同班同学，如今他们仍然在坚持工作。李锡厚先生退休后患有严重眼疾，十几年来，用他自己的话说，几近失明。他以坚强的毅力克服困难，在师母的协助下，出版了《均田制兴废与所有制变迁》《辽史礼志疏证稿》两部专著，并与刘凤翥先生合作完成二十四史今注本《辽史》的注释工作。

　　衷心感谢研究所的领导和同事，他们的真诚、勤奋、卓越以及对我本人业务上的教诲、启发，让我受益良多。特别是我所在研究室（中国社会科学院历史研究所隋唐宋辽金元史研究室、宋辽金元史研究室，中国社会科学院古代史研究所宋辽西夏金史研究室）的同事，和他们相处的每一天，都是我永远的美好记忆。

　　最后我要真诚感谢社会科学文献出版社历史学分社社长郑庆寰博士，是他积极向社里推荐，将我的项目列入该社 2021 年度向全国哲学社会科学工作办公室推荐的后期资助项目。责任编辑汪延平、李蓉蓉非常专业的工作与耐心的沟通，使本书更加符合学术规范，减少了一些错误，得以顺利出版。感谢项目申报时五位评审专家和结项时三位评审专家的认真审阅，他们的肯定给予我信心。在后期研究和出版过程中，我吸收他们提出的宝贵意见，合并、调整、充实了部分章节，以加强各章之间的有机联系，突出主题。想要致谢的良师益友还有很多，恕不一一鸣谢。

　　希望本书是我个人科研工作的一个新起点。